KB273848

열림
과
닫힘

열림과 닫힘

• 인문학적 상상을 통한 종교문화 읽기

정진홍 지음

산처럼

우리는 이제부터 '종교'라고 사람들이 일컫는 인간의 삶의 한 모습을 살펴보려 합니다.

누구나 아는 일이지만 인간의 삶은 다양합니다. 이를테면 몸매도, 피부색도, 언어도, 먹거리도, 생각 틀도, 귀하게 여기는 것도, 꿈도 같지 않습니다. 그러한 사람들이 여기저기 모여 살아가고 있습니다. 그래서 세상에는 여러 다른 문화들이 있음을 우리는 잘 압니다. 그런가 하면 살아가는 생태적인 조건들도 한결같지 않습니다. 계절, 지형, 기후, 지역들이 서로 달라 이에 맞추어 생존하는 이러저러한 경험들 때문에 삶의 모습이 크게 달라지기도 합니다. 게다가 역사의 긴 과정마저 염두에 두면 삶이 복잡하고 다양하다는 것은 굳이 말할 필요조차 없습니다. 지금 여기와 상관없다고 해도 좋을 지난 어떤 세월들 속에는 지금 우리의 삶과 아주 다른 삶이 그때 거기에 잘 어울리는 모습으로 있었을 것을 생각해보십시다. 세월이 흐르면서, 그 마디를 뚜렷이 할 수는 없어도 얼마나 다른 삶의 모습들이 고리처럼 이어져왔을 것인가 하는 것을 짐작하는 일은 조금도 어렵지 않습니다. 세상은, 그리고 삶의 모습은 참 다양합니다. 역사-문화적 다양성을 제대로 보지 않고 지금 여기에서 우리가 겪는 것만을 인류의 역사이고 문화라고 한다면 우리는 무척 어리석은 사람일 수밖에 없습니다.

그렇다고 해서 인간의 삶이 서로 다르기만 하냐 하면 그렇지는 않습니다. 자상한 설명을 하지 않더라도 '사람'이기에 지니는 동질성을 우리는 충분히 짐작합니다. 얼굴이 검거나 희거나 상관없이, 옛날 사람이나 우리나 새로운 생명의 탄생을 기뻐하고 죽음을 슬퍼합니다. 사랑하면 황홀하고, 미워하면 괴롭고, 억울하면 분하고, 감당할 수 없는 어려움을 겪게 되면 도움을 바랍니다. 분명히 우리가 살지 못할 내일의 사람들도 이런 경험을 할 것입니다. 사람이니까요. 그렇다면 다름은 드러난 모습일 뿐, 그 드러남 안에는 사람이기에 지니는 같음이 조금도 다르지 않은 모습으로 자리를 잡고 있다고 해도 좋을지 모릅니다.

우리는 지금 많은 종교들을 만나며 삽니다. 그렇기 때문에 우리는 종교에 대하여 꽤 많이 알고 있습니다. 이를테면 우리는 불교가 인도의 오랜 전통에서 비롯한 종교이며, 그리스도교는 중동문화권에 그 아득한 뿌리를 두고 있는 종교라는 사실을 잘 알고 있습니다. 예수가 어떤 분이고 석가모니가 어떤 분인가 하는 것도 잘 알고 있으며, 그 가르침의 핵심이 사랑과 자비라는 것도 잘 압니다. 그런가 하면 우리 중에는, 과정이 꼭 일치하는 것은 아니지만, 제각기 어떤 종교를 선택하여 그 종교에 자신을 봉헌하며 살아가는 사람도 있습니다. 그러한 사람들은 종교라는 현상과 부닥쳐 우리가 해야 할 일은 종교에 대하여 알려고 하는 것보다 종교에 대하여 헌신적 태도를 가지는 것이어야 한다고 주장합니다. 그런가 하면 종교에 대하여 좋지 않은 반응을 보이는 사람도 있습니다. 종교가 주장하는 내용들이 도대체 이치에 맞지 않다고 여겨 마음 내켜하지 않는 사람들도 있고, 종교가 결과적으로 힘을 가진 자들을 정당화하는 일이나 하고 있다고 여겨 몹시 언짢아하는 사람도 있으며, 자신의 삶을 종교에 의존하여 살아가는 삶을 충분히 공감하고 이해할 수는 있지만 그것이 실은 성숙하지 않은 탓이라 여겨 종교를 꺼려 하는 사람들도 있습니다.

사람들은 늘 자기가 부닥치는 많은 일들에 대하여 이런저런 판단들을 하며 살아갑니다. 그렇다면 종교에 대한 태도들이 서로 엇갈리고 잘 조화롭지 않다는 것도 자연스러운 일입니다. 그러므로 무릇 삶의 모습이 그렇듯 여러 종교들이 한데 어울려 있는 현상 속에서 종교 간에, 또는 종교인과 비종교인 간에 티격태격 잡음이 이는 것쯤이야 너그럽게 보아도 탈이 없으리라고 여길 수도 있습니다. 그러다가 서로 만나고 이해하고 함께 어울리다 보면 근거 없는 오해가 풀리기도 하고 서로 좋아지기도 할 뿐만 아니라 함께 새 세상을 빚어낼 수도 있으리라 믿어지기 때문입니다. 이런저런 다른 삶들이 서로 만나 삐거덕거리면서도 그렇게 견디어 온 것이 사람살이입니다.

익히 아는 일입니다만 언어가 서로 다르다고 하는 것처럼 심각한 다름이 어디 있습니까? 그런데 그 다른 말들을 배우고 익혀 서로 소통을 하며 살아가는 것이 사람살이입니다. 이를 이루려면 서로 아끼고 귀하게 여기는 간절한 마음이 있어야 하고, 소리와 글자와 그것을 낳은 긴 역사와 경험을 다루고 다듬어 틀 짓기 위한 머리도 있어야 하고, 그 일을 해나가는 과정에서 부닥치는 어떤 어려움도 견디는 단단한 의지가 있어야 합니다. 그래야 겨우 이루어지는 것이 그러한 언어소통입니다. 그리고 그 소통을 통하여 사람다운 아름다운 삶을 일구어갑니다. 이러한 사람의 모습을 가만히 생각해보십시다. 그러고 보면 사람이란 존재, 참 괜찮지 않습니까?

삶이 이렇듯, 비록 종교에 대한 판단과 태도가 몹시 다양하고, 그래서 혼란스럽다 하더라도, 그렇다고 하는 사실 때문에 우리가 종교를 무의미한 것이라고 판단해버리거나 간과해도 되는 현상으로 여길 수 있는 것은 아닙니다. 오히려 그러한 다른 이해나 태도에도 불구하고 여전히 종교라는 것이 분명한 사실로 우리의 삶 안에 현존하고 있다는 것에 새삼 주목하여, 그 존재의미를 살펴보지 않으면 안 됩니다.

그래야 하는 까닭은 분명합니다. 종교는 그것이 어떻게 설명되든 결과적으로 엄청난 힘을 가지고 사람들의 삶을 규제합니다. 그 정도가 예사롭지 않습니다. 대체로 종교는 한결같이 '좋은 사람'이 되라고 사람들에게 가르칩니다. 그저 좋은 사람이 아니라 아주 사람이 온통 새로 지음을 받듯이, 아니면 아주 다른 존재로 바뀌듯이, 그렇게 달라져 사람됨이 지닌 본래적인 한계를 넘어서야 비로소 사람구실을 하는 것이라고 가르칩니다. 많은 사람들이 아득한 때부터 이러한 가르침을 지니고 이를 실천하면서 사람답게 살아가곤 했습니다. 삶을 부정적으로 수용하기보다 긍정적으로 승인하도록 하는 종교는 참 좋은 것입니다. 당연히 종교인도 좋은 사람이어야 마땅합니다. 그러한 것을 준거로 하여 사는 공동체가 또한 그렇게 좋은 공동체일 것임에 틀림없습니다. 이때 저때, 이곳저곳, 사람들의 역사와 문화를 살펴보면 지금 우리가 종교라고 이름붙일 만한 문화현상이 그렇게 좋은 흔적을 깊이 남겨놓고 있음을 얼마든지 확인할 수 있습니다.

하지만 늘 이랬던 것은 아닙니다. 지금 우리가 익히 겪는 일이기도 합니다만 종교라고 일컬어진 문화는 뜻밖에도 그 '좋음'들을 조금도 버리지 않으면서도 그 좋음들을 통해 스스로 독선적이고 배타적인 태도를 취해오곤 했습니다. 자신의 주장에 동조하지 않거나 그 주장을 거역하는 것에 대한 태도들이 그랬습니다. 그리하여 심지어 종교끼리도 겨루고, 다투고, 미워하고, 더 나아가 살육을 하기도 했고, 또 하고 있습니다. 그런가 하면, 좋은 사람이고자 하는 개인도 때로는 종교의 바로 그 좋음 때문에 결과적으로 스스로 사람이기를 그만두고 반(反)인간적이고 비(非)인간적인 짓을 하는 경우가 적지 않습니다. 흔히 종교적 광기나 광신이라고 일컫는 현상들이 그러합니다.

거듭 말하지만 종교는 참 좋은 것입니다. 사람이 사람답게 되는 지혜를 가르쳐주니까요. 하지만 종교는 참 나쁜 것입니다. 사람이 사람답게 되지 않는 잘못을 저지르게 하니까요. 물론 그렇게 잘못된 것은 잘못된 종교 탓이지 참된 종교는 결코 그럴 수 없다고 주장할 수도 있습니다. 그러나 그러한 주장은 때로 자기중심적인 경우가 많은 듯합니다. 냉정하게 잘 살펴보면 어쩌면 좋은 점과 그른 점이 모두 종교 안에 처음부터 머물러 있는지도 모르겠다는 생각이 들기도 합니다.

그렇다면 우리는 종교라고 하는 것에 대하여 상당히 긴장할 필요가 있습니다. 무릇 모든 귀한 것을 대하는 태도가 다 그러해야 하듯 종교도 여간 조심해서 다가가지 않으면 안 됩니다. 믿는 자리에 있기 때문에 친(親)종교적이라든지, 별로 관심이 없기 때문에 비(非)종교적이라든지, 관심이 있지만 종교의 부정적 측면에 대한 인식이 뚜렷하여 반(反)종교적이라든지 하는 자기의 어떤 자리에서 쉽게 단정하거나 편리하게 판단할 수 없는 것이 종교입니다. 그 어떤 자리에 있든지 우리는 종교로부터 우리 자신을 분리시킬 수도 없고, 종교로부터 벗어날 수도 없습니다. 종교는 인간의 역사와 문화를 구성해왔고 지금도 그렇게 하고 있는 다양한 요소들 중의 분명한 하나의 요소이기 때문입니다. 그래서 우리는 이 '종교라는 것'을 향해 조심스럽게, 그리고 진지하게 다가가야 합니다.

이 일을 우리는 여러 '길'을 통해 할 수 있습니다. 흔히 우리가 해왔고 또 하고 있는 방법은 기존의 종교들을 하나하나 설명하는 일입니다. 그래서 각 종교의 기원과 역사, 그 종교의 가르침, 또 공동체의 모습, 그리고 현존하는 실태를 소개하고, 나아가 그 종교들이 인류의 역사-문화 속에서 어떤 의미를 지니고 있는지 풀어보는 작업을 하는 일입니다. 이러한 접근을 하면 각 종교들의 모습이 뚜렷하게 드러납니다. 그래서 그 종교가 어떻다는 것을 알기가 쉽습니다. 우리는 많은 종교에 대한 폭넓은 상식을 지닐 수 있을 뿐만 아니라 그 종교들에 대한 태도도 지적인 포용성을 통해 너그러울 수 있습니다. 그러므로 각 종교를 안다고 하는 것은 참 건전한 태도이고 반드시 요청되는 일이기도 합니다.

그런데 지금 우리가 살아가고 있는 종교문화의 현실은 각 종교를 이렇게 떼어놓고 이해하는 것으로는 모자라는 다른 문제들을 보여주고 있습니다. 이것은 이렇고 저것은 저렇다고 하는 설명은 그 설명대상들을 별개의 것으로 단절하면서 그것들이 모두 인류의 경험에 속한 것이라는 사실을 자칫 잊게 합니다. 그래서 처음 의도와 다르게 그러한 설명이 오히려 종교 간의 갈등을 나도 모르게 부추기는 지렛목이 되기도 합니다. 뿐만 아니라, 그러한 접근의 당연한 결과이기도 한데, 그러한 설명방식은 어떤 한 종교의 자기주장을 준거로 '종교라는 것'을 모두 설명할 수 있다는 무모한 주장을 낳기도 합니다.

그러나 우리는 다른 길을 찾아볼 수도 있습니다. 이를테면, 인간은 왜 종교라는 문화를 지어낼까, 인간의 어떤 경험이 그러한 문화를 낳았을까, 그렇게 드러난 하나의 현상인 종교라는 문화는 다시 인간과 그의 공동체에 어떤 영향을 미칠까, 사람들은 종교를 역사-문화적인 실체로 서술하기도 하고 아예 그 범주를 벗어난 '어떤 다른 것'으로 이야기하기도 하는데 이런 현상들을 어떻게 읽고 이해할 수 있을까, 구분되는 여러 종교에 대한 충분한 설명에도 불구하고 그 종교들을 종교이게 하는 공유된 '어떤 것'은 없을까, 만약 있다면 그 같음과 다름의 관계는 어떻게 구조화되어 있을까, 그리고 이를 서술하는 논의의 문법은 어떠해야 할 것인가, 뿐만 아니라 종교라고 울지은 것 외부에 있는 것들과 종교라는 것은 어떻게 서로 관계를 맺고 있는 것으로 그려질 수 있을까, 종교의 역사적 전개를 기술하고 그것이 함축하고 있는 의미를 읽는다든가 종교의 미래 또는 종교의 운명을 이야기하는 것은 불가능할까, 도대체 우리는 어떤 자리에서 이러한 물음을 묻고 있는 것일까, 그리고 가장 넓은 의미에서 종교란 도대체 인간의 문화와 역사 안에서 어떤 존재의미를 가지는 것일까 하는 물음들을 살펴볼 수도 있습니다.

종교에 이렇게 다가가는 길이 종교를 이해하기 위하여 개개 종교들을 설명하는 길이 담고 있는 불충분한 점들을 모두 없애주는 것은 아닙니다. 그리고 이러한 접근이 가지는 한계도 분명합니다. 무엇보다 자칫 사실에 대한 충실한 서술과 검증을 넘어 관념적이고 추상적인 논의만을 펼 수도 있을 것이기 때문입니다. 무릇 어떤 논의든 그것 자체로 완결적인 것은 없습니다. 대체로 그것이 인식론이든 해석학이든 모든 지적 탐구는 상황적이고 맥락적입니다. 물음자리가 그 물음의 형식이나 내용을 상당히 제한합니다. 그러나 기존의 설명에 대해 만족스럽지 못한 경험을 한 인식주체가 자신의 추구 또한 온전할 수 없다는 것을 전제하면서 스스로 '다른 길'의 추구를 포기하는 것은 바른 태도가 아닙니다. 그것은 자신에 대한 부정직한 태도이기 때문입니다. 그렇다면 중요한 것은 '다른 길의 완결성' 여부가 아니라 '다른 길의 추구를 승인하는 지적 정직성'입니다.

이미 언급한 위의 두 다른 접근, 곧 '개개 종교들을 설명하고 이해하는 접근'과 '인간의 경험에서 비롯하여 출현하는 하나의 현상으로 종교들을 설명하고 이해하는 접근'은 상당히 다릅니다. 그리고 앞의 것은 우리에게 꽤 익숙한데 뒤의 것은 그렇지 못합니다. 그러나 바로 그렇기 때문에, 곧 익숙하지 못하기 때문에, 우리는 또 다른 태도, 곧 뒤의 자리에서 다가가는 태도에 주목할 필요가 있습니다. 그것이 옳아서가 아니라 그것이 사유지평을 넓힐 수 있으리라 기대하기 때문입니다.

구체적으로 묘사한다면 앞의 자리는 '종교란 무엇인가' 하는 물음을 묻습니다. 종교란 것이 무엇인지 분명하게 규정되어 있음을 전제한다고 해도 좋습니다. 그래서 모든 해답이 전제된 종교개념의 범주 안에 정착합니다. 그런데 뒤의 자리는 '무엇을 일컬어 사람들은 종교라 하나' 하는 물음을 묻습니다. 전제된 '종교라는 것'에 귀착하려는 것이 아니라 지금 여기에서 제기된 물음을 수용하기 위해 끊임없이 '종교라는 것'을 열어놓으려 합니다. 종교란 그렇게 탐구해 나아가는 과정 속에서 만나는 어떤 실체이고 모습이라고 생각하는 것입니다. 그리하여 그렇게 드러난 어떤 모습이 지금 여기에서 묻는 물음에 상응하는 해답을 반향해주리라고 기대하는 것입니다. 따라서 그러한 접근은 자연히 개개 종교를 설명하는 그러한 체계 안에서 종교에 대한 논의를 전개하는 것이 아니라, 그러한 기준에서 보면 그 종교들이 뒤섞이기도 하고 해체되어버린다고 해야 할, 전혀 다른 서술범주와 개념들을 구사할 수밖에 없습니다.

이 책은 바로 이러한 자리에서 종교를 살펴보고자 합니다. 그리하여 여러 개의 주제를 선정하여 그저 써보았습니다. 그러다 보니 개념들이나 어휘들이 낯설 수도 있고, 익숙하여 반드시 종교를 논의하는 내용 중에 포함되어야 할 용어들이라고 기대하고 찾아보아도 발견할 수 없어 섭섭하기도 할 것입니다. 더구나 그 주제들을 통하여 종교를 이해할 수 있는 사전적인 효용성을 지닐 수 있으리라고 기대한다면 크게 실망할 것입니다. 당연히 억지라든지, '호사가적(好事家的)인 취미를 드러낸 것'일 뿐 학문적이지 않다든지, '잡스러운 알 수 없는 용어들'의 더미라든지 하는 비판들이 일 것이 분명합니다. 그러나 이러한 시도가 의도하는 것은 단 한 가지뿐입니다. 그것은 물음을 정직하게 묻고자 하는 것입니다. 무지

하다거나 어리석다고 하는 비판은 두려운 것이 아닙니다. 그것은 고마운 일입니다. 그러나 물음조차 배워 묻는 것은 정직하지 않습니다. 자기를 속이는 일이기 때문입니다. '종교를 사유하는 길'에 들어서기 위해서는 자신의 문제, 자신이 풀고 싶은 자기의 물음을 물어야 합니다. 그렇게 하고 싶었습니다.

이를 위해 역사적인 접근도, 사회학적인 접근도, 심리학적인 접근이나 인류학적인 접근도 가능합니다. 당연히 이 모든 학문들의 성취를 아우르고 다듬어야 했습니다. 하지만 결과적으로 그 모든 논의들을 염두에 두면서도 '정직한 물음'을 물어야겠다는 강박관념으로 인해 스스로의 상상력을 통하여 투시되는 종교문화의 현상을 기술하는 쪽으로 갈 수밖에 없었습니다. 굳이 이러한 자리를 명시하라면 감히 그것을 '인문적인 접근' 또는 '인문학적인 접근'이라고 하고 싶습니다. '인문학적 상상력을 통하여 종교문화에 다가가기'라고 말하고 싶습니다.

스스로 위험한 발상이라고 느끼면서도 저는 때로 '실증'이라는 이름으로 행해지는 '정당성의 주장'이 얼마나 '제한된 조건' 안에서 이루어지는 인위적인 것인가 하는 회의를 감출 수가 없습니다. '실험실'에서 이루어지는 '진리'가 그 밖의 어디에서도 옳을 수 있다는 진지한 주장을 부정하고 싶지는 않습니다. 어떤 의미에서든 '실험 과정의 진실성'을 폄하할 수는 없는 일이기 때문입니다. 인간에 대한 신뢰를 지니고 살아가야 하는 것이 사람살이라면 마땅해 그래야 합니다. 그러나 삶이 모두 '실험실' 안에 들 수 있다는 '가려진 전제'가 그 주장을 혹 뒷받침한다면 저는 이를 감당하지 못하겠습니다. 그것은 매우 '오만'한 발언이라 여겨지기 때문입니다.

그런데 오늘 우리의 이른바 학문은 모두 그렇게 '실증'을 준거로 하고 있습니다. 학문은 무릇 그러한 것이라고 하는 단정적인 선언이 이루어지고 있습니다. 철학도 그러하고 역사학도 그러합니다. 종교학도 예외가 아닙니다. '실증'의 자료는 '사실'만이 아닙니다. 어떤 '주장'도, 어떤 '이론'도 실증의 자료가 됩니다. 오늘날 바른 인식을 위한 성찰이 심각하게 제기되고 있고 논의되고 있음에도 조금도 학문의 풍토가 또는 규범이 달라진 것은 없습니다. 어쩌면 우리 의식의 관성 탓인지도 모르겠고, 아니면 '실증'의 절대성에 대한 회의 자체가 충분히 '매도'될 수 있다는 사실을 예상한 겁먹음 탓일지도 모릅니다. 물론 실증을 준거로 하는 학문 자체의 이러한 당연한 '태도'가 자의적으로 행해질 수 있는 의도하지 않은 과오나 의도적인 부정직을 최소화하기 위한, 실은 가장 현실적인 '도덕'이라는 사실을 모르지 않습니다. 따라서 '실증'적일 수 없는 것에 대한 발언을 겸허하게 삼가야 하는 것은 학문의 당연한 윤리입니다.

하지만 우리는 어떤 인식이나 앎이나 학문도 실증 자체에서 완결되지 않는다는 사실을 잘 알고 있습니다. 그것은 '해석으로, 의미로, 실천으로' 이어지면서 비로소 '살아 있는 앎'이 됩니다. 그런데 '실증 이후'라고 할 수 있을 이러한 것들을 낳는 것은 실증이 아니라 실증을 넘어서는, 또는 실증을 안고 펼쳐지는 '상상'입니다. 제가 이 자리에서 '상상'이나 '상상력'에 대한 논의를 자상하게 풀어낼 수는 없습니다. 다만 '앎을 추구하는 주체'의 자유로움이 확보되어야 한다는 사실, 그리고 그 자유로움은 앎에 예속될 수 있는 것이 아니라는 사실, 그리고 그렇기 때문에 앎이전의 자유와 앎 이후의 자유를 확보한 주체가 곧 앎을 묻는 주체여야하는데, 그러한 주체는 '상상의 날개를 펼 수 있는 사람'이라고 부르면좋겠다는 주장을 하고 싶을 뿐입니다. 자신의 정직성을 스스로 신뢰하는자유로운 '영혼'으로 온갖 것을 자기 나름대로 물을 수 있고, 또 다듬을수 있는 그러한 사람이, 그러한 사람만이 학문을 할 수 있는 것은 아닐까하는 '상상'을 해보곤 합니다. 그러면서 종교학도 그렇게 하고 싶었습니

다. 그리고 그렇게 해서 이른 첫 자리가 저에게는 '개개 종교를 간과하
지 않으면서도 개개 종교를 일컫는 자리와는 다른 자리에서 종교문화를
이야기할 수 있는 상상력의 자리'였습니다. 저는 그것을 굳이 '인문(학)
적 상상을 통하여 종교문화에 다가가기'라고 말하고 싶었습니다.

　저는 상상이라는 이름으로 얼마나 많은 자의(恣意)적이고 무책임한 발
언과 주장을 할 수 있는지 하는 데 대한 두려움을 한 순간도 잊은 적이
없습니다. 그러므로 '종교문화를 인식하기 위한 이러한 접근'이 훌륭한
학자들에게, 특히 종교학자들에게 얼마나 '황당한 짓'으로 여겨질 것인
가 하는 것도 모르지 않습니다. 저도 제가 하는 일이 어떤 평가를 받으리
라는 것을 모르지 않습니다. 따라서 아무런 변명도 하지 않으려 합니다.
그러나 자신의 물음에 대한 정직성에 근거한 자의성과 무책임은, 비록
승인될 수 없다 할지라도 용서받을 수는 있지 않을까 하는 치기(稚氣)를
차마 버리지 못하고 있다는 것도 아울러 말씀드리고 싶습니다.

　뿐만 아니라 전통적인 학문의 분류체계가 다 허물어지고 있다는 사실
을 저도 모르지 않습니다. 마땅히 그래야 한다고 생각합니다. 그것이 당
장 이루어질 수 없다면, 학제간 연구가 불가피할 뿐만 아니라 그래야 하
는 것이 정직한 학문적 태도라는 사실도 소박하게 주장하고 싶습니다.
그래서 대학의 '협동과정'의 개설처럼 여러 학문들이 각기 자기를 버리
면서 함께 어우러져 '새' 학문의 장을 열어나가고 있는 현실에 순수하게
공감하고 있습니다. 그럼에도 불구하고 종교문화를 알겠다는 자리에서
'인문(학)적'이라는 수식을 하며 마치 '낡은 자리'를 고집하는 것과 같은
태도를 드러낸다는 것은 어울리지 않는 일임을 모르지 않습니다. 더 나
아가 저의 이러한 '태도'가 과연 제대로 된 것일까 하는 회의를 저 스스
로도 억제하지 못하고 있습니다.

　하지만 오늘 우리가 제기하는 온갖 지적 물음 속에 어쩐지 '사람'은

들어 있지 않은 것 같은 불안이 저로 하여금 이러한 '고집'을 부리게 했다고 말씀드리고 싶습니다. '붕어빵 속에는 붕어가 없다'는 농담이 제 사고를 늘 덜컹거리게 합니다. 제가 주장하고자 하는 '인문(학)적 상상력'이 '붕어빵 속에 붕어 넣기'라면 그것은 매우 비현실적인 인식을 현실화하고 싶은 '어처구니없는 짓'임에 틀림없습니다. 그러나 만약 제 '상상'이 붕어빵에 '달리 다가가는 것'이라면, 그래서 붕어빵 속에 붕어가 있을 수 없다는 것을 설명할 수 있다면, 그래서 마침내 붕어가 들어 있지 않은 붕어빵을 승인하고 수용하고 즐길 수 있다면, 어쩌면 이러한 어처구니없는 다가감이 드디어 붕어빵 속에 붕어를 넣을 수 있을는지도 모른다는 꿈을 저 스스로 지우지 못하고 있습니다.

글을 잘 다듬어 쓰지 못하는 한계를 한국종교문화연구소의 이창익 박사가 마디마디 구석구석 도와주었습니다. 종교문화에 대한 완전히 '다른 해석학'을 모색하면서 이를 전개하고 있는 이 박사는 제 글의 내용은 물론 부적절한 문장과 문단들에 대한 비판적 조언을 아끼지 않았으며, 장과 절의 주제들에 대해서도 자상하게 살펴주었습니다. 참고문헌과 찾아보기도 장만해주었습니다. 진 빚을 갚을 길이 없습니다. 그러나 그러한 충고를 저는 온전하게 다 담지 못했습니다. 제 한계입니다. 이 박사에게 송구스러울 따름입니다.

도서출판 산처럼의 윤양미 사장님께는 아예 드릴 말씀이 없습니다. 기획하고 부탁해주신 궤를 벗어나 엉뚱한 짓을 한 것을 너그럽게 받아주셨고, 여러 해 동안 참 잘 참아주셨습니다. 그런데 이렇게 허술하기 짝이 없는 일을 하고 말았습니다. 거듭 죄송합니다. 그리고 감사합니다.

이 '인문(학)적 상상을 통한 종교문화 읽기'가 종교라는 것들이 지은 삶의 세계에 대하여 자신의 정직한 물음을 정직하게 묻고 싶지만 그러한 일이 이런저런 '표지판'들 때문에 마냥 곤혹스러운 분들에게 조금이라

도 힘과 용기가 되었으면 좋겠습니다. 더 나아가 '종교학의 문화담론을
위한 작은 상상의 여백'이 된다면 더 이상 바랄 것이 없겠습니다.

2006년 3월

지은이 정진홍

열림과 닫힘

인문학적 상상을 통한 종교문화 읽기

· 차례 ·

• 경험 •

현상의 기반

종교란 사람들이 겪는
어떤 경험에서 비롯하는 것이다.

종교는 낯설지 않습니다. 언제 어디서나 우리 삶 속에는 다양한 종교 현상들이 있습니다. 종교는 우리의 일상입니다. 아득한 때부터 어디서나 인간이 있는 곳이라면 종교라고 일컫는 '현상'이 없었던 경우를 확인할 수 없습니다. 그러므로 우리가 종교에 대하여 관심을 갖는 것은 무척 자연스러운 또 다른 일상입니다.

우리가 부닥치는 일상 속의 종교는 사찰이나 성당이나 교회 등의 '건물'일 수도 있고, 개개 종교의 전승이나 세계를 단위로 하는 종교들의 이야기를 한데 엮은 '역사'일 수도 있고, 각 종교의 신도들이나 성직자들로 이루어진 '사람'일 수도 있고, 구성원리가 제각기 다른 특정한 '종교인들의 공동체'나 그들이 수행하는 예배, 예불, 미사 등의 '의례'일 수도 있으며, 진리라고 일컬어지기도 하고 신의 말씀이라고 고백되기도 하는 '경전의 가르침' 또는 '사상'일 수도 있습니다. 그래서 종교는 무척 다양하고 복합적인 사물들로 이루어져 있습니다. 그렇지만 그렇다고 해서 이러한 현상들이 서로 단절되어 있는 것은 아닙니다. 외관상 다양한 현상들이 '종교'라고 묘사되는 일정한 범주 안에서 서로 이어져 있기 때문입니다. 우리는 이러한 여러 모습의 종교와 마주하면서 살아갑니다. 그러므로 '종교'라고 하기보다 실은 '종교문화'라고 일컫는 편이 종교에 대한 충분한 논의를 위해 더 적절할지도 모릅니다. 우리는 지금 이러한 종교문화를 이해하고자 우리의 사색을 펼치고 있습니다.

그런데 우리가 종교문화라는 것에 관심을 기울이면서 그래도 접근하기가 가장 쉬울 뿐만 아니라 방법론적으로 매우 중요한 대상은 '종교인' 또는 특정한 종교에 자신을 봉헌하고 있는 '신도'들입니다. 왜냐하면 건물도, 역사도, 공동체도, 의례나 가르침도 결국 종교인들의 삶의 모습을 드러내는 것이기 때문입니다. 그러한 것들은 종교인들이 '만든 소산'들입니다. 종교인들이 없었다면 그러한 것들이 있을 까닭이 없습니다. 그리고 그러한 것들은 다시 종교인들을 낳습니다. 그리고 이미 종교인으로 있는 사람들에게는 그러한 것들이 그들의 삶을 '규범적으로 보살피는 틀'이 되고 있습니다. 그러므로 종교인은 종교문화를 있게 한 가장 근원적인 존재라고 말할 수 있습니다. 다시 말하면 만약 종교인이 없다면 그러한 것들이 모두 무의미할 뿐만 아니라 실은 그러한 것들이 인간의 문화나 구체적인 삶 속에 있지도 않았을 것이라고 판단할 수밖에 없다고 하는 자리에서, 우리는 종교문화를 현존하게 한 것은 바로 종교인들이라고 말할 수도 있는 것입니다. 특정한 종교인들은 이러한 발언을 몹시 언짢아할 수도 있겠습니다만, 좀 무모한 언급을 하자면, 신도가 없으면 종교도 없습니다. 당연한 일입니다.

그런데 우리가 만나는 어떤 문화현상이 있게 된 그 근원을 거기 그러한 현상을 드러낸 특정한 사람들이 있어 그렇게 된 것이라고 말하는 것은, '인간의 삶'이라고 하는 것을 좀더 들여다보게 합니다. 생각해보십시다. 사람들은 어떻게 되었든 생명을 가지고 지금 여기에서 살아갑니다. 그런데 생리적인 필요가 충족되어야 합니다. 그렇지 않고는 생존을 지속할 수 없습니다. 의식주(衣食住)라고 흔히 말하는 것은 그러한 삶을 위한 기본적인 조건들입니다. 그런데 의식주는 삶을 살아가는 인간의 삶 경험을 드러낸 것이라고 말할 수도 있습니다. 사람은 살아가면서 옷을 입는 것이 불가피하다는 것을 절감한 어떤 계기가 있었을 것이고, 바로 그러한 계기가 옷을 만들어내게 되었을 것입니다. 옷은 결국 이렇게 저렇게 삶을 겪어본 '경험의 소산'입니다. 그러므로 옷이 무엇인지 알려면 옷을 입은 인간의 삶의 경험, 곧 옷을 요청할 수밖에 없었던 그 경험을 들여다보지 않으면 안 됩니다.

그렇다면 종교를 알고 싶은 우리의 의도도 그렇게 펼쳐져야 하고, 바로 그렇기 때문에 우리는 종교인의 발언이 우리 관심의 우선하는 대상이 되지 않으면 안 되겠다는 판단을 한 것입니다. 이를테면 종교인들을 만나보면 그들은 자기가 종교인이 된 것은 필연이라고 말합니다. 그것은 부정할 수 없는 불가피한 귀결이었다고 주장하기도 합니다. 살면서 겪은 어떤 일들이 자기로 하여금 그렇게 살 수밖에 없게 했다고 고백하고 있는 것입니다. 그러므로 '어떤 경험'이 없었다면 자신은 결코 종교인이 되지 않았을 거라고 하는 태도를 지닙니다. 물론 그 경험이 극적인 사건을 통해 이루어질 수도 있고, 자연스럽게 어떤 일정한 환경 안에 있으면서 이루어질 수도 있습니다. 심각한 질병이나 좌절의 계기에서 종교인이 된 경우가 전자라면 가정에서 어렸을 때부터 일정한 종교의례나 가르침 속에서 자란 것이 후자의 경우라 할 수 있습니다. 그러나 어떤 경우든 그 경험은 매우 현실적이고 직접적입니다.

그렇다고 해서 그 경험이 논리적으로 잘 설명될 수 있는 것은 아닙니다. 거의 모든 경우 그 경험은 그것이 낯선 사람들에게는 설득력이 없는 경우가 더 많습니다. 하지만 분명한 것은 어떤 특정한 '경험'이 분명하게 있다고 하는 사실입니다. 따라서 종교인들의 이러한 주장을 존중한다면 종교란 사람들이 겪는 어떤 '경험'에서 비롯한 것이라고 말할 수 있습니다.

부닥침, 만남, 지님

우리의 의식과 태도에 따라 어떤 부닥침은 만나고 지녀 마침내 경험이 되고 어떤 것은 스쳐 지나가 부닥침 여부조차 확인하기 힘들 정도로 우리에게 아무것도 아니게 된다.

그렇다면 우리는 이 계기에서 '종교경험'을 이야기하기 전에 '경험'이

라고 일컬어지는 일상적인 삶의 모습이 과연 어떤 것인지 우선 살펴볼
필요가 있습니다. 경험은 일반적으로 어떤 일을 직접 겪는 것을 일컫습
니다. 실제로 보거나 듣거나 행한 것을 말하는 것입니다. 또 그렇게 해서
얻은 일정한 지식도 경험의 개념에 넣습니다. 따라서 경험이란 우리 일
상을 묘사하는 무척 평범하고 소박한 말입니다. 그렇다면 삶의 과정에서
우리가 매일 매순간 살아가며 부닥치는 어떤 것도 경험 아닌 것이 없습
니다.

　하지만 우리의 언어가 가지는 아주 작은 차이이지만 이 계기에서 우리
가 유념할 것이 있습니다. 그 미묘한 차이가 실제 삶을 잘 드러내고 있기
때문입니다. 다른 것이 아닙니다. 우리는 때로 '삶을 부닥친다'고 표현
합니다. 그리고 때로는 '삶을 겪는다'고 설명하기도 합니다. 그런데 우
리 모두 짐작할 수 있듯이 '삶을 부닥친다'는 말과 '삶을 겪는다'는 표현
은 상당한 차이가 있습니다. 앞의 것에 비해 뒤의 것은 '부닥침을 바라
보는 거리'를 확보하고 있다고 할 수 있는 그러한 것입니다. 그러므로 겪
음은, 곧 경험은 '부닥친 즉물적(卽物的)인 상황'에 대한 '대물적(對物的)
인 인식'을 내용으로 하고 있다고 말해야 할 것 같습니다. '부닥친 삶'을
평면적이라고 한다면 '겪은 삶'은 입체적인 것이라고 비유할 수도 있습
니다. 경험은 그러한 것입니다.

　이 이야기를 좀더 이어 풀어보십시다. 우리는 살아가면서 온갖 것들과
부닥칩니다. 그런데 그 부닥침이 어떤 것이든 그것은 근본적으로 '지금
여기에서의 부닥침'입니다. 따라서 세월을 따라 우리 삶이 지속되는 만
큼 그 부닥침은 양이 늘고 또 차곡차곡 축적되어야 마땅합니다. 적어도
논리적으로 말하면 그러해야 합니다. 그러나 실제 우리의 삶은 그렇지
않습니다. 그 '부닥침' 모두가 내게 '남지' 않습니다. 숱한 부닥침이 스
쳐 지나가면서 마치 그 부닥침이 없었던 일처럼 되어버립니다. 물론 인

간은 시간 안에 있는 존재입니다. 그리고 시간은 '흐름'이 그 특성입니다. 시간은 지금 여기 안에 머물지 않습니다. 지금 여기를 그대로 두지 않는다고 말할 수도 있고 또 지금 여기를 벗어난다고도 말할 수 있습니다. 따라서 부닥침이 남지 않는 것은 '지금 여기'가 어쩔 수 없이 그 시간 안에서 '흐르기 때문에' 그럴 수밖에 없는 것이라고 말할 수도 있습니다.

그러나 만약 이러한 설명이 옳다면 세월의 흐름을 따라 '부닥쳐 남는 것'은 아예 없어야 합니다. 그런데 그렇지 않습니다. 부닥침이 한결같이 그렇게 흐름에 실려 사라지지는 않습니다. 어떤 부닥침은 남습니다. 이를테면 겪은 사실들이 '지식'으로 구조화되면서 하나의 '지적(知的) 체계'로 이어지기도 합니다. 사라지지 않는 '기억'들도 있습니다. 부닥침이 하나의 '사건'이 되기도 합니다. 사건은 예사롭지 않은 일이어서 지금 여기에, 또는 지금 여기의 흔적을 크게 남깁니다. 그리고 보면 삶은 이렇게 부닥쳐 남는 것이 있어 비로소 이루어진 실재라고 할 수 있습니다. 다시 말하면 세월 따라 지금 여기의 부닥침이 한없이 스러지는 것 같아도 삶은 오히려 그 남는 것들로 이루어지는 것, 곧 '경험이 점철되는 것'이라고 해야 그 묘사가 더 정확한 그러한 것입니다. 이를 바탕으로 하여 삶이란 '특정한 사실들을 엮어 사는 것'이라고 해도 좋습니다. 아니면 삶이란 '부닥침을 여과하는 장치'를 지닌 것이라고 해도 좋습니다. 분명한 것은 '그저' 부닥친 사실들은 스쳐 지나가고, 기억에서 사라지고, 그래서 '있는 듯 없지'만, 겪어 경험했다고 말할 수 있는 사실들은 지녀지고, 기억되고, 이미 그 일이 지난 일이지만 여전히 내 삶 속에 '없는 듯 있다'는 사실입니다.

그러므로 경험은 우리의 삶 속에서 어떤 부닥침(사실)들을 다른 부닥침(사실)들과 구분하여 뚜렷하게 '인지(認知)'하도록 합니다. '다른 부닥침'이 있는 것입니다. 우리는 이를 '부닥침'이라고 하기보다 '만남'이라고 개념화해도 좋을 듯합니다. 그러면 그 부닥침이 좀더 사람이 겪는 일답게 묘사될 수 있을 듯합니다. 부닥침이 갖는 '기계적인 음조'와 달리 만남은 '살아 있는 숨결'을 함축한다는 의미에서 그렇게 말할 수 있습니다. 그렇다면 '사물과의 만남'이 경험입니다. '사물과의 살아 있는 만남'이라고 해도 좋습니다. 그렇기 때문에 경험은 더 나아가 그 사물들을 만난 '경험주체'에게 그가 '만난 사실들'을 부정할 수 없는 진정한 '실재(實在)'로 여기게 합니다. 그들이 경험한 사실들이 그들의 삶을 이루는 '실재'가 되고 있는 것입니다. 따라서 삶을 이루는 '현실'이 곧 경험이라고 할 수도 있습니다.

인간은 이러한 경험을 지닙니다. 그 누구도 예외일 수 없습니다. 부닥침만으로 살아가는 사람은 없습니다. '겪음'이라고 해야 할 '계기'가 삶을 매듭짓습니다. 그리고 그 계기나 매듭은 '살아 있는 실재'가 되어 내 삶을 축조(築造)합니다. 나는 나를 그렇게 '만드는' 부닥침을 마침내, 앞에서 지적한 대로, '만남'이라고 묘사합니다. 그리고 이에 이어 우리는 '내가 그러한 만남을 일구어낸다'고 말할 수 있는 자리에 들어섭니다. 그러므로 경험은 삶에서 비롯한, 그리고 삶을 축조하는, 삶 자체입니다. 경험이 삶이고, 삶은 경험인 것입니다.

되풀이되는 지루함이 없지 않지만 이 이야기를 좀더 이어가겠습니다. 우리의 삶을 구체적으로 살펴보십시다. 우리는 살아가면서 많은 것을 부닥칩니다. 나무, 바람, 사람, 세월, 고통, 사랑 등등 이루 말할 수 없이 다양한 삶과 부닥칩니다. 그런데 그 과정에서 우리는 이를테면 '나는 나무를 보았다'고 말할 수도 있고, '나무를 만났다'고 말할 수도 있습니다. 실제로 우리는 수많은 나무를 보고 부닥칩니다. 길게 줄지어 선 가로수들, 산에 가득한 수풀을 이루는 무수한 나무들, 마당에 있는 한 그루 나무 등

참 많은 여러 나무와 부닥칩니다. 이렇게 우리는 나무를 보며 삽니다. 그런데, 비록 늘 사용하는 관용적인 어투는 아니지만, 우리가 '나는 나무를 만났다'고 하는 경우가 있습니다. 우리의 그런 발언은, 물론 나무 모두를 지칭할 수도 있는 것이지만, 대체로 내가 부닥친 나무들 중에서 내게서 '떠나지 않는, 시간 따라 흐르지 않는' 어떤 나무, 곧 특정한 나무나 나무들을 칭합니다. 바꾸어 말하면 이는 온갖 나무 중에서도 나를 벗어나지 않는, 또는 내가 놓칠 수 없는 그러한 특별한 나무가 '있다'는 사실을 일컫는 것입니다.

그러므로 '부닥침'이 '만남'이 되는 것은 그 부닥친 사물이 내게 '지녀지는' 것과 다르지 않습니다. 그렇게 이루어지는 '지님'은, 또 달리 말하면, 부닥친 사물들 중에서 내가 달리 어떻게 할 수 없이 '선택한 어떤 것'이 생겼다는 것을 뜻하는 것이기도 합니다. 그리고 이때 '지녀진 나무 아닌 나무들'을 '부닥쳤지만 스쳐 지나간 만나지 못한 나무들'이라고 한다면, '지녀진 나무'는 '부닥쳐 만나 내 안에 담긴 나무'라고 할 수 있습니다. 이러한 나무는 흐름에 실려 사라지지 않고 그 여울을 벗어나 내게 남아 있는 나무입니다. '부닥친 나무'를 '만난 나무'이게 하는 일, 곧 그 나무가 마침내 나에게 내재화(內在化)되어 '내 안에 있는 나무'가 되는 일, 우리는 이것을 '나무를 경험한 것'이라고 말합니다. 경험이란 바로 이때 이러한 삶을 가장 잘 드러내는 개념입니다. 우리는 여기에서 '부닥침 → (스침 = 사라짐) → 만남 → 지님 = 경험'이라고 하는 우리네 삶의 한 구조를 그려볼 수 있습니다.

그런데 우리는 이 계기에서 매우 심각한 문제에 직면합니다. 왜 어떤 부닥침은 만나고 지녀 마침내 경험이라 말하게 되는데 어떤 것은 스쳐 지나가 부닥침 여부조차 확인하기 힘들 정도로 내게 아무것도 아니게 되는가 하는 것입니다. 하지만 우리 삶을 잘 살펴보면 이에 대한 대답은 결코 어렵지 않습니다. 우리는 우리의 실제 삶을 통해 이 물음에 대한 해답을 소박하게 진술할 수 있기 때문입니다. 예를 들면 내가 부닥친 어떤 일이 결과적으로 내게 구체적이고 실제적인 어떤 영향을 미쳤다든지, 갑작스럽게 나로 하여금 사물에 대해 새롭게 터득하게 해주었다든지, 또는 잊을 수 없는 환희나 아픔이 되는 어떤 일이었다든지 하는 경우에는, 비록 절대적으로 그런 것은 아니라 할지라도, 그 부닥침이 온전하게 사라지지 않습니다. 부닥친 일이 흘러 스쳐가지도 않고, 쉬 가시지도 않은 채 지금 여기의 나에게 '영향'으로, '터득'으로, 어떤 '절정(絶頂)'으로 남는 것입니다. 그 일은 세월의 흐름과 상관없이 나의 지금 여기와 더불어 멈춥니다. 그런데 경험주체의 자리에서 보면 그것은 자신의 삶의 과정 속에서 '어떤 매듭이 분명하게 마련되는 계기'와의 만남이라고 할 수 있습니다. 따라서 부닥침을 만남이게 하는 것은 그 부닥침을 자기실재에 불가항력적인 어떤 결과를 낳는 것으로 받아들이는 우리의 태도가 이루는 일입니다. 그러한 태도를 통해 그 부닥침은 만남으로 남게 되고, 그러한 태도가 나에게서 이루어지지 않으면 그것은 그저 스쳐 지나가는 것이 되는 것이라고 말할 수 있습니다. 그러므로 결국 삶의 주체가 어떠한 의식을 가지느냐 하는 것이 이처럼 남고 사라지는 것을 결정합니다.

안으로 지니는 일과 밖으로 드러내는 일

우리는 사람들의 경험을 하나의 현상으로 묘사할 수 있고, 그 현상을 인식할 수 있으며, 그 현상이 담고 있는 의미마저 읽을 수 있다.

그런데 경험을 이처럼 '직면한 사물의 내재화'라는 개념으로 이해하면 우리는 이제까지 이야기한 것과 다른 차원에서 경험을 서술할 수도 있습니다. 예를 들면 우리에게는 부닥침 자체가 아예 일상적이지 않은 경우가 있습니다. 다시 말하면 내가 부닥친 사물이 전혀 상상할 수 없는 압도적인 것이어서 내가 그것으로부터 벗어날 수 없는 경우가 있습니다. 따라서 결과적으로 그러한 부닥침은 결코 스쳐 지나가지 않습니다. 나는 불가피하게 그 부닥침을 지닐 수밖에 없습니다. 바로 그런 경우가 있는 것입니다.

비록 상대적일 수밖에 없겠지만 인간은 누구나 내가 부닥친 객체가 내 상식을 깨뜨릴 정도로 엄청나거나, 기괴하거나, 불가사의하거나, 설명할 수 없는 것일 때 그러한 부닥침에서 일게 된 나 자신의 반응에서 스스로 쉽게 벗어나지 못합니다. 다시 말하면 그러한 계기에서의 내 삶은 쉽게 사라지지 않습니다. 그 계기는 나를 스쳐 지나가지 않습니다. 내게 '잊히지 않는 사물'이 되어 지녀집니다. 부닥침이 아니라 만남을 낳는 것입니다. 대체로 이러한 '만남'의 경우에 우리는 '일상적인 감정'이나 '상식적인 인식'과는 다른 반응을 보입니다. 그러한 '일상적이지 않은 반응'이 만남의 자리를 채우는 것입니다. 그것이 다름 아닌 경험내용입니다. 이를테면 '설명이 불가능한 견딜 수 없는 고통'에 직면하는 경우, 신비라고 말할 수밖에 없는 황홀한 전율을 수반한 '사랑을 고백할 수밖에 없는 경우' 등이 그러합니다. 그러한 것에서 스스로 벗어나는 것이 어렵지 않은 사람은 거의 없습니다.

이를 우리는 다음과 같이 또 다르게 서술할 수도 있습니다. 우리가 사물과 부닥치는 것은 언제 어디서나 살아가는 한 피할 수 없는 삶의 모습입니다. 부닥침이 곧 삶입니다. 그런데 어떤 부닥침은 대상이 엄청나거나 이상스러운 것이 아닌데도 내게 마치 '갑작스러운 돌출'처럼 두드러지는 부닥침일 경우가 있습니다. 예사롭게 지나칠 수 없다고 판단되는 반응을 하게 되는 때가 있는 것입니다. 이를 경험주체의 자리에서 서술한다면 삶의 과정에서 우리는 우리가 부닥친 어떤 사물에 대해 다른 부닥침과 같지 않은 관심을 기울이게 되는 경우가 있게 마련인데 바로 그러한 때라고 할 수 있습니다. 이러한 현상에 대하여 정연한 인식론적 서술을 시도한다면 마땅히 그러한 계기의 출현을 분명한 원인을 밝혀 인과적으로 서술해야 할 것입니다. 또 그렇게 합니다. 하지만 실제 삶에서 반드시 그러한 서술이 늘 적합성을 가지고 사태를 모두 설명하는 것은 아닙니다. '갑작스러운 돌출'이라는 묘사는 그것이 대상이 빚는 현상이 아닌데도 그렇게 기술될 수밖에 없다고 하는 것을 유념한다면, 오히려 삶의 주체가 빚는 현상을 스스로 그렇게 기술하고 있는 것이라고 해야 더 실제에 가까운 것이라고 판단됩니다. 다시 말하면 이러한 일은 어쩌면 '부닥침을 넘어서는 만남에의 희구'가 낳는 것이라고 할 수 있을 그러한 것이라고 말하고 싶은 것입니다. 그렇기 때문에 자연히 그러한 사물은 내가 특별한 '의미'를 부여하지 않을 수 없는 그러한 사물일 수밖에 없습니다. 그때 그 사물들은 스쳐 지나가지 않고 내 안에 머뭅니다. 거듭 말하지만 '부닥친 것이 아니라 만난 것'이 되는 것입니다. 따라서 우리는 그러한 '만남이 빚는 사물'을 '의미의 실재'라고 할 수 있습니다. 그것이 곧 '경험된 실재'입니다.

사랑하는 사람과 앉아 있던 벤치 뒤편에 그것을 덮고 있던 커다란 나무, 우리는 그 나무를 다른 나무와 같은 나무로 여기지 못합니다. 그 나무가 다른 나무와 구별되는 아무런 특징이 없어도 상관없습니다. 그 나무는 내게, 나에 의해서, 잊을 수 없는 '실재'로 내 안에 머뭅니다. 우리는 그 나무를 내 감각과 의식에 담습니다. '경험 안'에 담는 것입니다. 그리하여 마침내 '내 사랑을 거듭거듭 확인해주는 나무'라고 말할 수 있을 때, 그 나무를 우리는 '내가 경험한 나무'라는 범주에 넣어 다른 나무와 뚜렷하게 구별합니다. 따라서 내게 보이고, 내가 나무로 확인하는 것은 그 나무뿐이라고 말해도 좋습니다. 이것이 그 나무를 만나 지니게 된 경험내용입니다. 그런데 그렇게 현존하는 나무가 내 삶의 현실을 이룹니

다. 내 존재가 거절할 수 없는 실재가 되어 내 삶을 구성하는 중요한 구
성요소가 되는 것입니다. 이러한 경험을 우리는 누구나 하고 있습니다.
그러한 특정한 나무의 현존을 우리는 결코 부정하지 못합니다. 우리는
그 나무만이, 그러한 것만이 내게 실재라고 말하는 데 조금도 주저하지
않습니다. 그것만이 '의미의 실재'이기 때문입니다. 그러나 다른 사람들
은 그 '내 나무'를 그렇게 보지 않습니다. 까닭은 분명합니다. 다른 사람
들은 그 나무를 내가 그러하듯 그렇게 '희구'하지 않았기 때문입니다.
따라서 그 사람들에게는 '내 나무'가 그저 예사로운 나무, 그래서 부닥
치지만 스쳐 지나간 나무일 뿐입니다.

　우리는 삶을 이렇게 살아갑니다. 이렇듯 삶을 경험합니다. 경험을 통
해 비로소 사물들은 내게 투명해집니다. 더 나아가 그러한 경험을 통하
여 사물은 내 안에서 스스로 머뭅니다. 그러므로 '삶은 만나는 것들의
총체로 이루어진다'고 말하는 것이 양화(量化)된 개념인 산술적인 묘사
로는 옳겠지만, 오히려 '경험된 사실들을 틀로 하여 거기 삶이 담긴다'
고 말하는 것이 실존적으로는 더 정확합니다. 결국 경험은 삶, 그것도 지
나가지 않고 내 안에 머물러 나를 실재하게 하는 '의미 있는 삶'을 뜻합
니다. 따라서 경험은 '사색'이 아닙니다. 그것은 지적 탐구를 거쳐 이루
어지는 '인식'도 아닙니다. 맹목적이게 사물에 몰입하여 끝내 자기를 상
실해버리는 '자기탐닉'도 아닙니다. 그렇다고 해서 자극적이고 감각적
이어서 매우 충동적이지만 곧 사라지고 마는 그러한 '정서'도 아닙니다.
우리가 무엇을 경험했다고 할 때, 그 경험이란 이제까지 나열한 그 어떤
하나로 설명할 수 있는 현상이 아닙니다. 그렇다고 해서 그러한 것들이
경험을 서술하는 데서 배제되어야 한다든지 그렇게 배제한다고 해서 없
어지는 것도 아닙니다. 경험은 '모든 것'을 다 포함합니다. 그리고 그러
한 것이 모두 포함되면서 내게서 일어나는 '반응'조차 아울러 담습니다.

당연하게 '사라진 부닥침'조차 '사라진 것'으로 지금 여기의 경험에 포함됩니다. 이러한 의미에서 우리는 경험을 '전인적(全人的)'인 것이라고 할 수 있습니다. '삶이 모두 동원되어 삶과 부닥치며 지니게 되는 삶'이라고 해도 좋을지 모르겠습니다. 사람들은 이렇게 살아갑니다.

　하지만 경험은 그렇게 '안에'만 머물지 않습니다. 사람들은 늘 그 경험내용을 '밖으로' 드러냅니다. 자기경험을 발언하기도 하고, 몸짓으로 드러내기도 하고, 여러 사람과 함께 사는 어우러짐 속에서 어떤 특정한 일로 그것을 구체화하기도 합니다. 이러한 현상을 우리는 '경험의 드러냄'이라고 할 수 있습니다. 아니면 '내재화된 사실의 현재화(顯在化) 또는 실재화(實在化)'라고 해도 좋습니다. 그러므로 경험을 점철하면서 산다는 것은 인간이 자기가 만난 사물을 내재화하고, 그렇게 된 사물을 다시 드러내 그것으로 형성된 실재들로 내 삶의 얼개를 짓는 것과 다르지 않습니다. 이때 비로소 우리는 사람들의 '경험'을 하나의 현상으로 묘사할 수 있고, 그 현상을 인식할 수 있으며, 그 현상이 담고 있는 의미마저 읽을 수 있게 됩니다. 다시 말하면 우리는 경험이 드러난 현상을 만나 이를 이해하고 읽고 더듬으면서 한 인간이 어떠한 경험을 했으며 어떤 삶을 살았는가 하는 것을 알게 됩니다. 그 드러난 현상을 통해 경험주체를 이해할 수 있게 되는 것입니다.

　인간에 대한 이해는 이렇게 이루어집니다. 그러므로 우리가 부닥치는 삶의 현상들, 곧 우리가 역사라든지 문화라고 개념화한 현상들은 모두 인간의 '경험현상'이라고 말할 수 있습니다. 따라서 우리는 이러한 역사-문화적 현상을 통하여 '누가 무엇을 어떻게 경험하고, 그 경험이 어떻게 무슨 의미를 지니고 그 경험주체 안에서 머물고 있는지' 짐작할 수 있게 됩니다. 그런데 그럴 수 있는 것은 경험이 드러나기 때문입니다. 우리는 이러한 맥락에서 지금 우리가 보고 듣는 현존하는 온갖 사물들이 인간의 경험에서 비롯한 것이라는 사실을 다시 소박하게 서술할 수 있습니다. 힘의 추구(정치)도 그러하고, 재화의 축적(경제)도 다르지 않으며, 그림을 그리고 노래를 하는 것(예술)도 다르지 않습니다. 그 모든 것들은 '경험의 표상'이라고 해도 좋고, '표상화된 경험'이라고 해도 좋습니다. 다시 드러날 수 있는 내재화된 어떤 사물과의 원초적인 만남이 없었다면 그러한 것들이 있을 까닭이 없습니다.

신뢰성의 문제

종교인에게 종교현상은 절대로 지울 수 없는 엄연한 현실이다.
그러므로 우리는 종교현상을 하나의 실재로서 승인해야 한다.

종교도 조금도 다르지 않습니다. 그것은 '표상화된 경험'입니다. 그것도 삶의 현상이기 때문입니다. 한때, 종교에 관하여 관심을 가진 학자들이 종교가 무엇인지 알기 위해 종교의 기원(起源)을 찾아 아득한 처음으로 되돌아가는 연대기적인 탐색을 추구한 적이 있습니다. 반드시 생물학적 관념이 아니더라도 역사나 문화가 소박한 데서 복잡한 데로 나아간다는 진화론적 관점에서 보면 하나의 사물을 알기 위해서는 그러한 방법을 선택하는 것이 옳습니다. 그러나 그렇게 하면 두 가지 문제에 부닥칩니다. 하나는, 기원이란 실증할 수 있는 것이 아니라는 사실 때문에 어떤 결론에 도달한다 하더라도 그 주장은 여전히 '상상'의 수준에 머물 뿐 분명하고 확실한 것일 수는 없다는 것입니다. 또 다른 하나는, '지금 여기'의 현실성을 '원인의 결과'라는 논리에 넣어 설명하는 것은, 지금을 설명하기 좋은 어떤 요인을 원인이라고 단정하는 경향성에만 그리고 그렇다고 하는 논리적 일관성에만 치우쳐, 결과적으로 언제나 부분적이고 파편적인 인식을 온전한 것으로 여기는 과오를 범할 수 있다는 사실 등으로 늘 불안하다는 것입니다. 비현실적인 인식을 온전한 것으로 여기는 착각에 빠지기 쉬운 것입니다.

　그러므로 이 두 가지 문제를 넘어서지 않는 한, 기원을 서술하는 것으로 종교를 설명하려는 노력은 특정한 자기정당화의 목적을 이루려는 것이 아니라 보편적인 인식을 위한 경우에는 충분한 적합성을 가질 수가 없습니다. 그럼에도 불구하고 굳이 종교의 기원을 일컬으면서 종교를 설명하고자 한다면 그 기원을 '역사적'인 처음 자리에 이르러 그로부터 추론하기보다 오히려 인간의 '의식의 구조' 안에서 종교의 싹을 찾는 것이 옳을지도 모릅니다. 그렇게 하면, 무언지 경험했기 때문에 그 경험이 드러난 현상, 무엇과 만나 그것을 잊지 않고 지녀 자신의 삶 속에서 되드러낸 현상, 그것이 결과적으로 종교라고 일컬어지는 현상이라고 말하면서, 그 현상을 담을 수 있는 일정한 범주를 지어 그 울 안에 든 경험들이 종교를 낳았다고 설명하는 것이, 오히려 '종교'를 더 널리 누구나 승인할 수 있도록 잘 설명할 수 있는 것은 아닐까 하는 생각을 할 수 있기 때문입니다. 그렇다면 바로 이 맥락에서 우리는 종교란 우리의 일상적인 경험이 드러난, 또는 그것이 드러낸 현상이라고 다시 분명하게 말할 수 있게 됩니다.

　이와 아주 다른 견해도 있습니다. 종교도 분명하게 인간의 어떤 경험이 표출된 것임에는 틀림없지만 그것이 종교라고 불리는 경험인 한, 그 경험은 일상적인 인간의 경험과 같은 차원에서 이야기할 수 없는 '다른' 경험이라고 하는 주장이 그것입니다. 그러한 주장에 의하면 바로 그러한 사실 때문에 종교도 경험이지만 결코 경험이라고 일컫는 경험 일반의 범주에 담을 수 없는 것이라고 주장합니다. 이러한 주장은 매우 심각한 문제를 제기합니다. 경험 일반의 개념적 범주에 들지 않는 '다른 경험'의 실재를 이야기하는 것이기 때문입니다. 그러므로 서술적으로 전혀 다른 범주를 설정하여 경험이 아닌 다른 개념적 어휘로 그 다른 경험을 서술할 것인지, 아니면 근원적으로 '경험 아닌 경험'의 범주를 전제할 것인지를 결정해야 합니다. 그러나 문제는 오히려 경험이라는 개념이 아니라 경험의 내용이 문제가 되어 혼란스러워지는 데 있는지도 모릅니다.

그렇다면 이제 우리는 이른바 '종교경험'이란 어떤 것인가 하는 것을 서술하면 됩니다. 그런데 이 일이 간단하지 않습니다. 이른바 종교인들의 경험내용은 그것이 진술될 때 언제나 '신뢰성의 문제'를 야기하기 때문입니다. 예를 들어보십시다. 비종교인들은 종교인들이 드러내는 '경험의 진술내용'을 만약 그것이 '사실'을 전해주는 것이라면 그것은 승인할 수 없는 내용들이라고 느낍니다. 이른바 합리적 지성의 잣대로 그것을 판단하기 때문에 그럴 수도 있습니다. 그러나 그것만이 원인은 아닙니다. 이를테면 시인이 자신의 경험을 진술하는 '시의 내용'에 대해서는, 비록 그 진술이 산문적인 엄격성이 없는 것이라 할지라도 사람들은 그 시가 지닌 그 나름의 '진실성'을 수긍합니다. 그러나 종교인의 경험진술 내용에 대해서는 반응이 그렇지 못합니다. 종교인이 아닌 사람들은 대체로 종교인의 경험에 대한 충분한 승인을 언제나 유보합니다. '경험에 대한 불신'이라고 단정할 수는 없지만 자신의 어떤 삶의 경험이 그 종교인들의 어떤 경험과 공명하는 것임을 스스로 진술할 수 있을 때까지 그러합니다. 이것은 참으로 흥미로운 현상입니다. 왜냐하면 이러한 태도는 결과적으로 분명히 종교라는 현상이 실재하고 있고, 그것이 특정한 삶의 주체가 지닌 경험을 드러낸 것이라고 하는 사실을 인정하면서도, 그 현상 자체를 다시 거부하는 것과 다르지 않기 때문입니다. 논리적으로 말하면 이는 경험의 보편성이나 일반성에 대한 부정, 또는 인간의 보편성을 인정하지 않으려는 것과 다르지 않습니다.

우리가 실제로 만나는 종교인들의 모습을 그려보면 이 사실은 더 분명해집니다. 종교인들은 자신이 경험한 그 내용이 무엇이든 자기경험의 절대성을 주장합니다. 그러므로 종교인들의 진술은 언제나 단정적이고 직설적입니다. 논의의 여지를 허용하지 않습니다. 그러면서 그렇게 말할 수밖에 없는 이러저러한 경험이 없었다면 자신이 종교인이라는 자의식을 가진 그러한 인간으로 지금 여기에서 이렇게 살아가는 것이 불가능했을 거라고 주장하는 것입니다. 그 최종적인 선언 또한 단정적이고 직설적이며 '순수'합니다. 이는 매우 중요한 사실입니다. 그러한 주장, 그것도 '절대적인 것'으로 전제하는 그러한 주장이 없었다면 드러날 종교문화도 없었을 것이기 때문입니다. 오직 부처님께 귀의를 해야 한다고 주장한다든지, 예수만이 신의 아들이라고 주장한다든지 하는 것이 그러합니다. 그러한 주장들은 그러한 주장을 할 수밖에 없게 한 어떤 절대적인 경험을 내용으로 하고 그것을 드러낸 표상들입니다. 따라서 그러한 선언들은 근원적으로 타자의 공감을 요청하지 않습니다. 그 이전에 그 선언은 자신이 불가피하게 어떤 규범적 요청을 승인하고 이를 자신의 것으로 수용한 경험주체의 고백을 전제하고 있습니다. 그러므로 우리가 종교현상이라고 일컬어진 그 현상을 알기 위해서는 내 문제가 그 현상을 드러나게 한 경험주체의 문제와 공명하기까지 결코 그것을 그대로 수용하거나 승인해서는 안 된다고 판단할 수도 있습니다. 하지만 그렇다고 해서 그렇게 될 수 있기까지 기다리는 것이 그러한 현상에 대한 앎을 의도하는 자리에서 취해야 할 '정직한' 태도는 아닙니다.

물론 우리는 종교경험의 표출이 절대성을 전제하고 이루어지기 때문에 종교 밖에 있는 사람들에게 상당한 저항을 유발한다는 사실을 사소한 것으로 여길 수는 없습니다. 그러한 절대성은 종교를 종교이게 하는 징표이기도 합니다. 그러나 종교경험이 아니더라도 무릇 경험이란 그러합니다. 경험은 경험주체로부터 비롯한 절대적인 것입니다. 따라서 언제나 '소통의 문제'와 직면합니다. 그런데 표출된 경험이 '결과적으로' 소통을 낳는 것이지 소통 여부가 경험의 실재성을 보장하는 것은 아닙니다. 무릇 경험이란 모두 그러한 속성을 지닙니다. 다만 종교경험을 드러내는 자리에서 그것이 상대적으로 더 극적일 뿐입니다. 그러므로 종교경험이 경험 일반의 범주에 들 수 없는 '다른 경험'이라는 주장은 '정도의 차이' 를 '이질적인 것 간의 차이'로 치환해버리는 잘못이라고 말할 수도 있습니다. 물론 정도의 차이가 마침내 종(種)의 차이에 이를 수도 있습니다. 하지만 경험의 경우, 우리는 우리가 선택한 경험의 개념적 범주에 들 수 없는 경험이란 사실상 존재하지 않는다는 사실을 전제하고 싶은 것입니다. 종교경험도 예외일 수 없습니다.

따라서 종교에 대하여 이해하고자 한다면 우선 지녀야 할 태도는, 종교라는 현상이 존재하게 된 것은 경험주체의 경험이 있어 가능한 것이므로 이를 당연하고 자연스러운 현존으로 승인해야 하며, 그렇게 하기 위해서는 그 경험주체들, 곧 종교인들의 자기주장을 그대로 존중하는 일입니다. 종교인이 스스로 겪었다고 하는 사실을 밖의 자리에서 부정하거나 간과하거나 회의하는 자리에서 그 종교의 현존을 운위한다는 것은 온당하지 않습니다. 거듭 말하지만 종교를 인식하려는 자리에서만 그런 것이 아닙니다. 무릇 사물에 대한 인식의 자리에서 보아도 그렇습니다. 어떤 인식내용을 지니게 될 것인가 하는 것은 나중에 '도달할 문제'입니다. 우리가 해야 할 우선하는 일은 '앎에 이르려는 다가감'입니다. 그리고 이때 우리에게 요청되는 것은 문제가 된 객체에 대한 소박한 승인입니다. 이로부터 비로소 인식이 비롯하기 때문입니다. 그리고 그 맥락에서 우리는 마침내 이미 언급한 바와 같이 '종교인이 없다면 종교가 있을 까닭이 없다'고 말할 수 있습니다. 그런데 그 '종교인이 있음'은 곧 '어떤 사람이 종교인이 될 수밖에 없는 어떤 경험을 했음'을 뜻하는 것입니다. 종교문화의 현존은 그렇게 있는 현상입니다.

우리는 이 사실을 다시 강조할 필요가 있습니다. 종교문화는 허상이거나 실재하지 않는데 실재한다고 우기는 것이거나 경험 일반과는 전혀 다른 '신비한 어떤 실재'이거나 감히 다가갈 수 없는 어떤 신성한 것이 아닙니다. 그러므로 종교문화는 인식의 객체일 수 없다든지, 그것을 '알려는 태도'는 마땅한 것이 아니라든지, 다만 자신의 봉헌 여부를 결정해야 하는 실재라든지, 종교는 해체해야 할 미련한 짓이라든지, 그것은 감추어진 의도를 지닌 실은 사회의 기제(機制)라든지, 다만 심리적 반응이라든지 하는 주장은 무척 조심스럽습니다. 우리는 우리가 현실적으로 만나는 여러 종교들이 실은 어떤 사람들의 어떤 특정한 경험에서 비롯한 것이라는 사실을 주저 없이 주장할 수 있고, 또 그렇다고 하는 것을 승인해야 합니다. 종교는 '경험이 낳은 소산'이라고 단언할 수 있어야 하는 것입니다. '밖'에서 보면 종교가 상상이나 환상의 산물이라고 여겨진다 해도 종교인들의 자리에서는 그러한 표현으로 종교를 실재이지 않다고 판단하는 것을 견디지 못합니다. 경험을 훼손당하는 것은 자존심이 상하는 일입니다. 당연합니다.

그러므로 우리가 종교문화를 이해하려 한다면 이에 대한 긍정적인 판단을 전제하든 부정적인 판단을 전제하든 상관없이 그것이 어떤 사람의 주체적인 경험이 없었다면 있을 수 없는 현상이라는 것을 일단 승인하지 않으면 안 됩니다. 예를 들어보십시다. 종교인들은 자기에게 과해지는 부정적인 진술을 모르지 않습니다. 그래서 그들은 자신들의 경험에 근거하여 그러한 부정적 진술이 자기들의 삶을 묘사하는 데 적절하지 않다고 주장하고 있습니다. 우리는 종교인들이 바로 이러한 주장을 하고 있다는 사실을 그대로 존중하지 않으면 안 되는 것입니다. 그렇다고 해서 그들이 주장하는 것에 대한 긍정적인 반응만이 온당한 것이라고 하는 주장을 하려는 것은 아닙니다. 그렇게 하려면 봉헌을 선택해야지 인식을 선택해서는 안 됩니다. 따라서 종교를 사람의 경험에서부터 비롯한 것이라고 하는 주장은 달리 말한다면 종교라고 일컫는 현상이 적어도 종교인에게 는 절대로 지울 수 없는 엄연한 현실이라는 것, 그리고 우리는 그러한 것 을 하나의 현상으로 만나고 있다는 것, 곧 종교현상이 실재(實在) 그 자 체라는 것을 주장하는 것과 다르지 않습니다. 뿐만 아니라, 바로 그렇기 때문에 종교라는 울 밖의 자리에서 종교라고 일컬어지는 현상으로부터 내가 승인할 수 있는 것만 골라 그것을 수용하면서 그 승인 영역에 들지 않는 것은 실재하는 것이 아니라는 투로 종교에 다가갈 수도 없습니다. 그것은 인식을 위한 어떤 진지성도 결한 태도입니다.

소박한 승인 : 종교담론의 처음과 끝

경험이 없으면 표상이 없다. 표상을 읽는 일은 경험을 읽는 일이다. 그러므로 경험에 대한 관심은 종교담론의 처음이자 끝이다.

그런데 이미 앞의 서술에 충분히 담겨 있는 것이지만 더 뚜렷하게 하 기 위해 말한다면 종교인들의 자기주장도 구조적으로 보면 비종교인들 이 종교에 대하여 가지는 태도와 크게 다르지 않습니다. 종교인들은 자 신들의 경험을 진술하면서 그것은 경험 일반의 범주에 감히 들 수 없는 '다른' 경험이라고 주장합니다. 일상적인 언어조차 허용되지 않을 만큼 독특한 언어와 논리가 필요한 것이기 때문에, 그 경험을 이른바 인간이 지닌 '경험의 보편성이나 일반성'에 포함시키는 것은 종교라는 현상에 대한 근원적인 오해를 낳게 하는 것과 다르지 않다고 주장하는 것입니 다. 그리하여 삶의 총체성에 들지 않는 예외적인 것으로 종교의 자리를 설정합니다. 물론 양태적 특수성을 주장하는 것은 인식을 위한 방법론일 수 있습니다. 그러나 종교인들의 이러한 주장은 그러한 것이 아닙니다. 존재론적으로 종교는 '다른 삶'이라고 주장합니다. 일상성과는 다른 비일상적인 실재를 전제하면서 그것을 개념화합니다. 신비, 초월, 신성(神聖) 등이 그 전형적인 어휘들입니다. 이러한 진술을 통하여 종교인들은, 비록 종교에 따라, 그리고 개개 종교의 역사적 진전에 따라 강도(强度)의 차이는 있지만, 자신의 경험이 '주어진 것'이라는 진술마저 하는 데 이릅니다. 이에 이르면 인간은 스스로 적극적인 경험주체일 수조차 없는 자리에 들게 됩니다. 그러므로 이러한 주장의 논의를 좇는다면 종교는 경험의 일상성에 들지 않는 '다른 경험의 차원'에서 이루어지는 현상입니다. 그 다른 차원과의 자연스러운 연계는 불가능하고 비현실적입니다. 어느 종교도 이러한 풍토를 함축하지 않는 종교는 없습니다. 가장 '인간적인 종교'라고 일컬어지는 종교들에서도 그러한 주장의 표상은 한결같습니다.

그렇기 때문에 종교인들은 자신들의 경험을 진술하는 언어가 일상적인 보편적 경험 안에서 익숙한 언어로 번역되는 것을 견디지 못합니다. 어느 종교에서나 발견할 수 있는 주목할 만한 현상 중의 하나는 종교들이 가지는 '자기언어에 대한 민감한 반응'입니다. 현대적인 개념에서 말한다면 종교언어는 단순한 '전문적인 용어'가 아닙니다. 그것은 경험의 일상성을 배제하면서 이루어지는 '다른 경험'을 담는 절대적인 그릇입니다. 몸짓도 그러한 이해에서 그리 멀지 않습니다. 종교인들이 지은 공동체도 다르지 않습니다. 그 모든 것은 철저하게 종교를 낳은 자기들의 경험이 일상적인 경험의 범주에 들 수 없다는 사실을 구체화하고 있다고 스스로 판단합니다. 그러나 종교인들의 이러한 주장은 다른 사람들에게 자신의 경험의 순수성과 그 경험에 대한 정직성, 그리고 그 경험의 지극함을 전달하려는 것이기 때문에 불가피한 것일 수도 있지만 결과적으로 '소통의 단절'을 스스로 초래하면서 '인간으로서의 보편성'을 차단하는 불가능하고 부정직한 작업을 하는 것과 다르지 않습니다.

종교인의 이러한 주장은 심지어 종교인 사이에서도 드러납니다. 각개 종교들이 진술하는 경험에 대하여 두루 너그럽지 않습니다. 그러한 진술이 자신의 경험이 진술하는 것과 '다르다'고 하는 것이 그러한 태도를 낳는 원인이 되고 있습니다. 다시 말하면 경험을 발언하는 그 종교인이 봉헌하고 있는 종교에 속하지 않은 사람들은 흔히 그 종교경험을 그대로 승인하려 하지 않습니다. 그러나 역으로 이러한 태도는 결과적으로 자신의 현존을 거절하는 자리에 이르게 될 수밖에 없습니다. 경험이 삶의 내용인 현실 속에서 삶의 주체가 지닌 경험의 진술과 그것이 드러내는 현상을 승인하지 않는 것은 적어도 인식론적으로 '자기기만'일 수밖에 없기 때문입니다. 더 직접적으로 말한다면 종교현상이나 종교문화에 대한 인식의 통로를 차단함으로써 스스로 '비인간적'이게 되는 일탈을 자신의 순수와 정직으로 착각하며 살아가는 모습과 다르지 않기 때문입니다.

우리는 종교문화를 둘러싸고 비종교인이든 종교인이든 종교인 상호간이든 상관없이 종교인의 경험적 발언에 대해 이해할 수 없다든지, 비현실적이라든지, 유치하다든지, 환상에 빠진 것이라든지, 착각이라든지, 오판(誤判)이라든지, 거짓이라든지 하는 반응들을 예사롭게 하고 있는 것을 봅니다. 그런가 하면 스스로 자신의 경험은 초월적이라든지, 신성한 것이라든지, 신비스러운 것이기 때문에 감히 일상적인 경험의 언어로 서술할 수 없는 다른 실재라고 하는 배타적인 반응도 그것 자체가 하나의 문화로 정착해 있음을 확인할 수 있습니다. 그런데 생각해보면 이러한 반응 자체가 이미 종교란 '종교를 낳게 한 특정한 경험'에서 비롯한 것임을 보여주는 역설적인 실증이기도 합니다. 그러한 주장을 제각기 할 수밖에 없는 어떤 경험이 없었다면 그러한 드러남이 있을 수 없다는 사실에서 조금도 벗어나지 않고 있는 현상이기 때문입니다.

종교는 우리의 삶 속에 있는 현상입니다. 아무리 부정적으로 묘사한다 하더라도 그러한 묘사를 할 수밖에 없는 ‘경험적 실재’이고, 아무리 긍정적으로 묘사한다 하더라도 그러한 묘사를 할 수밖에 없는 ‘경험적 실재’입니다. 경험은 이 땅에서 지금 우리가 사물을 만나 지닌 실재이고, 우리의 삶이 지어지는 구체적이고 직접적인 삶입니다. 종교는 그렇게 우리에게 있습니다. 경험적 실재에 대한 가치판단은 또 다른 작업입니다. 그래서 그 경험이 드러난 현상인 종교문화가 지금 여기에서 어떤 의미를 지닌 것으로 현존하고 있고, 그 역사는 어떠하며, 그 문화가 여타 문화와 어떻게 이어져 있고 겹쳐 있느냐 하는 것들은 종교의 현존이 인간의 경험적 실재라는 사실을 승인한 뒤에 이어져야 할 과제입니다. 그러나 불안하게도 우리는 종교문화를 논의하고자 하는 첫 자리에서부터 종교가 인간의 삶 속에 있는 ‘자연스러운 삶의 모습’이라는 사실을 거절하는 사태에 직면하곤 합니다.

종교는 하늘 위에 있는 것도 아니고 땅 속에 있는 것도 아닙니다. 마음 밖에 있는 것도 아니고 마음 안에 있는 것도 아닙니다. 신이 만든 것도 아니고 인간이 만든 것도 아닙니다. 그런데 종교는 하늘 위에도 있고 땅 속에도 있습니다. 마음 밖에도 있고 마음 안에도 있습니다. 신이 만든 것이기도 하고 인간이 만든 것이기도 합니다. 종교는 이 모든 표현들이 가능한 ‘인간의 삶의 경험 속에서 드러난 삶의 모습’입니다. 그러므로 거듭 말하지만 인간을 배제한 종교논의는 현실적이지 않습니다. 아니, 종교문화에 대한 논의는 인간이 어떻게 삶을 경험하고 있는가 하는 것을 살펴보는 일입니다. 경험이 없으면 표상이 없습니다. 표상을 읽는 일은 경험을 읽는 일입니다. 종교는 인간의 소업(所業)입니다. 인간이 없으면 종교도 없다는 맥락에서 그렇습니다. 그러므로 경험에 대한 관심은 종교 담론의 처음이고 끝입니다. 그래야 합니다.

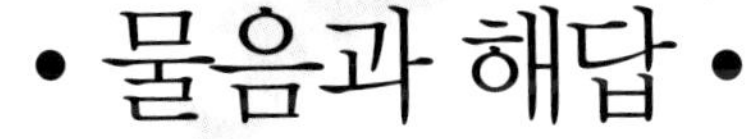
• 물음과 해답 •

현실과 꿈

인간은 행복을 추구하는 존재라고 하는 것은 인간이 문제를 지닌 존재라는 말과 조금도
다르지 않다.

우리는 누구나 '행복'하기를 바랍니다. '잘살기'를 바란다고 해도 좋습니다. 그래서 부러운 삶도 많고, 꿈꾸는 삶도 다채롭습니다. 그리고 그렇게 살 수 있기 위한 온갖 노력을 다합니다. 삶은 그러합니다. 그러므로 그러한 노력이야말로 인간의 아름다운 모습으로 늘 그려집니다. 하지만 그러한 삶을 살려는 우리의 현실 속에는 두 가지 심각한 한계가 있습니다. 하나는 어떻게 사는 것이 행복한 삶인가 하는 것을 판단하는 일이 쉽지 않다고 하는 사실이고, 또 다른 하나는 비록 행복이 무엇인지 분명하게 그려졌다 할지라도, 그리고 그것을 목표로 삼아 행복을 실현하고자 하는 성실하고 정직한 노력을 다한다 하더라도, 그것을 성취하는 것이 또한 쉽지 않다고 하는 사실이 그것입니다. 그런데 이 둘은 서로 분리된 것이 아닙니다. 행복이란 무엇인가 하는 것을 판단하는 일과 행복의 실현을 의도하는 일은 동일한 척도에 의해서 판단되고 실천되는 것이기 때문입니다.

그런데 행복이 무언지 판단하고 그 성취를 측정하는 준거를 가지고자 하는 것은 '행복한 삶'을 위한, 또는 우리가 바라는 '가장 온전한 삶'을 향한 간절함이 지어내는 일입니다. 그러므로 인간이 이러한 의지나 혹은 '꿈'을 지니고 이를 실천하기 위한 삶을 살아간다는 것은 귀한 일입니다. 사람다운 삶이기 때문입니다. 그런데 또 한편 생각해보면 이러한 태도는 방금 지적한 바와 같이 '행복에의 지향'이라고 하는 매우 긍정적인 현상으로만 묘사할 수 없는 다른 모습을 드러내기도 합니다. 그러한 지향에도 불구하고 현실적으로는 그것이 뜻한 대로 잘 이루어지지 않는 데 대한 안타까움을 드러낸 것이라고 말할 수도 있습니다. '행복에의 지향'

이 비현실적인 것은 아니라 할지라도 결코 순탄한 것일 수는 없다는 것을 확인하는 모습이라고 할 수도 있기 때문입니다. 그렇지 않다면 행복의 내용에 대한 '거듭된' 확인, 그리고 자신이 얼마나 어떻게 그것을 이루어냈는가 하는 데 대한 마찬가지로 '초조한' 확인이 그처럼 간절할 수 없었을 것입니다. 그런데 이러한 사실은 여기에서 멈추지 않습니다. 조금만 더 이 사태의 근원적인 자리로 거슬러 올라가보면 우리는 단지 행복을 지향하는 일이 상당히 어려운 일이라는 사실을 확인하는 데서 머물지 않고 더 나아가 인간은 행복을 추구하지 않으면 살 수 없을 만큼 실은 '불행한 현실' 속에서 살아가고 있는 존재라는 사실을 승인하는 데 이르게 됩니다.

이것은 매우 심각한 일입니다. 인간을 그러한 존재라고 승인한다면 결국 인간은 '행복할 수 있을 만큼 온전한 존재'가 아니라는 사실을 확인하는 것과 다르지 않기 때문입니다. 우리는 살다보면 온갖 장애에 부닥칩니다. 뜻한 대로 삶이 풀리지 않습니다. 힘이 모자라고, 기회가 제대로 오지 않고, 뜻하지 않은 저항에 직면하기도 하고, 나 스스로 나를 가누지 못하기도 합니다. 인간은 무언지 모자랍니다. 충분하지 않습니다. 따라서 온전할 수가 없습니다. 그러니 삶이 행복할 까닭이 없습니다. 행복은 그러한 부정적인 요소들이 삶 속에서 꿈틀거리지 않는 상태를 일컫는 것이기 때문입니다. 우리는 인간의 삶이 이러하다는 사실을 누구나 알고 있습니다. 이러한 사실은 삶을 철저하게 분석하고, 그 결과를 논리적으로 잘 설명해야 비로소 알아듣거나 공감하는 그런 것이 아닙니다. 소박하게 우리 삶을 우리 자신들이 보고 듣고 느끼는 대로 묘사하면 그러한 서술이 저절로 될 수밖에 없습니다. 이러한 삶을 우리는 '삶은 문제 있음'이라고 묘사해도 좋을 듯합니다.

그러므로 인간이 행복을 추구하는 존재라고 하는 것은 다시 말하면 인간은 '문제를 지닌 존재'라는 말과 조금도 다르지 않습니다. 답답하고, 꽉 막힌 것 같고, 내 힘으로는 조금도 감당할 수 없는 일들이 참 많습니다. 그래서 그러한 것들을 풀고, 열고, 내려놓고, 다듬으며 살려고 몸부림하는 것이 실은 우리의 삶입니다. 그런데 그것이 쉽지 않습니다. 그러한 소용돌이를 살 수밖에 없을 만큼 철저하게 우리는 '문제 안에서' 삶을 살아갑니다. 그러므로 인간의 삶의 일상은 문제로 흠뻑 젖어 있습니다. 매일 우리가 겪는 일상이 '문제의 범주'에서 벗어나질 않습니다. 따라서 '문제 없음'은 도대체 삶의 현실이 아닙니다. 삶은 아예 문제에 직면하면서 그 문제들과 씨름하면서 지내는 것이라고 해야 옳습니다. 문제를 가지지 않은 삶이란 없습니다.

그런데 '문제 있음'을 구체적으로 살펴 들어가보면 이 상황은 소박하게 '문제가 있다'라고만 서술할 수 없는 상당히 복잡한 모습들을 드러냅니다. 우선 문제를 인식하는 삶의 주체들이 있습니다. 이를 준거로 해서 보면, 앞에서 이렇게 저렇게 가벼운 묘사를 했습니다만, '인간은 문제를 지니고 있는 존재다'라고 하는 것이 모든 사람은 누구나 한결같이 동일한 문제에 직면한다는 것은 아니라는 사실을 알 수 있습니다. 역사-문화적 맥락이 동일하고 생태적인 조건이 동질적이라 해도 사정은 다르지 않습니다. 물론 정황적인 문제를 공유하지 않는 것은 아닙니다. 너나 구별 없이 '공동체의 문제'라고 할 만한 문제들이 있습니다. 그러나 더 직접적으로 인간에게 문제로 인식되는 것은 '개개인의 실존적 맥락'에서 끊임없이 제기됩니다. 그렇기 때문에 내 문제와 네 문제가 다를 수 있고, 우리와 너희의 문제 또는 그들의 문제가 한결같을 수는 없습니다. 누가 왜 언제 어디서 어떻게 어떤 것을 문제로 여기느냐 하는 것이 문제의 문제다움을 결정하는 것입니다.

그런데 문제를 준거로 하여 이를 기술할 수도 있습니다. 다시 말하면 삶의 주체와 상관없이 처음부터 '문제로 주어진' 문제도 있다고 하는 주장이 그것입니다. 이 경우, 문제는 불가항력적인 것으로 인식됩니다. 인간이면 누구나 특정한 문제의 한계 안에 있음을 주장하는 것과 다르지 않기 때문입니다. 예를 들면 '노년'이나 '죽음'은 누구에게나 닥칩니다. 그런데 그것은 누구에게나 문제입니다. 따라서 그러한 문제를 우리는 '주어진 문제'라고 부를 수 있습니다. 내 선택과는 상관없이 내게 불가피한 문제로 다가오기 때문입니다. 개개인의 삶의 조건에 따라 문제의 상황적인 우선순위는 다를 수 있습니다. 하지만 우리는 인간이 직면하는 문제의 문제다움은 그것이 '피할 수 없는 필연'이라는 사실로부터 말미암는 것이라고 판단하지 않을 수 없습니다. 달리 말하면 피할 수 있다든지 처음부터 부닥치지 않아도 된다든지 하는 것은 이미 문제이지 않기 때문입니다. 그러므로 위의 이 두 가지 사실을 종합하면 인간은 '동일한, 그러나 다른, 문제를 지니고 있다'고 말할 수 있습니다.

물음의 때와 자리

인간은 '문제 안에 있는 존재'일 뿐만 아니라 '물음을 묻는 존재'이기 때문에 인간이다.
그렇다면 언제 인간은 자신이 문제를 가지고 있다는 것을 의식하는가.

그러나 어떤 복잡한 서술이 잠재해 있다 하더라도 그러한 사정들이 인간이 '문제를 지닌 존재'라는 사실을 간과하거나 퇴색시킬 수는 없습니다. 오히려 그러한 접근들은 인간이란 '문제 안에 있는 존재'일 뿐만 아니라 '물음을 묻는 존재이기 때문에 인간'이라고 하는 더 적극적인 서술마저 할 수 있게 해줍니다. 그렇다면 이제 우리는 '무엇이 문제인가' 하는 물음보다 '언제 인간은 자신이 문제를 가지고 있다는 것을 의식하는가' 하는 물음으로 이를 정리할 수도 있습니다.

우선 우리는 물음이란 '모름이 수반하는 적극적인 삶'이라는 사실을 지적할 수 있습니다. 우리는 우리가 부닥친 어떤 사실이나 사물, 또는 현상이나 현실을 '알지 못할 때' 그것이 내가 부닥친 '문제'라는 사실을 의식하게 됩니다. 따라서 이때 우리는 그 상황에 대하여 물음을 묻습니다. 다시 말하면 어떤 사물들이 설명할 수 없는 것일 때, 그 구조를 투명하게 다듬을 수 없을 때, 그 기능을 익숙하게 예상할 수 없을 때 물음을 묻는 것입니다. 내가 지닌 '인식의 한계'를 스스로 터득할 때, 바로 그때 우리는 물음을 묻는다고 해도 좋습니다. 어쩌면 이 물음은 우리가 지닌 가장 소박하고 원초적인 물음이라고 할 수도 있습니다.

우리는 이러한 물음을 물으면서 사물에 대한 지적(知的) 탐구를 감행합니다. 지적 탐구는 모름에 대한 승인과 앎에 대한 신념이 낳은 삶의 모습입니다. 그렇기 때문에 그것은 끊임없이 모름을 제거하고 앎을 축적하는 과정이기도 합니다. 인간의 문화는 그러한 지적 탐구의 결과가 엄청난 결과물로 축적되어 있음을 잘 보여주고 있는 실제적인 모습이라고 할 수 있습니다. 앎이란 그 물음이 낳은 해답입니다. '인식의 한계'를 느끼면서 불가피하게 물었던 그 물음에 대한 뚫림이고 열림인 것입니다. 우리는 이를 통하여 삶을 한껏 편리하게 살아갈 수 있습니다. 앎은 두려움을 가시게 해줍니다. 할 수 없었던 일도 하게 해줍니다. 많은 어려움으로 찌든 삶이 지워지고 새로운 현실이 빚어집니다. 인식 한계의 지평이 넓어질수록 우리는 그만큼 자유로워집니다. 그런데 이 모든 것이 불가능할 때, 그래서 아는 것이 아무것도 없다는 한계를 절감할 때 우리는 내 문제를 묻기 시작합니다.

그러나 축적되고, 전승되고, 그래서 학습된 지식이 인간으로 하여금 더 이상 어떤 물음도 더 묻지 않게 하는 것은 아닙니다. 지식의 축적이나 확장이 곧 '인식의 한계' 자체를 없애는 것은 아닙니다. 누구나 알듯이 인식의 완성이나 온전한 앎이란 삶의 경험 속에서 언제나 비현실적입니다. 앎은 그것이 어떤 것이든 또 다른 모름과 이어지기 때문입니다. 그래서 다시 이어지는 모름의 계기에서 우리는 끊임없이 물음을 물을 수밖에 없습니다. 물음은 이렇게 '언제나' 물어집니다. 언제나 우리는 문제와 봉착합니다.

그런데 더 중요한 것은 알면서도 앎을 삶의 현실에 실행할 수 없는 경우입니다. 그때 우리는 삶이 문제라는 사실을 또 다른 차원에서 터득합니다. 인간은 '모름의 계기'에서만 물음을 묻는 것이 아닙니다. 물론 지식은 현상을 설명할 수 있게 해줄 뿐만 아니라 많은 불가능한 것들을 할 수 있게 해줍니다. 하지만 여전히 앎을 통해 다 풀 수 없는 문제들이 있습니다. 지금 여기를 벗어나야 할 텐데, 그래야 내가 살아갈 수 있을 텐데, 그런 줄 뻔히 알면서도, 나를 압도하는 힘과 직면하면서 자신의 의지와 상관없이 어쩔 수 없는 무력함을 드러냅니다. 그러면서 스스로 충분히 알고 있는 '벗어나야 한다'는 현실인식을 실제 삶에서 이루어내지 못하는 경우가 있습니다. 좌절, 절망, 견딜 수 없음 등의 계기에서 솟는 절규는 인간이 직면하는 문제의 성격이 어떤 것인지 잘 보여줍니다. 우리가 지닌 물음의 모습을 잘 드러내주는 것입니다. 그것은 모름 때문에 제기되는 문제가 아닙니다. 알면서도 아는 대로 할 수 없고, 안다고 견딜 수 있는 것이 아닌 어떤 사실과의 만남을 끝내 울부짖는 모습입니다. 그러므로 우리는 '견딤의 한계를 느낄 때' 물음을 묻는다고 말해도 좋을 듯합니다.

실제로 우리의 삶이 지닌 문제가 무엇인지 살펴보면 이것이 분명해집니다. 인간이 겪는 고통은 우선, 그리고 대체로 몸의 아픔으로 드러납니다. 마음이 병을 낳는 경우가 없지 않지만 병이 마음을 일그러지게 하는 경우가 더 많은지도 모릅니다. 아니, 많다든지 적다든지 하는 것은 아무런 의미도 없습니다. 몸과 마음은 둘이되 실은 하나이기 때문입니다. 아무튼 사람은 몸을 가진 존재인데, 몸은 그것 자체로 완전하지 않습니다. 병들고, 늙고, 마침내 죽습니다. 그것은 사람이 겪는 뚜렷하고, 두렵고, 비참한 한계입니다. 이를테면 우리는 많은 질병에서 치유될 수 있습니다. 앎에서 비롯한 출구의 확보라고 해도 좋습니다. 그러나 그런 경우에는 그것이 문제이지 않습니다. 우리가 몸과 관련하여 물음을 묻는 것은 몸에 대한 정연한 설명이 내 몸의 현실이 겪는 고통을 조금도 줄여주지 않는 때입니다. 피하고 싶지만 피할 수 없고, 견뎌야 할 터인데 견딜 수 없는 것이 몸의 고통입니다. 그것을 벗어날 길은 없습니다. 그 몸의 아픔이 아픔을 묻는 물음은 무지 때문에 묻는 물음과 비교할 수도 없는 무게와 깊이를 가집니다.

질병뿐만이 아닙니다. 육체의 생존을 위한 인간의 투쟁을 유념해보면 몸의 현존이 초래하는 고통의 문제를 우리는 충분히 실감할 수 있습니다. 자연과의 싸움, 굶주림과의 싸움은 그것만으로 끝나지 않습니다. 더 나은 생존조건을 확보하기 위한 인간의 노력들은 다툼과 살생까지 마다하지 않는 비참한 정황으로 인간을 몰아넣기도 합니다. 굶주림과 추위 등을 견딜 수 없는 한계에서 우리는 그 상황에 대한 물음을 피할 수 없는 것입니다. 다시 말하지만 '견딤의 한계' 또는 '감내능력의 한계'에서 인간은 물음을 묻습니다. 그리고 이러한 한계를 확장하거나 제거하려는 온갖 노력을 다합니다. 그러나 그러한 노력도 모름을 앎에 이르러 극복하면서도 다시 그 앎이 새로운 모름에 부닥치는 일과 마찬가지로 가능성과 불가능성을 무한히 반복하는 고리를 쉽게 끊어주지 않습니다. 우리는 삶을 이렇게 경험합니다. 견딤과 견딜 수 없음이 점철하기 때문입니다. 이것이 우리가 직면하는 문제입니다. 이때 우리는 물음을 묻습니다.

하지만 사람은 '인식능력의 한계'나 '감내능력의 한계'에 머물지 않습니다. 또 다른 한계에서 인간은 물음을 묻지 않고는 견디지 못합니다. 그것을 우리는 '가치판단의 한계'라고 할 수 있습니다. 사람들은 살아가면서 늘 더 중요한 것과 덜 중요한 것을 구분합니다. 아름다운 것과 추한 것도 구별합니다. 맑음과 흐림, 선과 악, 옳음과 그름 등도 분별합니다. 그래서 중요한 것, 아름다운 것, 맑은 것, 선한 것, 옳은 것 등을 추구해야 한다고 스스로 알고 있습니다. 바로 이 점에서 사람은 사람으로 살아간다는 긍지를 스스로 지닙니다. 그런데 실제로 그 구분을 하는 것은 거의 불가능할 정도로 어렵습니다. 내가 판단하는 선악과 다른 사람이 판단하는 선악이 다른 경우가 얼마나 많은지 모릅니다. 시대에 따라, 장소에 따라, 문화에 따라 그 판별기준이 다른 경우도 많습니다. 지금 옳은 것 같았는데 내일이면 그것이 그른 것이었다는 판단도 받게 됩니다. 막상 구체적인 행동을 하다가도 갑작스러운 혼란에 빠질 때도 있습니다. 판단 자체가 불투명하고 모호한 채로 머물기도 합니다. 이렇게 되면 무엇이 더 중요한지 구분을 할 수 없고, 무엇이 옳은지 무엇이 그른지 분간할 수도 없습니다. 자연히 아무런 결단이나 행동도 수행하지 못합니다.

그런데 답답한 것은 그 구분을 분명하게 한다 할지라도 그렇게 인식하고 판단한 대로 우리는 행동하지 못합니다. 긍정적이고 바람직한 행동을 하지 못하는 경우가 참 많습니다. 게으름이 그 까닭일 수도 있고, 용기 없음이 그 원인일 수도 있습니다. 신뢰하지 못함, 신념의 부족함 등이 그 까닭일 수 있습니다. 도덕적 또는 윤리적 당위와 이에 대한 판단이나 실천의 자리에서 그 당위를 수행하지 못하는 문제를 지니고 있는 것입니다. 흔히 인간이 나약하기 때문이라고 말합니다. 그런데 그러한 '설명'은 또 다른 시각에서 보면 인간의 불완전성에 대한 다른 묘사이기도 합니다. 인간은 철저하게 불완전한 존재입니다.

이것이 우리가 직면하는 또 다른 문제입니다. 우리는 그 계기에서 당혹과 자책을 경험합니다. 더불어 사는 공동체 안에서 스스로 온전하지 못한 개체임을 절감합니다. 그러한 개체들이 모여 이루는 삶이 삶다울 수 없음도 분명히 인식합니다. 따라서 옳고 바른 판단과 그러한 판단을 실제로 실천할 수 있는 주체이기 위해 스스로 온갖 노력을 기울입니다. 그럼에도 불구하고 판단은 언제나 이른바 '이후의 의식'으로만 드러납니다. '지나 보거나 하고 지난 뒤에야' 비로소 잘잘못을 밝히게 되는 '늦은 현실'만이 지속합니다. '판단과 실천의 한계'는 이렇게 우리의 삶을 채색하고 있습니다. 게다가 '도덕적 개인과 비도덕적 사회'라는 역설적인 정황도 늘 경험하는 삶의 현실입니다. 이를테면 바르게 살고 싶지만 그렇게 살면 생존이 위협받을까 두렵습니다. 그래서 바르기를 포기합니다. 그런데 그것은 자신에 대한 배신과 다르지 않습니다. 실제로 이러한 비극은 또 다른 우리의 일상적인 삶의 모습입니다. 우리는 그것을 절감하면서 그때 삶은 문제라고 하는 사실을 새삼 인식합니다. 우리는 그때 '의미 있는 삶의 실현가능성의 문제'를 제기합니다.

물음의 현상학

종교는 물음을 물으면서 시작하는 것이지만 해답을 살면서 그 물음을 완성하는 문화다.

그런데 물음을 묻는 문제의식은 비록 그 내용이 이렇게 다양하다 하더라도 '한계상황에 대한 인식'이라든지 '인간의 온전하지 못함에 대한 터득'이라는 차원에서 보면 언제 어디에 있든 모든 인간에게 보편적인 현상입니다. 사람이면 누구나 이렇게 저렇게 그러한 문제를 지닙니다. 하지만 무엇이, 어떤 문제가 더 우선하는지, 또는 어떤 것을 더 중요하게 생각하는지 하는 것에 따라, 그리고 그 문제의식을 지닌 주체들이 살아온 문화-역사적 맥락에 따라 그 문제들은 서로 다른 두드러진 모습을 보이기도 합니다.

바로 그 두드러진 모습들이 결국은 특정한 종교들을 낳은 근원적인 것이기도 합니다. 우리는 현재 우리가 만나고 있는 여러 종교들에서 '문제가 무엇인지'를 살펴볼 수 있습니다. 삶은 '고해(苦海)'라든지, 인간은 '죄인'이라든지, 사람들은 걸어가야 할 '본래적인 길(天道)에서 일탈'하여 엉뚱한 길을 걷고 있다든지 하는 것이 당해 문화나 역사적 정황에서 드러나는 문제의 모습을 담은 개념어들입니다. 그리고 이 개념들이 비록 다른 시대, 다른 문화권 안에서 형성된 서로 다른 종교들에 의해 각기 다른 자기 나름의 인간이해에 근거하여 서술되고 있는 것이라 할지라도, 누구나, 그리고 언제 어디서나 그 개념들을 충분히 이해할 수 있습니다. 따라서 그러한 개념들이 동일한 '삶의 구조'에서 출현한 것이라는 사실을 우리는 승인하지 않을 수 없습니다. 그러므로 이 개념들을 개별적으로 살펴보고 그 각각의 주장들을 서로 견주어 같고 다른 점을 찾는 일도 매우 중요하겠지만, 오히려 이를 살펴보기 전에 우리가 그러한 물음이 실제로 우리의 삶에 어떤 모습으로 있는가 하는 것을 다듬어보는 일이 더 좋을지 모르겠습니다. 이를 우리가 '물음의 구조'라든지 '물음의 현상학'이라고 해도 좋을 듯합니다.

이제까지 우리는 사람들이 물음을 언제 묻는가 하는 자리에서 논의를 풀어왔습니다. 그러나 물음을 읽는 축을 달리해보면 물음을 물을 수밖에 없는 계기를 구성하는 것은 '언제'만이 아닙니다. 삶은 시간 안에 있는 것이기 때문에 시간이 인간을 서술하는 핵심적인 범주임에는 틀림없습니다. 하지만 그 '언제'는 앞에서 살펴본 바와 같이 다양한 구체성을 지니고 있습니다. 그리고 바로 그러한 구체성과 관련하여 물음의 구조를 다시 정리한다면 물음은 지금 여기와 단절된, 또는 상관없다고 할 만한, 어떤 '새로운 실재를 바라기 때문에' 이루어지는 것이라고 할 수 있습니다. 지금 이곳의 내 실존이 도저히 승인하거나 수용할 수 없는 것으로 인

식된 '지금 여기의 정황'에서 이루어진 '새로운 누리의 모색'이 물음을
충동하고 있는 것입니다.

그렇기 때문에 물음은 해답이 모색되지 않으면 아예 물어지지 않습니
다. 해답을 전제하지 않는 물음은 물음이 아닙니다. 물론 물음이 해답을
모색하게 하는 것은 당연합니다. 하지만 달리 말한다면 해답의 추구가능
성이 확인되지 않으면 물음은 물음 이전에 포기되는 것이라고 해도 좋을
그러한 것입니다. 바로 그렇게 때문에 모든 물음은 당연하게 해답을 지
향한다고 우리는 경험하고 있고, 사실 그러합니다. 그 해답에 의하여 지
금 여기에서의 내 실존이 '수용할 수 있고 승인할 수 있는 것'으로 바뀔
는지, 아니면 그 모든 실재가 부정되고 새로운 것으로 대치될는지 그 결
과는 다양한 기대 속에서 제각기 다르게 구체화할 것이지만, 분명한 것
은 물음주체가 결코 물음자리에만 머물 수는 없다고 하는 사실입니다.
결국 물음은 '해답'에 이르러야 합니다. 해답에 이르지 못하는 물음은
물음이 아닙니다. 물음의 물음다움은 아예 물음이 이미 해답을 배태(胚
胎)하고 있는 것이라고 말할 때 비로소 완성됩니다. 동시에 해답은 물음
에 대한 메아리로 현존할 때 비로소 해답다움을 확보합니다. 그러므로
물음과 해답은 분리되거나 단절되어 있지 않습니다.

따라서 만약 우리가 종교를 '물음을 물을 수밖에 없는 경험이 드러난
현상'이라고 한다면 우리는 다시 그 '물음 안에서 해답을 얻고 그것을
확인하여 실제화하는 삶'이 곧 종교라고 바꾸어 말할 수 있습니다. 종교
는 물음을 물으면서 시작하는 것이지만 해답을 살면서 그 물음을 완성하
는 문화입니다.

물음에 대한 물음

존재의미에 대한 물음은 물음에 대한 물음이자 물을 것을 다 묻고 도달한 마지막 물음이다.

그렇다면 '해답'이란 것을 어떻게 설명할 수 있을 것인가 하는 것을 살펴보는 것이 '물음'을 서술하는 우리의 과제가 됩니다. 해답을 담지 않는 물음은 이미 물음이 아니기 때문입니다. 이를 위해 우리는 개개 종교의 주장들을 상세하게 살펴볼 수 있습니다. 모든 종교는 스스로 제시하는 문제와 그에 상응하는 해답을 지니고 있기 때문입니다. 그러나 이때 조심해야 할 것은 개개 종교들의 주장이 갖는 교의적인 경직성(硬直性)입니다. 각 종교가 자신의 그러한 물음과 해답을 '절대적인 것'으로 주장하는 것은 당연한 일입니다. 하지만 때로 그러한 주장을 모든 경우에 확장하려 합니다. 따라서 자칫 우리가 이해보다 판단을 서두르게 될 수도 있습니다. 그러므로 우리가 '해답이라는 것이 무언지' 하는 개념적인 이해를 먼저 하고, 그 다음에 문제와 해답을 아우르면서 종교가 무엇을 어떻게 물음과 해답으로 지니는가 하는 것을 살펴보는 것이 순서일 듯합니다. 하지만 이를 위해서도 우리는 좀더 문제의 문제다움을 서술할 필요가 있을 것 같습니다. 물음의 '물음다움'을 다만 한계상황과의 직면에서 비롯하는 것으로만 설명하지 않고 더 적극적으로 추적해보면 해답에의 귀결이 더 뚜렷해질 것이기 때문입니다. 이를 위해 우리는 '존재의미'라는 개념을 활용할 수 있으리라 생각합니다.

이러한 우리의 과제를 위해서는 무엇보다 우리의 '일상에 대한 성찰'이 매우 소중하고 또 절실하게 필요합니다. 우리는 '내가 왜 사나' 하는 물음을 묻습니다. 다시 말하면 내가 살아가는 이유가 무얼까 하고 묻는 것입니다. 그것이 우리가 일상적으로 느끼는 실은 '절실한 문제'입니다. 나 자신의 삶에 대해서만 그러하지 않습니다. 무릇 존재하는 것은 존재해야 하는, 또는 존재할 만한 까닭이 있어야만 하는 것이 아닐까 하는 물음도 지닙니다. 그렇다고 하는 것을 승인하지 못하거나 발견하지 못하면 존재는 스스로 있어야 할 아무런 까닭도 확보하지 못하게 됩니다. 우리는 이러한 사태가 얼마나 심각한 것인지 누구나 알고 있습니다. 그런데 그러한 사태는, 다시 말하면 물음에 대한 아무런 답변도 할 수 없음을 뜻합니다.

때로 사물은 '이유 없이 현존하는 것'이라고 말하기도 합니다. 그리고 그것이 '해답'이라고 주장합니다. 그러나 그것은 답변이 아닙니다. 왜냐하면 바로 그러한 답변, 곧 '이유 없는 현존'에 대한 '왜'에서 물음이 발해졌기 때문입니다. 다시 말하면 참으로 존재의 문제를 의식한 주체라면 감히 그렇게 발언할 수는 없는 일입니다. 비록 뚜렷하고 정연한 개념과 논리로 사물의 존재이유를 설명하지는 못한다 할지라도 살아 있는 주체들은 자신과 자신이 만나는 모든 사물들에다 그것이 존재할 수밖에 없는 어떤 필연적인 이유를 부여하여 그것들을 수용하기까지 요동하는 삶을 안고 피곤한 표류를 지속해야 합니다. 바로 이러한 것이 우리의 실제 삶입니다. 우리의 일상인 것입니다.

그렇다면 우리가 봉착한 문제는 다른 것이 아닙니다. 그러한 존재의미가 드러나지 않는다든지, 발견되지 않는다든지, 그러한 까닭을 승인하지 못한 채 당혹스러움을 살아간다든지 하는 것이 곧 문제입니다. 한계상황이란 바로 이러한 '의미 없음'을 절박하게 경험하도록 하는 현실에 대한 다른 이름이기도 합니다. 그러므로 물음을 묻는다는 것은 가능성의 한계에도 불구하고 그것을 마침내 실현하여 '의미 없음의 당혹'으로부터 '의미 있음의 확신'에 이르려는 몸짓이라고 할 수 있습니다.

그런데 우리가 일상 속에서 문제로 인식하는 물음은 이렇게만 이루어지지 않습니다. 매우 현실적이고 직접적이며 구체적인 온갖 물음들이 한꺼번에 쌓여 있습니다. 우리가 현실적으로 지니고 있는 물음은 필연적으로 '서로 다른 차원의 물음들'로 구성된 복합적인 것이라고 말할 수 있습니다. 얕고 깊은 물음, 넓고 좁은 물음, 먼저와 나중을 구분해야 하는 물음들이 우리 물음현실에 중첩되어 있는 것입니다. 이를테면 '무엇'인지 알기 위한 물음과 '어떻게' 해야 할 것인지 하는 방법에 관한 물음은 '왜' 그러한 물음을 묻는가 하는 물음과 동일한 차원에 둘 수 없습니다. 왜냐하면 '무엇'과 '어떻게'의 물음이 해답에 이른다 할지라도 여전히 남아 있을 수 있는 물음이 '왜'의 물음이기 때문입니다. 그러므로 존재 의미에 대한 물음이란 실은 '마지막 물음'일지도 모릅니다. 그럴 수밖에 없습니다. 왜를 묻는 물음, 곧 까닭과 이유를 묻는 물음은 앞의 두 경우와 매우 다른 모습으로 등장합니다. 그러한 물음은 단순하게 직면한 사태의 '어려움'을 덜려는 물음이 아닙니다. '대상'에 대한 물음은 그 대상을 온전하게 서술하고 이해하게 될 때 저절로 사라집니다. 방법에 대한 물음도 몇 번의 시행착오가 없을 수 없지만 마침내 그 방법의 실제적 효용성이 가능하게 되면 끝납니다. 더 이상 묻지 않습니다. 물음이 소멸하는 것입니다. 적어도 그 계기에서 그러합니다.

그러나 세 번째 물음은 다릅니다. 적극적으로 말한다면 그것은 주어진 현실에 대한 수용이나 부닥친 사실에 대한 승인이 불가능하기 때문에 제기되는 물음만이 아닙니다. 대상이 투명해지고, 방법이 효과적으로 선택된 다음에도 사라지지 않는 물음입니다. 승인된 사실, 선택된 방법을 되묻는 물음이기 때문입니다. 그러한 물음이 예사로울 수 없는 것은 당연합니다. 까닭을 묻는 물음, 곧 존재하는 것이 왜 존재하는지 묻는 물음은 여느 물음과 같지 않습니다. 존재하는 무엇에 대한 모름을 알려는 물음도 아니고, 존재를 치우거나 바꾸거나 없애거나 늘리려 하는데 그것을 어떻게 해야 할지 몰라 묻는 물음도 아닙니다. 왜 나는 인식능력의 한계를 문제로 삼아 그것에 대한 물음을 물어야 하는가, 왜 나는 나의 감내능력의 한계 자체를 문제로 삼아 그것을 물어야 하는가, 나는 왜 가치의 문제에 대한 물음을 물어야 하는가 하는 물음이기 때문입니다. 그러므로 이러한 문제는 지금 여기에서의 삶을 넘어 아예 삶 자체를 근원적으로 묻는 물음입니다. 그러므로 이러한 물음은 삶에 대한 자연스러운 수용이나 승인을 의도적으로 배제하거나 부정하는 모습으로 나타나곤 합니다. 내 삶의 현장에서 내게 거침돌이 되는 그 사물이 왜 거기 그렇게 지금 있어야 하는가를 묻는 물음이면서 그러한 물음을 묻는 자신의 존재 자체에 대한 물음을 아울러 포괄하기 때문입니다. 달리 말하면 그것은 '물음에 대한 물음'입니다.

예를 들어보십시다. 우리는 몸이 고통스러울 때가 있습니다. 내가 왜 이리 몸이 아픈가 하는 물음은 자연스럽습니다. 그때 우리는 '고통의 현상'을 알고 싶어합니다. 생리적인 아픔에 대한 병리적인 설명은 그러한 물음에 대한 해답으로 제시됩니다. 이와 아울러 우리는 어떻게 하면 이 아픔에서 놓여날 수 있을까 하는 것도 자연스럽게 생각하게 됩니다. 그것이 새로운 물음으로 등장합니다. 그리하여 그 고통으로부터 놓여날 수 있는 방법을 묻습니다. 의학은 우리의 그러한 물음에 대한 많은 대답을 마련하고 있는 문화입니다. 우리는 그러한 문화를 통하여 몸의 아픔을 많이 덜어내고 있습니다. 상처가 낫고 병든 몸이 치유됩니다. 이렇듯 우리는 물음과 그 물음이 초래하는 해답을 통하여 내 삶이 문제 없음의 정황에 들게 합니다. 이렇게 되면 삶은 제 모습을 찾고 우리는 행복해집니다. 우리는 그렇게 살아갑니다.

하지만 모든 아픔이 이렇게 풀리는 것은 아닙니다. 그렇게 풀릴 수도 있지만, 또 풀린다 해도, 아픔의 경험은 여전히 남아 있습니다. 게다가 아예 풀리지 않는 경우도 있습니다. 어떤 설명도, 어떤 방법도 끝내 아픔을 치유하지 못한 채 물음만을 지속하게 하는 경우도 있습니다. 그것이 실은 인간이 누구나 겪는 실제적인 '문제 있는 삶의 모습'입니다. 그때 우리는 앞의 물음들보다 더 절박한 물음을 묻습니다. 그것이 바로 왜의 물음입니다. '도대체 아픔은 왜 존재하는가', 아니면 '아픔을 아파해야 하는 나는 왜 존재하는가' 하는 물음을 묻게 되는 것입니다. 이에 이르면 그 물음은 질병의 치유 여부와 이미 상관없는 물음이 됩니다. 그때 그 물음은 아픈 사람이 단지 몸의 아픔이 의학적으로 설명되기를 기대한다는 것만을 의미하지 않습니다. 이미 의학적으로는 그 아픔의 원인이나 현상이나 앞으로의 전망에 대해 익히 아는 것이 사실일 수도 있습니다. 그러므로 고통의 해소를 위한 방법을 기대하는 것도 아닙니다. 방법의 한계에 직면했을 수도 있고, 아니면 특정한 치료에 의하여 몸이 회복되었을 수도 있습니다. 왜의 자리에서 보면 그러한 물음들은 이미 지난 일들, 아니면 지엽적인 것들입니다. 그런데 왜의 물음은 그 지엽적인 것들이 다 침묵하는 자리에서 발해지는 물음입니다. '도대체 왜 아픈 것인가' 하는 물음의 절박성을 우리는 모두 잘 압니다.

우리의 삶이 이렇게 확연하게 '무엇, 어떻게, 왜' 등 다른 차원의 물음들에 상응하는 모습들로 나누어지는 것은 아닙니다. 대상과 방법과 의미에 대한 물음은 서로 얽혀 있는 것입니다. 존재의미의 문제가 인식의 한계나 감내능력의 한계나 판단능력의 한계와 무관할 수 없습니다. 그렇지만 분명히 까닭에 대한 물음, 곧 존재의미에 대한 물음을 다른 물음들과 나란히 놓는 것은 자연스럽지 못합니다. 어떤 사물의 존재의미를 묻는다는 것은 그 사물 하나에만 관심을 집중하는 것이 아니라 그 사물이 놓여 있는 일련의 연계망, 또는 총체 안에서 그 사물이 차지하는 자리나 무게에 대한 인식을 가능하게 하는 것이기 때문에 그러합니다. 그것이 왜 거기 그렇게 있어야 하는가 하는 물음이기 때문입니다. 뿐만 아니라 그러한 물음에 대한 해답, 곧 그 사물의 존재의미란 그 사물에서 비롯하는 것이지만 그것을 넘어 그 사물 자체를 규정합니다. 있다는 사실에 대한 인식만으로 그 사실이 규정되지는 않습니다. 뿐만 아니라 그 사실이 소멸된 뒤에도 그 사실의 현존 여부와 상관없이 그에 대한 기억 속에서, 또는 기억이라는 의식과 상관없이, 사물의 존재의미가 우리 삶을 이루면서 지속하는 것이기 때문에 그러합니다.

그러한 물음을 우리는 '마지막' 물음, '근원적'인 물음, '궁극적'인 물음이라고 할 수도 있습니다. 더 이상 물을 물음이 없다고 하는 뜻에서 그러합니다. 물을 것을 다 묻고 도달한 물음이기 때문입니다. 대상에 관한 물음은 대상이 바뀔 때마다 다시 물어집니다. 설명이 달라지는 것입니다. 방법도 다르지 않습니다. 주체가 달라질 때, 물음 정황이 같지 않을 때, 그러한 경우에 따라 방법은 그 속성을 달리합니다. 하지만 마지막 물음은 그렇지 않습니다. 그 물음이 초래할 해답은 그 물음주체에게 보편성이라든지 절대성이라든지 불변성이라든지 하는 개념으로 서술할 수 있는 그러한 현실을 지니도록 해줍니다.

종교와 관련하여 마지막 물음이 초래하는 대답을 앞의 예를 다시 들어 설명한다면 그것은 '네 질병에 의미 있다'는 말로 표현할 수 있는 그러한 상황을 일컫습니다. 다시 말하면 질병이 치유된다든지 그렇지 못하다든지 하는 것은 중요하지 않습니다. 질병이라는 고통 자체가 내게 예상하지 못했던, 이제까지 경험하지 못한 삶을 투시하고 삶이 무엇인지 터득하도록 하는 계기, 그래서 어떤 의미를 서술할 수 있게 되는 그러한 계기로 받아들여집니다. 종교언어들은 흔히 이러한 경우를 '내가 아픈 것은 신의 뜻이다'라든지, '그것은 내 업(業)이다'라든지 하는 표현으로 다듬습니다. 그런데 우리는 자신의 질병에 대한 그러한 묘사가 그 고통을 겪고 있는 사람에게 어떤 태도를 가지게 하며, 그 아픔을 어떻게 받아들이도록 할 것인가 하는 것을 짐작해볼 수 있습니다. 우리 누구나 실제로 겪는 일이기 때문입니다. 대체로 사람들은 자신의 고통에 대하여 이러한 태도를 가지게 되면 그 고통을 견딜 수 있게 됩니다. '왜 아픈가' 하는 물음에 대하여 그것이 무엇이든 '아픔에 의미 있다'고 스스로 자신에게 대답할 수 있게 되기 때문입니다. 우리는 이를 충분히 짐작할 수 있습니다.

중층성과 중첩성

문제의 반복을 지속하지 않는 해답만이, 문제가 해답과 더불어 지속하여 결과적으로 해답의 단절 없는 지속으로 삶을 살아가게 되는 것이 진정한 해답이다.

중요한 것은 마침내 어떤 의미를 낳는 그러한 물음이 가지는 독특한 모습입니다. 이 물음은 실은 무수한 물음들을 내장하고 있습니다. 그러나 이 물음에 도달하면서 이전의 물음들은 그리 중요한 것이 아니라는 판단을 하게 됩니다. 지엽적이고 말초적인 물음이었는지도 모른다는 생각을 하는 것입니다. 다시 말하면 참으로 물어야 할 진정한 물음이 아니었을 수도 있다는 판단을 하게 됩니다. 만약 우리가 더 이상 물을 것이 없는 물음을 물었다면 그러한 물음에 상응하는 물음이 아닌 물음은 실은 물음일 수도 없습니다. 하지만 우리 모두 알듯이 우리가 직면하는 문제는 그렇게 한번에 근원적인 의미의 문제에 닿는 경우가 흔하지 않습니다. 작고 사소하다고 여겨지는 물음들을 끊임없이 이어가면서 지극히 절박하게 도달하는 것이 마지막 물음입니다. 그러므로 우리가 일상적으로 묻는 그 수많은 물음은 이 마지막 물음에 이르려는 예비적인 물음이라고 해도 좋을 듯합니다. 그렇지 않다면 마지막 물음에 도달하지 않은 물음들은 아예 물을 것을 제대로 묻지 못한 잘못된, 미완의, 왜곡된 물음이라고 할 수밖에 없습니다.

그렇다면 이제 우리는 '진정한 문제'란 무엇인가 하는 물음조차 물을 수 있습니다. '진정하지 않은 문제'가 있다는 것이 삶의 현실이기 때문입니다. 그리고 이때 우리가 확인하는 것은 무릇 진정한 문제란 의미 또는 존재의미와 관련된 것이고, 그래야 마땅한 것이라고 하는 사실입니다. 거듭 말하지만, 그렇다고 해서 사물에 대한 인지능력이나 삶의 아픈 고비들을 견디어내는 능력이나 또는 옳고 그름 등의 가치를 판단할 수 있는 능력 등이 이 마지막 물음과 단절된 것은 결코 아닙니다. '사실에 대한 물음'과 '의미에 대한 물음'이 분리될 수는 없습니다. 그러므로 의미 또는 존재의미의 문제는 이른바 '궁극적인 문제'이기 때문에 그것은 진정한 문제이고, 그 밖의 현실적인 이른바 사소하고 직접적인 문제들은 다만 그 마지막 문제에 도달하기 위한 '과정(過程)의 의미'만을 지닌 것이기 때문에 간과해도 된다고 판단해서는 안 됩니다. 오히려 마지막 물음인 의미의 문제는 이전에 제기되었던 여러 문제들을 참으로 문제이도록 해준다고 이해해야 합니다. 따라서 의미의 문제는 사실의 문제와 공존하기는 하지만 분명히 다른 차원에서 전개되는 것이라고 하는 구분은, 그러한 주장이 비록 의미를 강조하거나 더 높은 차원에서 이를 중요하게 여기려는 의도에서 이루어지는 판단이라 할지라도, 소박하게 수용할 수는 없는 주장입니다.

종교란 구체적이고 일상적인 경험으로부터 비롯하는 것입니다. 그 경험 속에서 인간은 자신들이 직면하고 겪고 짊어지곤 하는 온갖 것을 문제로 삼습니다. 그렇다면 다시 말하지만 이러한 물음이 도달할 마지막 자리는 '의미에 대한 물음'이 솟는 곳이어야 합니다. 따라서 우리가 지닌 문제란 다른 것이 아닙니다. 그것은 '의미'에 대한 물음입니다. 다시 말하면 종교는 '의미 없음을 문제로 경험한 주체가 드러내주는 삶의 모습'입니다.

우리는 이미 종교라고 일컬어지는 현상을 비롯하게 한 경험은 문제와 직면하여 이루어진 것이고, 그 문제란 삶의 주체를 포함한 그의 일상이 존재의미를 확인하지 못하는 현실로부터 말미암은 것임을 살펴보았습니다. 그렇다면 그 물음이 모색하는 해답은 자명합니다. 물음을 거쳐 존재의미를 확보하면 됩니다. 해답의 내용이 존재의미의 확인이면 되는 것입니다. 하지만 물음이 중층적이듯이, 또는 문제가 극히 다양하듯이, 해답도 간단하게 정리될 수 있는 것은 아닙니다. 물음이나 해답이 그럴 수밖에 없는 이유는 분명합니다. 우리의 삶이 그만큼 복합적이기 때문입니다. 우리가 일컫은 '존재의미'라는 개념도 실은 얼마나 많은 추상화 과정을 겪고 마침내 도달한 개념인지 모릅니다. 그렇다면 우리는 혹 서술이 혼란스러울지 몰라도 해답의 여러 모습을 살펴 종교문화 안에서 해답이 어떤 모습으로, 어떻게 기능하며, 어떻게 확산되거나 전승되는지 살펴볼 필요가 있습니다.

무릇 모든 문제가 그러하듯이 우리가 추구하는 해답은 무엇보다도 먼저 지금 여기에서 내가 겪고 있는 한계를 제거하는 것이어야 합니다. 배가 고프다는 문제는 먹어야 풀립니다. '먹을 수 있음'이 그 문제에 대한 해답입니다. 몸이 아프다는 문제는 빨리 치료를 받아 더 아프지 말아야 끝납니다. 건강의 회복이 그 문제에 대한 해답입니다. 문제가 현실적인 삶의 조건이나 정황 속에서 생기듯이 해답도 문제가 야기된 바로 그 정황에서 구체화되지 않으면 그것은 해답일 수 없습니다.

현실적이지 않은 해답이 해답다움을 지닐 수 없다는 사실을 유념하면 '해답의 현실성'이 어떤 것인지 우리는 쉽게 이해할 수 있습니다. 당장 굶주림과 직면하여 고생하고 있는 처지를 보고 어떤 사람이 농사를 잘 짓고 풍족하게 식량을 마련하면 지금 겪는 어려움이 해결된다고 친절한 충고를 했다고 하십시다. 그러한 말을 한 사람의 진실성을 의심할 필요는 없습니다. 그는 정직하게 그것이 굶주림의 문제를 푸는 해결책이라고 믿었을 것입니다. 사실 그렇습니다. 그는 조금도 그른 말을 하지 않았습니다. 하지만 그 해답이 지금 여기에서 굶주림의 고통을 받고 있는 사람에게 직접적인 해답이 되지는 않습니다. 그래서 사람들은 '실제적인 해답'과 '공허한 해답'을 구분하고 후자를 신뢰하지 않습니다. 달리 말하면 즉각성(卽刻性)과 직접성을 배제한 해답을 수용하려 하지 않는 것입니다. 뿐만 아니라 모든 해답은, 그렇기 때문에, 당연히 바로 그러한 구체성을 갖추어야 비로소 해답이라고 이해합니다.

우리의 일상적인 삶을 살펴보면 우리는 그것이 한결같이 그러한 해답을 추구하는 모습으로 다듬어져 있음을 알 수 있습니다. 그러한 문제를 우리는 흔히 의식주(衣食住)의 문제라고 말합니다. 이 문제에 대한 해답은 직접적이고 구체적이어야 합니다. 이 문제들은 절실하게 지금 여기에서 직면하는 문제들입니다. 이에 대한 해답을 어떤 형태로든 마련하지 않으면 삶 자체가 지속할 수 없게 되기 때문입니다. 특별히 '생존의 문제'에 대한 해답은 그 문제를 당장 신속하게 해결하는 것이 아니면 그것을 논의하는 것조차 공허해집니다. 그러므로 그러한 논의는 있을 수 있지만 아무런 의미가 없습니다. 오히려 그것은 다른 사람들에 대한 위선적인 행동이거나 아니면 자기에 대한 기만적인 행동이 되곤 합니다. 문제에 대한 '정직한 현실감'을 갖추지 못하고 있는 해답은 어떤 경우에도 실은 '해답 없음'과 다르지 않은 상황을 드러내기 때문입니다.

하지만 그러한 구체적이고 현실적인 해답이, 곧 의식주의 문제가 당장 반짝 풀리는 것이 그 문제정황에 대한 '온전한 해답'일 것인가 하는 것을 우리는 단단히 살펴 생각하지 않으면 안 됩니다. 거듭 말하지만 배고프면 먹도록 해야 합니다. 직접적인 해답보다 더 효율적인 것은 없습니다. 그런데 먹고 나서 배부르고, 다시 배고프고, 그러면 다시 배부르게 먹고, 이렇게 지속되면서 '더 이상 배고프지 않도록 해야' 비로소 배고픔의 문제는 풀린 것이라고 할 수 있습니다. 그것이 굶주림에 대한 근원적이고 '진정한 해답'입니다. 문제의 반복을 지속하지 않는 해답만이, 또는 달리 표현한다면 문제가 해답과 더불어 지속하여 결과적으로 해답의 단절 없는 지속으로 삶을 살아가게 되는 것이 진정한 해답인 것입니다. 그러므로 해답은 직접성이나 즉각성을 통해서 이루어지는 것이라는 사실을 당연한 것으로 승인하면서도 이와 더불어 바로 그 즉각성이나 직접성을 넘어서는 것이지 않으면 안 된다는 사실도 받아들이지 않으면 안됩니다. 해답은 구체적인 어떤 정황에 대한 반응, 곧 그 조건 속에서 비롯하는 문제의 풀림이지만 동시에 그 정황을 넘어서는 더 넓은 차원에서 여전히 해답으로 기능할 때 비로소 그 해답다움을 확보하는 것입니다.

그렇다면 굶주림이라는 문제의 정황에서 농사짓는 일을 배워야 한다는 해답의 제시는 올바른 것입니다. 당장 배부르지만 곧 배고프게 될 것이고, 그러면 다시 먹어야 하는데 그때 먹을 수 없다면 아무런 문제도 해결되지 않은 것과 다르지 않습니다. 하지만 배부를 때 농사를 지으면 우리는 배고플 때 다시 먹을 수 있습니다. 농사짓는 일을 배워야 한다는 충고는 당장 밥을 주는 일보다 근원적으로 문제를 풀어주는 것임에 틀림없습니다. 그런데 그럼에도 불구하고 우리는 그 대답이 공허한 것일 수 있다는 사실을 지적했습니다. 또 그것은 사실입니다.

그렇다면 이 계기에서 우리가 살펴보아야 할 '해답'의 모습은 다른 것이 아닙니다. 해답은 상황적 적합성을 따라 점진적으로 직접성이나 즉각성에서 근원성이나 궁극성에 이르는 긴 과정을 거쳐 마침내 온전한 해답, 또는 진정한 해답에 이른다는 사실을 확인하는 일입니다. 물음이 그랬던 것을 상기하면 해답이 이러하리라는 것을 짐작하는 것은 조금도 어렵지 않습니다. 그러므로 주목할 것은 해답이 다양한 모습으로 우리 삶 속에 나타나는데 때로는 근원적인 해답임에도 불구하고 나에게 부적합한 것으로 인식되면서 공허한 것으로 여겨지는가 하면 때로는 현실적인 해답임에도 불구하고 그것이 진정한 해답일 수 없는데도 우리는 그것을 온전한 해답으로 여기곤 한다는 사실입니다.

열린 물음, 열린 해답

해답은 물음을 더 이상 물음이지 않게 하는 것이면서도 끊임없이 물음을 열어놓는다.
물음이 열려지면 해답의 다양성이 확보되어 해답 자체도 열려지게 되는 것이다.

분명한 것은 우리가 추구하는 해답은 물음과 상응하면서 더 근원적인 해답, 그래서 마침내 더 다른 해답을 추구하지 않아도 좋을 '궁극적인 해답'을 상정할 수 있다는 사실입니다. 다시 말하면 우리는 궁극적 해답이 실재한다는 것을 상정하고 그것을 지향하는 것이 해답의 해답다움에 대한 충분한 이해라는 사실, 그리고 그것을 드러내주는 징표가 다름 아닌 종교문화라는 사실을 기술할 수 있는 것입니다. 물론 우리는 그러한 궁극적인 해답을 실제로 찾아 지닐 수 있는가 하는 현실적인 문제와 부닥칩니다. 그러나 우리가 주목하고자 하는 것은 그러한 현실성 여부를 실증하려는 것이 아닙니다. 다만 그 마지막 '진정한 해답'이 현존하지 않는다고 한다면 종교문화는 있을 수 없었을 것이라는 것을 주장하는 것뿐입니다.

그런데 바로 이 계기에서 우리가 좀더 유념해야 할 사실들이 있습니다. 이미 누구나 우리의 실제 삶 속에서 경험하는 바입니다만, 물음을 살피는 과정에서 근원적인 물음을 물을수록 이전의 문제가 문제다움을 상실하는 것으로 묘사되었듯이, 해답도 근원적인 해답에 도달할수록 이전의 해답들이 충분한 해답은 아니었음을 알 수 있게 된다는 것이 그것입니다. 다시 말하면 잘못된 해답, 충분하지 않은 해답을 진정한 또는 부족한 것이 없는 해답으로 여길 수도 있는 것입니다.

이것은 주목하지 않으면 안 될 매우 중요한 현상입니다. 우리가 때로 해답일 수 없는 것을 해답으로 여기는 착각 속에서 살아가고 있다는 것을 보여주기 때문입니다. 앞서 살펴보았듯이 문제의 문제다움을 위해 더 근원적인 물음을 물어야 한다는 요청도 대단히 중요합니다. 그러나 도달하거나 발견한 해답이 그릇된 해답일 수도 있다는 사실을 깨달아야 한다는 요청은 훨씬 더 중요합니다. 왜냐하면 물음에 대한 진지성보다 해답에 대한 희구가 더 절실하기 때문에 우리는 간혹 깊은 성찰 없이 물음이 해답을 추구하는 과정에서 도달한 어떤 해답들, 또는 예상된 해답들을 서둘러 쉽게 온전하고 더할 수 없는 해답이라 여기곤 하기 때문입니다. 직접성이나 즉각성만으로 해답의 요건이 모두 충족되었다고 여기고 그 자리에 안주하는 경우가 그러합니다. 더 깊은 차원에서 직면한 삶의 현실이 가지고 있는 문제를 물을 수 있을 터인데, 그래서 더 깊은 해답을 확보할 수도 있을 터인데, 물음 자체를 지금 여기의 해답으로 봉쇄해버리는 것입니다.

분명히 해답에 이르면 물음은 더 이상 의미가 없습니다. 사실입니다. 그래서 사람들은 어떤 것을 하나의 해답으로 스스로 확인하게 되면 그때 그것을 유일한 해답으로 여기곤 합니다. 결과적으로, 또는 뒤에 되돌이켜보면 그것이 더 깊은 해답을 미처 확인하지 못한 해답이었다 할지라도 그때 그 자리에서는 그것이 유일한 해답으로 여겨지기 때문입니다. 당연히 그 해답을 누리는 한, 다른 물음은 물어지지 않습니다. 당연히 다른 해답도 상상하지 않습니다. 하지만 그러한 해답은 진정한 해답으로 기능하지 못합니다. 왜냐하면 삶은 정태적이거나 고정된 것이 아니기 때문입니다. 따라서 진정한 해답이라면 비록 그 해답이 특정한 물음정황에서 추구되고 도달하여 획득된 것이라 할지라도 그리고 그 정황에서 더할 수 없는 적합성을 지닌다 하더라도 끊임없이 변화하는 문제들을 아울러 수용할 수 있는 것이지 않으면 안 됩니다. 해답은 주어진 물음을 넘어 모든 물음을 아우를 수 있는 자리에 있지 않으면 안 되는 것입니다. 물음주체가 살아 있기 때문입니다. 곧 해답을 살아가는 주체도 살아 있기 때문입니다.

그런데 우리는 어떤 해답에 이르렀다는 인식이나 확신이 아무런 물음도 더 이상 묻지 못하게 하는 것이라고 여길 때가 많습니다. 그렇습니다. 해답은 분명히 물음이 더 이상 있을 수 없다는 것을 선언하는 것과 다르지 않습니다. 그것은 물음 없음의 삶이 가능하다고 하는 주장이기도 합니다. 하지만 물음이 없는 삶은 없습니다. 해답을 누리며 살아도, 역설적인 표현이지만, 그 해답이 낳는 문제가 있게 마련입니다. 그렇다면 해답은 물음을 지워 아예 물음이 없었던 것처럼 하는 것이 아니라, 물음의 현실성을 그대로 수용한 채 그 물음정황을 벗어나거나 넘어서거나 풀어 문제가 문제다움을 더 이상 드러내지 않도록 하는 것이라고 해야 옳습니다. 해답은 이러합니다. 해답은 문제없음을 구현하는 것이 아닙니다. 해답은 문제를 무화(無化)시키거나 소멸시키는 것이 아니라 문제를 그것 자체로 완성하는 것이라고 말할 수 있습니다. 다시 말하면 처음부터 문제란 없었는데 있다고 잘못 안 것이라는 것을 알게 되는 것이 해답은 아닌 것입니다.

이러한 현상을 우리는 '해답은 물음을 열어놓을 수 있는 것이어야 한다'는 말로 정리할 수 있습니다. 다시 말하면 하나의 특정한 사실과 직면하면서 제기되는 물음을 온 삶을 유념하면서 제기하는 물음으로 만드는 것이 해답이라고 할 수 있습니다. 이것이 해답의 가장 역설적인 특성입니다. 해답은 물음을 더 이상 물음이지 않게 하는 것이면서도 끊임없이 물음을 열어놓습니다. 물음이 열려지면 해답의 다양성도 아울러 확보하게 됩니다. 해답 자체도 열려지게 되는 것입니다. 그렇게 되면 이번에는 물음이 열려집니다. 이처럼 우리가 추구하는 것이 '열린 물음'에서 '열린 해답'에 이르고, 이에서 다시 '열린 물음'에 이르는 과정이 될 때 비로소 우리는 마지막 물음이 추구하는 마지막 해답에 이르게 됩니다. 피상적이고 사소한 해답을 넘어 근원적이고 궁극적인 해답에 이르게 되는 것입니다.

그러나 그렇다고 해서 해답이 물음에 예속되어 있는 것은 아닙니다. 해답의 효능이 즉각성이나 직접성에 있으면서도 그 해답은 스스로 자신을 낳은 물음을 더 깊은 차원으로 이끌어갑니다. 그리고 물음이 궁극적인 지점에 도달했다고 인식되는 자리에서 해답은 그 마지막 물음을 스스로 수용하면서 그 문제의 현존 자체를 해답으로 옮겨놓습니다. 그러므로 해답은 그것이 아무리 근원적인 차원에서 시사되는 것이라 할지라도 '문제와의 관계성'이라는 맥락에서 보면 언제나 현실적입니다. 즉각성과 직접성 안에도 궁극적인 해답은 잠재적 실재로 내장되어 있는 것입니다. 그러므로 마지막 해답은 그 해답에 이르는 과정에서 스스로 제시한 모든 해답들을 완성하는 것이기도 합니다.

종교라고 일컬어지는 문화가 제시하는 해답은 이러한 것입니다. 결과적으로 보면 종교가 제시하는 해답은 더 이상 물음을 물을 필요가 없는 지경에 이른 마지막 해답입니다. 하지만 그것을 이루는 구조는 물음과 해답의 연쇄로 이루어집니다. 그것은 끝없는 과정입니다. 그럼에도 불구하고 종교문화는 해답이란 언제나 현실적으로 실재한다고 주장할 뿐만 아니라 더 이상 문제없음이 해답의 진정한 모습이며, 그러한 해답을 특정한 종교가 전유한다고 하는 주장으로 가득 채워져 있습니다. 종교문화의 이러한 모습은 '신앙'이라고 부르는 독특한 의식(意識)의 형태, 또는 '마음의 결'을 통해 지탱되고 있습니다. 이러한 '물음과 해답의 구조'가 우리가 겪는 일상 안에 있는 종교문화의 모습입니다.

• 믿음 •

마음결 : 거리두기와 거리 없애기

이성은 사물에 대한 거리 만들기다. 감성은 사물에 밀착하여 아예 사물 속으로 들어간다고
해도 좋을 만큼 사물과 하나가 되고자 한다.

사람들은 생각하면서 삽니다. 그런데 생각이라 할지라도 그 흐름이나
색깔이 한결같지는 않습니다. 생각이 드러나는 모습을 보면 '일정한 틀'
이 있음을 느끼게 됩니다. 그런데 지금 이야기하는 '생각'이라는 말이
지나치게 합리적인 사유 지향적 개념이라고 이해된다면 조금 달리해서
'마음의 결'이라고 해도 좋을지 모르겠습니다. 다시 말하면 사람에게는
마음이 있습니다. 사람들은 그것을 몸으로 다 설명하지 못하는 '다른
것'으로 여겼습니다. 물론 이제는 뇌 과학이 발달하여 이전까지 몸의 현
상일 수 없다고 판단하던 것을 역시 몸의 작용이라고 설명하고 있기 때
문에 마음을 '다른 것'으로 여기는 전통적인 관행적 인식을 크게 되살펴
야 옳을 듯합니다. 하지만 그렇게 이야기하고 말기에는 '마음'에 대한
오랜 경험을 쉽게 지울 수 없습니다. 마음의 결은 이른바 몸이 어떤 자극
에 반응하는 것과 같은 '본능적' 작용과 아주 '다른' 것이라는 인식의 오
랜 전승을 간과할 수 없기 때문입니다. 뿐만 아니라 바로 그렇기 때문에
아직도 몸과 마음에 대한 그러한 이해가 삶을 훨씬 더 많이 담을 수 있는
것이 현실이기도 합니다.

아무튼 우리에게는 마음의 움직임이 있습니다. '몸짓'을 말하는 것과
같은 맥락에서 '마음짓'이라고 해도 좋을지 모르겠습니다. 그런데 그것
을 보면 마음이라 해서 한 길로, 한 모습으로 움직이지는 않는 것이 보입
니다. 앞에서 말씀드렸듯이 그것이 드러나는 모습은 아주 여러 갈래입니
다. 그 여러 갈래의 마음결들은 그 비롯함이 같지 않고, 가서 이르는 마
지막 점도 동일하지 않습니다. 그러므로 그 다른 마음결들은 제각기 다
른 이름들로 불립니다. 이성(理性), 감성(感性), 상상(想像), 의지(意志) 등

이 그것입니다. 이를 조금 더 부연해보기로 하겠습니다.

오랫동안 인류는 이성이라고 명명한 독특한 마음의 결을 이야기해왔습니다. 인간의 인간다움을 설명할 때에도 그가 이성을 지니고 있다는 사실이 지적되었고, 당연히 인간다움을 지향하려는 모든 의도에서 종국적으로 제시되는 인간상(人間像)도 '이성적 인간'이었습니다. 그러므로 이성은 우리가 지녀야 할 당위적 요청이기도 했고, 우리가 지향해야 하는 또 다른 당위적 규범이기도 했습니다. 인간은 동물과 다르다는 것을 바로 그 이성을 지적하면서 확연하게 드러내기도 하였고, 더 나아가 이성적이지 않은 사유나 마음씀은 비인간적이거나 반인간적인 것으로 여기기도 하였습니다. 그리하여 점차 이성은 인간의 인간다움을 측정하는 절대적인 준거로 작용하기도 했습니다. 근대를 거쳐 현대에 이르면서 이러한 태도는 철저하게 우리의 의식을 지배하고 있습니다.

따라서 우리는 인간을 '사유하는 존재'라고 말합니다. 또 '합리성'을 모든 올바름의 준거로 삼기도 합니다. 이렇게 하면서 우리는 어느 틈에 우리에게 이성이 있기 때문에, 또는 우리는 이성적 존재이기 때문에 비로소 인간이게 된다고 하는 주장을 폅니다. 자신을 이성주의자로 구체화할 때 비로소 자신이 성숙한 인간이라고 하는 것을 스스로 확인하는 것이 오늘의 일상입니다.

하지만 이성은, 우리가 전제한 바에 의하면, 복잡하고 다양한 마음결 중의 하나입니다. 그것은 인간의 마음짓을 묘사하는 하나의 개념일 뿐입니다. 그러므로 이성이란 절대적인 것일 수 없습니다. 그것은 실은 상대적인 개념입니다. 따라서 이성을 이해하기 위해서는 인간의 마음결이 묘사되는 여러 '그림'들을 살펴 이성을 의도적으로 두드러지게 보이도록 해야 합니다. 마음이 짓는 다양한 결들을 살피면서 그 속에서 우뚝 솟는 하나의 틀이 곧 이성이라는 사실을 다듬을 수 있어야 하는 것입니다.

　이렇게 이성에 다가가면 우리는 적어도 이 개념이 인간이 가지고 있는 생각이나 마음결 중에서 서너 가지 특징을 지니는 것을 한 범주에 넣어 그렇게 이름지은 것임을 알 수 있습니다. 하나는 사물에 대한 거리두기이고, 다른 하나는 사물을 뜯어보는 일이고, 마지막 하나는 그렇게 뜯어 헤쳐진 사물을 다시 짜맞추어 전체를 한눈에 살필 수 있는 얼개로 엮어 드러나게 하는 일입니다. 마음의 움직임이 드러내는 결 중에서도 객관적이고 분석적이고 체계적인 기능을 하는 것을 이성이라 묶어놓은 것이라고 이해할 수 있는 것입니다. 다시 말하면 주관적인 직관을 억제하고 사물 자체를 일정한 거리를 두고 읽을 수 있는 반성적 사유, 여러 사물들이 서로 지니고 있는 연계망을 투명하게 함으로써 개개 사물들의 실체성을 인지하고 설명하려는 분석적 사유, 그러면서도 하나의 사물이 실재하는 그 실재성과 그 사물의 존재의 자리를 그것이 존재하는 총체성 안에서 밝히고 파악하려는 개념적이고 논리적인 사유만이 실재를 '바르게' 이해할 수 있는 것인데, 그것을 가능하게 하는 것이 다름 아닌 이성이라고 주장하는 것입니다. 그러므로 이러한 자리에서 보면 이성의 중요성은 더 이상 다른 설명이 필요하지 않습니다. '바른 인식'을 위해서는 인식의 자리에 서야 하고, 그렇게 해야 '바른 판단'의 기초를 확보할 수 있을 뿐만 아니라, 나아가 '바른 행동'의 준거를 마련할 수 있기 때문입니다.

　그리고 한 가지 덧붙인다면 이성적 사유는 이성이 그러한 바른 인식을 수행한다고 하는 것을 누구나 승인할 수 있도록 '실증'할 수 있다고 주장합니다. 이성을 통한 인식은 실제로 지금 여기에서 직접적으로 사실이나 실재를 지적할 뿐만 아니라 개념의 명료함, 논리의 정연함을 통해서도 사물의 사물다움의 모든 것을 실증한다고 주장하는 것입니다. 자연히 이성적 인식과 판단은 그것 자체로 특정한 시간이나 공간에 매이지 않는 보편성을 가지는 것이라고 주장하게 됩니다.

그렇다면 실증과 보편성, 그것은 이성이라는 마음결이 그것 나름으로 존중받을 수 있는 가장 주요한 잣대라고 할 수 있습니다. 어떤 인식이 '참으로 그렇다'는 것이 언제 어디서나 사실로 인증될 수 있다는 것, 그렇기 때문에 그러한 인식은 이에 반하는 어떤 주장도 허위라고 단정할 수 있다는 것, 그러므로 이성적 인식에 기초한 판단이나 실천은 보편적이고 당위적인 것으로 요청되고 또 기능한다는 것 등이 그 주장의 근간을 이루고 있는 것입니다. 지식, 특별히 자연과학적 지식은 이러한 맥락에서 볼 때 온전한 이성적 인식을 바탕으로 이루어진 것이라고 할 수 있습니다.

그러나 인간은 또 다른 마음결을 가집니다. 생각이라고 하기보다는 느낌이라고 해야 좋을 그러한 마음입니다. 느낌은 생각과 달라 마음의 결이라기보다 생리적인 감각이라고 여기는 경우도 없지 않습니다. 이를테면 우리는 보고, 듣고, 맛보고, 냄새를 맡고, 만지고 하면서 사물들을 짐작하고 알고 판단합니다. 이러한 경험을 우리는 느낌이라는 말로 표현합니다. 그리고 그러한 것들은 실상 우리 몸을 이루는 생리적인 기관들이 하는 일입니다. 그러므로 느낌이라거나 감성이라거나 하는 것을 생리적 감각과 연결하여 이해하려는 것이 무리는 아닙니다.

하지만 이러한 현상조차도 조금 더 살펴보면 그렇게 여기고 끝낼 수 없는 다른 모습이 보입니다. 느낌이 짓는 것이 무엇인지를 유념해보면 그러한 것들이 잘 보입니다. 예를 들어보십시다. 아름다운 꽃을 보면 마음이 밝아집니다. 찢어지는 듯한 굉음을 들으면 몹시 불쾌해집니다. 아가의 웃음은 나를 행복하게 합니다. 드높고 맑은 하늘을 바라보고 들판에 누워 있으면 마음이 환하게 투명해지면서 삶이 새로워집니다. 분명히 이러한 것은 생리적인 감각만으로 모두 설명할 수 없는 다른 현상입니다. 물론 그러한 현상이 생리적인 데서부터 말미암은 것만은 틀림없습니다. 하지만 그 감각을 따라 또 다른 무엇, 곧 느낌이라고 할 마음이 일렁이고 있음을 보여줍니다. 게다가 마음이 편하거나 가벼우면 보고 듣고 냄새를 맡보고 만지는 것조차 즐겁고 좋고 맛있고 따뜻해집니다. 그렇다면 느낌도 마음의 결인 것입니다.

그런데 이러한 느낌은 이성과 매우 다릅니다. 그래서 이를 감성(感性)이라고 부릅니다. 감성은 이성처럼 사물과의 거리(距離) 만들기를 하지 않습니다. 오히려 사물과 밀착하거나 아예 사물 속으로 들어간다고 해도 좋을 만큼 하나가 되고자 합니다. 의도적으로 그렇게 한다기보다 저절로 그러한 상황 속에서 내 마음에 이는 일렁임이라고 할 수 있는 그러한 것입니다. 그렇기 때문에 당연히 사물을 뜯어보려 하지 않습니다. 달리 말하면 감성은 사물에 대한 분석적 인식으로부터 비롯하는 것이 아닙니다. 있는 그대로의 사물과 부닥치면서 나도 모르게 내 안에서 솟는 독특한 경험입니다. 그렇기 때문에 이러한 감성은 사물을 체계화하려 하지 않습니다. 논리적인 설명을 통해 그 총체성을 확보하기보다 스며드는 느낌을 통해 그렇게 합니다. 따라서 어떤 사물의 윤곽이 분명히 그려지지 않는데도 그 사물이 있다는 사실, 나와 만난다고 하는 사실 등을 총체적으로 내 안에 지닙니다.

그래서 감성 또는 느낌이라는 마음결은 그 경험이 언어에 실리기보다 비언어적인 것으로 자신을 드러내는 수가 많습니다. 후자의 경우에서 더 자신을 잘 드러냅니다. 이성이 지향하는 것은 개념과 논리였습니다. 그것은 대체로 언어로 구체화합니다. 하지만 감성은 직관과 통찰이라고 할 수 있는 것을 통해 이루어집니다. 아주 쉬운 예를 든다면 우리가 예술적이라고 일컫는 범주에 드는 문화들이 그러한 것이 드러난 두드러진 표상이라고 할 수 있습니다. 언어라 할지라도 시가 두드러지게 그러하고, 그림, 노래, 춤, 몸짓, 조각 등등이 그러합니다. 이미지가 문자보다 훨씬 감성적인 것을 잘 담아냅니다. 물론 이것은 쉬운 예를 든 것이지 예술이 감성의 산물이라고 단정적으로 하는 말은 아닙니다.

이러한 마음결이 지어내는 어떤 분위기, 그것을 우리는 정서(情緖)라고 말하기도 합니다. 실체가 없는 듯 있고, 있는 듯 확인하기 힘든 어떤 실재, 그런 것이 정서입니다. 그리고 그러한 정서는 느낌에서 비롯합니다. 다시 말하면 느낌은 어떤 총체적인 분위기를 짓고, 그 분위기가 빚는 마음결이 삶의 태도를 이루는 근간이 됩니다. 그런데 이성과 비교해 보면 이러한 정서는 이성이 빚는 분위기와 확연히 다릅니다. 객관적이기보다 주관적이고, 분석적이기보다 통합적이고, 체계적인 설명이라기보다 포용적인 승인이라고 할 수 있는 것이 감성의 특성이라고 말할 수 있습니다.

그러므로 감성의 감성다움은 사물에 대한 '바른 인식'보다는 사물과의 '단절되지 않는 공감'을 지향합니다. 따라서 그러한 공감의 보편성을 희구하면서도 그때 그 자리에서 이루어지는 자신의 마음결의 움직임이 어떻게 정직하게 그 사물과의 만남에 반응하고 그것을 어떻게 순수하게 자기 안에 받아들이느냐 하는 것을 더 중요하게 여깁니다. 다시 말하면 감성적 인식이나 판단은 불가피하게 보편보다는 자기라는 구체성을 그 원천으로 전제합니다. 바로 그러한 마음결을 바탕으로 하여 사물을 판단하고, 더 나아가 그 판단에 근거하여 구체적인 몸짓으로 삶을 구체화하는 것입니다.

그러나 바로 이러한 사실 때문에 마치 이성이 마음결을 메마른 틀이게 하는 단점을 지니듯이 감성은 마음결을 자칫 너무 흔들리게 한다든지, 아니면 만난 사물에 가 닿기보다 그것을 넘어 스스로 넘친다든지, 만난 사물의 현실성을 간과한 채 그것을 내 안에 담아 내 감성을 통해 재구성하고 그렇게 재구성된 사물만을 현실로 승인하려는 부자연스러움을 드러내기도 합니다. 어찌 보면 가장 자연스러운 마음결인데 가장 부자연스러운 마음결이 될 수도 있는 것입니다. 그래도 이러한 감성이야말로 삶을 따뜻하게 하는 가장 기본적인 마음결입니다.

마음결 : 새로운 세계 그리기와 마음먹기

상상은 없는 것을 있다든지 있는 것을 없다든지 하면서 사물을 넘어 사물을 새로 빚는
창조적인 결이다. 의지는 이성과 감성과 상상이 실제적으로 기능하도록 하는 힘이다.

그런데 사람의 마음결에는 또 다른 것이 있습니다. 대체로 우리는 있는 것을 있다고 말합니다. 없는 것은 당연히 없다고 말합니다. 거짓말을 하기로 마음을 먹었다면 모를까 그렇지 않다면 그렇게 말하는 것이 옳습니다. 그러나 사람의 마음이란 참 알 수가 없습니다. 우리는 있는 것을 없는 것으로 여기기도 하고 없는 것을 있는 것으로 여기기도 합니다. 이성적으로 판단해도 옳지 않고, 감성적으로 반응한다 해도 바르지 않습니다. 그런데 우리는 그렇게 말하고, 그렇게 느끼고, 그렇게 하며 살아갑니다.

이러한 현상은 흔히 우리가 일컫는 '짐짓 그러하다'고 하는 것과도 사뭇 다릅니다. 이를테면 우리는 '만약 ～라고 한다면' 하는 가정법(假定法)을 통해 사물을 이야기하곤 합니다. 없는 것도 있다고 여기고, 있는 것도 없다고 여기면서 그렇다고 하는 것을 전제하고 생각을 더 펼쳐나아가는 것을 가정법이라고 할 수 있습니다. 하지만 앞에서 말하고자 한 것은 그것과 다릅니다. 잠시 어떤 사태를 짐작하기 위하여 그렇게 조건을 붙이는 것이 아닙니다. 따라서 좀더 정확하게 말한다면 '있는 것을 통해서 없는 것을 보고, 없는 것을 통해서 있는 것을 본다'고 할 수 있는 그러한 것입니다.

또 다르게 표현한다면 겉을 뚫고 안을 들여다본다거나 겉으로 드러나

지 않는 속을 본다든가 하는 것으로 말할 수도 있습니다. 물론 이성도 사물의 사물다움을 살펴보는 과정에서 드러난 모습만을 사물의 모두라고 말하지 않습니다. 감성에서도 느낌이 초래하는 결과는 느낌을 처음 갖도록 한 사정과 매우 다른 결과를 낳기도 합니다. 그러므로 이러한 마음결은 다른 마음들과 구분되는 아주 다른 것은 아니라고 할 수도 있습니다. 그런데 지금 여기에서 우리가 말하려는 것은 그것과 또 다릅니다. 실증이나 느낌을 매개로 한 '드러나지 않은 차원'에 대한 인식이나 공감이 아니라, 어떤 사물이나 사태가 직접적인 계기가 되는 것은 분명하지만 그것과 아주 다른 '새로운 세계'를 그리는 일입니다. 그러한 맥락에서 적극적으로 말한다면 '있음의 없음화, 그리고 없음의 있음화'라고 할 수 있는 그러한 것입니다. 우리는 그것을 상상이라고 말하곤 합니다.

상상은 이성의 법칙을 벗어납니다. 감성의 결도 거의 따르지 않습니다. 그러므로 그것은 있는 것을 그대로 받아들이는 생각도 아니고 공감을 전제하는 느낌도 아닙니다. 그것은 지금 여기에 있는 자신의 '우주'를 벗어나 스스로 빚는 새로운 우주의 묘사라고 할 수 있는 그러한 것입니다. 상상은, 다시 말하면, 지금 여기 현존하는 모든 실재를 벗어납니다. 그리고 전혀 다른 실재의 우주를 마련합니다. 그런데 그 안에서 현존하는 모든 실재를 다시 받아들입니다. 그렇게 되면 현존하는 실재들은 그대로 있지 못합니다. 새로 지은 우주 안에서 다른 실재로 태어납니다. 상상은 이러합니다. 그것은 결과적으로 모든 현존하는 실재를 여전히 그러한 실재이지 않게 합니다. 그러므로 있는데도 없다든가 없는데도 있다든가 하는 묘사가 가능합니다. 상상 속에서는 모든 실재가 스스로 지금 여기에서의 실재이기를 그만두면서 전혀 다른 실재로 태어나기 때문입니다.

사람은 꿈을 가지지 않은 사람이 없습니다. 그런데 꿈은 현실이 아닙니다. 꿈을 꾸는 자리는 현실이지만 꿈은 현실 안에 담겨 있는 것이 아닙니다. '꿈의 현실'이라고 말할 수 있는 그러한 것은 실은 없습니다. 하지만 우리는 꿈을 꿉니다. 그렇게 꿈을 꾸는 한 꿈은 실재입니다. 그런데 다시 말하면 바로 그렇기 때문에 꿈은 없는 데 있는 것입니다. 그리고 우리가 다 알듯이 꿈은 상상입니다. 희망이 그러합니다. 그것은 마음이 그리는 그림입니다. 실재하지 않는, 그러나 마음이 지어 만들어내는 실재하는 사물입니다. 그러므로 그것은 언제나 자취도 없이 사라질 수 있습니다. 그러나 동시에 그것은 언제나 내 현실을 빚는 '가능성의 샘'으로 있어 마침내 꿈을 현실화할 수 있습니다. 꿈은 이루어집니다.

그러므로 상상은 이성이나 감성과 전혀 다른 차원에서 사람으로 하여금 '창조적'이게 합니다. 있는 것 속에 갇히지 않게 합니다. 인간이 가지고 있는 상상력이라는 마음결의 가장 두드러진 특징은 바로 이것입니다. 스스로 존재 안에 있지만 존재의 울을 벗어날 수 있습니다. 벗어나 자유로울 수 있을 뿐만 아니라 자신이 바라고 그린 세계를 스스로 빚어낼 수 있습니다. 그리고 거기 그 '없었는데 있게 된 현실' 속에 머물 수조차 있습니다. 이성을 객관적이라 하고, 감성을 주관적이라 한 것과 견주어 묘사한다면 상상은 주객을 넘어서는 것이라고 할 수도 있을 듯합니다. 객체에 매이지도 않고 주관에 빠지지도 않은 '다른 실재'를 승인하는 일이기 때문입니다.

물론 상상은 실재하지 않는 것을 실재로 승인하는 일이기 때문에 언제나 현실을 속일 수 있습니다. 마치 이성이 차디찬 속성 때문에 충분히 삶을 다룰 수 없듯이, 그리고 감성이 너무 뜨거워 마찬가지로 삶을 제대로 담을 수 없듯이, 상상도 때로 비현실적인 것을 실재로 여기는 탓에 삶을 건강하게 지탱하지 못하도록 할 수도 있습니다. 그러한 경우 우리는 흔히 이성이나 감성이나 상상을 치밀하게 분류하고 다듬어 다른 용어들을 사용하기도 합니다. 합리적 추론의 독선이라든지, 주관적 정서의 자기함 몰이라든지, 자기기만적인 환상에의 몰입이라든지 하는 것이 그러한 서술들입니다. 그러나 사람의 마음결 속에 없는 것을 있다든지 있는 것을 없다든지 하면서 사물을 넘어 사물을 새로 빚는 창조적인 결이 있다는 사실은 몇 번 다시 생각해도 놀라운 일입니다.

그러나 사람의 마음결에는 또 다른 것이 있습니다. 우리 모두 알듯이 사람의 삶은 끊임없이 움직입니다. 살아 있기 때문입니다. 그리고 움직이되 언제나 무엇을 향해, 무엇을 하려고, 움직입니다. 그런데 그러한 움직임은 자연스럽게 이루어지지 않습니다. 움직이려는 뜻, 곧 무엇을 향해 나아가려는 마음가짐이 그것을 가능하게 해줍니다. 앞에서 살펴본 이성이나 감성이나 상상도 결국 이러한 움직임으로 연결되지 않는다면 삶을 위해 아무런 구체적인 역할을 하지 못합니다.

그런데 그러한 추동력(推動力)은 마음에서부터 비롯합니다. 소박하게 말한다면 '마음먹기'에 달려 있는 일입니다. 이를 우리는 의지(意志)라고 말합니다. 우리의 마음결에는 이러한 움직임의 결이 있습니다. 이 의지는 이성적 판단과 감성적 지각을 아우르고 이에 상상을 보태면서 이 모든 것들이 '실제적'으로 기능할 수 있도록 합니다. 그러므로 그것은 '힘'이라고 해도 좋을 그러한 것입니다. 적절한 비유가 될지 모르겠습니다만, 이성과 감성을 선(線)적인 것이라고 한다면 의지는 그것에 바탕을 두고 새롭게 펼쳐지는 상상의 우주를 향해 온 마음이 움직이도록 하는 지향적인 선(線), 곧 동태적(動態的)인 것이라고 할 수 있습니다.

뿐만 아니라 삶을 그것 자체로 지속하도록 하고, 또 삶의 양태가 일관성을 유지하도록 하는 것도 또한 이 의지입니다. 그렇기 때문에 이성이나 감성이나 상상과 나란히 놓고 보면 의지는 인식이나 판단, 또는 느낌이나 정서, 그리고 새로운 실재의 현존에 대한 그리움이나 희구와는 크게 다릅니다. 그 모든 것을 현실화하려는 것이기 때문입니다. 따라서 의지가 없으면 어떤 판단이나 정서나 상상도 삶을 위해 구체적으로 작동하지 못합니다. 물론 이성적인 판단이나 감성적인 정서나 상상한 실재가 의지를 생성하고 강화하기도 합니다. 하지만 그렇다고 하는 사실을 기술할 때조차 우리는 의지가 마음을 이루는 하나의 두드러진 결이라는 사실을 전제하지 않고는 그렇게 진술할 수가 없습니다. 그러므로 의지는 마치 잘 만든 연필심이나 불을 밝히는 초의 심지와 같은 것이라고 해도 될 듯합니다. 연필심이 없으면 글을 쓸 수 없습니다. 초의 심지가 없으면 촛불을 켤 수 없습니다. 우리의 다양한 마음결 중에서 의지란 바로 그런 것이라고 말하고 싶습니다. 마음결을 지탱하는 기둥과 같은 것이라고 해도 좋고 마음을 마음답게 지속하도록 하는 줄기가 되는 것이라고 묘사해도 좋을 듯합니다.

이처럼 마음은 소박하게 단출하지 않습니다. 마음결을 다듬어 나가다 보면 묘사해야 할 갈래가 한없이 나뉩니다. 사람이 다양하고 사람살이가 서로 뒤엉키는 것도 결국 마음이 이처럼 가닥가닥 나뉘고 또 서로 얽히어 그러한 것이리라 생각됩니다. 그런데 이제까지 이야기한 것 말고 또 하나 덧붙여야 할 것이 있습니다.

마음결을 넘어서는 마음결

마음결이 제각기 나름대로의 결을 지니면서도 그 모든 결들이 함께 모여 가 닿는 마지막 자리, 곧 사람의 마음이 가 닿는 마지막 자리를 믿음이라고 이야기할 수 있다.

거듭 되풀이되지만 사람은 이성, 감성, 상상, 의지 등으로 부르는 제각기 다른 마음결을 가지고 있습니다. 그런데 이 마음결들은 다 같이 마음을 이루고 있는 것임에도 불구하고 서로 다른 것이라고 단언할 수 있는 것이기도 하고, 서로 너무 달라 그 관계가 지극한 갈등으로 묘사되기도 하고, 어떤 결은 다른 결보다 더 넓고 깊은 차원의 마음을 열기도 하고, 어떤 결은 이 모든 결들을 통합하여 하나이게 하기도 하면서 마음으로 하여금 마음구실을 하게 합니다. 그런데 이 어느 것에도 뚜렷하게 넣을 수 없는 또 다른 독특한 마음결이 있습니다. 신념, 믿음, 또는 신앙이라고 하는 것이 그것입니다.

빛이 넓은 폭을 이루는 좁은 여러 폭의 분광(分光)들로 이루어져 있다는 것은 누구나 다 아는 상식입니다. 마음결도 어찌 보면 그렇게 묘사하는 것이 정확하지 않을까 하는 생각이 듭니다. 그러므로 그 결들 하나하나는 그것 자체로 절대적인 의미와 기능을 가진다고 할 수 있습니다. 그런데 믿음이라든지 신앙이라고 하는 마음결은 그 나름의 매우 독특한 속성을 가지고 있습니다. 편하게 믿음이라는 말로 단일화해서 사용하도록 하겠습니다.

믿음은 이성을 배제하지 않습니다. 믿음이 이를테면 현실인식을 배제하거나 간과하지는 않습니다. 그러나 믿음은 이성 안에 머물러 있지만은 않는 다른 결입니다. 믿음은 감성을 부정하지 않습니다. 어쩌면 공감은 믿음의 바탕이라고 할 수도 있습니다. 하지만 믿음은 감성으로는 도저히 설명할 수 없는 확연히 다른 것입니다. 믿음은 의지와 무관하지 않습니다. 의연한 의지는 신념이라고 일컬어지기도 할 만큼 의지는 믿음을 내용으로 하고 있는 것이라고 판단하기도 합니다. 그러나 믿음은 실천적 지향성으로만 그려질 수 없는 다른 것을 안에 담고 있습니다. 마찬가지로 우리는 믿음과 상상의 관계를 논의할 수 있습니다. 상상은 믿음과 매우 유사합니다. 없는 것의 실재성을 주장할 때면 특히 그러합니다. 그래서 때로 믿음은 상상의 충동에 의해서 이루어지는 것이라고 묘사하면서 상상의 범주 안에 믿음을 그 양태의 하나로 넣어 설명하기도 합니다. 그러나 믿음이 가장 강하게 드러나는 이른바 밀도 높은 상상은 아닙니다.

우리가 주목하고자 하는 것은 온갖 마음결을 다 안고 있으면서도 그것들 자체로 완결적인 것일 수 없다는 판단을 하는 어떤 마음결이 있다고 하는 사실입니다. 그렇다면 우리는 그 마음결이 틀림없이 이성이나 감성이나 의지나 상상에 의해서 충족되지 않는 어떤 삶에 대한 경험을 전제하지 않고는 생길 수 없는 것이리라는 것을 짐작할 수 있습니다. 이를테면 앞에서 언급한 다른 마음결들로는 기술할 수 없는 어떤 문제에 대한 의식, 그리고 그러한 문제에 대한 해답에의 기대가 없다면 있을 수 없는 마음결이라고 말할 수 있을 것입니다.

그러한 문제나 해답이리라고 예상되는 것을 다른 마음결들이 연계되는 삶의 경험내용과 비교해보면 우리는 그것을 '삶의 종국'과 관련된 것이리라고 할 수 있습니다. 마지막 물음에 대한 마지막 해답과 연계된 마음결이 곧 믿음이라고 말할 수 있는 것입니다. 이미 물음과 해답을 설명하는 앞의 장에서 이에 대한 상당한 서술이 되어 있기 때문에 이곳에서는 다른 초점에서 이를 살펴보도록 하겠습니다.

생각이 가 닿는 '마지막'은 또 다른 말로 표현한다면 어떤 마음결도 더 이상 기능하지 못하는 한계를 뜻하는 것이기도 합니다. 그러므로 마지막이라고 여겨진 물음이나 그렇게 여기는 해답은 이미 그 물음과 해답을 좇아온 마음결로는 더 서술하거나 설명할 수 없습니다. 그러므로 마지막을 설명하는 마음결은 이제까지 지속해온 마음결과 다르지 않을 수 없습니다. 일상적인 마음결을 넘어서는 마음결, 또는 일상의 차원을 넘어서는 '마음결의 비약'을 말할 수 있다면, 믿음은 그것이 마지막과 연결되어 있는 한 여느 마음결과 같지 않습니다. 다시 흔한 개념적인 언어로 말한다면 '궁극성'은 분명하게 다른 차원이기 때문입니다.

그러므로 믿음은 문제와 해답의 종국에서 발언되는 최종적인 긍정적 단정이라고 할 수도 있습니다. 그 발언은 '~이다'입니다. 부정적 의문문이 끝나는 자리에서 출현하는 긍정적 평서문이라고 할 수도 있습니다. 사람들은 그러한 발언을 하고 싶어합니다. 그러한 발언이 자기에게서 현실화되면 바로 그 정황이 '문제없음'이나 '해답의 누림'일 것이기 때문입니다. 그러므로 믿음은 철저하게 자아에서 비롯하여 자아로 되돌아가는 그러한 마음결입니다. 이른바 객관적인 사물의 진실에 대한 관심이 아니라 자신의 존재근거에 대한 관심을 담습니다. 그렇다면 믿음은 마음결의 하나라기보다 오히려 마음결 전체를 흔들 수 있는 마음자리, 또는 마음결의 근원이라고 할 수 있습니다. 아니면, 모든 마음결이 제각기 나름대로의 결을 지니면서도 그 모든 결들이 함께 모여 가 닿는 마지막 자리, 곧 사람의 마음이 가 닿는 마지막 자리가 믿음이라고 이야기해도 될 듯합니다.

일상 속에서 우리가 '~를 믿는다'라고 할 때의 경우를 곰곰이 생각해 보면 이러한 마음결이 얼마나 우리 삶에 현실적으로 짙게 드리워 있는지 짐작하기가 조금도 어렵지 않습니다. '나는 너를 믿는다'라는 발언이 가능한 실제 정황은 '내가 너를 안다'는 것과 같지 않습니다. 또 그것은 '나는 너와 모든 것을 공감한다'는 것도 아닙니다. '나는 네가 이러저러하리라고 상상한다'는 말도 아닙니다. 더 나아가 '나는 너를 알고, 너와 함께 느끼고, 네가 이러저러하리라고 상상하는 이 모든 태도를 일관되게 유지해나가겠다'고 하는 것도 아닙니다. 이러한 언급들은 모두 한결같이 일정한 조건을 갖춘 경우를 전제합니다. 안다든지 공감한다든지 상상한다든지 의도한다든지 하는 것들은 그럴 만한 어떤 조건들이 충족되어 가능해지는 것입니다. 이러한 차원에서만 보면 생각이나 마음의 결은 그 나름의 어떤 규칙이나 질서를 내장하여 이루어진다고 해야 옳을 듯합니다. 삶은 대체로 그러합니다. 사실 믿음도 그것이 마음결의 하나라고 전제한다면 크게 다르지 않아야 합니다.

하지만 믿음은 그 조건과의 관계가 매우 '역설적'입니다. 예를 들면, 우리는 알지 못하면 그 대상을 승인하거나 수용하지 못한다고 생각합니다. 그러나 우리는 어떤 경우 그 대상을 충분히 알지 못함에도 불구하고 이를 인정하고 받아들입니다. 도대체 앎의 조건이 모두 충족되기를 기다리는 것보다 더 어리석은 태도가 없습니다. 우리는 알아야 비로소 어떤 실재를 승인하고 수용하는 것은 아닙니다. 알지 못해도 그렇게 합니다. 그러한 태도가 곧 믿음입니다. 그러므로 믿음은 이러한 의미에서 인식을 승인하면서도 인식과 역설적인 관계를 빚습니다. 그러한 역설 속에서 우리는 그 대상을 '믿는다'고 말합니다. 믿음은 그러한 태도를 개념화한 것입니다. 실증할 수 있어 그것을 신뢰한다는 것은 비록 말은 신뢰라고 하기 때문에 믿음의 행위로 묘사되고 또 믿음의 범주에 넣을 수 있는 그러한 것이지만, 실은 알았기 때문에 그것을 그러한 것으로 여긴다는 말과 다르지 않습니다. 그러나 믿음은 실증을 전제하지 않습니다. 인식의 완성을 기다려 그 대상을 실재하는 것으로 여긴다는 것과 다릅니다. 온전한 인식에 도달하지 못했음에도 불구하고 그 인식내용에 제한받지 않으면서 그 인식객체를 수용하는 것이 믿음입니다. 그러므로 그것은 자기가 자기의 그러한 태도를 승인하고 수용하는 것과 다르지 않습니다.

이러한 서술은 감성이나 상상이나 의지와 관련해서도 마찬가지로 서술할 수 있습니다. 좀더 적극적으로 말한다면 인식될 수 없는 것임에도 불구하고 인식된 것으로, 공감할 수 없는 것임에도 불구하고 공감된 것으로, 상상할 수 없는 것임에도 불구하고 상상된 것으로, 의도할 수 없는 것임에도 불구하고 의도한 것으로 여겨 부닥친 사물이나 삶의 현실을 수용하고 승인하는 것, 그것이 믿음이고 신앙입니다.

그러므로 믿음을 '~이다'라고 말하는 긍정적 평서문이라고 할 때 믿음은 그 안에는 존재하는 모든 것을 '~에도 불구하고' 승인하는 삶의 태도를 함축합니다. 평이한 진전이 가 닿는 종국이 아닙니다. 분명하게 부정적인 정황 속에서 바로 그 정황을 부정하면서 이루어지는 새로운 긍정을 지향하기 위하여 '~에도 불구하고'라고 하면서 그것을 넘어서는 것이 믿음이라고 하면 더 분명할지도 모릅니다. 거듭 말하지만 그것은 자아의 자기신뢰를 바탕으로 하지 않으면 있을 수 없는 현실입니다.

처음과 끝의 긍정

처음과 끝의 본래적인 완전성을 긍정적인 것으로 승인하는 믿음의 태도는 아무것도 실증할 수 없는 것이 궁극적인 삶의 모습이라는 사실에 바탕을 두고 이루어진다.

이러한 맥락에서 본다면 앞에서 언급한 대로 믿음은 마지막(궁극성)에 대한 태도일 뿐만 아니라 시작(근원)에 대한 태도라고 할 수 있습니다. 설명이 불가능한 일이지만 처음을 반향(反響)하지 않는 끝이란 없습니다. 그러나 우리는 삶을 살아가면서 처음을 잊거나 잃습니다. 그렇게 삶을 경험합니다. 그러나 끝의 긍정이 가능한 자리에 서면 갑작스럽게 잊혀진, 또는 잃었던 처음이 끝의 긍정에서 되울림합니다. 그러므로 결과적으로 믿음은 궁극성에 대한 긍정적 진술만이 아니라 근원에 대한 긍정적 선언을 아울러 지닙니다. 처음과 끝에 대하여, 기원과 종국에 관하여, 그렇게 할 수 있도록 하는 그것이 곧 믿음입니다.

그러한 믿음이 직면하는 것은, 그렇지만 부정적인 것으로 점철된 절망적인 정황, 곧 물음을 묻고 해답을 추구할 수밖에 없는 삶입니다. 우리는 처음과 끝의 틈 사이에서 무수하게 다양한 삶의 내용들을 겪습니다. 그리고 대체로 그 내용들은 문제이고 물음들입니다. 소박한 긍정이 불가능한 사태가 곧 삶이기도 합니다. 그러므로 절대적인 긍정은 언제나 우리의 이상(理想)입니다. 그것이 다름 아닌 물음과 문제에 대한 해답입니다. 우리는 그것을 추구합니다. 삶의 경험내용은 그러한 것이었습니다. 그런데 바로 그러한 소용돌이의 한복판에서 믿음은 그 정황을 '~아니다'라고 하면서 '~이다'의 자리로 내 삶을 옮깁니다.

그러므로 믿음은 현실뿐만 아니라 현실과 직접적으로 관련된 모든 마음결을 넘어 어쩌면 이질적이라고 해야 좋을 다른 차원에서 펼쳐지는 '다른 마음결'임에도 불구하고 삶의 문제정황 안에서 비롯하는 것이고, 또 거기에 귀착합니다. 따라서 바로 거기 삶의 한복판에서 만약 처음을 긍정할 수 있고 끝을 긍정할 수 있다면, 그렇게 삶이 그려질 수 있다면, 내 삶을 그러한 삶으로 여길 수 있다면, 내 삶은 더 이상 문제에 시달릴 까닭이 없습니다. 그 삶은 문제이되 문제가 아니기 때문입니다. 믿음이 초래하는 삶은 그렇기 때문에 해답을 누리게 해줍니다.

믿음이라는 마음결은 그렇게 하여 삶을 총체적인 긍정을 통해 수용하도록 합니다. 믿음은 그것 자체로 이미 해답입니다. 믿음은 문제정황 안에 삶을 머물게 하지 않습니다. 종국적인 긍정을 지향하기 때문입니다. 해답을 누리는 삶은 그러합니다. 문제정황이 사라지는 것이 아닙니다. 현실을 문제정황으로 간주하기보다 바로 그 문제들을 오히려 의미 있는 실재로 여기는 일이 가능해지는 것입니다. 그리고 그렇게 된 현실을 우리는 '이제 문제가 없다'고 선언할 수 있습니다. 믿음 안에서는 어떤 문제이든 이미 '해답된 물음'입니다. 그것을 가능하게 하는 것이 믿음입니다. 이성의 효용을 비롯한 감성과 상상과 의지의 실제적 효용성을 부정하지는 않지만 동시에 그 모든 마음결이 지닌 한계도 또한 분명하게 인식합니다. 그러면서 그 모든 것을 안은 채 그 모든 것을 넘어서는 자리에서 삶 자체를 처음과 끝의 긍정을 통해 포용하는 태도를 가능하게 하는 마음결이 곧 믿음입니다.

그런데 '~이다'는 이미 '~이 아니다'를 겪어 도달한 자리입니다. 그리고 그 전제는 '~에도 불구하고'입니다. 따라서 우리가 지나치지 말아야 할 것은 믿음이 현실을 바꾸어놓는 것은 아니라는 사실입니다. 바뀐 것은 삶의 주체인 나 자신입니다. 나 자신이 삶을 직면하는 태도에 변화가 일었던 것이고, 그 변화는 종국적으로 문제를 더 이상 문제이게 하지 않도록 한 것입니다. 실제 현실이었던 문제정황이 문제없는 정황으로 그 현실적 조건들을 버리거나 보완하거나 옮긴 것은 아닙니다. 믿음은 이러합니다. 그것은 그러한 마음결을 가지고 살아가는 삶의 주체인 내가 그렇다고 발언하는 그 마음결에 담기는 '달라진 현실'입니다.

그렇기 때문에 처음과 끝을 긍정적인 것으로 승인하는 이러한 믿음의 태도를 그것이 참으로 그러하다고 실증할 수는 없습니다. 어떤 사실을 실증을 통하여 확인하는 것은 이를테면 인식의 태도에서나 가능합니다. 그런데 믿음이 담는 현실은 실증 여부와 상관없습니다. 물론 이성도 느낌도 상상도 의지도 그러한 긍정에 무관할 수는 없습니다. 그러나 그러한 마음결들이 그것 자체로 그러한 몫을 스스로 다하지는 못합니다. 그렇게 하려 하지도 않습니다. 다만 그러한 마음결들이 믿음의 결에 이어지든지 그리로 넘어서지 않는 한 불가능합니다. 믿음은 그 마음결이 짓는 내용과 현실이 일치한다는 실증을 통하여 비로소 자신의 존재의미를 확보하지 않습니다. 오히려 아무것도 실증할 수 없는 것이 궁극적인 삶의 모습이라는 사실에 바탕을 두고 이루어지는 삶에 대한 현실적이고 진지한 태도가 다름 아닌 믿음입니다.

거듭되는 진술이지만 이러한 믿음 이해를 더 투명하게 하기 위해 조금만 더 되풀이해보십시다. 생각해보면 인간의 삶이 가장 온전한 모습으로 묘사되는 것은 그것이 본래적인 완전성을 지닌 것으로 전제되고, 나아가 그 삶이 종국적인 완전성으로 귀결되는 경우입니다. '처음은 이렇지 않았다. 그런데……이렇게 살고 있다. 하지만 종국에 가서는……마침내 처음처럼 온전해진다.' 우리는 삶을 누구나 그렇게 겪습니다. 그 까닭을 밝혀 말한다는 것은 불가능합니다. 믿음은 그러한 삶의 현실로부터 벗어나는 가능성을 절대적으로 승인하는 마음결이 우리에게 있음을 기술하는 개념입니다.

누구나 겪어 알듯이 본래적인 완전성에 대한 승인은 쉽지 않습니다. 삶이 문제의 점철이고 더미라는 사실을 겪어 아는 한 그렇습니다. 실은 삶 속에서 직면하는 견딜 수 없는 난제들은 한결같이 '잘못된 처음' 때문이라고 설명하는 것이 우리의 현실입니다. 당연히 그러한 과정으로 점철되는 삶의 종국이 온전한 것일 수 있다고 하는 기대도 마찬가지로 현실적이지 않습니다. '그럼에도 불구하고' 처음과 끝의 완전성을 전제하지 않고는 삶의 삶다움을 확보할 길이 없습니다. 그것은 회피할 수 없는 당위입니다.

중요한 것은, 다시 말하지만, '그럼에도 불구하고' 삶을 총체적으로 승인하고 수용하기 위하여 처음과 끝을 긍정적으로 승인하지 않으면 안 된다는 사실입니다. 인간이 가지고 있는 마음결 속에서 우리가 믿음이라고 부르는 어떤 결이 이 일을 해냅니다. 그러므로 믿음을 가진다는 것은 일상적인 마음결에 또 하나 다른 마음결을 첨가하는 것이 아닙니다. '잘못된 처음 너머 더 깊은 처음'은 온전한 것이었다는 것이 믿음의 인식내용이기 때문에 그것은 첨가가 아니라 '비약을 통한 연속'이라는 역설적인 언어로밖에 서술할 수 없는 그러한 것입니다. 끝과의 관련에서도 동일하게 말할 수 있습니다. '잘못된 끝 너머 더 나아간 끝'을 이야기하고 있는 것이 믿음에 담기는 끝의 진실한 실체인 것입니다. 그러한 마음결이 사람 안에 있습니다. 종교라고 일컫는 문화는 그러한 사실들에 대한 이야기로 가득 차 있습니다.

'~에도 불구하고'의 역설

믿음은 '~에도 불구하고' 도달하는 것이기 때문에 스스로 도달한 완전성 이외의 어떤 다른 대안적 완전성의 존재도 승인하지 않는다.

물론 믿음을 이야기하는 용어가 반드시 언제 어디서나 '믿음'이라고 불리는 것은 아닙니다. 그것은 '터득'으로 일컬어지기도 하고, '배움'으로 기술되기도 합니다. 또는 '순종'으로, '봉헌'으로 불리기도 합니다. 역사-문화적인 맥락에 따라 믿음이라고 부른 언어의 개념은 상당히 다르게 묘사됩니다. 그래서 때로 그 각각의 개념들은 상충하거나 갈등하기도 한다고 설명하는 경우도 없지 않습니다. 하지만 어떻게 부르든 그 용어가 함축하고 있는 개념적 내용은 한결같이 이성이나 감성이나 상상이나 의지로 환원할 수 없는 다른 차원을 담고 있을 뿐만 아니라, 그러한 마음결들이 짓는 삶의 태도를 '~에도 불구하고'를 통한 긍정, 그리고 그렇게 해서 귀결하는 처음과 끝의 긍정을 함축하는 것으로 여기고 있습니다. 궁극성과 근원에 대한 긍정적 선언을 그 내용으로 하고 있는 것입니다. 그러므로 그러한 경험을 다른 마음결과 견주어 이해하기 위해 믿음이라고 불러 살펴보는 일이 결코 무리한 일은 아니라고 생각합니다.

그런데 자칫 우리는 믿음이라는 개념을 특정 종교의 교의적(敎義的) 용어로 한정할 수 있습니다. 그러나 그것은 우리의 일상적인 경험에서 비롯한 믿음이란 언어를 특정 종교가 전유하려는 일련의 전승 때문에 야기되는 일입니다. 우리가 주목해야 할 것은 사람들의 일상적인 경험을 서술하는 믿음이라는 언어가 어떻게 특정 종교의 교의적 언어로 정착하게 되었는지를 공감적으로 추론해 나아가 참으로 그 개념이 무엇을 뜻하는지 살펴보아야지 그 특정한 종교의 믿음개념이나 용례에 의하여 일상적인 믿음개념을 규정하거나 정의할 수는 없다고 하는 사실입니다.

그렇다면 우리는 믿음에 대해 좀더 이야기를 할 수 있습니다. 전통적으로 믿음이란, 앞에서도 언급한 바 있습니다만, 다른 마음결들과 상충하고 갈등하는 '다른 차원'의 마음결, 그러니까 일상적인 마음과는 다른 것이라는 이해가 상당히 강했습니다. 그래서 믿음을 종교적인 교의의 맥락에서만 이해하려는 종교 밖의 자리에서는, 그것이 '의식 밖의 의식'이기 때문에 설명이 불가능하다는 논의뿐만 아니라, 믿음이라고 일컫는 경험 자체의 실재 여부에 대한 논의조차 일었습니다. 그것은 병리적(病理的)인 현상일 수도 있는 매우 '비일상적인 것'이라는 이해가 상당한 설득력을 가지고 퍼지기도 했습니다.

이에 반하여 믿음을 발언하는 주체들은 자신의 경험에 근거하여 스스로 체험한 독특한 마음결의 일렁임을 믿음이라고 표현하면서 그것은 일상에 담을 수 없는 어떤 것, 곧 '초월'의 차원에서 서술 가능한 실재이기 때문에 인간으로부터 비롯하는 것이 아니라 초월이나 신비로부터 '주어지는 것'이라고 주장해왔습니다. 이러한 태도는 자연스럽게 믿음은 처음부터 '비일상의 범주'에 속한 것이라는 전제로부터 다가가야 마침내 이해할 수 있는 것이라는 주장에 이르렀고, 더 나아가 믿음에 대한 일체의 논의는 일상을 진술하는 어휘나 문법을 통해서는 이루어질 수 없다고 하는 데까지 나아갔습니다. 결국 믿음은 실제로 그 범주로 자신의 경험을 서술하지 않을 수 없는 삶을 겪어야 비로소 이해 가능하거나 전이(轉移) 가능한 것이게 되는 것이지 언어적 진술로 설명 가능한 것은 아니라는 주장을 하고 있는 셈입니다.

믿음에 대한 이러한 진술들은 제각기 강조가 다르고 서술하는 방식이 다르고 지칭하는 언어가 같지 않다 하더라고 모든 전통적인 종교들의 울을 넘어 모든 종교들이 지니고 있는 '정서'를 이루고 있는 것이기도 합니다. 따라서 '~에도 불구하고' 긍정적인 태도를 지니는 마음, 처음과 끝의 긍정을 현실적으로 경험하면서 산다고 하는 삶, 곧 이른바 '믿음이라는 마음결을 지니고 살아가는 삶'이라는 것을 '비일상적인 신비'로 묘사하는 것은 믿음을 서술하는 보편적인 논리이기도 하였습니다. 종교문화를 초월, 신성, 신비 등의 개념으로 기술하는 관행은 믿음에 대한 이러한 인식을 기초로 하고 있습니다.

자연히 믿음에 대한 이러한 이해는 결과적으로 삶을 이원화하는 단서가 되기도 합니다. 믿음은 비일상적인 신비의 영역에서 타당한 마음결이고 그 밖의 다른 마음결들은 일상적인 세속적인 영역에서 적합성을 드러내는 마음결이라고 서술하는 데 이릅니다. 그러니까 일상이 그 한계에 직면하면서 그 일상을 더 이상 유지할 수 없고 지속해서도 안 되는 계기에서 다른 차원에의 진입을 할 수 있도록 하는 것, 그러니까 존재양태의 근원적 변화를 기하는 계기에서 그것을 가능하게 하는 것이 믿음이라고 이해하는 것입니다. 그러므로 믿음을 유지하기 위해서는, 곧 '~에도 불구하고' 긍정적인 삶을 살아가기 위해서는, 믿음이 아닌 마음결을 철저히 차단하고, 폐기하고, 단절해버리지 않으면 안 된다는 자의식을 지니기조차 합니다.

믿음에 대한 이러한 이해는 믿음이라고 개념화할 수 있는 어떤 삶의 태도를 삶 일반에 넣지 않으려는 의식을 강화합니다. 믿음의 차원으로 삶이 옮겨가기 위해서는 일상과의 단절이 무엇보다도 절대적인 조건이라는 주장마저 폅니다. 모든 종교들은 이러한 주장을 마땅히 그래야 한다고 가르쳐왔고, 지금도 다르지 않습니다. 이성, 감성, 상상, 의지 등에 의존하는 삶은 믿음을 격률(格率)로 하는 삶을 위해 무의미하고 무용하다고 주장하기도 합니다. 이성이 끝나고, 감성이 정지되고, 상상이 흩어지고, 의지가 자기 마음대로 주장되지 않는 그 한계의 끝에서 믿음은 시작된다고 주장하는 것입니다. 따라서 이러한 맥락에서 믿음과 관련하여 인간의 마음결을 말한다면 이성은 오만으로, 감성은 경박함으로, 상상은 환상으로, 의지는 배타적인 자기주장으로 간주될 수밖에 없습니다. 그리고 그러한 것들은 절대적인 긍정에 도달하려는 믿음이라는 마음결의 역동성을 충분하게 발휘하지 못하도록 하는 장애로 여겨집니다.

이러한 사정 때문에 믿음은 그것이 한 사람의 인성 안에서 다른 마음결들보다 더 강한 일렁임일 수밖에 없고, 결과적으로 믿음의 내용을 절대적인 것으로 만듭니다. 따라서 결과적으로 믿음은 단호하고 결정적인 태도와 다르지 않습니다. 믿음으로부터 말미암는 판단은 스스로 과오 가능성을 인정하지 않습니다. 믿어 승인한 사실은 불변하는 진실로 지속합니다. 믿음은 우리가 흔히 겪는 사물에 대한 회의(懷疑)를 점진적으로 희석하는 그러한 과정을 겪어 도달한 어떤 마음을 말하는 것이 아닙니다. 믿음은 '~에도 불구하고' 도달하는 것이기 때문입니다. 이러한 사실은 동시에 스스로 도달한 완전성 이외의 어떤 다른 대안적 완전성의 존재도 승인하지 않습니다. 더 나아갈 곳도 없고, 더 펼칠 곳도 없습니다. 믿음은 궁극적인 긍정, 그것이 포용하는 처음과 끝을 자신 안에 담고 있기 때문입니다. 종교는 이러한 태도를 지닌 문화입니다.

• 문화 •

서술범주로서의 '총체'

어떤 사물을 문화현상으로 전제하는 것은 그 특정한 사물을 삶이라는 총체적인 맥락 안에 두고 살피려는 것이다.

문화를 정의하는 일은 참 어렵습니다. 그 개념 자체가 무척 포괄적이어서 그 안에 담는 것도 한이 없고, 그 밖으로 이어지는 것도 끝이 없기 때문입니다. 따라서 '문화란 무엇인가' 하는 물음에 선뜻 답하기가 쉽지 않습니다. 누구나 수긍할 수 있는 보편적인 문화정의를 마련한다는 것은 거의 불가능하다고 해야 옳을지 모르겠습니다. 그럼에도 불구하고 우리는 '문화'라는 말을 늘 쓰고 있습니다. 편리하기 때문입니다.

우리는 자상하게 사실들 하나하나를 지칭하지 않으면서도 그것들을 다 담아 삶을 한꺼번에 말하고 싶은 경우가 있습니다. '문화'도 그러한 맥락에서 등장합니다. 삶을 총체적으로 묘사하고 싶을 때, 우리는 이를 '문화'라는 언어 안에 넣어 기술하거나 진술하는 것입니다. 그러므로 문화 안에 들지 않는 어떤 사물도 없을 뿐만 아니라 문화라는 개념이 수식하지 못하는 현상도 없습니다. 언어도 사유도 건축도 그림도 식생활도 모두 문화이고, 자연히 식생활문화라든지 그림(繪畵)문화라든지 건축문화나 언어문화 등을 일컬을 수 있습니다. 문화라는 용어는 두루두루 그 쓰임새가 매우 넓습니다.

우리에게는 언제나 그러한 통합적인 시각(視角)이 필요하고 그러한 언어가 필요합니다. 왜냐하면 무엇보다도 그렇게 해서 어떤 현상이 개념화되어 일정한 언어에 담기지 않으면 우리는 이야기를 할 수 없기 때문입니다. 사물을 구체적으로 하나하나 묘사하고 기술한다는 것은 비현실적입니다. 다행히 인간의 언어는 추상화된 개념과 문법이 있어 비로소 소통을 가능하게 합니다. 그러므로 개념어의 출현은, 마치 사실묘사의 언어에서 개념어를 구사하는 데 이르는 어린아이의 성장 과정에서 보듯이,

분명히 '성숙의 징표'라고 할 수 있습니다. 따라서 개념어를 편리하게 구사하는 경우, 그 발언주체의 지각공간(知覺空間)이, 사물에 대한 직접적인 묘사를 하는 경우와 비교해보면, 훨씬 넓고 깊다는 사실을 확인할 수 있습니다. 그러므로 문화라는 개념으로 삶을 서술하고 설명하는 것은 매우 성숙한 인간의 모습을 보여주는 것이기도 합니다.

하지만 때로 개념은 그것이 분명하게 실재로부터 출현한 것임에도 불구하고 일단 개념으로 정리되어 사물을 총체적으로 지칭하는 언어가 되면, 그 언어가 자기를 낳은 그 실재나 실재를 겪은 경험들을 스스로 한정하고, 설명하고, 판단하곤 합니다. 개념적 실재가 경험적 실재를 넘어 오히려 또 다른 경험적 실재를 만들어낸다고 할 그러한 사태가 벌어지곤 하는 것입니다. 우리가 사용하는 '문화'라는 개념도 그러합니다. '문화'는 삶의 모든 모습을 담을 뿐만 아니라 삶의 어떤 모습도 수식할 수 있는 것이기 때문에 그 '문화라는 개념'을 가지고 삶을 재단하고 판단하는 경우가 적지 않은 것입니다. 따라서 비록 문화를 정의하는 일이 거의 불가능하다 할지라도 일단 그 용어를 사용하게 되면, 그 사용자가 그 '문화'라는 용어를 어떤 내용을 담은 것으로 여기느냐 하는 데 따라 사물과 실재에 대한 인식과 판단은 크게 달라질 수 있습니다. 그러므로 문화라는 개념은 편리할 뿐만 아니라 위험하기도 합니다. 삶을 총체적으로 수용한다고 하면서도 특정한 개념으로 문화를 정의하게 되면 당연하고 일상적인 어떤 현상을 아예 삶의 자리에서 배제해버리는 결과를 빚기도 하기 때문입니다.

그러나 이러한 일에 너무 긴장할 필요는 없을지도 모릅니다. 어떤 사물을 문화현상으로 전제하는 것은 그 특정한 사물을 삶이라는 총체적인 맥락 안에 두고 살피려는 것입니다. 다시 말하면 그 사물을 단독적인 것으로 여겨서는 그것에 대한 충분한 인식이 불가능하다는 것을 절감한 경험이 모색한 '대안'인 것입니다. 그러므로 우리는 문화를 완벽하게 정의하려는 노력을 기울이기보다 우리가 논의하려는 주제를 삶의 총체적 맥락에 위치지으려는 의도로 문화라는 개념적인 언어를 사용하려는 것임을 스스로 유념하면서, 종교문화를 어떻게 그 맥락에서, 곧 삶의 총체적 맥락에서, 다시 말하면 문화의 맥락에서 서술할 수 있을 것인가 하는 것을 살펴보았으면 좋겠습니다. 문화라는 총체적인 삶의 서술범주 안에서 종교는 어떤 자리를 차지하고 있는지 살펴보고자 하는 것입니다.

그런데 이 계기에서 우리는 흥미로운 사실을 발견합니다. 일반적으로 우리는 사물에 대한 인식이 일정한 결이나 무늬를 가지고 바람처럼 역사적 전승을 따라 흐르는 것을 봅니다. 명확하게 서술할 수는 없지만 분명히 어떤 분위기나 추세가 있습니다. 그것이 일단 형성되면 생각이나 판단이 그리 흐릅니다. 그 주체에 대한 서술은 거의 불가능합니다. 하지만 그것이 개개인의 차원을 넘어서는 것이라는 사실만은 분명하게 말할 수 있습니다. 그렇다고 해서 정확하게 집단과 관련된 것이라고 할 수도 없습니다. 삶의 현장 속에서 집단은 제각기 마치 개인처럼 현존하기 때문입니다. 어쩌면 '집합적'인 현상이라고 해야 옳을지 모르겠는데, 어떤 주류(主流)가 되는 '흐름'이 언제 어디서나 삶의 현장에 있다는 사실은 부정할 수 없습니다.

앞에서 우리는 단지 '문화'를 '총체개념'이라고 기술했습니다만 이러한 사실과 관련하여 다시 말한다면 문화란 어쩌면 '풍토(風土)'라고 해도 좋을 듯합니다. 좀더 구체적으로 '분위기'라든지, '경향성'이라든지, '집합적 정체성'이라든지 하는 말로 이를 서술할 수도 있을 듯합니다. 아니면 아예 공동체 구성원 모두가 공유하고 있는 '어떤 것'이라고 해도 좋을지 모르겠습니다. 그런데 여전히 이를 명시할 수 있을 만큼 정치(精緻)한 묘사는 불가능합니다. 실은 그러한 '현상'에 대한 이름이 곧 문화이고, 그래서 문화는 그 개념 정의가 힘든지도 모릅니다.

일상성과 비일상성

종교를 일상적인 삶의 모습과 구분하여 문화 일반의 범주에 넣을 수 없는 비일상적인 것으로 여기려는 일련의 인식 추세가 있다.

중요한 것은, 이러한 것을 문화라고 규정하면서 그 문화라는 용어로 현대 종교문화를 서술한다면, 우리는 종교가 문화현상의 범주에 들지 않는 현상이라든지, 문화현상의 범주에 드는 하나의 문화라든지 하는 논의들이 상당한 갈등을 일으키고 있는 문화 안에 우리가 살고 있다고 말할 수 있다는 사실입니다. 그러나 더 일반적으로 말한다면 우리는 대체로 종교라고 일컫는 현상을 일상적인 범주에 들지 않는 것으로 여기는 그러한 풍토 안에서 살아가고 있습니다. 종교를 문화 일반에서 배제하든지, 아니면 종교 스스로 문화로부터 자기를 절연하는 자리에 서든지 하는 문화 안에 머물고 있는 것입니다. '아직' 그러한 풍토가 지배적인 자리에서 살아가고 있습니다.

그렇게 된 까닭은 충분히 짐작되고도 남습니다. 종교들을 직접 살펴보면 우리가 만나는 종교들은 한결같이 종교란 일상이 아닌 '다른 범주'에 속한 것이라고 하는 사실을 전제하고 있고, 그렇다고 하는 것을 주장하고 가르친다는 사실을 알 수 있습니다. 종교는 일상과 대칭적인 의미에서 '다르다'고 설명하는 것입니다. 예를 들면 흔히 종교가 물음에 대한 해답을 제시하면서 자신의 주장 안에 담는 것은 다름 아닌 '절대적인 존재에 대한 진술'입니다. 바꾸어 말하면 절대적인 존재에 대한 진술을 내용으로 하는 것이 종교라고 일컬어집니다. 그 직접적인 예로 '신(神)'을 들 수 있습니다.

신은 아득한 인류의 역사에서 한번도 없어본 적이 없습니다. 모든 역사는 신의 실재를 서술하고 있습니다. 그렇다면 그것은 분명한 실재입니다. 사람들은 그 존재를 경험했고, 그 존재와 더불어 인격적인 만남조차 누린다고 말합니다. 그러한 담론 속에서 신은 자신의 존재를 지속해 나아갑니다. 그런데 그러한 경험주체의 발언에 의하면 그 신은 실은 인간의 영역을 벗어난 존재입니다. 그렇게 서술됩니다. 그 신이라는 존재가 절대적인 존재로 주장되는 것은 바로 그가 그렇게 묘사될 수 있기 때문입니다. 그러므로 종교인들의 주장에 의하면 그러한 신을 우리의 일상 안에 넣을 수는 없습니다. 우리의 삶이란 절대적인 어떤 것도 지니지 못하고 있기 때문입니다. 그럼에도 불구하고 우리는 그러한 신을 경험하고 진술할 수 있습니다. 그렇다면 그것은 일상을 경험하는 것이 아니라 일상을 넘어선 어떤 것을 경험하는 것과 다르지 않습니다. 그리고 그것을 신이라 한다면 그 신을 우리의 삶의 경험이 이루어지는 일상의 범주에 넣을 수는 없습니다. 그래서 신은 우리의 일상 안에 있지 않은 '초월적인 존재'라고 말합니다.

그러한 절대적인 존재가 신이 아닌 어떤 비인격적인 실재로 묘사되는 경우라 할지라도 사정은 다르지 않습니다. 우리가 삶을 통하여 이루어야 할 목표가 되는 '완전자'라든지, 좇아야 할 규범이 되는 '절대적 준거'라든지 하는 것들은 바로 그러한 완전성이나 절대성 때문에 일상의 범주에 속하지 않습니다. 앞에서도 여러 곳에서 이미 지적한 바 있지만, 다시 말한다면, 그래서 종교를 지칭하는 데 사용되는 용어들은 한결같이 비일상성을 그 속성으로 하고 있는 개념어들입니다. 신성, 초월, 신비 등이 그러합니다. 당연히 그러한 개념어들로 묘사되는 존재와의 관계에서 일어나는 일들은 예사로운 것으로 기술되지 않습니다. 그러므로 종교를 낳게 한 경험 그것 자체는 비록 지금 여기의 삶 속에 있는 것이라 할지라도, 종교가 그 경험에 담기는 어떤 실재를 일상을 벗어난 '다른 실재'로 그린다면, 그것은 비일상적인 실재가 될 수밖에 없습니다. 그리고 그때 비로소 그 실재는 참으로 존재하는 것이 된다고 여깁니다. 그렇다면 종교를, 또는 종교적이라고 불리는 삶의 모습을, 여타 삶의 모습과 구분하여 문화 일반의 범주에 넣을 수 없는 '다른 것'으로 여기려는 일련의 인식 추세가 우리의 삶 안에 흐르고 있다는 사실을 우리는 결코 간과할 수 없습니다. 종교는 이렇게 서술되고 인식되고 있습니다.

때로 서양의 전통을 따르는 분류체계라는 비판을 받기도 하지만 종교에 대한 담론에서 매우 중요한 개념으로 널리 통용되고 또 상당한 깊이로 전승되고 있는 '성(聖)'이라는 개념도 이러한 맥락에서 이해할 수 있습니다. 개념의 내포와 외연이 달라 반드시 동질적인 언어라고 할 수는 없지만 동양의 전통에도 지금 말한 바와 같은 '거룩함'의 언어가 있다고 하는 사실은 '성'의 개념으로 범주화할 수 있는 특별한 경험이 양(洋)의 동서를 막론하고 현존했다고 하는 사실을 잘 보여줍니다.

그런데 이 '거룩함'이란 삶 안에 있는 것이 아니라 삶 밖에 있는 것으로 경험되는 어떤 것을 기술하기 위해 지은 개념어입니다. 어떤 사실을 지금 여기에서 경험한 바 있지만 그 사실의 연원이나 의미나 존재 자체가 지금 여기를 벗어난 다른 차원에서 비롯한 것이라는 어떤 경험을 표현하기 위해 만든 언어라고 해도 좋습니다. 그러므로 성은 일상일 수 없습니다. 일상이란 삶 자체의 현실성을 기술하는 개념이지 거기를 넘어서면 그 개념은 적합성을 잃기 때문입니다. 성이 '속(俗)'의 반대 개념이라는 사실을 염두에 두면 이러한 현상을 이해하는 데 아무런 어려움이 없으리라 생각합니다. 다른 실재의 출현, 그 실재를 승인하는 일, 그 실재의 힘과 권위와 의도를 수용하는 일을 통해 일상성이 지닌 문제의 풀림을 확인하는 일, 이러한 경험을 인류의 문화는 '성'으로 개념화한 것입니다. 이를테면 '일상＝속'은 문제를 지닙니다. 그런데 그것을 스스로 벗어나는 일이 불가능합니다. 그런데 그와 대칭되는 '다른' 실재가 있습니다. 그 다름에 의하여 폐쇄되었던 속의 공간에 출구가 마련됩니다. 그 출구가 소통 가능하게 해준 '다른 공간'에서의 실재, 그것을 '비일상=성'이라고 한다면 그것은 삶의 일상을 비로소 온전하게 하는 실재입니다.

다시 말하면 우리의 일상은 성이 아니어서 스스로 문제임을 벗지 못합니다. 그러나 성은 속이 아니어서 속의 문제를 풀어냅니다. 성은 분명하게 자신의 출현을 통해 삶의 일상성을 둘로 나눕니다. 비일상성이 일상성과 대칭되는 실재로 등장하는 것입니다. 그러므로 성이 속의 대칭 개념이듯이, 그래서 성이 있어 속이 일컬어지듯이, 일상성도 실은 비일상성을 전제할 때 비로소 서술되는 범주입니다. 그렇지 않다면 일상성이라는 개념을 사용할 필요조차 없습니다. 그저 삶이라고 말하면 그것으로 충분합니다.

하지만 성의 출현은 삶을 둘로 구조화한다고 말할 수 있습니다. '다른 실재'가 현존하게 되기 때문입니다. 그런데 그렇게 범주화된 비일상적인 것은 내 삶의 현실 속에서 '가 닿을 수 없음'이라든지, '차마 닿을까 두려운 것'이라든지 하는 정서를 수반합니다. 그 '다름', 곧 성은 그 다름 때문에 스스로 이미 권위의 절정이고, 힘이고, 불가항력적인 실재로 일상과 대칭적인 자리에 현존합니다. 우리는 '거룩하다'는 우리 언어의 용례가 결코 여느 삶의 현실을 묘사할 때는 쓰이지 않는다는 사실을 익히 경험하고 있습니다. 절대군주에 대한 상징적 호칭에서 사용된 예를 보더라도 그것은 이미 일상의 차원에서의 용례를 거부하는 것이기도 합니다. 이처럼 종교라고 일컬어지는 현상을 '다른 범주'에 넣어야 비로소 그것을 기술할 수 있다고 판단하는 의식의 흐름은 거의 보편적인 현상입니다. 지금도 종교는 그렇게 서술되고 있습니다. 그리고 그러한 서술을 준거로 하여 거의 모든 종교들은 자신의 종교성을 설명합니다. 거룩함은 종교를 종교이게 하는 지표이기도 한 것이 현실입니다.

　종교를 이야기하는 이러한 담론들은 결과적으로 종교를 문화라는 개념에 담지 않습니다. 그런데 만약 문화라는 용어 자체가 삶을 총체적으로 기술하기 위하여 지어진 개념이라면 종교를 그 개념 안에 두지 않으려는 태도는 종교를 삶의 모습으로 여기는 것을 부정하는 것과 다르지 않습니다. 종교는 문화가 아니라 문화와 다른 차원에 있는 '오직 종교일 뿐'이라고 주장합니다. 그리고 그렇게 할 수 있다고 여기는 논거는 문화란 거룩한 것일 수 없는, 그와 대칭되는 속(俗)의 현상이기 때문이라고 말합니다. 우리는 이러한 주장이 우리의 경험을 잘 다듬어주고 있다는 사실을 부정하지 못합니다. 믿음이라는 마음결이 우리의 경험 속에서 분명하게 기능하고 있다는 사실은 일상성만으로 모두 설명할 수 없는 다른 차원의 삶이 현존한다고 해야 비로소 삶 자체를 온전하게 기술할 수 있음을 뜻하는 것임을 모르지 않습니다.

비일상성의 일상성

비일상성은 일상성에 의하여 경험된 실재다. 비일상성이라는 범주는 서술범주이지 구체적으로 실재를 지칭할 수 있는 존재론적 범주가 아니다.

　하지만 종교를 그렇게 비일상적인 범주에 넣는 것은, 비록 그 종교를 낳게 한 경험이 불가피하게 일상적인 것에 대한 부정을 전제하면서 그것과 다른 새로운 범주를 열어주는 것이기 때문에 그렇게 할 수밖에 없다 할지라도, 그러한 것이 '그러한 경험의 일상성'을 부정할 수 있는 것은 아닙니다. 이를테면 '절대적 존재'에 대한 진술을 가능하게 한 것은, 비록 그 절대적인 존재를 서술하기 위하여 '비일상성'이라는 범주를 설정할 수밖에 없다 할지라도, '일상적인 경험'이기 때문입니다. 이를 역설적으로 표현한다면 '비일상성은 일상성에 의하여 경험된 실재'라고 말할 수 있는 그러한 것입니다. 그러므로 종교들이 자기들의 담론에서 비일상성의 범주를 통하여, 다시 말하면 절대나 완전을 함축한 신이나 성(聖)이나 초월이나 신비의 개념들을 통하여, 종교를 '비일상적인 실재'로 이야기한다 할지라도 그것을 우리가 그대로 승인해야 하는지 하는 물음을 묻지 않을 수 없습니다. 과연 우리가 그러한 비일상적인 실재는 '경험 안에 있는 존재이지만 경험 밖에 있는 존재'라는 주장을 그대로 타당한 것으로 받아들여도 괜찮은 것인가 하는 물음을 묻지 않을 수 없는 것입니다. 왜냐하면 비일상성이라는 범주는 서술범주이지 구체적으로 실재를 지칭할 수 있는 존재론적 범주가 아니기 때문입니다.

종교를 문화의 밖에 두려는 태도와 상당히 다름에도 불구하고 결과적으로 문화 일반의 맥락에서 종교를 분리하려는 또 다른 주장이 있습니다. 종교를 '문화의 핵심'이라고 주장하는 것이 그것입니다. 우리는 그러한 주장에 상당히 익숙해 있습니다. 종교의 자리에서는 자신을 흔히 그렇게 서술합니다. 물론 그러한 종교인식도 불가능하지는 않습니다. 그것은 다양한 문화들의 병치 상황 속에서 종교의 상대적인 중요성을 묘사하는 것으로 이해할 수 있기 때문입니다. 그러나 '핵심'이라는 서술이 함축하는 것은 이보다 훨씬 강합니다. 그것은 종교가 없다면 어떤 문화도 현존할 수 없으리라는 주장이기 때문입니다. 하지만 종교가 없으면 문화가 없다는 투의 이러한 진술은 사실인식이라는 맥락에서 보면 상당히 불안합니다. 결국 이러한 주장은 이를테면 종교란 문화를 인식하고 판단하는 준거라든지, 종교적인 가치나 의미라고 불리지 않는 어떤 의미나 가치도 그것은 존재할 의미가 없을 뿐만 아니라 실은 무의미한 것을 의미 있는 것으로 착각하고 있는 것이라든지 하는 주장에 이를 것인데, 이는 종교가 자신의 경험을 증언하는 수사(修辭)일 수는 있어도 종교의 현존에 대한 '사실'을 기술하고 있는 것은 아니기 때문입니다.

지나치게 소박한 논의가 될지도 모르겠습니다만, 만약 종교가 문화의
울 밖에 있는 초월적인 실재라면, 그래서 그것을 결과적으로 시간과 공
간을 넘어서는 현실이라고 주장한다면, 또한 바로 그러한 이유 때문에
누구나 언제 어디서나 승인하고 수용해야 하는 보편적인 현실이고, 또
그렇기 때문에 누구에게나 동일하고 동질적인 현상으로 인지될 수 있는
것이라면, 따라서 비일상성이나 성이라는 범주가 존재론적 범주로 전제
될 수밖에 없다고 한다면, 우리는 현존하는 종교의 다양성을 아예 기술
할 수가 없습니다. 종교가 다양하다고 말하는 것은 처음부터 있을 수 없
는 착각에서 말미암은 것이라고 주장할 수밖에 없게 됩니다.

하지만 우리는 종교가 문화권에 따라 서로 다르다는 사실을 분명하게
알고 있습니다. 기원이 다르고, 역사가 다르고, 스스로 문제라고 여기는
주제들도 상당한 차이가 있습니다. 주장의 내용이 다르고, 주장을 담는
언어도 다릅니다. 심지어 주장을 설명하기 위하여 들고 있는 비유들도
당대 당해 삶의 모습들의 다름을 드러내줍니다. 당연히 의례로 드러나는
몸짓이 다르며, 공동체 구성원리도 다르고, 상징들도 전혀 같지 않습니
다. 종교라고 일컬어지는 일단의 독특한 삶의 모습이 자리 잡은 사회적
계층까지도 서로 다릅니다. 이를테면 그리스도교가 천민적인 기반에서
출발한 것이라고 한다면 불교는 귀족적인 기반에 그 연원을 두고 있습니
다. 그런가 하면 이러한 자리는 역사적인 변천에 따라 가변적이기조차
합니다. 더 적극적으로 말한다면 종교문화가 이러하다는 사실은 실증조
차 번거로운 자명한 현상입니다. 문화적 다양성과 연계하지 않고 종교를
'초월적인 실재'로 여겨 문화에서 벗어난 '다른 실재'이게 하는 것은 옳
은 판단일 수가 없습니다.

게다가 얼마나 많은 여러 종교들이 있다가 사라졌는지 모릅니다. 종교
가 다양하게 여럿이라는 사실은 문화권의 벽이 허물어져 세계가 하나라

고 일컫는 오늘 우리의 현실에서 보면 더 말할 나위가 없습니다. 우리는 수많은 종교들을 만납니다. 그 종교들은 각기 다른 이름으로 불립니다. 어떤 종교는 우리 땅에서 우리의 조상들에 의해서 생긴 것이기도 하고, 또 어떤 종교들은 일정한 때 밖에서 들어온 것이기도 합니다. 우리는 이러한 사실들을 잘 알고 있습니다. 또 어느 종교는 우리 공동체나 역사의 한복판을 차지하고 있는가 하면 어떤 종교는 우리 삶의 주변에 머물고 있다는 것도 압니다. 그리고 그 중심과 주변의 갈등과 교체의 현상도 기술할 수 있습니다. 오래된 종교도 있고, 새로 우리 삶의 지평에 등장한 지 얼마 되지 않은 종교도 있습니다. 그런가 하면 오래 되지 않았음에도 불구하고 강한 영향력을 행사하는 종교도 있고, 무척 긴 역사를 가지고 있으면서도 크게 영향력을 행사하지 못하는 종교도 있습니다. 종교가 문화현상이 아니라면 이러한 기술이나 인식이나 판단은 철저하게 그른 것이어야 합니다. 그러나 이것은 부정할 수 없는, 우리가 직접 경험하는, 현상입니다. 비록 물음과 해답이라는 구조적 동질성을 전제한다 할지라도 실제 경험이 빚는 종교현상은 서로 같을 수가 없는 것입니다.

우리는 이러한 종교들을 만나고 겪고 있습니다. 종교는 비록 스스로 경험하는 어떤 '성의 실재들'이 초월의 영역 속에 있는 것이라고 범주화할 수밖에 없다 할지라도 그것을 속의 차원 안에서 경험하고 구체화하고 현실화합니다. 그러므로 어떻게 사물을 범주화하고 언어화한다 할지라도 종교는 지금 여기의 삶의 총체성 안에 있는 현상입니다. 종교도 문화인 것입니다. 문화현상 중의 하나의 서술범주로 분류되는 현상에 대한 호칭입니다. 마치 믿음이 마음결들 중의 하나인 것과 다르지 않습니다.

문화라는 개념을 사용하면서 우리가 무엇을 진술하고 또 기술하고 있는지 살펴보면 종교가 문화현상으로 인식되어야 마땅하다고 하는 것을 더 쉽게 수긍할 수 있습니다. 우리는 문화를 이야기하면서 사람들이 먹고 마시고 잠자고 출산하고 자라고 늙고 죽는 모든 삶의 모습들을 아우릅니다. 의식주를 논하고, 아름다움, 추함, 바름, 그름 등도 이야기하고, 이를 준거로 한 행위가 어떠해야 하는지, 그래서 요청되는 의미의 체계라든지, 세계에 대한 인식이라든지, 이념적 지향이라든지 하는 것들도 이야기합니다. 성(性)이나 나이나 계층이나 인종이나 국가의 다름이 공존하는 현실에서 솟아나는 온갖 문제도 비켜가지 않습니다. 정치, 경제, 군사, 과학, 예술 등의 현대적 개념으로 묘사되는 실재들의 어느 것도 외면하지 않습니다. 강과 산, 바다와 사막, 추위와 더위 등이 빚는 삶의 차이도 간과하지 않으며, 사람들이 스스로 생각하고 꿈꾸고 기대하면서 일궈낸 어떤 것도 문화의 범주에서 배제하지 않습니다. 문화담론은 그 주제가 삶만큼 그렇게 무한하고 다양합니다.

그런데 이러한 이야기들은 종교가 삶을 진술하는 내용들과 조금도 다르지 않습니다. 뿐만 아니라 종교적 진술의 어떤 마디도 앞에서 나열한 삶의 온갖 범주나 주제들과 단절되어 있지 않습니다. 종교는, 그리고 종교도 삶을 이야기합니다. 신이나 절대자나 초월이나 신비 등은 그 삶을 기술하고 설명하는 과정에서 등장한 '현실적인 개념'들입니다. 그 개념들을 활용한다고 해서 종교를 문화범주의 밖에 있는 것이라고 주장하는 것은 바르지 않습니다. 그러므로 종교가 이야기하는 것과 문화 일반이 이야기하는 것이, 비록 사용하는 개념적인 용어가 다를지라도, 결국 우리의 삶을 주제로 하고 있다는 사실은, 문화가 종교를 포용하고 있을 뿐만 아니라 종교도 문화의 한 서술범주라는 사실을 더 분명하게 시사해줍니다. 그렇다면 종교는 당연하고 불가피하게 문화현상입니다. 우리는 문화가 종교를 속(俗)의 영역으로부터 '축출'해버리도록 해서도 안 되고, 종교 스스로 문화에서 '탈출'하도록 해서도 안 됩니다. 굳이 종교를 문화와 구분하여 서술할 필요가 있다면, 우리는 종교가 '초월이나 신성이나 신비를 승인하는 문화'이며, 그리고 그렇기 때문에 문화 안에서 그 나름의 독특한 자리를 차지하고 있다는 사실을 주장해야 합니다.

다양성과 가변성

문화개념 안에서는 유일하고 순수하고 정통적이고 절대적인 종교란 없다. 현존하는 종교가 반드시 영원하리라는 보장도 없다. 지금 여기의 지배적인 종교가 내일도 그러하리라고 단언할 수도 없다.

우리는 이제까지 종교를 문화현상을 벗어나는 더 '귀한' 실재로 여기든가 '비현실적인' 실재로 여기는 주장, 그리고 그렇지 않고 삶의 총체개념인 문화라는 서술범주 안에 종교가 당연하게 '귀속'되어야 한다는 주장을 살펴보면서, 결국 종교는 문화현상의 한 서술범주라는 주장에 이르렀습니다. 그런데 우리가 이 계기에서 다시 주목해야 할 것은 이러한 주장 자체가 하나의 문화현상이라고 하는 사실입니다. 왜냐하면 우리가 언제나 '종교와 문화'라는 주제를 대립적이거나 택일적인 개념으로 인식해온 것은 아니기 때문입니다.

인류의 역사를 살펴보면 '종교'라는 특정한 서술범주가 뚜렷하지 않으면서도 언제나 현대적인 개념에서 '종교적'이라고 말할 수밖에 없는 그러한 '풍토'가 있었음을 기술할 수 있습니다. 그러한 현상이 두드러지는 특정한 때, 곧 우리가 '당대(當代)의 문화'라고 말할 수 있는 그때의 '풍토'를 말할 수 있습니다. 이 풍토는 다만 종교적일 뿐 구체적이고 직접적으로 오늘 우리가 이해하는 그러한 종교는 실은 있지 않았던 때라고 이해할 수 있습니다. 그런데 그러한 묘사가 더 이상 적합하지 않은 '다른 시대적 정황'으로 그러한 문화가 옮겨간다고 하는 사실도 확인할 수 있습니다. 종교를 문화와 다른, 그러나 문화 안에서 모든 문화에 대한 규범적 기능을 수행하는 그러한 것으로 여긴 '풍토'도 있습니다. 아직 오늘 우리의 현실이 다분히 그러합니다. 이러한 사실을 통하여 우리가 주목하고자 하는 것은 바로 이러한 '문화의 속성'입니다. 따라서 종교 그 것 자체에 대한 담론도 중요하지만 문화가 스스로 가변적이며, 그 변화된 문화 안에서 이전의 개념들은 적합성 여부가 늘 검증될 수밖에 없다고 하는 사실을 우리는 유념하지 않으면 안 됩니다.

이를 좀더 상술해보십시다. 익히 아는 대로 문화는 다양합니다. 이를테면 '인간은 먹어야 산다'고 말합니다. 그런데 이에 이어 우리는 인간이 얼마나 다른 여러 가지 음식들을 각기 먹고 사는가를 말할 수 있습니다. 우리는 김치를 먹지만 다른 사람들은 김치가 아니라 버터를 우리가 김치 먹듯 먹습니다. 그렇다면 '먹어야 산다'는 말로 인간의 삶을 충분하게 다 묘사할 수는 없습니다. '먹는다'는 사실이 이렇게 다양하다고 하는 사실마저 반드시 언급해야 '먹어야 산다'는 선언적 진실을 완성할 수 있습니다. 따라서 우리는 음식재료의 다양성, 조리방법의 다양성, 그것을 먹는 태도의 다양성, 그리고 그 행위가 가지는 의미의 다양성에 그 선언을 연결하여 서술해야만 합니다. '사람은 먹어야 산다'는 사실에 대한 서술이 이에 이르면 우리는 이를 '식생활 문화'에 대한 담론이라고 말할 수 있습니다. 그리고 그 문화가 지닌 구조와 논리와 속성과 관계를 다듬습니다. 이때 비로소 식생활 문화에 대한 인식과 판단이 가능해집니다.

그런데 바로 이러한 다양성에 대한 기술은 그것에서 음식문화 담론을 끝나게 하지 않습니다. 우리는 위에서 지적한 서술의 마디마디에서 그것이 역사적으로 끊임없이 변화해왔음까지도 아울러 기술해야 합니다. 그것이 사실이기 때문입니다. 문화는 결코 정태적이지 않습니다. 그러므로 어떤 현상을 다양하다고 진술하는 것과 동시에 그 현상이 변화가능성 안에서 출렁이고 있음을 우리는 아울러 지적할 수 있어야 합니다. 하나가 아닌 여럿의 현존은 구조적으로 그러합니다. 다양성은 상호간의 만남이나 만나 변화할 수 있다는 가능성을 함축하고 있습니다. 그래서 개체의 변화만이 아니라 전체적인 정황적 변화, 곧 새로운 실재의 출현마저 예측할 수 있게 해줍니다. '먹는다'는 근원적인 사실에는 아무런 다름이 없지만 무엇을 어떻게 왜 먹는가 하는 물음과 그것이 어떻게 변화해왔는가 하는 물음 앞에서는 먹는다는 행위가 수많은 다른 모습을 드러냅니다. 문화라는 개념은 이러한 사실을 잘 보여줍니다. 그러므로 종교를 문화현상으로 간주하는 것은 그 역사-문화적 변화가능성을 함축하는 것이기도 합니다.

물론 일정한 공간이나 시간에서 상대적으로 '특정한 양태'의 문화가 지배적일 수는 있습니다. 왜냐하면 문화라고 일컬을 수 있는 현상은 일정한 공동체나 시대를 상당히 지배하는 풍토를 지칭하여 범주화한 것이기도 하기 때문입니다. 그러므로 그 당대의 당해 공동체의 문화란 '지배적인 힘'의 현존을 뜻하는 것이기도 합니다. 그러한 현실을 감안한다면 바로 그 특정한 문화가 빚는 특정한 삶의 모습이나 의미를 절대적인 것으로 여긴다거나 내게 익숙하지 않은 삶의 모습, 곧 '다른 문화'는 낯설고 이상하고 못된 것으로 본다거나 할 수도 있습니다. 그래서 때로 자신의 문화만이 '옳다'고 주장하기도 합니다. 또 서로 다른 문화들이 혼재해 있다고 여겨질 때면 자신의 문화가 '순수'한 것이라고 주장하면서 여전히 다른 문화에 대한 배타적인 태도를 취할 수도 있습니다.

그러나 앞에서 예를 든 '먹는다'는 사실을 다시 이러한 주장을 펴는 자리에 놓아보면 그 논리가 어처구니없이 비현실적이라는 사실을 조금도 어렵지 않게 짐작할 수 있습니다. 왜냐하면 결과적으로 이러한 주장은 '내가 먹는 것은 음식'이고 '다른 사람이 먹는 것은 음식이 아니라고' 하는 것과도 다르지 않고, 더 나아가 '나는 사람'이지만 '너는 사람이 아니라는' 주장을 하는 것과도 다르지 않기 때문입니다. 그것은 옳은 인식일 수 없습니다. 그러한 주장이 얼마나 비현실적이고 부정직한가 하는 것을 모르는 현대인은 없을 것입니다. 그리고 문화는 마치 지표(地表)처럼, 그리고 그 위에 흐르는 바람처럼 결코 서로 단절되어 있지 않습니다. 그 '단절'은 우리가 만든 다만 서술범주일 뿐입니다. 그러므로 자기만의 어떤 것을 따로 떼어 옳음이라든지 순수라든지 하는 말로 그것을 수식하는 것은 그릇된 문화인식이 낳은 산물입니다.

그러므로 우리는 이러한 태도가 결코 '문화에 대한 인식'에서 비롯한 주장이 아니라는 사실에 주목할 필요가 있습니다. 문화현상은 언제나 변화하고 겹치고 뒤섞입니다. 문화는 서로 접하는 순간 더 영향력이 있고 적고 하는 구분이 불가능하지는 않지만 결과적으로 어느 쪽도 접촉 이전과 같이 그대로 남아 있지 않습니다. 이러한 사실은 얼마든지 실증되는 일입니다. 그러므로 순수를 주장한다거나 배타적으로 자기를 절대화하는 주장은 삶을 문화로 개념화하는 인식의 틀 안에서는 옳은 것으로 자리 잡지 못합니다. 문화 안에는 배타적으로 절대적인 어떤 것도 없습니다. 하물며 언제나 옳다든지 순수하다든지 거룩하다든지 하는 것으로 수식되면서 바로 이런저런 문화가 그러한 것이라고 주장할 수 있는 그런 현상은 아예 없습니다. 있다면 절대나 순수나 거룩함으로 자신을 그렇게 인식하는 '이념부하(理念負荷)적인 현상'이 문화인식을 그르치고 있다는 바로 그 서술 안에서만 있을 수 있습니다.

그러므로 문화개념 안에서는 하나의 종교, 유일한 종교란 불가능한 주장입니다. 그런 것은 없습니다. 순수하다든지 정통적이라든지 절대적이라든지 하는 주장이 가능한 종교도 없습니다. 그러한 종교현상이 있을 수가 없습니다. 뿐만 아니라 여러 종교들은 언제나 서로 뒤섞일 수 있고 실제로 그렇게 영향을 주고받을 수 있는 가능성을 지니고 현존해왔습니다. 이러한 사실을 역사-문화적으로 실증하는 것이 종교에 대한 이른바

'문화이론'입니다. 다시 말하면 순수한 불교도, 순수한 유교도, 순수한 그리스도교도 없습니다. 원시종교라는 것도 따로 있는 것이 아니고, 소멸한 종교가 아주 사라진 것도 아니며, 현존하는 종교가 반드시 영원하리라는 보장도 없으며, 지금 여기에서 지배적인 종교라고 평가되는 종교가 내일도 그러하리라고 단언할 수도 없습니다. 여러 종교들이 병존하는 상태를 전제하면서 다른 종교에 비하여 그러하다고 하는 상대적인 강조를 위해 그러한 서술을 할 수는 있습니다. 실제적인 차원에서 유용한 표현일 수 있을 것이기 때문입니다. 하지만 그렇지 않고 그러한 발언을 한다면 그것은 적어도 '문화적으로'는 '거짓말'입니다. 거듭 강조하지만 종교 간의 구분이 불가능한 것은 아닙니다. 구체적으로 종교들은 다르게 자신을 지탱합니다. 그러나 이러한 '다름의 승인'이 특정 종교를 절대화할 수 있는 논거는 아닙니다. 종교가 다양하고 여럿인 것은 그것이 문화현상이기 때문에 불가피하게 그렇게 되는 것입니다.

그리고 이러한 다양성의 현존은 그것 자체로 이미 변화를 담보하고 있습니다. 종교는 변화합니다. 무릇 문화는 서로 만나 의도하지 않았던 새로운 실재를 낳습니다. 종교만이 그러하지 않습니다. 종교라고 개념화된 현상과 그렇지 않은 여타 문화현상과의 관계에서도 다르지 않습니다. 우리는 흔히 종교는 예를 들면 경제와 아무런 상관이 없다는 무의식적인 인식을 전제하고 종교를 접하곤 합니다. 오늘의 문화가 그러한 인식을 하도록 하고 있습니다. 그런가 하면 종교와 이를테면 기계공학과 연계된 어떤 망(網)도 존재하지 않는다고 생각하기도 합니다. 그러나 그렇지 않습니다. 비록 그 관계가 '아직' 정연한 인식의 논리로 서술되지 않았다 할지라도 문화의 범주 안에서 서로 무관한 실재란 없습니다. 문화는 바로 그렇다고 하는 것을 서술하고 싶은 동기에서 출현한 총체개념이기 때문입니다.

일상성의 비일상성

비일상적인 개념들은 일상 안에 현존하는 것이고 일상으로부터 구체화된다.
그렇다면 종교의 현존을 기술하는 것은 일상성의 비일상성이나 속(俗)의 성성(聖性)을
운위하는 것이어야 한다.

그러므로 종교를 일컬으면서 종교는 종교일 뿐 그 이하도 이상도 아니라고 주장한다거나 종교가 지배해야 하는 것이 문화라든지 종교가 핵으로 있는 것이 곧 문화라고 하는 주장은 '종교적인 주장'일 수는 있어도 종교를 인간의 삶의 한 모습으로 포괄하여 그 맥락에서 종교를 이해하려는 이른바 '문화적인 주장'은 아닙니다. 다시 말하면 그러한 주장의 자리에서는 종교의 종교적인 주장이라 할지라도 그것이 '문화 안에서 비롯하고 문화 안으로 귀결되는' 문화현상이라고 주장합니다. 그리고 그것은 사실입니다. 그러므로 종교를 자족적이고 자명하고 자기완결적인 것으로 이해하는 것은 비일상성의 범주를 일상성의 범주 밖에 위치지어놓는 자리에서만 겨우 확보되는 논리입니다.

종교는 문화 안에 있는 현상입니다. 신도 절대자도 온전한 존재도 모두 문화 안에 현존합니다. 그것은 인간의 경험 안에서 일었기 때문에 초월적인 존재로 기술된 실재입니다. 종교에서 진술하는 온갖 것들이 참으로 일상성의 차원이 아닌 비일상성의 차원에 있는 실재라는 진술을 승인하는 것은 당연한 일입니다. 그러나 거듭 말하지만 그러한 발언의 모습으로 문화개념 안에 수용되고 문화현상으로 기술될 수 있는 것이 종교입니다. 그러므로 종교를 알려는 우리의 태도는 종교를 문화현상으로 범주화할 때 비로소 정직한 자리에 있게 됩니다. 종교는 초월이고 신성이고 신비임에 틀림없습니다. 우리의 경험은 종교를 그러한 것으로 묘사합니다. 그리고 그러한 언어로 개념화합니다. 그리고 그 개념들은 분명히 일상성을 부정하는 '다른' 내용을 담습니다. 하지만 그러한 비일상적인 개념들은 일상 안에서 현존하는 것이고 거기서 구체화됩니다. 그렇다면 종

교의 현존을 기술하는 것은 '일상성의 비일상성'이나 '속(俗)의 성성(聖性)'을 운위하는 것이지 않으면 안 됩니다.

우리는 종교의 가르침이 '거룩한 것'이라고 말합니다. 그런데 그것은 막연하게 그러한 것이 아닙니다. 그것은 읽고 배우고 탐구해야 하는 책(경전)과 지적(知的) 체계(교의)와 가르침의 구조(사제중심의 사회화 과정)로 이루어져 있습니다. 우리는 종교가 '신성한 공동체'를 형성한다는 말을 듣습니다. 그런데 그 공동체는 힘과 기능을 배분하여 효율성을 지향하는 조직으로 구체화됩니다. 정치적인 힘의 발휘도, 경제적인 힘의 뒷받침도, 사안을 결정하고 집행하는 절차적 정당성도 상당한 강제력을 기반으로 하여 이루어져 있습니다. 우리는 그러한 공동체를 만나고 경험합니다. 그것이 종교의 실상입니다. 정치적인 원리도 경제적인 원리도 그대로 적용됩니다.

우리는 종교가 인간의 꿈을 실현하는 '해답의 현실화'라는 사실도 언급합니다. 우리는 종교가 제시하는 해답들이 궁극적인 출구를 마련한다고 말합니다. 우리는 이를 통하여 이른바 '존재의 심연에서 솟아나는 온전함이나 평안함'을 누리기도 합니다. 그런데 그 속에서 꿈을 실현하는 구체적인 몸짓을 구현하기도 하지만 갈등하고 다투고 전혀 다른 목적을 위해서 그 꿈이 이용되거나 배신당하는 경우도 겪습니다. 종교는 인간의 삶이 벌어지는 곳입니다. 그리하여 때로는, 구조적으로 그러하다고 해야 옳을 것이라고 생각되는데, 우리는 특정한 종교의 주장이나 가르침이 배타적인 독선을 자신의 존립 근거로 확보한다는 사실도 간과할 수 없습니다. 그럴 경우, 그 귀결은 비인간적이기를 넘어 반인간적인 비극을 초래한다는 것을 우리는 익히 알고 있습니다. 종교가 낳는 '사랑이라는 이름의 증오'나 '경멸이라는 이름의 자비'는 종교가 보여주는 생생한 역사－문화적 현상입니다.

우리가 겪는 종교는 그러한 모습으로 우리의 일상 안에 있습니다. 이러한 현실성을 배제하고 초월이나 신성이나 신비의 범주 안에 종교를 유폐시키고 문화의 울을 벗어난 것으로 여기는 종교담론은 처음부터 정직하지 않습니다. 거듭 말하지만 비일상적인 개념에다 자신의 경험을 담고 싶은 종교경험의 현실성을 배제하려는 것은 아닙니다. 오히려 그 현실성을 실재하는 것으로 수용하려는 계기에서 우리는 종교가 문화의 범주 안에 있는 현상이라는 것을 승인하지 않으면 종교의 어떤 실재성도 인정할 수 없다고 주장하려는 것입니다. 종교는 문화현상일 때 비로소 그 현존을 확보할 수 있습니다.

그러나 이미 여러 차례 지적한 바 있지만 이러한 논의, 곧 '종교는 문화현상인가 아닌가' 하는 논의도 그러한 논의를 담고 있는 문화의 산물입니다. 그런데 우리는 문화도 변화한다는 사실에 주목할 필요가 있습니다. 문화 자체도 역사적으로 변용하고 변화한다고 하는 것은 앞서 기술한 바와 같습니다. 더 강조한다면 문화도 재구성되기도 하고, 파괴되기도 하며, 소멸되기도 합니다. 특정한 곳에서의 당대적 문화는 늘 그러합니다. 그러므로 우리가 부닥친 진정한 문제는 종교가 문화현상인지의 여부를 판단해야 하는 일이기보다 '그러한 문제가 여전히 적합성을 가지는 문화에 우리가 살고 있는가' 하는 물음일 수도 있습니다. 왜냐하면 앞에서 지적한 그러한 문제는 적어도 종교라고 일컫는 현상이 '주도적인 힘'으로 승인되는 정황에서 그 힘의 퇴락을 목도하는 풍토가 있음을 절감하는 계기에서 등장한 물음이라고 판단되기 때문입니다.

만약 현대문화라고 하는 범주를 설정한다면, 오늘 우리의 풍토에서 여전히 '종교'와 '종교들'이 이야기될 수 있음에도 불구하고, 그러한 '전통적인 종교'가 상대적으로 축소된다거나, 종교의 본래적인 기능을 다른 문화(또는 하위문화)에 양여하고 있다거나, 다른 삶의 모습을 선택하여 종교를 대치(代置)한다거나 하는 현상들이 기술될 수 있다는 주장을 할 수 있습니다. 그런데 이러한 서술이 현실적으로 불가능하지 않다면 우리는 종교라는 전통적인 현상을 준거로 하여 서술하기보다는, 비록 '종교'라는 용어를 버릴 수 없어 그대로 사용한다 할지라도, 전혀 '새로운' 종교문화의 출현을 이야기할 수도 있을 듯합니다. 권력추구의 절대성과 그 제도화, 재물의 확보가 절대적인 가치가 되는 삶의 모습과 그것의 제도화, 스포츠를 포함한 여가의 누림에 사로잡힌 의식(意識)을 끊임없이 자극하고 강화하는 일련의 복합적인 삶의 구조들, '문화'를 운위하는 온갖 제도들, 이미지의 생산과 유통 및 그것을 주도하고 있는 이른바 문화세력들, 기존의 종교 그늘에 있던 이른바 하위(下位) 및 주변 종교성들의 구체적인 부상(浮上) 등을 새로운 '물음과 해답의 구조'로 예거할 수 있습니다. 초월이라든지 신비라든지 하는 개념이 부적합할 수도 있지만, 중요한 것은 현존하는 이러한 구조가 전통적인 그러한 개념들을 충분히 함축하고 있다는 판단입니다.

종교가 '물음과 해답의 구조'라고 한다면 어쩌면 그것은 '자연현상'이라고 해도 좋을지 모르겠습니다. 하지만 그것은 지어지고 만들어지는 문화 안에서 현존합니다. 다만 그 과정이 명료하게 서술되지 않을 뿐입니다. 그러므로 종교문화가 창조적인 기여를 할 수 있도록 새로운 서술범주를 마련하여 기술하도록 할 것인가, 아니면 전통적인 개념의 자리에 머물러 있으면서 변화를 거절하여 결과적으로 '파괴 지향적인 문화'가 될 수밖에 없는 것을 뻔히 바라보면서도 그렇게 자신을 지탱하도록 내버려둘 것인가 하는 것을 결정하는 것은 종교문화를 살아가는 주체인 인간의 소임입니다. 종교를 문화로 인식하는 것은 그러한 책임의 기반을 확보하는 일과 다르지 않습니다.

• 역사 •

수용과 거절의 합류(合流)

시간을 존재의 한계상황을 빚는 구체적인 조건으로 서술한 것이 시간 수용의 비극적인
한 단면이라면, 진보적 역사주의는 인간의 시간 예속성을 효과적으로 제어하고
벗어나려는 시간 거절의 낙관적인 한 단면이다.

우리는 하루하루 삶을 살아갑니다. 어렸을 적에 일기를 쓰던 일이 생각납니다. '아침 7시에 일어났다. 세수하고 밥 먹고 학교에 갔다……집에 돌아와 저녁을 먹고, 숙제를 했다. 9시에 잤다.' 반드시 시간을 지칭하지 않아도 우리 삶은 이처럼 시간의 마디들을 이어 살아갑니다. 세월을 따라 살아가고 있다고 해도 좋고, 아예 시간을 따라 흘러가는 것이 삶이라고 해도 좋습니다. 그러고 보면 시간이라는 것 참 묘합니다. 인간이 아무리 스스로 존엄을 주장하고, 자기가 바로 자신의 주인이라고 한다 할지라도, 시간은 사람들의 그러한 주장을 그저 웃을 뿐입니다. 시간은 이렇게 말할지도 모릅니다. '네가 내 안에 있는 한, 너는 그렇게 자기 주장을 할 수가 없는 거야. 너는 다만 시간 안의 존재일 뿐이야!' 조금도 항변할 수 없는 당연한 반응입니다. 우리는 '시간 안의 존재'입니다. 존재 자체가 시간 안에 들어서면서 시작되었고, 시간을 벗어나면 이미 그것은 존재가 아닙니다. 더 직접적으로 말하면, 시간은 우리의 존재보다 먼저 있었습니다. 우리가 존재하기 전에 이미 시간이 있었고, 우리가 사라진 후에도 시간은 의연하게 자신을 지탱합니다. 그렇다면 시간은 존재 이전이면서 동시에 존재 이후라고 할 수 있는 그러한 것입니다.

그런데 우리는 실제 생활 속에서 시간이 내 존재를 서술하는 존재론적 범주라는 사실을 흔히 잊습니다. 그럴 수밖에 없습니다. 우리는 시간을 철저하게 의식하면서 살아갑니다. 그렇다면 의식주체는 시간 밖에 있어야 옳습니다. 적어도 논리적으로 그러합니다. 시간을 측정하기도 합니다. 또 시간을 설계하고 재단하기도 합니다. 시간을 객체로 다룰 수 있는 주체를 상정하지 않고는 이러한 일이 현실화될 수 없다고 여깁니다. 그

러므로 우리는 자연스럽게 우리 스스로 시간과 '만난다'고 생각합니다. 시간이 삶과 직면하는 객체가 되면서 때로 우리는 그 시간을 채우기도 하고 비우기도 합니다.

나아가 시간을 채색하는 일은 매우 중요한 삶의 규범이라고 판단합니다. 더구나 우리는 '사라지는 시간'을 경험합니다. 과거라는 시제로 우리는 그것을 묘사합니다. 과거는 이미 지나간 시간, 곧 '경험한 시간'입니다. 그런가 하면 '아직 있지 않은 시간'도 그립니다. 미래라는 시제로 우리는 그 시간을 기술합니다. 미래는 아직 오지 않은 시간, 곧 '경험하지 않은 시간'입니다. 그럼에도 불구하고 우리는 과거와 미래를 말하고 있습니다. 그것은 우리가 사라진 시간과 오지 않은 시간을 다룰 수 있는 주체라는 자의식을 가지게 합니다. 우리의 시간의식(時間意識)을 살펴보면 이러합니다.

하지만 인간이 시간의 주인이라는 자의식이 아무런 장애 없이 펼쳐진 것은 아닙니다. 예를 들어보십시다. 문명이라고 일컫는 일련의 '보다 나은 삶의 구체적인 모습'이 한결같이 시간의 한계를 벗어나려는 희구의 작은 실현들로 점철되어 있다는 것은 매우 흥미로운 일입니다. 이를테면, 비록 옳은 지식에 근거한 것은 아니었지만, 옛날의 연금술이 시간을 압축하여 물질의 변화를 촉진함으로써 금을 만들어내야겠다고 여겼던 것이라든지, '더 빠르게'가 발전된 문명의 지표인 경우라든지, 생명의 연장이 그러한 성취로 기술되는 경우를 보면 시간을 관리하려는 의도가 얼마나 인간의 의식 속에서 집요하게 움직이고 있는지 짐작할 수 있습니다.

그러나 이것은 분명한 반어적(反語的) 사태이기도 합니다. 그것은 시간을 다루는 주인의식이라기보다 시간의 예속을 절감하는 의식에서 비롯한 절박한 몸부림일 수도 있습니다. 왜냐하면 종국적으로 시간으로부터 벗어난다는 것은 존재 자체가 소멸하는 자리에 이르는 것이라는 기본적인 존재법칙을 벗어날 수 없기 때문입니다. 시간 안에서의 모든 존재의 퇴색, 모든 존재의 이러저러한 형태의 소멸, 그리고 온갖 생명의 불가피한 죽음 등이 우리가 겪는 삶의 현실이라는 사실이 문명의 발전에 의하여 지워지지 않는 한, 인간은 시간의 주인이 아니라 시간에 예속된 존재, 곧 '시간 안에 있는 존재'라는 사실을 부정할 수 없는 것입니다.

그렇다면 시간에 대한 '수용과 거절의 역설'을 가장 첨예하게 경험하고 있는 것이 어쩌면 지금 우리들의 모습인지도 모르겠습니다. 인간에 대한 실존적 고뇌가 시간을 존재의 '한계상황'을 빚는 구체적인 조건으로 서술한 것이 그 불가피한 '시간 수용의 비극적인 한 단면'이라면, 역사를 새로운 인식이나 판단의 준거로 선택하고 역사담론을 통해 인간의 존엄을 지탱하고 발전시키고자 한 진보적 역사주의는 인간의 시간 예속성을 효과적으로 제어하고 벗어나려는 '시간 거절의 낙관적인 한 단면'이라고 할 수 있을 듯합니다. 우리는 이러한 시간의식이 혼재해 있는 현실을 살아가고 있습니다.

물론 우리가 다 알듯이 이러한 실존주의적 시간의식의 수동적인 분위기나 역사주의적 시간의식의 능동적인 분위기가 꼭 그렇게 그 나름의 흐름을 조금도 벗어나지 않은 채 마냥 이어지고 있는 것은 아닙니다. 전자는 지양(止揚)이라든지 초월에의 의지 등을 통해 보다 적극적으로 사태를 수습해 나아갔고, 후자는 역사를 짓는 일보다 역사를 풀이하는 일을 통해 시간이 결정하는 실제적 현존을 바꾸거나 새로 짓기보다 그 의미의 탐색을 통해 천박한 낙관론을 성숙하게 극복해 나갔습니다.

그러나 '사물에 대한 인식'이라는 차원에서 살펴보면 현대의 역사주의적 태도는 시간에 대한 실존적 회의가 빚는 진지성과는 다르게 우리에게 많은 것을 시사해주고 있습니다. 이를테면 과거와 미래는 '사라지거나 오지 않은 시간'일 뿐만 아니라 '사라진 것으로 그리고 아직 오지 않은 것으로' 그 나름의 지금 여기에서의 현존성을 지닌다는 것, 시간 안의 존재가 퇴색한다거나 소멸한다는 것은 다만 변화라는 것, 변화는 그 나름의 의미를 지닌다는 것, 그러므로 역사적 시각에서 조망하는 경우 오히려 문제가 되는 것은 불변을 주장하는 일련의 이러저러한 인식론이라는 것, 그리고 시간은 관성적인 것이 아니라 의미를 부여하여 살아 있게 해야 하는 존재의 장(場)이라는 것 등이 그 몇 가지 예입니다.

많은 부정적 함축이 지적될 수 있고 마땅히 그래야 하지만 역사주의적 세계관이나 시간의식이 끼친 긍정적인 면을 우리는 결코 소홀하게 다룰 수 없습니다. 이것은 존재란 시간 안에 있으면서 시간 밖에 아울러 있을 수 있다는 역설적인 논의에 담길 때 비로소 그 전체 모습을 드러냅니다. 언어적인 차원에서 비유를 든다면 인간은 과거를 지금 이야기하고 미래도 지금 이야기합니다. 결과적으로 존재는 시간의 제약을 벗어난다고 말할 수 있는 그러한 현상을 살아갑니다. 그러나 그러한 경험이 시간의 실제적 속성인 '존재하는 것을 시간 안의 존재이게 하는' 근원적 사실을 부정하게 하는 것은 아닙니다. '시간 안의 존재'라는 자의식이 없다면 시간 밖을 경험한다고 하는 것을 증언할 주체도 없을 것이기 때문입니다. 또한 시간 안의 존재라는 서술이 반드시 부정적인 결과만을 우리 의식에다 각인하는 것도 아닙니다. 그렇다면 우리는 조금 더 적극적으로 역사주의적 시간의식이 기여하는 것이라고 말할 수 있는 몇 가지 특성을 지적해볼 필요가 있습니다.

무엇보다도 역사주의적 시간의식이 우리에게 실증적으로 선언하고 있는 것은 변화의 필연성입니다. 변하지 않고 처음 모습 그대로 지속하는 것은 결코 없다는 것을 주장하는 것입니다. '해 아래 새것이 없다'는 말은 바로 이러한 것을 일컫습니다. 그 변화는 매우 부정적인 함축을 지니기도 합니다. 낡아간다든지, 늙어간다든지, 퇴색한다든지, 구겨진다든지, 때묻어 얼룩진다든지 하는 묘사들이 그러한 형편을 말합니다. 하지만 매우 긍정적인 함축을 지니기도 합니다. 변화는 이전 모습을 그대로 지속하지 않는다는 것을 뜻합니다. 그러므로 바뀜에 대한 의도적인 부정을 전제하지 않는 한, 변화는 '새로움의 출현'이기도 합니다. 더구나 낡고 퇴색한 것들이 바로 그러한 이유 때문에 결국 퇴장할 수밖에 없는 그 자리로부터 새것이 솟아납니다. 변화는 그렇게 실은 새로움의 점철로 묘사되기도 합니다. 우리는 그러한 변화에 부닥치면 깜짝 놀랍니다. 경탄은 새것을 만나는 당연한 반응입니다. 새것과의 만남에서 삶은 지루함을 털어냅니다. 이제까지 보지 못하던 세상도 보입니다. 당연히 새것과의 만남에서 우리는 언어도 생각도 행동도 달라지는 것을 경험합니다.

변화는 그러합니다. 그것은 낡아가는 것만이 아니라 새로워지기도 하는 것입니다. 그러한 변화가 없다면 삶은 삶다울 수 없을 것입니다. 그러므로 변화를 삶이 삶다워지는 과정을 가능하게 하는 것이라고 이해할 때 우리는 역사주의가 근원적으로 진보적인 태도를 가지고 있음을 짐작할 수 있게 됩니다. 그리고 그러한 시간인식은 시간 안에 유폐되어 있다는 분명한 또 다른 인식에도 불구하고 삶의 주체인 우리 자신을 새삼 긍정하게 해줍니다.

그러나 우리는 낡아가는 현상에도 불안해하지만 새로운 것과의 만남도 편하게 견디지 못합니다. 앞의 것을 소멸과 상실에의 두려움이라고 한다면 뒤의 것은 낯섦과 익숙하지 않음에 대한 저항이라고 할 수도 있습니다. 삶은 참으로 역설적입니다. 그렇다고 하는 것을 역사주의적 시간의식은 그 주체가 겪는 필연적인 삶의 모습이라고 진단합니다. 그런데 바로 이러한 서술 속에서 강조해야 할 중요한 것은 존재란 결코 정태적일 수 없다는 사실입니다. 존재는 '살아 움직입니다.'

그럼에도 불구하고 우리는 불변하는 것을 희구합니다. 변화가 무의미를 낳는다고 생각합니다. 변화 때문에 겪는 아픔이 너무 저리기 때문이기도 합니다. 늙고 죽는 일, 배신으로 인한 고통, 상황적인 조건의 변화로 인한 꿈의 소멸 등이 그러한 태도를 낳는 사실들입니다. 시들어 죽어버리고 마는 것이 아닌 생명, 어떤 사정에도 불구하고 끊어지지 않고 지속하는 정(情), 기획되고 설계된 삶의 지속적인 성취, 마침내 시간 안에 들어오기도 없고, 시간 밖으로 나가기도 없는 영원이라는 것, 그러한 것을 바랍니다.

불변하는 변화

종교도 변한다. 종교도 없어지고 없었는데 있게 된다. 종교도 역사가 서술될 수 있는
현상이다. 종교도 역사 속에 있는 현상이다.

하지만 이제까지 살펴본 바에 의하면 불변한다는 것은 결코 ‘존재의 정태성’을 뜻하는 것이 아니라 지속을 뜻합니다. 지속이란 실은 ‘존재의 변화’가 단절되지 않고 계속된다고 하는 의미에서의 지속입니다. 다시 말하면 변화 자체가 항구적이라는 말입니다. 지속이란 ‘변화의 지속’을 뜻합니다. 따라서 어색한 표현을 하자면 ‘변화하면서 불변하는 것’이 시간의 속성이고, 또 그것이 역사입니다. 그러므로 ‘불변하는 것의 절대적 지속’이란 불가능한 개념입니다. 그런 것은 없습니다. 역사적 현실이 보여주는 진실은 그러합니다.

우리는 앞에서 종교는 문화현상이고, 그렇기 때문에 종교가 다양할 수밖에 없다는 것을 주장한 바 있습니다. 그런데 문화라는 개념이 시간의 범주를 간과하고 이루어지는 것일 수는 없지만 좀더 문제에 주목하기 위하여 의도적으로 문화를 공간적인 범주로 한정해본다면, 시간의 맥락, 곧 역사적 경험을 축으로 한 또 다른 종교담론을 펼칠 수 있습니다. 다시

말하면 종교가 문화의 범주에 든다고 하는 주장과 동시에 그것이 역사적인 현상이라는 주장을 할 수 있는 것입니다.

그렇다면 우리는 이로부터 종교도 필연적으로 변화의 흐름에 실려 흐른다는 것을 주장하지 않을 수 없습니다. 종교는 다만 공간적 다양성만으로 이루어진 것이 아닙니다. 그것은 역사적인 현상이기도 합니다. 종교도, 특히 특정한 종교를 준거로 해서 살펴본다면, 없었던 때가 있었습니다. 그리고 지금 그 종교가 있습니다. 그리고 언젠가 그것은 사라질지도 모릅니다. 아마 그럴 것입니다. 아니면 적어도 그 종교가 한결같이 자신의 모습을 동일하게 지탱해온 것은 아니라는 사실을 강조할 필요가 있습니다. 시간의 흐름을 좇아 하나의 종교는 수많은 자기변화를 이미 이루어내고 있습니다. 지금 여기서 만나는 어떤 종교가 그 종교의 처음 모습 그대로를 유지하고 있으리라고 생각하는 것은 어리석은 일입니다.

인간의 삶이 그러합니다. 탄생과 성숙, 장년과 노년, 그리고 죽음 등을 누구나 겪습니다. 그런데 그것은 개체의 생명만이 맞는 운명이 아닙니다. 존재하는 모든 것은 세월의 흐름 속에서 그렇게 바뀝니다. 그러면서 그 변화과정을 온갖 색깔로 물들입니다. 다시 말하거니와 종교도 다르지 않습니다. 종교도 변합니다. 종교도 있다가는 없어지고 없었는데 있게 됩니다. 종교도 역사가 서술될 수 있는 현상입니다. 종교도 역사 속에 있는 현상입니다. 비록 신성이나 초월이나 신비로 일컬어진다 할지라도 그것들을 출현하게 한 경험은 역사 속에서 이루어지기 때문입니다. 그러므로 종교는 자신이 역사 속에 있는 현상인 한, 자신의 변화에 속수무책입니다. 그 경험의 표상이 바뀌는 것을 제어하지 못합니다.

단순히 바뀌는 것이라는 차원만을 이야기한다면 그것은 별로 이해하기 어렵지 않습니다. 예를 들면 경전(經典)의 편집사(編輯史)를 보면 그러합니다. 종교인들은, 이를테면 경전이란 신의 발언이 기록된 것이라는 것을 사실적(事實的)으로 주장합니다. 그렇기 때문에 경전은 비일상적인 영역으로부터 주어진 것이고, 따라서 그것은 시간의 범주에 들지 않는 영원하고 불변하는 절대적인 것이라고 말합니다. 종교인들의 경전이해 는, 비록 신을 지칭하지는 않는 경우라 할지라도, 대체로 그러한 인식구 조와 논거를 가집니다. 하지만 우리는 얼마나 많은 고대 문헌들의 파편 들을 모으고 추려서 지금 우리가 가지고 있는 경전이 '마침내' 이루어졌 는가 하는 것을 역사적인 사실로 다 알고 있습니다. 그렇다면 우리는 자 연스럽게 경전이 '없었던 때'와 '있는 때'의 다름을 하나의 역사적 사실 로 기술할 수 있습니다. 그런데 이 같은 사실은, 다시 말하면 '우리가 지 금 '~종교'라고 일컫는 그 종교는 경전이 없었던 때에도 스스로 있었 고, 경전이 만들어진 다음에도 여전히 있다고 하는 것을 보여줍니다. 하 지만 '경전 이전의 종교'와 '경전 이후의 종교'를 그대로 같다고 기술하 는 것은 상당히 위험한 일입니다. 분명한 변화가 일어났기 때문입니다.

동일한 역사적 전승 안에서의 변화가, 곧 경전 이전에서 이후로의 변 화가 그 종교를 A라는 종교로부터 B라는 종교로 바꾸어놓지는 않습니 다. 물론 그 변화가 이제까지의 자기자신을 상당히 모호한 자리에 두도 록 할 수도 있습니다. 하지만 전혀 이질적인 다른 종교가 되는 것은 아닙 니다. 그러나 그렇다고 해서 경전 전후의 변화를 간과하고 그 종교를 이 야기한다면 그것은 분명하게 드러나는 어떤 사실을 의도적으로 보려 하 지 않는 부정직한 태도가 될 수밖에 없습니다.

그런데 그 변화는 특정한 종교가 처해 있는 문화적 조건의 변화와 무 관하지 않습니다. 문자의 발명으로 인한 구전(口傳)의 극복이라고 하는 문화적 정황이 없었다면, 그리고 경험을 공유하는 공동체의 조직과 제 도, 곧 산만한 자료들을 모아 정리할 수 있도록 하는 힘과 권위의 출현이 라는 또 다른 변화된 문화적 상황이 없었다면, 경전의 결집이라는 '사건'은 일어날 수 없었을 것입니다. 대체로 문자가 발명되지 않은 시대의 종교에서는 이야기를 하는 살아 있는 이야기주체를 중심으로 종교의 주장이나 가르침이 자리를 잡았습니다. 그러나 그 이야기들이 문자를 통해 글이 된 뒤에는, 이야기주체와 만나기보다 글과 만나면서 글에 담긴 화자(話者)의 뜻을 헤아리는 일이 더 중요한 것이 되었습니다. 당연히 언어에 담긴 생동하는 감동보다 글에 담긴 조용하고 진지한 지적 성찰의 내용이 더 중요한 것이 될 수밖에 없습니다. 이것은 대단한 변화입니다.

그런데 이러한 변화는 시간의 흐름, 곧 일련의 역사적 과정 안에서 이루어진 현상입니다. 변화는 역사적 현상입니다. 그리고 종교는 변화합니다. 세월 따라 그러합니다. 그러므로 종교라는 현상과 만나면서 종교가 변화한다는 사실을 유념하는 것, 곧 종교는 역사적 현상이라는 것을 승인하는 것은 마땅히 지녀야 할 마음가짐입니다. 어떤 것을 어떻게 묘사하든 하나의 역사적 전승은 무한히 많은 변화의 매듭들의 연계로 이루어진 것입니다. 따라서 종교가 변하지 않는다고 하는 주장은 종교의 참 모습을 읽지 못하도록 하는 장애입니다. 종교가 변한다면 절대적인 해답을 찾을 수 없는 것이 아니겠느냐는 항변이 있을 수 있습니다. 궁극적인 고뇌의 자리에서 마침내 발견한 해답이 마치 떠돌아다니는 나뭇잎 같은 것이어서 머물지 않는다면, 잡았다 해도 곧 다시 흘러 떠돌아다닌다면, 어떻게 그것에 의존할 수 있겠느냐는 항변도 가능합니다.

그러나 해답의 절대성은 어떤 해답이 유일하고 고정적이기 때문에 확보되는 것이 아닙니다. 해답은 다양합니다. 뿐만 아니라 동일한 문제에 대한 해답이라 할지라도 해답을 추구하는 주체의 상황적 조건에 따라 한없이 가변적일 수 있습니다. 그러므로 우리는 양태적으로나 시간적으로나 무수한 해답의 가능성 앞에 놓여 있는 존재들이라고 할 수 있습니다. 그러므로 해답의 절대성이라는 것을 말할 수 있다면, 바꾸어 표현하여 절대적인 해답이라는 것을 말할 수 있다면, 그것은 그 많은 해답 중에서 내가 어떤 것을 선택했을 때 비로소 그 선택주체인 나에게 이루어지는 것입니다. 그러므로 하나의 사물이 변화한다는 것은, 다시 말해서 해답의 변화가능성이나 종교의 변화가능성을 승인하는 것은 선택의 양태적 다양성과 시의적(時宜的) 적절성을 보장하는 것이기도 합니다. 그것은 종교를 훼손하는 인식이 아닙니다. 그렇다면 오히려 우리는 '종교는 변화해야 한다'고 말할 수 있습니다. 그러나 그 이전에 종교는 이미 스스로 변화의 흐름 속에 있습니다. 종교는 역사적 현상인 것입니다.

이미 언급한 바 있지만, 이러한 변화는 하나의 종교가 스스로, 또는 정황적인 조건에 상응하면서 바뀌는 사실뿐만 아니라 특정한 종교의 출현과 소멸마저 기술할 수 있게 합니다. 종교의 소멸과 새로운 출현에 직면하는 일은 적어도 종교를 역사 밖의 영역에 놓으려는 태도가 넘어서야 하는 가장 심각한 난제입니다. 만약 종교가 문화라는 개념이나 범주의 울 안에 들어올 수 없는 것이라고 한다면 문화적인 다양성을 운위하는 것은 불가능한 일입니다. 마찬가지로 종교가 역사적 현상이 아니라면 종교의 출현과 소멸은 있을 수 없는 일입니다. 하지만 종교가 역사적 현상이라면 그러한 일을 기술하는 것은 예사로운 일입니다. 없던 종교의 출현은 언제나 종교사에서 분명하게 기술되는 현상입니다. 특정한 종교의 소멸도 다르지 않습니다. 그것은 역사 속에서 늘 일어나는 일입니다.

이러한 사실을 '자극적으로' 묘사해보십시다. 종교의 소멸은 결국 그 종교를 비롯하게 했고 믿음의 대상이기도 한 신이나 절대자는 물론이고 그 종교가 제시하던 궁극적인 해답의 사라짐이기도 합니다. 다시 말하면, 그 특정한 종교의 존재의미의 상실, 아니면 현실적 기능의 실효(失效)라고 할 수도 있습니다. 어쩌면 변화의 흐름을 좇지 못하여 적합성을 잃어버린 종교의 불가피한 결말이라고 해도 좋을지 모르겠습니다. 종교사를 보면 이름은 남아 있는데 실재하지 않는 신들이 많습니다. 그렇다면 있었다가 이름조차 남지 못하여 아주 잊히고 사라진 신들은 훨씬 더 많을 것입니다. 지나치게 소박한 인식이라는 비판을 받을는지 몰라도 분명한 것은 신도(信徒)가 없으면 신(神)도 있을 수 없다는 사실입니다. 신도의 부재는 신의 종언입니다. 신의 종말이 신도의 소멸을 선행(先行)하지는 않습니다.

이러한 주장에 대하여 다른 반응을 예상할 수 있습니다. 종교를 문화와 역사의 밖에 두려는, 이름하여 초월주의자들의 경우에는, 소멸한 종교들이란 실은 종교의 범주에 들 수 없는 비종교적 현상들인데 그것을 종교로 잘못 지칭하고 있는 것이기 때문에 종교의 소멸이란 진정한 종교에 대한 서술로는 적합성을 가지지 못한다고 주장합니다. 이러한 사례가 없지 않습니다. 그러나 이러한 주장은 자신의 선택만을 유일하고 정당한 참이라고 주장함으로써 이미 문화나 역사의 다양성과 변화를 부정하고 있기 때문에 어느 누구도 진지한 논의를 전개할 수 없는 한계에 직면합니다. 옳고 그름을 결정한 규범적 판단이 전제된 자리에서는 옳은 것만이 실재할 뿐입니다. 그러므로 그르다고 판단된 것은 적어도 논리적으로는 인식의 대상조차 되지 못합니다. 따라서 직면한 사실이나 현상에 대한 기술은 이러한 맥락에서는 처음부터 불가능합니다.

이와 아울러 새로 출현했다고 일컬어지는 종교의 다른 반응도 예상할 수 있습니다. 분명히 연대기적인 준거에서 보면 일정한 시기에 그 종교는 없었습니다. 그것은 역사적 실증을 통해 확인할 수 있습니다. 그런데 그 종교는 자신의 현존이 아득한 처음부터 그 출현의 계기까지 실은 이어져온 것이고 앞으로도 그렇게 이어진다고 말합니다. 거의 모든 종교들에서 이러한 논의가 이루어지고 있음을 확인할 수 있습니다. 물론 역사의 단절은 없습니다. 소멸은 소멸 나름으로 새로운 시작의 바탕이 됩니다. 그렇게 본다면 끝은 처음입니다. 당연히 그 처음의 기원은 수없이 이어지고 반복되는 끝을 관통하면서 최초의 처음에 가 닿습니다. 따라서 그러한 주장은 정당한 것일 수도 있습니다.

하지만 역사에서의 연속이란 물리적 개념에서의 관성적 지속이 아닙니다. 그것은 끊임없이 새로운 것의 창출, 대치, 첨가 등이 점철하여 이루어지는 '변화의 지속'입니다. 자신이 현존한다고 하는 존재의미의 근원성을 확보하기 위한 태초에의 회귀, 그리고 그 처음으로부터 비롯한 영원한 지속에 이어 있는 지금 여기의 현존, 그러한 초역사적 실재에의 역사 안에서의 의존 등은 단절을 부정하면서 아름다운 의미론을 낳습니다. 그것은 귀한 일입니다. 하지만 그 회구적 현실이 사실적 현실을 기술하는 내용일 수는 없습니다. 종교가 역사적 실재라는 인식은 특정한 시기에 출현한 종교의 초월적 영원성을 그렇게 간단하게 수용하지 않습니다.

'역사'로서의 종교

인류의 종교사는 '종교가 없었던, 그러나 모든 것이 종교적이던 시대'에서 '종교의 시대'에 접어들어 '종교들의 시대'로 이어졌으며, 현대에는 '종교적인 것의 시대'에 이르렀다.

당연한 일이지만 거시적인 시각에서 보면 종교가 역사적 실재라는 사실은 '종교문화의 역사적 전개'라는 주제를 서술 가능하게 합니다. 인류의 역사가 기술 가능한 '처음'으로부터 '현재'에 이르는 긴 역사 속에서 종교라고 일컬어지는 어떤 현상이 어떻게 그 변화를 드러내고 있는가 하는 것을 살펴볼 수 있는 것입니다.

지금 이 자리에서 이를 살펴보는 일이 잘하는 일일지는 모르겠습니다. 왜냐하면 역사라는 개념이 종교를 인식하는 과정에서 마땅히 유념해야 할 중요한 '항목'이라는 것을 주장하는 자리가 곧 종교사를 논의하는 자리일 수는 없기 때문입니다. 하지만 왜 그리 역사라는 개념과 종교라는 현상이 뗄 수 없는 것인가 하는 것, 다시 말하면 종교도 역사 안에 있는 현상이라고 하는 것, 종교도 종교사를 기술할 수 있는 현상이라는 것 등이 당연한 물음이고 서술이라면, 결국 우리가 직면해야 할 문제는 종교사의 흐름을 조망하지 않으면 안 된다는 사실일 것입니다. 그렇다면 이 계기에서 종교사의 흐름에 잠시 주목한다 해도 그 일이 그른 일은 아닐 듯합니다. 따라서 자연히 우리의 작업은 이른바 '인류의 아득한 처음문화'를 되살피는 일부터 시작하지 않으면 안 되리라 생각합니다.

그런데 종교라는 개념이 처음부터 어떤 사실의 실재를 직접적으로 지칭하기 위한 이른바 존재론적 개념으로 등장한 것은 아닌 것 같습니다. 순수하게 그러한 개념이기 위해서는 이에 대한 대칭개념이 없어야 논리적으로 정당합니다. 그러나 종교는 언제나 종교 아닌 것과 함께 등장한 서술개념이었습니다. 그렇다면 이러한 사정을 통해 결국 종교라는 개념은 삶을 단일한 범주 안에서 다룰 수 없는 이른바 '문화의 분화(分化)'가 묘사될 수 있었던 때에, 그 표상의 하나를 기술하기 위한 분류개념으로 등장했던 것이라고 이해할 수도 있을 듯합니다. 그러므로 종교는 '태초' 이후 상당한 기간을 경과하고 도달한 '역사적 후기'의 산물이라고 할 수도 있습니다. 연대기를 준거로 한 역사적 진전을 통해 묘사한다면 처음 우리의 삶을 단일한 서술범주 안에서 총체적으로 그릴 수 있었던 (그렇지 않을 수도 있지만 진화론적 사관에서 보면 당연히 그렇게 그려지는) 그러한 '원시적 문화' 안에서는 종교란 있을 수 없는 것이었다고 말할 수 있는 것입니다. 다시 말하면 물음과 해답, 일상성과 비일상성, 속됨과 거룩함이라고 하는 대칭적 구분이 뚜렷하지 않았던 시대를 짐작할 수 있는 한, 종교의 현존을 운위한다는 것은 비현실적 인식입니다.

그렇게 될 수밖에 없었을 상황을 짐작하는 것은 쉬운 일이 아닙니다.

그러나 지금에 비추어 옛날을 유추해보면 아득한 때 우리의 조상들은 지금보다 훨씬 더 믿음이라고 하는 마음결을 축으로 하여 살았던 것 같습니다. 왜냐하면 지금 우리가 비일상적인 것이라고 여기는 것들을 그때는 오히려 일상적인 것으로 여겼던 흔적이 뚜렷하기 때문입니다. 이를테면 충분히 합리적 지성에 의해서 탐구되고 해결을 시도해볼 수 있는 어떤 상황들에 대해, 실제적인 행위 이전에 그 사항과 관련된 어떤 절대적인 힘에의 호소나 그러한 존재의 간섭을 희구하는 태도로 접근하고 있습니다. 풍요나 질병이나 자연현상을 경험하는 과정에서 특히 그러했고, 몸과 마음이 설명할 수 없는 어려움과 직면할 때도 그 까닭을 짐작할 수 없어 절망적일 수밖에 없는 처지를 또한 그렇게 겪었습니다. 유한의 끝에서 무한을, 무력함의 한계에서 절대적인 힘과의 조우를, 보상받을 수 없는 황량한 현실의 정점에서 지금 여기를 벗어난 때와 자리에서 채워질 넉넉함을 경험했다고 해도 좋을 듯합니다. 그러므로 이러한 정황은 지금 우리의 현실을 준거로 한다면 삶이 온통 '종교적'이어서 종교를 일상으로부터 분리해낸다는 것이 불가능하고 무의미한 그러한 모습이라고 말할 수 있습니다. 역사적으로 종교의 현존을 기술할 때 참으로 역설적인 것은 '종교의 부재'를 종교사의 처음으로 기술할 수밖에 없다고 하는 사실입니다.

그런데 역사적 진전은 삶의 모습을 그대로 두지 않습니다. 합리적 추론을 핵으로 하는 이성적인 마음결이 역사의 흐름에 따라 점차 두드러지게 나타난 것은 분명한 사실인 듯합니다. 비일상성을 오히려 일상적인 풍토로 여겼다고 짐작되는 역사의 처음 자리에서 서서히 일상성이라고 할 만한 영역이 그 울을 넓혀간 것입니다. 이를테면 짐승을 잡을 수 있게 하는 어떤 '힘'이 있어 그에게 빌어야 먹이를 구할 수 있다고 여기는 생각에 창을 잘 다듬고 활을 더 세게 하고 함정이나 덫을 만들어야 한다는 생각이 더해지기 시작했습니다. 여전히 비가 오기를 비는 기우제(祈雨祭)를 지냈지만 물을 담아두고 끌어 쓰는 관개(灌漑)사업도 아울러 펼쳤습니다. 점차 비일상적이라고 범주화할 수 있는 '다른 삶의 모습'은 참으로 인간 스스로 해답이 불가능한 사항들로 한정되기 시작했다고 해도 상관없을 듯합니다. 이러한 역사적 진전의 과정에서 그러한 궁극적인 일에 관계된 어떤 삶의 현실이 일상의 울안에서 '종교'라고 일컬어진 것입니다. 이 같은 사실을 우리는 '비일상적인 것이 일상성 안에서 경험되면서' 그것이 역사 속에서 출현한 것이라고 서술할 수도 있습니다. 그러므로 아주 긴 역사적 과정을 전제하고 말한다면 인류의 종교사는 '종교가 없었던, 그러나 모든 것이 종교적이던' 그러한 때를 지나 마침내 종교라고 명명할 수 있는 '다른 현상'이 삶 속에서 드러난 '종교의 시대'로 이어진다고 말할 수 있습니다.

인류가 상당한 기간 동안 겪어왔고, 또 지금도 여전히 지나고 있는 오늘의 우리 문화도 실은 이러한 '종교의 시대'의 지속입니다. 비록 종교 쪽에 긍정적인 의미를 부여하고 속의 문화가 종교의 가치나 의미에 수용되어야 비로소 삶은 삶다워진다는 이원적인 분류가 비일상성의 퇴조와 더불어 약화된 것은 분명하다 할지라도, '종교와 종교 아닌 것'이 분간되는 것이 현실이라면 지금도 '종교가 여타 삶의 모습과 다른 모습으로 인지된다'는 뜻에서 현대를 종교의 시대라고 말할 수 있습니다.

그런데 '종교의 시대'는 종교적인 가치가 두드러진다거나 그 세(勢)가 약해진다거나 하는 변화만으로 그 긴 세월을 요약할 수만은 없는 다른 현상을 드러내면서 종교시대 자체의 변화를 보여주고 있습니다. 상대적으로 문화권이 서로 단절되어 있던 때는 개개 종교들이 일컬어질 수 있는 그런 시대였습니다. 하지만 문화권의 소통이 일상이 되면서 단일한 문화권 안에 하나의 종교만이 자리를 잡던 시대를 지나 이제는 여러 종교들이 공존하는 '종교들'의 시대로 접어들었습니다. 이러한 변화는 '종교경험' 자체를 아주 다르게 한다고 말할 수 있을 정도의 차이를 드러냅니다.

이를테면 특정한 단일한 종교가 하나의 문화권 안에서 지배적인 위치에 있을 때는 그 종교가 절대적이라는 주장이 현실성을 가졌습니다. 하지만 비록 '종교의 시대'라 할지라도 단일한 문화권 안에 여러 종교가 스스로 '여럿 중의 하나'라는 자기현시(顯示)를 할 수 있을 경우에는 단일한 특정 종교의 배타적 절대성을 주장하는 것은 거의 현실적인 호소력을 가지지 못합니다. 결과적으로 '무수한 절대,' 또는 '절대의 상대화'가 현실이기 때문입니다. 종교사는 인류의 종교경험이 이렇게 진전되어왔음을 잘 보여주고 있습니다. 그러므로 종교도 역사 안에 있는 현상이고, 그것은 역사의 진전에 따라 달라진다고 하는 사실을 소박하게 승인해야 합니다.

그러나 우리는 현실적으로 이러한 현상이 순수하게 긍정되지 않고 있음을 실감합니다. '종교'를 주장하던 때의 논리가 '종교들'의 현실 안에서도 여전히 주장되면서 많은 심각한 문제를 야기합니다. 종교가 하나일 때는 그 종교만이 절대적이라고 주장해도 아무런 탈이 없었습니다. 그것이 모든 물음에 대한 해답으로 기능하기 때문입니다. 하지만 종교가 여럿인 경우에는 그러한 주장은 배타적인 독선이 될 수밖에 없게 됩니다. 자연히 종교 간에는 긴장과 갈등, 심지어 물리적인 싸움도 일어납니다. 이것은 참 커다란 비극입니다.

'종교'를 서술할 때 사용된 개념어들이 '종교들'을 기술하는 데에서는 적합성을 발휘하지 못합니다. 종교 간의 갈등을 실제로 겪으면서 우리가 확인하는 것은 바로 그러한 사실입니다. 종교를 기술하는 '언어의 부적합성'이 문제인 것입니다. 그런데 그러한 언어의 부적합한 사용은 근원적으로 변화를 승인하지 않는 데서 비롯합니다. 만약 종교도 역사 안에 있는 현상이기 때문에 변화한다는 사실을 유념한다면 기존의 사태가 고정된 것이라는 전제를 가지고 사물을 판단한다는 것이 얼마나 비현실적이고 부정직한 것인가를 모르지 않게 될 것입니다. 하지만 그러한 각성은 다시 말하거니와 역사 안의 존재가 변화를 그 속성으로 지니고 있다는 사실을 승인할 때 비로소 가능한 것입니다.

만약 우리가 더 절실하게 현실을 직시한다면 우리가 겪고 있는 현대의 종교변화도 아울러 묘사할 수 있습니다. 지금 우리는 단순하게 '종교들'의 현존만을 이야기하고 끝날 수 없는 무수한 '해답'의 다양한 모습과 부닥치고 있습니다. 이제까지 일상적인 것으로 여기고 비일상적인 것과 대칭적인 것으로 여겼던 삶의 이런저런 영역들이 스스로 자신의 절대성을 주장하면서 그러한 삶의 모습이 궁극적으로 도달하는 어떤 존재의 양태가 곧 우리가 추구하는 물음에 대한 해답일 수 있다는 것을 시사하고 있습니다. 정치가 그러합니다. 경제도 그러합니다. 과학이나 심지어 기술공학도 그러합니다. 예술적인 차원에서의 해답의 추구는 이미 종교의 울을 벗어난 지 오래입니다. 전통적인 개념으로 '종교'라고 할 수는 없지만 그래도 '종교적'이라고 해야 적합할 현상들이 확인되면서 우리는 매우 역설적인 사태에 직면하고 있는 것입니다. 그것을 우리는 '속(俗)의 성화(聖化)'라고 할 수도 있습니다. 바야흐로 '종교적'이라는 형용사가 모든 실재를 수식할 수 있게 되어가고 있습니다.

그런가 하면 종교도 종교라는 울 안에 머물지 않습니다. 종교라고 울을 지어 말할 수 있는 영역이 삶 속에 따로 있는 것이 아니라는 인식은 모든 실재하는 것을 종교적인 것으로 환원할 수 있게 해주었습니다. 종교는 정치나 경제나 과학이나 예술과 단절된 것이 아니라 오히려 그 영역들 안에 들어가 그 현상들을 의미 있게 하는 것이라고 주장하게 되었습니다. 우리는 이러한 현상에 직면하고 있습니다. 성과 속을 이원론적 택일 구조로 보는 태도는 비현실적이라고 지탄을 받습니다. 오히려 '성(聖)의 속화(俗化)'현상이야말로 오늘의 종교문화를 제대로 기술하는 것이라고 주장합니다. 속(俗)의 성화와 성(聖)의 속화라는 역설적인 구조가 오늘의 종교문화입니다. 종교도 역사 안의 현상이라는 종교사의 진개는 이러한 변화를 보여줍니다. 종교를 '불변하는 진리'라고 주장한다든지, 변화는 그것 자체로 종교에 대한 훼손이라든지 하는 인식은 종교를 이해하는 자리에서 심각하게 성찰해야 할 문제가 아닐 수 없습니다.

기억과 망각

의식이 없다면 역사도 없다. 기억이 없다면 과거도 있을 수 없다. 망각은 그 주체가 스스로 무엇을 잊고 있다는 것조차 잊을 때 완성된다. 잊음은 있는 것을 없게 하는 힘이기도 하다.

그런데 이러한 사실과 관련하여 현대적 역사주의는 극히 모호하고 갈등적인 역사의식을 가지고 있습니다. 이는 무척 흥미로운 일입니다. 이를테면 현대적 역사주의는 단순하게 인간은 역사적 존재라는 주장을 넘어 역사를 빚는 주체가 바로 인간이라고 말합니다. 그러면서 동시에 역사는 그것 자체로 자신의 격률(格率)을 통하여 심판의 기능을 한다고 주장하기도 하고, 그 과정에서 역사는 스스로 인과의 법칙을 지닌다고 말하기도 합니다. 어떤 예외도 인정되지 않는 역사 안의 존재가 지녀야 할 실천적 규범의 원천이 거기 자리하고 있다고 주장하기도 합니다. 역사의 절대화라고도 할 수 있을 이러한 주장의 그늘은 매우 혼란스럽습니다. 왜냐하면 역사를 빚는 주체의 자의식이 발언하는 것으로는 철저하게 자가당착적인 주장들이기 때문입니다. 결과적으로 이러한 주장은 인간의 삶의 현실을 역사에 예속된 것으로 이해할 수밖에 없게 합니다. 하지만 비일상성의 실재성은 어떤 역사적 필연성으로도 지울 수 없는 또 다른

'역사적 실재'임을 주장합니다.

　그러나 다행히 우리의 역사이해는 이러한 서술에서 끝나지 않습니다. 역사주의의 주장에도 불구하고 인간이 경험하는 역사는 인간이 거스를 수 없는 한계이면서 동시에 인간이 자기의 삶을 구체화하여 드러내려면 불가피하게 요청되는 필수적인 틀이라고 주장하는 것입니다. 그렇다면 종교가 역사 안에 있다는 것, 역사적 실재라는 것, 변화의 흐름 안에 있다는 것은, 적어도 그 긍정적인 함축만을 서술한다면, 종교가 시간 안에서 이루어지는 인간의 꿈의 구현과 다르지 않다는 것을 뜻하는 것이기도 합니다.

　그러므로 종교가 역사적 현상이라는 이해는 반종교적인 진술이 아닙니다. 그것은 종교를 온전하게 인식하려는 태도가 가지는 우선하는 인식의 조건입니다. 이 사실을 배제한 채 이루어지는 종교현상에 대한 어떤 서술도 종교를 아끼고 귀하게 여기는 태도일 수 없습니다.

　그런데 이러한 주장에 이어 우리는 종교이해에서 역사가 가지는 중요성을 조금 다른 맥락에서 살펴볼 수도 있습니다. 역사란 과거가 지금 여기에서 현존하는 것과 다르지 않습니다. 그런데 그것을 가능하게 하는 것은 '기억'입니다. 마치 미래가 현존하는 것은 '기대'할 수 있기 때문인 것과 마찬가지입니다. 개인의 기억 속에서 '지난 시간'은 마치 지금 겪듯이 살아 있습니다. 어느 때는 정말 일어났던 때보다 더 강한 힘으로 지금 여기의 나에게 영향을 주기도 합니다. 왜냐하면 기억은 어떤 사건이나 사실 모두를 지니는 것이 아니라 그것으로부터 비롯하여 내게 '두드러지게 영향을 끼친 것'만을 추출하여 그것을 하나의 메시지나 이미지로 지니는 것이기 때문입니다. 그러므로 의식(意識) 또는 마음결은 역사가 담기는 그릇입니다. 다시 말하면 의식이 없다면 역사도 없습니다. 그리고 기억이 없다면 과거도 있을 수 없습니다. 그렇다면 매우 역설적으로 역사란 실재하는 것이 아니라 하나의 의식현상일 뿐이라고 하는 진술도 가능해집니다.

역사가 오히려 의식의 현상이라는 주장은 기억에 대칭되는 '망각'을 유념하면 더 절실하게 느껴집니다. 잊음은 '지난 일을 지니지 않고 있는 상태'를 일컫습니다. 잊음주체가 분명히 하나의 사건이나 사실 자체 안에 있었다는 사실을 누구나 실증할 수 있음에도 불구하고 잊음주체는 그것을 승인하지 못합니다. 잊었기 때문입니다. 그러므로 어떤 일이 실재했다 할지라도 잊음 속에서는 이제 없습니다. 참으로 흥미로운 것은 과거란 그것 자체로 '지난 것'임에도 불구하고 지금 그것이 '과거에 있었다'는 인식으로 자리 잡게 되면 '지난 일인데도 지금 있을 수' 있다는 사실입니다. 역설적일 수밖에 없지만, 다시 말하면, 과거를 과거이게 하는 것은 그것을 지금 여기에서 실재하는 것으로 수용하는 현재뿐입니다. 그런데 그렇게 하도록 하는 것이 다름 아닌 기억이고, 그것을 감당 못하는 것이 망각입니다. 그런데 그것은 의식의 작용입니다.

그러므로 망각은 역사를 현존하게 하지 못합니다. 역사는 스스로 자신이 시간이기를 그만두면서 사라지는 것이 아닙니다. 역사는 의식의 주체인 인간의 망각 속에서 자신의 존재를 더 이상 지탱할 수 없게 됩니다. 그러므로 망각은 더 나아가 아예 '시간을 지워버리는 의식의 작용'이라고도 말할 수 있습니다. 시간은 존재의 범주로 항존(恒存)하는 엄연한 실재입니다. 그것을 벗어날 길은 없습니다. 앞에서도 말했듯이 우리는 시간 안에 있는 존재입니다. 그러나 이 불가항력적인 존재의 당위를 우리는 아주 손쉽게 벗어날 수 있습니다. 잊으면 됩니다. 겪은 사실들을 더 생각하지 않을 수 있으면 됩니다.

그런데 망각은 전혀 어려운 일이 아닙니다. 우리는 흔히 잊습니다. 어떤 사실을 분명하게 기억하지 못하는 경우가 많습니다. 잊음은, 그래서 인간이 지니고 있는 의식의 자연스러운 현상이라고 말하기도 합니다. 그 것은 생리적인 필연성으로 주장되기도 합니다. 노년의 망각은 그러한 현상을 가장 잘 설명해줍니다. 때로 그러한 망각은 심각하게 진전되어 분명한 질병현상으로 진단되기도 합니다. 이에 대한 치료가 행해지기도 합니다. 그리고 그러한 징후는 자신의 정체감, 이제까지 살아온 자기 삶의 틀 속에서 형성된 자기 및 자기와 더불어 관계를 맺고 살아온 모든 것들, 곧 인간과 사물과 사건들에 대한 인식의 상실로 드러납니다. 치매는 그 전형적인 예입니다. 과거의 상실은 정체성의 상실과 연결되면서 인간의 존엄을 훼손합니다. 이것은 심각한 비극이지만 불가피한 현상으로 논의되기도 합니다. 역사라는 개념과 의도적으로 이어 말한다면 역사의 망각은 주체성의 상실과 다르지 않습니다.

그러나 잊음은 또한 그것 자체로 긍정적일 수 있습니다. 그것은 시간이 주는 공포, 또는 역사 안에 있다는 사실이 주는 실존적 한계에 대한 두려움, 이러한 것들로부터 우리가 자유로울 수 있는 가능성의 샘이기도 하기 때문입니다. 잊으면 없습니다. 그리고 망각은 그 주체가 스스로 무엇을 잊고 있다는 것조차 잊을 때 완성됩니다. 따라서 잊음은 '있는 것을 없게 하는 힘'이기도 합니다. 삶의 현실에서 부닥치는 직접적인 모든 것들을 의도적이고 점진적인 잊음 과정을 통하여 무화(無化)시켜 나가는 태도는 진정한 실재에 도달하는 방법이라고 주장되기도 합니다. 이러한 경우 잊음은 의식을 더 깊은 차원으로 들어가게 하는 절차적인 의미를 지닙니다. 탐구를 위한 역설적인 접근인 셈입니다.

그러나 우리는 개인적인 실존의 자리에서만 기억과 잊음을 살아가고 있는 것이 아닙니다. 문화라든지 역사라고 말하는 보다 총체적인 맥락에서 살펴본다면 우리는 기억과 잊음주체의 단위를 집단적인 것으로 설정할 수도 있습니다. 주목해야 할 것은 '집단'도 그 나름의 '인격'이라고 말할 수도 있을 그 나름의 격(格)을 지닌다고 하는 사실입니다. 마치 사람처럼 집단도 스스로 하나의 개체다운 품성을 지닌다고 해야 겨우 묘사할 수 있을 그러한 특성을 지니고 있는 것입니다. 따라서 우리는 바로 그러한 집단의 기억과 망각을 말할 수 있습니다. 역사를 구성하는 주요한 내용은 이러한 집단이라고 하는 주체의 기억에 의하여 형성되고 있음을 우리는 주장할 수 있는 것입니다.

그렇다면 역사는 집단적인 기억이 저장하고 있는 과거이기도 합니다. 종교적 전승이란 실은 이러한 집단적 경험의 기억의 지속입니다. 물론 그것은 종교경험을 공유하는 특정한 공동체를 전제할 때 비로소 온전히 그려지는 현상이라고 할 수도 있습니다. 하지만 그렇게 되기 이전에도, 또 그 이후에도 비록 공동체의 이념이라고 내세울 만한 역사에 대한 구체화된 인식 틀과 체계화된 지적 구조물이 없다 할지라도, 여전히 지속하는 독특한 '과거를 걸러 지니는 어떤 틀'이 집단의 의식 속에서 뚜렷하게 작용하는 것을 볼 수 있습니다. 어떤 것은 서둘러 잊으려 하고, 어떤 것은 끈질기게 유지하면서 끊임없이 그 현존의 의미를 되새기려 합니다. 그런가 하면 어떤 경우에는 잊지 말아야 한다는 당위를 강조하는데도 잊히는 것도 있고, 잊어야 한다고 주장하는데도 잊히지 않는 경우도 있습니다.

공유되는 기억

기억의 상실은 동시에 신의 상실이다. 잊음은 삶을 초월했다고 주장되는 신마저 역사 속에서 사라지게 한다. 공동체의 집단기억 속에서 살아 있는 한에서 그 종교와 그 종교의 신은 존재한다.

중요한 것은 우리가 직면하는 다양한 '종교의 주장들'은 이러한 복잡한 '기억의 구조'를 거쳐 형성된 어쩌면 집단기억의 산물이라고 해도 좋을 그러한 현상이라는 사실입니다. 비록 종교와 관련한 일상적인 서술단위는 실존적인 개인인 경우가 일반적이지만 역사적 맥락에서 보면 그것은 결코 개인의 실존에 한정된 것일 수 없습니다. 예를 들면 이른바 종교를 일으켰다고 하는 교조들이 그러합니다. 우리는 그들의 출생과 죽음을 압니다. 그가 어떻게 살아왔는지도 압니다. 그가 만난 사건과 개인과 역사와 문화도 말합니다. 그는 분명히 한 생애를 살았던 존재입니다. 심지어 그가 무엇을 왜 주장하고 가르쳤는지도 압니다. 그러나 그가 그렇게 그러한 개체로 현존했던 것을 서술하는 긴 이야기는 실은 집단의 기억을 통해 재구성된 인류의 삶의 지속적인 총체입니다. 그러므로 그 역사의 전승 속에 있는 개인들이 교조 개인의 생애에 감동하는 때조차 실은 그러한 집단기억을 공유하는 것과 다르지 않습니다. 교조가 제기한 문제가 그러하고 그가 제시한 해답이 또한 그러합니다. 그래서 개인들은 그 역사적 사실에 대한 기억을 공유하면서 일정한 양태의 문제와 해답을 경험하는 것입니다. 개별적인 종교는 그러한 집단기억의 산물입니다.

이러한 것이 이른바 역사라는 것을 유념한다면 우리는 한 민족이나 한 문화권 안에서 기려지는 신의 속성이 어떻게 결정되는지도 짐작할 수 있습니다. 신의 초월적이고 신비스러운 속성, 곧 신성(神性)도 결코 역사로부터 자유롭지 못합니다. 신은 그 신을 신으로 섬기는 일단의 집단이나 공동체의 오랜 역사적 경험에서 비롯한 희구와 해답을 그대로 담고 있습니다. 그러한 것을 공유하는 집단적인 기억이 없다면 신의 현존은 지속할 수 없었을 것입니다.

그러나 이러한 진술이 신이란 기억의 투사이므로 실재가 아니라든지, 또는 그렇기 때문에 무의미한 존재라든지, 한갓 환상에 불과하다든지 하는 것을 주장하는 것은 아닙니다. 역사적 경험이 '요청한 실재'라 할지라도 그것은 그것 자체로 실재입니다. 그리고 그러한 경험을 통해 인간은 자신의 실존적인 자리에서 그 신을 불가피하게 '요청된 신'이 아니라 실존의 기반을 가능하게 한 당위적으로 '전제된 영원한 신'으로 여깁니다. 중요한 것은 이 후자의 주장입니다. 마치 인간의 의식이 기억을 통하여 과거를 현재이게 하듯이 인간은 그러한 기억을 통해 그 기억을 가능하게 하는 역사 속에서 현존하는 신의 존재를 '존재 이전'으로 승인하고 있는 것입니다.

이러한 사실 때문에 기억의 상실은 동시에 신의 상실이기도 합니다. 잊음은 삶의 어떤 마디나 사건만을 없게 만드는 것이 아닙니다. 그것은 삶을 초월했다고 주장되는 신마저 역사 속에서 사라지도록 합니다. 다시 말하면 기억주체의 소멸은 신의 소멸을 초래한다고 말할 수 있습니다. 한 민족이나 문화권 안에서조차 특정한 종교가 무한하게 지속하는 것은 아닙니다. 다만 그 공동체의 집단기억 속에서 살아 있는 한에서 그 종교와 그 종교의 신은 존재합니다.

그렇다면 기억의 소멸, 또는 잊음과 관련하여 우리가 물을 수 있는 마지막 물음은 다른 것이 아닙니다. 무엇이 망각을 충동하는가 하는 것입니다. 물론 망각은 '자연스러운 현상'일 수도 있습니다. 그것을 설명할 수 없기 때문에 자연스럽다고 이야기하는지도 모릅니다. 그렇지만 집단기억이라는 자리에서 보면 반드시 그렇게만 말하고 끝날 수 없습니다. 만약 망각을 관심의 결여라고 한다면, 그리고 다시 관심의 결여란 일상적인 필요의 범주에서 벗어난 사물에 대한 태도와 다르지 않다고 한다면, 물음에 대한 해답으로 기능했던 특정한 종교나 신이 더 이상 해답일 수 없다는 것을 확인한 때부터 그 종교나 신에 대한 무관심이 싹트기 시작했을 것이고, 그것이 무관심으로 이어지면서 종내 잊히게 된 것이라고 할 수 있습니다. 다시 말하면 종교를 역사적인 현상으로 인식하는 자리에 서면 종교의 소멸과 새로운 종교의 출현이 종교의 해답 기능과 밀접하게 연계된 현상임을 확인할 수 있는 것입니다.

　물론 종교의 자리에서 본다면 자신에 대한 무관심은 진정한 해답에 대한 정직하고 성실한 태도를 지니지 못하는 잘못에 그 원인이 있다고 말할 수 있습니다. 종교들은 언제나 자신의 주장이 수용되지 못하는 상황을 그렇게 설명했습니다. 그것은 상황적 정당성을 갖기도 합니다. 그러나 역사 안에 현존하는 것이 종교라는 것을 승인하는 자리에 선다면 그러한 태도는 많은 경우 반역사적 의식에서 비롯하는 것이기도 합니다. 변화를 주도하거나 변화를 좇아 자신을 살아 있는 실체이게 하지 못하고, 특정한 시대나 특정한 문화적인 조건에 상응했던 당대의 자신의 모습을 '불변하는 참'이라고 주장함으로써 실은 역사 속에서 자신이 살아 숨쉬지 못하도록 화석화(化石化)시키는 것과 다르지 않기 때문입니다.

　새로운 종교의 출현은 기존의 해답이 적합성을 상실한 데서부터 말미암는 현상입니다. 문제의 소멸은 역사 속에 있는 존재인 한 불가능한 꿈입니다. 해답의 추구는 불가피합니다. 그리고 우리의 독특한 마음결인 믿음은 그 해답의 현실성을 일상 속에서 확보하게 해줍니다. 그러므로 해답은 언제나 '불가능하지만 가능한 현실'입니다. 해답을 어떤 형태로든지 누리지 못하면 사람은 살 수가 없습니다. 의미와 가치와 보람이 그 해답을 겪는 내용입니다. 따라서 해답을 결한 '공백'을 역사 속에서 찾기란 어렵습니다. 그렇다면 적합성을 잃은 종교나 신이 소멸하는 자리에서 새로운 적합성을 가진 종교나 신이 출현하는 것은 당연합니다. 종교사는 그렇다고 하는 것을 실증하고 있습니다.

　이 모든 사실들은 종교가 역사 안의 현상임을 승인할 때 비로소 종교의 종교다움에 대한 진정한 인식이 가능하리라는 것을 시사하고 있습니다.

• 언어 •

이름의 존재론

언어의 기능은 존재론적 함의를 지닌다. 언어는 있던 것을 참으로 있게 할 뿐만 아니라
없던 것도 있게 한다. 언어는 존재를 낳는다.

부질없는 일인 줄 알지만 만약 언어가 없다면 우리가 어떻게 살아갈까
하는 생각을 해볼 때가 있습니다. 갑자기 답답해집니다. 말을 하지 못하
는 장애를 가지신 분들에게는 죄송한 지적이 될 것 같아 주저됩니다만
오히려 그분들이 우리의 이러한 답답함을 가장 잘 이해하실 듯합니다.
말이 없다면 소통을 하는 일이 전혀 불가능한 것은 아니지만 심각하게
어려워질 것입니다. 이러한 의미에서 손쉽게 말한다면 언어는 다른 것이
아닙니다. '소통매체'입니다.

언어를 통해서 우리는 사물을 묘사하고 설명합니다. 사물은 언어에
담긴다고 말할 수 있습니다. 우리는 직접 보지 못한 사물이라 할지라도
그것이 언어에 담기면 그것을 보고 이야기하는 화자(話者)와 더불어 그
사물을 언어 속에서 보고 공유합니다. 또한 언어를 통하여 우리는 생각
을 표현합니다. 생각을 언어에 담아 다른 사람에게 전합니다. 그러므로
청자(聽者)는 자기에게 없던 생각이더라도 자기에게 전해진 다른 사람
의 언어에 담긴 생각을 공감하고 공유하면서 그것을 자기의 생각으로
삼을 수 있습니다. 생각을 앞의 장에서 말했듯이 마음결이라고 한다면
우리는 언어를 통하여 거의 모든 마음결을 전할 수 있습니다. 이성도 감
성도 의지도 상상도 믿음도 모두 언어에 담을 수 있습니다. 그리고 그렇
게 저장된 마음결들은 나 자신에 의하여 언어로 발언되면서 언제나 현
실이 됩니다.

그렇기 때문에 우리가 살아가면서 가장 귀하게 여기고 가장 마땅한 삶
의 모습으로 여기는 '사람과 사람의 만남'도 현실적으로 보면 말을 통해
이루어집니다. 물론 몸이 부닥칠 수도 있고, 어떤 일을 말없이 서로 눈치

를 보면서 잘할 수도 있습니다. 하지만 일도 생각도 정(情)도 언어에 담길 때 비로소 이 사람으로부터 저 사람에게, 그리고 다시 저 사람으로부터 이 사람에게 가장 잘 전해집니다. 그러므로 사람과 사람은 말을 사이에 두고, 서로 발언하고 들으면서 있습니다. 발언과 청취를 양극점으로 하고 그 사이에 있는 실재, 또는 언어를 빚으면서 발언과 청취의 주체로 있는 실재, 그것이 사람이기도 합니다.

다시 말하면 언어는 화자와 청자가 이루는 체계 안에 있습니다. 언어는 그저 소통매체라고 하는 하나의 사물로 스스로 있는 그러한 것이 아닙니다. '말하는 자'와 '듣는 자', '듣고 말하는 자'와 '말한 것의 되울림을 듣는 자' 등과 더불어 있습니다. 물론 언어는 소리에 실리고 담깁니다. 스스로 자신의 문법을 지니고 있고 어휘를 쌓아둡니다. 그 나름의 독자적인 존재법칙을 가집니다. 그러나 그렇다고 해서 언어가 자존적(自存的)인 것은 아닙니다. 그 모든 문법체계는 화자와 청자, 곧 언어를 소통매체로 활용하는 인간의 경험이 낳은 산물입니다. 그렇지 않다면 문화권에 따라, 또는 시대에 따라 언어가 다르다는 사실을 설명할 길이 없습니다. 언어의 배후에는, 그러니까 문법의 배후에는 '인격'이 있다고 말해도 좋을 듯합니다. 말을 하고 또 듣는 살아 있는 주체가 있는 것입니다.

그런데 화자와 청자가 그렇게 단순하기만 한 것은 아닙니다. 화자와 청자는 각기 단수일 수도 있고 복수일 수도 있습니다. 그리고 그것은 각기 사람일 수도 있고, 사물일 수도 있고, 상상일 수도 있고, 실재일 수도 있고, 심지어 자기와 자기일 수도 있습니다. 화자와 청자의 이러한 여러 요소들이 겹치고 꼬이고 섞이면서 그 모든 것들의 온갖 관계를 낳습니다. 이것이 우리네 삶의 얼개입니다. 다시 말하면 우리는 언어에 의한 커다란 관계망 속에서 각기 자기주체를 지니고 자기를 발언하고 또 다른 발언된 언어를 들으면서 소통을 이룹니다. 그것이 존재의 모습입니다.

다시 강조한다면 그러한 관계양태를 지탱하는 것이 곧 언어입니다. 소통매체가 없다면, 그래서 언어가 없다면 그 관계는 형성되지 못합니다.

물론 언어가 발언되지 않더라도 그러한 구조가 이미 그 현상 안에 내재해 있는 것은 분명합니다. 언어와 상관없이 근원적인 사물의 관계구조는 본연적인 것으로 이미 있다고 할 수 있습니다. 그렇지 않다면 언어가 발언된다 하더라도 그 관계가 그렇게 실제로 드러나지는 않을 것입니다. 그러므로 언어의 부재가 곧 관계의 부재라고 할 수는 없습니다. 또 언어 이외에도 인간의 삶 안에서 소통매체로 기능할 수 있는 것은 많습니다. 몸짓도 그러하고, 이미지도 그러하고, 무어라 말할 수 없지만 언어에 담을 수 없는 '직관'도 그러합니다. 하지만 여전히 언어는 그 무엇보다 더 확실하고 분명하게 실재 간의 소통을 구체화합니다. 그러한 의미에서 언어가 발언되지 않는다면 실재 간의 관계도 선명해질 까닭이 없다고 할 수 있습니다. 또 바로 그러한 맥락에서 언어의 부재는 소통의 부재, 곧 관계의 부재라고 강조해서 말할 수도 있으리라 생각합니다.

그런데 이러한 사실을 언어를 주역으로 삼아 달리 묘사한다면 언어란 현존하는 언어주체들의 관계망 안에서 '있음'을 '있음'이게 한다고 말할 수도 있습니다. 앞에서도 잠깐 언급했듯이 언어에 실려 드러나기 전에는 아무리 분명하게 실재하는 사물이라 할지라도 그것의 현존이 삶 속의 얼개 속에서 구체화되지 않기 때문입니다. 우리는 현실적으로 많은 사물들과 더불어 우리의 삶을 시작하고 이어갑니다. 하지만 그 모든 사물들이 당연하고 자연스럽게 '우리와 더불어 있는 실재'인 것은 아닙니다. 많은 경우에 우리는 그것이 '있음'에도 불구하고 그저 지나치곤 합니다. 그런데 그렇게 되면 그 '있음'은 '없음'이 되고 맙니다. 그러면 그것은 있되 없습니다. 하지만 만약 우리가 만난 '어떤 사물'을 언어화하면, 다시 말해서 '이름지어 부르기' 시작하면, 그 사물은 그렇게 명명(命名)한 주체에게 분명한 실재가 됩니다. '있는 것'이 참으로 있는 실재이게 됩니다. 이름을 몰라, 또는 이름이 없어 우리의 삶으로부터 '있되 없는 듯 있는' 얼마나 많은 사물들이 있는지 생각해보면 언어가 명명을 통하여 사물의 존재에 어떤 기능을 하는지 짐작하는 일이 결코 낯설지 않을 듯합니다. 언어는 명명을 통하여 하나의 실재를 참으로 내 삶의 경험 틀 안에서 실재이게 합니다. 이처럼 이름을 가진 사물들만이 배제할 수 없는 실재가 된다는 것, 그래서 결과적으로 모든 사물은 이름을 가진다는 것은, 언어를 통해 사물의 존재가 어떻게 '질서'를 지니게 되는지 짐작할 수 있는 낌새가 됩니다.

어떻게 특정한 사물이 지금 그렇게 불리는 그러한 이름을 가지게 되었는가 하는 것을 살피는 것도 매우 흥미로운 일입니다. 우리는 흔히 그러한 관심을 가집니다. 그러나 지금 우리가 여기에서 주목하고자 하는 것은 이름의 '어원론(語源論)'이 아니라 이름의 '존재론'입니다. 왜 사물을 이름지어 부르는가, 또는 왜 존재하는 것들은 이름으로 불리는가 하는 사실 자체를 살펴보고 싶은 것입니다. 물론 사물이 이름을 지닌다는 것은 자명한 일인데 그것을 문제 삼는 것은 공연한 짓이라고 할 수도 있습니다. 또한 이름이 없어 물건의 이름을 부르지 않고 '이것 또는 저것'이라고 하는 지시대명사만을 가지고 존재를 지칭할 수 있다고 주장하는 것도 불가능하지는 않습니다. 그렇지만 그것은 일시적인 현상입니다. 결국 사람들은 얼마 지나지 않아 틀림없이 '이것'에 이름을 지어주고, '저것'에 이름을 달아줄 것입니다. 이러한 '작업'은, 다시 말하면, 지칭된 그 사물을 실재이게 하고자 하는 것과 다르지 않습니다.

이러한 사정을 좀더 다루어보십시다. 우선 명명(命名)을 하면 우리는 사물을 서로 분간하고 구분할 수 있습니다. 이름이 없어도 사물의 다름을 모르는 것은 아닙니다. 하지만 서로 다른 것을 달리 이름지어 부르면 우리는 각각의 실재를 확연하게 승인할 수 있습니다. 그럴 뿐만 아니라 서로 다른 사물의 '다름'을 그 이름을 따라 정리할 수 있습니다. 그러므로 다름을 이름지어 부른다는 것은 그 사물을 '각각 하나의 실재'로 여긴다는 말과 다르지 않습니다. 이름 불린 사물은 스스로 자신의 실재성을 확보하는 것입니다. 이를 우리는 '사물은 명명을 통하여 비로소 하나의 사물이 되는 것'이라고 말할 수도 있습니다. 사물을 언어에 담는다고 하는 것은, 그러므로 실재를 실재이게 한다는 동일한 말의 반복만으로는 충분하지 않은 함축을 지닙니다. '있는 것'을 '참으로 있는 것'이게 하기 때문입니다.

이러한 사실을 통해서 우리는 언어가 단순한 소통의 수단이나 매개만이 아니라는 사실을 확인할 수 있습니다. 언어의 기능은 '존재론적 함의(含意)'를 지닙니다. 언어의 현존 자체가 존재론적인 것이라고 할 수 있는 것입니다. 있는 것만을 명명하여 그것이 삶의 주체인 내게 부정할 수 없는 실재이게 하는 그러한 일뿐만 아니라 언어의 발언은 그것 자체로 존재를 가능하게 하는 것이기도 한 것입니다.

적합한 예가 될는지 알 수 없지만 우리는 실제로 존재하지 않으면서도 언어 속에는 존재하는, 그래서 언어가 존재하게 한, 무수한 사물들과 더불어 살아갑니다. 예를 들면 우리는 사랑이 사물처럼 실증적일 수 없다는 것을 잘 압니다. 사랑은 '저기 있는 어떤 것'처럼 그렇게 실재하지는 않습니다. 그러므로 소박한 실재론의 자리에서 말한다면 사랑은 없습니다. 다만 그것은 온통 삶이 총체적으로 엮어지는 과정에서 실재한다고 경험되는 어떤 것입니다. 그렇지만 '나는 너를 사랑한다'고 하는 말 속에 사랑은 엄연하게 실재합니다. 그러한 발언 자체가 사랑을 실재하게 하는 것입니다. 그렇다면 언어는 실재만을 실재로 확인하는 데서 그치지 않습니다. 없던 것을 있게 합니다. 언어는 존재를 낳습니다.

그러므로 거듭 말하지만 언어는 단순한 소통매체가 아닙니다. 언어는 존재하는 어떤 것이 그 안에 담겨 비로소 자신의 실재성을 확인하도록 하는 것일 뿐만 아니라 아예 존재를 가능하게 하는 것입니다. 사람은 그러한 언어를 가지고 일상을 살아갑니다. 삶 속에서의 언어의 존재의미는 그러합니다. 언어는 그 지극한 일상성 때문에 무감각하게 활용되는 편리한 도구로 여겨지지만 그렇지만은 않습니다. 말은 발언되는 순간 말이 함축한 어떤 내용을 존재하게 합니다. 무릇 존재하는 것은 말을 통해 태어납니다.

기도, 주문, 강론, 침묵

종교언어는 인간의 존재양태를 바꾸어놓는다. 종교언어는 기도, 주문, 강론, 침묵 같은 다양한 언어형태를 통해 현실적인 해답을 빚어내는 힘을 발휘한다.

언어의 이러한 모습, 곧 존재론적 함의를 가장 잘 드러내고 있는 것이 종교문화입니다. 종교의 영역, 다시 말해서 물음을 묻고 해답을 모색하는 독특한 경험영역에서의 언어는 모두 이러합니다. 그 언어들은 없던 것을 있게 합니다. 당연히 있는 것을 참으로 있게 하기도 합니다. 물론 종교언어도 스스로 소통기능을 가집니다. 당연한 일입니다. 그러므로 종교인들이 하는 발언, 종교경전에 담긴 이야기들은 담담하게 사실을 전해주려는 의도를 담고 있기도 합니다. 그러나 그 소통의 의지는 단순한 관계 맺기를 위한 것이 아닙니다. 비록 사실을 묘사하는 일상적인 이야기가 발언되는 경우라 할지라도 그 언어 안에는 실재를 실재이게 하든가 없는 실재를 있게 하려는 지극한 '염원'이 담겨 있습니다. 그리고 그 일은 마침내 이루어집니다. 언어가 이미 스스로 그러한 속성을 지닌 현상, 곧 존재론적 함의를 담고 있기 때문입니다. 그래서 종교언어는 존재양태를 바꾸어놓습니다. 문제를 벗어나 해답을 누리는 자아로 존재를 변화시킵니다. 존재하는 것이 의미를 지니게 되면서 실재가 참으로 실재이게 되고, 없던 누리가 펼쳐지면서 삶이 다른 삶이 됩니다.

그렇기 때문에 종교언어는 자연히 인간을 포함한 온갖 사물에 대한 '설명'을 담을 수밖에 없습니다. 사실의 묘사에서 끝나지 않습니다. 존재의 까닭을 밝힙니다. 그것이 종교언어가 하는 일입니다. 이를테면 종교언어는 인간이란 어떤 존재인가 하는 데 대하여 발언을 합니다. 삶이란 무엇인가 하는 물음에 대한 대답도 언어에 싣습니다. 왜 인간은 불행한지, 왜 고통을 피할 도리가 없는지, 왜 미움과 그릇됨과 추함의 늪에 빠져 착함과 바름과 아름다움을 잃고 있는지, 그러나 어떻게 하면 사람다운 사람이 될 수 있는지 하는 데 대한 많은 이야기를 합니다. 그것을 알아듣기 좋게 다듬고 가꿉니다. 사람들은 그 이야기를 듣습니다. 그리고 공감과 승인과 봉헌의 자세로 그 발언을 알아듣습니다. 사실을 함께 보게 되고, 문제를 공유하고, 해답이 빚는 의미를 공감하게 됩니다. 이렇듯 종교언어는 충분하게 소통언어로서의 자기역할을 하고 있습니다. 그러나 소박한 소통언어만은 아닙니다. 거듭 말하는 것이지만 존재론적 함축을 지닌 것이기 때문입니다. 따라서 그것이 화자와 청자 사이에서 단순히 사물에 대한 앎을 산출하는 것은 아니라는 의미에서 종교언어는 '인식의 언어'가 아니라고 주장할 수 있습니다.

인식의 언어는 그 발언 자체의 정당성 여부를 발언내용에 대한 실증을 통하여 확인할 수 있습니다. 다시 말하면 발언된 내용이 실증되는 한에서 그것은 참이라는 판정을 받게 되는 것입니다. 그렇기 때문에 인식언어는 스스로 객관성을 지녀야 합니다. 언제나, 어디서나, 누구에 의해서나 그 발언내용은 그대로 수용될 수 있어야 하는 것입니다. 그렇지 않다면 언어가 지닌 소통기능은 행사될 수 없습니다. 우리의 일상의 언어는, 특히 과학의 언어는, 대체로 이러한 객관성과 보편성을 그 내용으로 지니고 있습니다. 역으로 말하면 그러한 언어가 전형적인 소통의 언어가 되는 것은 바로 그러한 객관성과 보편성에 의해서입니다.

따라서 인식의 언어는 지극히 상식적인 의미에서 육하원칙(六何原則)이 적용되는 산문과 같은 그러한 언어입니다. 그러한 언어는 그 발언의 주체도, 발언의 때와 자리도, 발언의 까닭과 목적도 밝혀지고, 이 모든 것들이 어떻게 언어에 실리느냐 하는 것도 명쾌하게 밝혀지지 않으면 안 되는 것입니다. 그러므로 인식의 언어는 자신이 발언하는 언어의 개념들이 뚜렷해야 하고, 진술논리가 정연해야 합니다. 누구도 그 발언의 정당성을 회의하거나 불신할 수 없는 틀을 온전하게 갖추어야 하는 것입니다.

물론 종교언어도 언어입니다. 따라서 그 언어도 충분히 인식의 언어로서의 기능을 지니고 있습니다. 그러므로 종교언어는 인식의 언어를 배제하지 못합니다. 만약 그렇게 한다면 그것은 스스로 언어이기를 그만두는 것과 다르지 않습니다. 그러나 이미 지적했듯이 종교언어는 두드러지게 '존재론적 함축'을 지닙니다. 비록 그것이 사실을 진술하면서 소통을 가능하게 하는 '인식의 언어다움'을 전혀 결하고 있지 않다 할지라도 인식의 언어의 범주와는 다른 범주를 묘사할 수밖에 없는 '다른 점'을 스스로 지니고 있는 것입니다.

이를테면 많은 사람들이 종교의 발언을 소박하게 승인하거나 수용하지 않습니다. '알 수 없는 이야기'를 하고 있다는 반응, 현실적이지 않은 '공허한 발언'을 하고 있다는 반응, 심지어 '거짓말'이라고 단정하는 반응조차 우리는 만날 수 있습니다. 물론 그러한 반응의 준거는 제각기 다릅니다. 이해를 준거로 하는 경우, 실제적 효용성을 척도로 하는 경우, 의도적 기만성을 전제하는 경우 등이 그러합니다. 하지만 분명한 것은 종교언어가 만약 순전하게 인식의 언어라면 그러한 다양한 반응이 불가능하리라고 하는 예상입니다. '있는 것을 참으로 있는 것이게 하는 언어'라든지 '없는 것을 있는 것이게 하는 언어'라는 것이 인식의 언어의 자리에서 보면 자연스럽지도 못하고 현실적이지도 않다고 판단할 것이 당연하기 때문입니다. 그런데 종교언어는 대체로 그러합니다.

예를 들면 '신의 존재'는 언제나 종교언어의 기본적인 내용으로 간주되고 있습니다. 달리 말한다면 일상적인 인식의 차원에서는 어떤 발언도 '신의 존재'를 이야기하지 않습니다. 비록 이야기가 된다 할지라도 그 발언 내용을 '실증할 수 없다'는 사실을 지적하면서 사람들은 그 발언이 참이 아니라고 말합니다. 하지만 종교는 다릅니다. '신'을 명명하고, 그 존재를 서술하고, 그 존재를 승인하고 수용하며, 그 존재의 실재성에 모든 삶의 의미를 뿌리내리는 그러한 이야기를 '실제보다 더 구체적인 실제'라고 말할 수 있을 정도로 현실적으로 주장합니다. 신을 발언하면서 그 발언 안에 신의 존재를 담고, 그렇게 함으로써 언어주체의 삶 속에 신을 현존하게 하는 것입니다. 그리고 다시 나아가 그 현존하는 신은 언어를 통하여 마침내 '스스로 존재하는 실재'로 인간의 삶 속에서 살아 움직입니다.

이러한 사실은 특정 종교, 이를테면 그리스도교의 경우에 한한다고 생각하는 경우가 많습니다. 그러나 그렇지 않습니다. '초월적 실재를 승인하는 일'은 특정 종교에 한한 일이 아닙니다. 그 신의 속성에 대한 서술은 역사-문화적 조건에 따라 다르게 묘사된다 할지라도 그것을 발언하는 것이 종교언어의 전형적인 것으로 현존한다는 사실에는 예외가 없습니다.

언어를 준거로 한 종교문화의 다양한 양상은 각 종교들의 서로 다른 맥락에서 좀더 구체적으로 살펴볼 수 있습니다. 이를테면 그리스도교는 천지창조가 신의 발언에 의해 이루어졌다고 말합니다. 존재의 비롯함이 언어적 현상임을 지적하고 있는 것입니다. 그러므로 '발언'과 '청취'는 종교경험을 위한 처음과 마지막으로 다루어집니다. 신의 발언에 대한 순종은 신의 존재를 전제한 모든 종교의 기본적인 모습입니다. 불교도 가르침을 발언하고 듣는 일에서부터 깨달음이 비롯한다는 사실을 주장합니다. 그러므로 그리스도교와 마찬가지로 언어는 종교경험의 핵을 이루고 있습니다. 하지만 불교는 이에서 더 나아가 '언어의 거절'이라는 역설을 통해 실재가 언어의 울에 갇히는 것을 저어합니다. 깨달음의 온전한 모습은 언어를 통해, 그러나 언어를 거절하면서 이루어지는 것이라고 주장합니다. 그러므로 긍정이든 부정이든 언어를 준거로 하지 않고는 깨달음을 묘사할 수도 없고, 그에 도달할 수도 없습니다. 유교도 다르지 않습니다. 지극한 현실적인 관심을 축으로 하여 이루어진 전통 속에서 이른바 '참의 전승'이나 '참의 실현'은 배움에서 비롯하고 그에 이르러 완성됩니다. 그런데 가르침과 배움은 다른 것이 아닙니다. 그것은 우선 언어현상입니다. '배우고 익히는 일'은 사람이 되는 기본적인 실천인데 그것을 이루는 것은 '성현의 말씀'을 그렇게 지니는 일입니다.

이러한 언어이해가 종교만의 독특한 것, 종교만이 전유하고 있는 것은 아닙니다. 실은 우리의 일상적인 언어 자체가 이미 그러한 기능을 가지고 있기 때문에 종교문화 안에서도 종교언어라고 범주화할 수 있는 언어들이 그러한 일을 할 수 있는 것입니다. 그러므로 종교언어를 '이상하고 알 수 없는 것'으로 여기는 것은 실은 인간의 언어에 대한 일상적인 이해가 충분히 성숙하지 않았기 때문에 빚어지는 현상일 수도 있습니다. 종교문화가 일상적인 문화와 단절된 것은 아닙니다. 예를 들면 우리는 '말이 씨가 된다'는 속담이나 각별히 '말을 조심해야 한다'는 상식적인 경고들을 합니다. 그런데 그 근원을 따지고 보면 말이 만들어낼 '예상하지 않았던 사태' 또는 '없던 일이 벌어질 일'에 대한 책임을 저어하기 때문이라고 할 수 있습니다. 우리는 바로 그러한 일상성이 종교언어와 단절된 것이 아니라는 사실을 유념할 필요가 있습니다.

그런데 종교언어가 새로운 세계나 존재를 낳는다고 하는 것은 무엇보다도 언어가 '인간이 추구하여 도달한 해답의 실재성'을 묘사하는 데서 가장 두드러지게 확인됩니다. 예를 들어봅시다. 우리가 익숙하게 접하는 종교라고 일컬어진 현상들 속에서 가장 보편적이고 누구에게나 낯설지 않은 현상 중의 하나는 '무엇을 비는 일'입니다. 우리는 그것을 기도(祈禱)라고 하기도 하고, 기구(祈求)라고 하기도 합니다. 그런데 이러한 모든 기원(祈願)은, 다른 모습이 없는 것은 아니지만, 대체로 언어에 의해 이루어집니다. 간절하게 하고 싶은 말, 평소에는 누구에게도 할 수 없던 말, 차마 발언할 수 없던 말, 그러한 말을 합니다. 물론 대상이 있습니다. 주제도 있다고 말할 수 있습니다. 결과에 대한 기대와 그것을 가능하게 하는 전제된 신뢰도 있습니다. 그러므로 그것을 소박한 언어현상으로만 설명하는 것은 지나친 단순화의 과오를 범하는 것일지도 모릅니다. 하지만 결국 그 어떤 구조적인 조건들도 언어에 담깁니다. 더 나아가 기원의 내용에 대한 응답이 현실화되지 않는다 할지라도 이미 발언만으로도 기도주체는 스스로 문제를 넘어 해답의 영역으로 스며듭니다. 그러한 의미에서 기도는 기도로서 스스로 자기충족성을 가집니다. 말 속에 자신의 문제와 자신이 추구하는 해답과 마침내 얻게 된 해답을 모두 담고 그 발언 자체를 '누립니다.' 이러한 것은 종교문화의 원초적이고 일상적인 현상입니다.

그러한 기원이 하나의 틀로 다듬어져 끊임없이 반복해서 읊어지는 거의 '무감각한 음송'이 다름 아닌 주문(呪文)입니다. 그러므로 주문은 극히 편리해진 기원, '순수하게 수단화된 언어'입니다. 때로는 그 언어의 의미가 묘연한 채 소리만의 되풀이로 이루어질 경우도 있습니다. 어찌 보면 이러한 '기도'는 속이 빈 껍질만이라고 폄하될 수도 있습니다. 또 사실 그렇게 여기는 '주문 배제의 윤리'를 우리는 종교사 속에서 얼마든지 찾아볼 수 있습니다. 그러나 종교는 이러한 언어현상을 온전히 배제하지 못합니다. 현실적인 해답을 빚는 힘이 그 언어의 발언 자체에서 비롯한다고 여기기 때문입니다. 종교언어의 가장 소박한 모습들이 이러합니다.

그런가 하면 우리는 종교가 무척 많은 이야기를 스스로 담고 있고, 그 이야기를 끊임없이 발언하고 있음도 경험합니다. 설법, 강론, 설교 등이 그러합니다. 문제를 제시하고, 그에 상응하는 해답을 엮어, 그것을 하나의 '이야기'로 만들어 바로 그 문제를 안고 고뇌하는 사람들에게 바로 그 해답이 출구임을 제시하는 일이 그러한 언어형태로 이루어지는 것입니다. 언어가 없으면 인간이 찾아 지닌 해답을 구체화한 이른바 종교문화가 확산될 수도 없고 전승될 수도 없습니다. 개개 종교의 자기주장들은 한결같이 그러한 언어진술형식으로 전해집니다. 그리고 그것을 받치고 있는 것들이 그 이야기를 담아놓은 '경전'입니다. 그래서 경전을 읽는 행위, 곧 독경(讀經)은 어느 종교에서나 기본적인 종교적 행위의 하나입니다. 그리고 그것을 해석하기 위한 논리적 진술이 교의학(敎義學), 교리학(敎理學) 등으로 불리는 경학(經學), 신학 등입니다. 그래서 종교, 또는 종교문화를 이해하기 위한 가장 좋은 길은 이러한 저술들을 읽는 일입니다. 기본적인 자기주장들이 잘 다듬어져 있기 때문입니다.

물론 말없음의 태도가 없지 않습니다. 침묵 속에서, 언어를 벗어나 실재 자체와 만나려는 태도를 얼마든지 볼 수 있습니다. 그러나 그러한 태도를 설명하는 것도 여전히 언어입니다. 침묵조차도 그것이 침묵이라는 것을 이야기해야 하는 일정한 발언을 요청합니다. 그러므로 기원(祈願)에서 학문적인 지적 체계에 이르기까지 종교가 자신을 드러내는 모습은 무척 다양합니다. 그러나 이 모든 것들은 한결같이 언어현상을 축으로 하여 구체화합니다. 언어는 그렇게 할 수 있는 힘입니다.

종교언어의 뿌리

신화가 없으면 종교도 없다. 종교언어는 고백의 언어이지 인식의 언어가 아니다.
종교언어는 산문이라기보다 오히려 시의 범주에 드는 것이다.

그런데 우리는 종교가 역사현상이라는 사실을 이미 살펴보았습니다. 언어도 인간의 현상입니다. 그렇다면 인간이 역사 속에 있는 한, 우리는 언어의 역사적 변천을 간과할 수 없습니다. 인류의 역사는 언어가 '소리에서 소리의 기호적 이미지로, 곧 문자로' 변용해왔음을 보여주고 있기 때문입니다. 이는 매우 중요한 사건이고, 단단히 주목하지 않으면 안 될 '굴절현상'입니다. 왜냐하면 소리에 담기던 언어가 글자에 담기게 되었기 때문입니다. 그렇다면 이 계기에서 우리는 '소리로 있었던 언어'와 '문자화된 언어'를 구분하여 이를 종교현상과 연계하여 살펴볼 필요가 있습니다.

우리는 입에서 입으로 말로 전해진 이른바 '구전문화의 전승'을 일컫습니다. 그런데 '이야기'인 그 전승은 대체로 이미 문자로 정착해 있습니다. 그런데 거의 한결같이 문자로 서술된 그 이야기들도 그것이 '옛날에 있었던 이야기'라든지 '옛날부터 전해진 이야기'라는 단서를 붙여 기술되고 있습니다. 이러한 사실은 문자시대의 이야기가 그 이전, 그러니까 소리언어시대의 이야기와 '상당히' 다르다는 것을 시사하고 있습니다.

흥미로운 것은 거의 모든 종교들이 그러한 '옛날이야기'를 지니고 있을 뿐만 아니라 그 이야기들을 매우 중요하게 여기고 있다는 사실입니다. 더 적극적으로 말한다면 그 옛날이야기가 없었다면 종교가 없었을지도 모른다고 할 정도로 그 이야기는 종교의 얼개와 그 안의 얼을 빚는 몫을 하고 있습니다. 사람들은 흔히 그 이야기를 '신화'라고 부릅니다. 그러나 사람들은 그 이야기의 사실성을 거의 승인하지 않으려 합니다. 그 이야기들이 합리적이고 분석적인 인식의 틀에 담길 수 없다고 판단하기 때문입니다.

하지만 그 이야기는 상당히 오랫동안 '실증할 수 없는 허구적인 이야기'라고 여겨지면서도 '여느 이야기'와는 '다른 이야기'로 구분되면서 그 현실성을 잃어버리지 않았습니다. 그 까닭을 우리는 여러 가지로 설명할 수 있습니다. 무엇보다도 그 이야기들은 흔히 '옛날에, 옛날에~'로 시작됩니다. 그래서 '아득한 옛날'부터 전해오는 이야기라고 할 수밖에 없는 그러한 이야기입니다. 그러나 그 이야기가 일컫는 '옛날'이 '언제'인지를 밝힐 수는 없습니다. 처음부터 '옛날에~'라고 하는 묘사는 연대기(年代記)를 간과하려는 의도를 담고 있다고 판단되기 때문입니다. 그러므로 그 옛날은 실은 '아득한 처음' 또는 '태초'를 지칭하는 것이라고 해야 더 분명해집니다. 그 이야기가 담고 있는 사건이 '없던 일의 일어남'을 대체로 지칭하기 때문입니다.

뿐만 아니라 그 '태초에 일어난 일'과 관계되어 있는 행위주체는 그 이야기 속에서 '사람 같은, 그러나 사람이 아닌 존재'로 그려져 있습니다. 더 구체적으로 말하면 인간을 넘어선 어떤 초월적인 존재들이 그 주역으로 나타나고 있습니다. 사람들은 그러한 존재들을 '신'이라고 불렀습니다. 그러므로 이 이야기는 아득한 처음에 신들이 한 일에 관한 이야기, 신들에 관한 이야기, 결국 시간이 비롯하고 사물들이 실재하게 된 이야기, 곧 우주의 창생, 존재의 기원, 현존하는 현상들의 연원에 관한 이야기입니다.

그렇다면 우리는 신화가 왜 그렇게 인류의 문화 속에서 끈질기게 지속하는 이야기로 지탱하고 있는지 짐작할 수 있습니다. 우리가 직면하는 가장 심각한 문제가 무엇인지 되살펴보면 됩니다. 그것은 다른 것이 아닙니다. '존재이유'가 없을 경우가 그러합니다. 다시 말하면 왜 사는지, 왜 나는 존재하는지 알지 못하게 되거나 그 까닭을 잃어버리는 것이 우리의 문제입니다. 하지만 이 '옛날이야기' 곧 신화는 '존재의 근거, 또는 그 비롯함'을 서술해주고 있습니다. 그리고 그 '처음'은 당연히 '존재이유'를 담습니다. 그렇다면 그 이야기는 인간이 지닌 물음에 대한 답변과 다르지 않습니다. 그렇기 때문에 사람들은 이러한 이야기들을 '일상적인 이야기가 아닌 이야기'로 여기면서도 조금도 어색하지 않게 그 이야기들을 늘 하며 살았고, 그러면서 동시에 그 이야기가 담고 있는 내용들을 사람들은 조금도 어색하지 않게 일상성의 범주를 벗어나는 것으로 여겼습니다. '신화가 현존할 수밖에 없는 일상성'과 '일상성을 넘어설 수밖에 없는 신화적 사건의 비일상성'을 조금도 어색하지 않게 살았던 것입니다. 그 이야기가 해답으로 승인되기 때문입니다.

그렇지만 이러한 이야기, 곧 신화가 자신 안에 담고 있는 이야기의 주역들의 실제적인 존재나 그 이야기가 진술하고 있는 상황과 사건의 사실성이나 실재성을 우리가 실증할 수는 없습니다. 적어도 논리적으로 말한다면 우리는 그 이야기를 실증할 수 있는 그러한 자리에 있지 못합니다. 우리는 '처음 이후'에 있지 '처음 이전'에 있지 않기 때문입니다. 그러나 중요한 것은 그 이야기에 대한 '인식을 위한 논리'가 아닙니다. 알 수 없고 황당한 이야기임에도 불구하고 그 이야기가 끊임없이 전승되었다고 하는 사실은, 이미 실증을 해야 하겠다는 그러한 태도가 처음부터 이 이야기와는 상당히 무관한 것이었다는 것을 보여주고 있기 때문입니다. 다시 말하면 이 이야기는 그것이 사실이어서 전승된 것이 아니라 그 이야기가 내 물음에 대한 해답을 담고 있다는 것을 실감하는 물음주체들이 그것을 '사실로 승인하고 수용한 태도'에 의해서 되풀이 이야기되었기 때문입니다. 바꾸어 말하면 그 이야기는 인간에게 '지금 여기'에서 직면하고 있는 문제에 대한 해답의 원천으로 자신을 수용하느냐 하지 않느냐 하는 태도 여부를 요청하고 있지, 자신이 진술한 내용의 합리성 여부를 묻고 있는 것이 아니기 때문입니다. 결국 그 이야기는 그 이야기를 만난 사람이 그것을 자신에게 의미 있는 것이라고 진술하는 경우에는 '사실'이 되고, 그렇지 않은 경우에는 '사실 아닌 것'이 될 수밖에 없습니다. 그 이야기에 대한 '의미론적 수용 여부'가 그 사실성과 더불어 그 해답다움의 확보 여부를 결정하는 것입니다.

그렇다고 해서 신화적 사실의 실재 여부를 실증하려는 태도가 없는 것은 아닙니다. 신화의 역사적 사실성은 늘 논의의 표적이 되었습니다. 신화를 역사적으로 실증할 수 없는 허구라고 주장한 신화인식은 근대 이후 상당히 강하게 주장된 내용이기도 합니다. 실증이 사실성을 판단하는 잣대가 된 이성적인 시대의 당연한 풍토입니다. 이러한 신화이해는 옛날, 또는 '고대'에서는 그러한 이야기의 내용들이 '원시적 심성'에 의하여 모두 사실로 수용되었지만 점차 사람들의 분별력이 발전하면서 그 이야기의 사실성이 회의되는 것은 자연스러운 일이며, 그러한 회의는 결국 근대적 이성에 의하여 신화를 역사 이전의 허구로 단정할 수밖에 없게 했다고 설명합니다.

하지만 이러한 주장은 '옛날부터 지금까지' 신화가 지속하고 있다는 사실을 설명하기 위한 것으로는 충분하지 않습니다. 앞에서도 언급한 바와 같이 사실에 대한 실증가능성이 신화의 현존 여부를 결정하는 것은 아니기 때문입니다. 신화를 물음에 대한 해답으로 여기고, 그것을 의미론적으로 받아들일 수 있는 한, 그 이야기는 사실 여부와 상관없이 그대로 '진실한 이야기'일 수밖에 없습니다.

이러한 사실 때문에 이 이야기를 승인하고 받아들이는 경우, 그 이야기는 언제나 그 귀결이 철저하게 '~이다'입니다. 긍정적 평서문(平敍文)이라고 할 수 있는 그러한 것입니다. 그것은 믿음이라고 말한 독특한 마음결을 통해 결정됩니다. 그 이야기 자체를 준거로 하여 말한다면 '도저히 인정할 수 없는 황당한 이야기,' '일상을 거절하거나 부정하는 비일상적인 사건의 전개' 등을 담고 있는 것이 신화이지만, 바로 그러한 이유 때문에 그 이야기의 발언은 마침내 '다른 언어'로서 스스로 그 나름의 범주를 일상성과 대칭되는 비일상성의 차원에서 형성합니다. 그리고 그 다른 언어의 현존을 승인하면서부터 해답의 실마리를 찾아 이윽고 긍정적 평서문을 나 스스로 발언하게 되는 것입니다. 믿음이 그것을 가능하게 합니다. 그러므로 우리는 종교언어의 뿌리, 또는 종교언어의 탄생을 아득한 때부터 있어온 '전승된 이야기'인 신화를 통해 확인할 수 있습니다. 그리고 이러한 맥락에서 보면 종교언어는 근원적으로 '고백의 언어'이지 결코 '인식의 언어'가 아니라는 사실도 지적할 수 있습니다.

앞에서 말했듯이, 기도도 설법도 설교도 강론도 교의도 교리도 경학도 신학도 교학도 실은 이러한 '신화'의 변주(變奏)입니다. 우리가 종교의 그러한 가르침들을 접하면서 그 이야기가 지닌 사실적 합리성이나 역사적 실재성 때문에 이를 받아들이는 것은 아닙니다. 그 이야기가 담은 의미에 공명하는 우리의 태도에 의하여 그 가르침의 수용이나 승인 여부가 결정되는 것입니다. 그 태도가 다름 아닌 '공감을 고백하는 일'입니다. 그리고 이미 그러한 종교언어들은 스스로 고백으로 이루어진 것이지 인식의 언어로 이루어진 것이 아닙니다. 정연한 논리에도 불구하고, 사실적인 진술에도 불구하고 그것이 종교언어를 결정하지는 않습니다. 그러한 의미에서 종교언어는 산문이라기보다 오히려 시의 범주에 드는 것이라고 설명할 수도 있을 듯합니다.

하지만 그렇다 할지라도 우리가 신화를 수용한다고 하는 것이 일상으로부터 비일상의 범주로 내 존재를 옮겨놓는 것은 아닙니다. 여전히 우리는 일상 안에 있습니다. 당연히 그 일상은 문제를 안고 있습니다. 다시 말하면 아무리 어떤 계기에서 '다른 이야기'와 만나 문제정황을 벗어나 절대적 긍정에 이른 경험이 있다 해도 여전히 그 경험주체는 이어지는 일상의 문제정황 안에 있습니다. 그러므로 문제는 끝없이 되풀이됩니다. 그러나 이때 우리가 주목할 것은 '다른 언어'의 수용이 만들어내는 '다른 일상성'입니다. 다시 말하면 그 경험주체들은 해답 없음의 상황에서 문제가 연속적으로 일어나는 그러한 상황 안에만 머물지 않습니다. 왜냐하면 앞에서 지적했듯이 예사롭지 않은 비일상적인 이야기가 해답으로 주어지고 있기 때문입니다. 그런데 신화가 현존하는 공동체 속에서는 너나없이 그 이야기를 압니다. 그러므로 문제와 직면할 때면 누구나 그 이야기를 읊습니다. 신적인 존재에 의하여 비롯한 창조의 이야기, 초월적인 범주에서 벌어진 절대적인 긍정의 이야기를 발언하는 것입니다. 이른바 신화는 그렇기 때문에 끊임없이 되풀이하여 읊어집니다. 개인의 실존적인 자리에서, 그리고 공동체의 삶 속에서 그렇게 되풀이됩니다. 종교적 가치나 의미는 그러한 되풀이하는 이야기를 통해 전승됩니다. 이야기의 읊음은, 곧 신화의 음송은 종교가 현존할 수 있는 가장 원초적인 바탕입니다.

그러므로 신화, 곧 '다른 이야기'를 끊임없이 되풀이하여 읊는 현상은 우리가 종교라는 문화와 직면하면서 발견하는 두드러진 모습 중의 하나입니다. 지금도 그러한 현상은 달라지지 않고 있습니다. 동일한 주제에 대한 동일한 논리가, 비록 다른 어휘나 개념어를 통해 진술되고 있다 할지라도 그 이야기의 서사(敍事)가 되풀이되는 것은 한결같습니다. 예를 들면 욕심을 버리고 깨달음에 이르라는 주제나 죄를 참회하고 구원을 얻으라는 주제나 본디 사람이 걸어야 할 길이 있다는 주제가 그러합니다.

그러한 가르침을 현실적으로 구체화하는 일은 거의 불가능합니다. 그러나 그러한 주장은 끊임없이 발언되면서 하나의 '다른 현실'을 만듭니다. 그러므로 이러한 사실은 신화가 과거의 이야기가 아니라 오늘도 여전히 살아 있는 이야기임을 보여주는 두드러진 예입니다. 더 나아가 신화는 끊임없이 언제 어디서나 발언되는 이야기라고 할 수도 있습니다. 신화 없으면 종교도 없습니다.

종교의 언어사

발언문화가 기록문화로 정착하는 과정에서 이야기의 문자화, 신화의 경전화라고 묘사할 수 있는 종교언어의 역사적 변이가 있었다. 언어의 문화사는 종교사를 투시하게 한다.

역사적으로 보면 '문자화된 언어'는 '발언된 언어' 이후입니다. 그러나 전자가 후자를 소멸시키지는 않았습니다. 또 문자든 발언이든 어떤 경우에도 언어는 발언을 그 본래의 모습으로 지닙니다. 하지만 '문자화된 언어'는 비록 그것이 '발언된 언어'인 신화를 구체적으로 담고 있다 할지라도 인류의 언어현상 속에서 전혀 다른 모습을 낳았습니다. '되풀이되는 문제와 해답의 이야기'의 전승은 문자의 발명과 더불어 크게 다른 모습으로 자신을 현존하게 한 것입니다. 다시 말하면 '같은 이야기'를 하고 있는 것이면서도 '발언'과 '기록'이 갖는 근원적인 차이 때문에 상당히 '다른 사실'이라고 해도 좋을 만큼 그 이야기의 현존하는 모습을 변화시킨 것입니다.

우리는 몇 가지 사실을 쉽게 짐작할 수 있습니다. 우선 기록은 발언과 달리 현장감을 잃습니다. 발언이 쏟아내는 생생하게 살아 있는 역동성이 전달되지 않습니다. 뿐만 아니라 말은 화자와 청자의 직접적인 만남이지만 글은 글자를 통해 간접적으로 만납니다. 결국 기록은 발언이 갖는 생동성과 직접성을 배제합니다. 언어의 발언주체가 스스로 문자 뒤로 자신을 감춥니다. '이야기하기'도 달라집니다. 발언에 비해 글은 점점 개념적인 언어들을 더 많이 사용하게 됩니다. 또 이야기의 진술이 직접적인 발언에서는, 비록 문장의 적절하지 않은 끊김이 있고, 때로는 비약이 있다 하더라도, 분위기나 억양이나 표정을 통해 무리 없는 전달을 이룹니다. 하지만 글은 그렇지 못한 많은 한계를 지닙니다. 글 속에서는 억양과 표정과 음색과 몸짓이 침묵하거나 정지하기 때문입니다. 비록 독자가 스스로 그 모든 것을 첨가하여 읽는다 해도 발언에 비하면 아예 그러한 것들이 사라진다고 해도 좋습니다. 그래서 글은 말보다 훨씬 더 논리적이어야 합니다. 물론 말보다 더 말다운 글이 없는 것은 아닙니다. 문학은 말을 글 속에서 말 안에서보다 더 말답게 완성한 것이라고 할 수도 있습니다. 그러나 일반적으로 글은 말이 갖는 온갖 미묘한 함축을 충분히 드러내지 못합니다.

그러나 글은 말이 감당하지 못하는 많은 역할을 해냅니다. 기록은 발언을 소멸하지 않게 합니다. 화자가 발언한 내용이 많은 청자의 마음속에서 살아 지속할 수는 있습니다. 그러나 발언은 세월 따라 기억에서 사라지거나 처음 발언과 매우 다른 것으로 바뀌기도 합니다. 하지만 기록은 발언된 이야기를 처음 발언 때와 다르지 않게 보존합니다. 이야기의 되풀이가 물음과 해답의 이야기를 전승하고 지탱하게 하는 가장 두드러진 종교현상이라고 한 바 있지만, 기록이 가능해진 상황 속에서는 이제 그것을 가장 효과적으로 가능하게 하는 것은 '되풀이 말하기'가 아니라 '되풀이 읽기'입니다. 따라서 이야기가 담고 있는 진의(眞義)도 발언의 경우에는 직접 화자에게 물으면 되지만 기록의 경우에는 글을 분석하고 해석하는 작업을 통해서 확인할 수밖에 없게 됩니다. 자연히 '참으로 진의를 담은 이야기들'을 모아 문서를 만들 필요가 생기고, 또 그것이 가능하게 됩니다. '경전'은 이처럼 문자가 말을 '정착'시킬 수 있었기 때문에 이루어진 것입니다.

　그렇다면 경전은 '발언된 이야기가 정착한 이야기' 또는 '가장 진정하고 순수하고 바른 물음과 해답의 이야기가 모아진 것'이라고 할 수 있습니다. 따라서 경전을 읽는 일은 해답을 누리며 살아가는 가장 근원적인 삶의 모습이 됩니다. '해답의 읽기'를 통하여 그 해답에 대한 인식과 실천이 반복 가능하게 되기 때문입니다. 따라서 경전은 종교문화에서 불가피하게 요청되는 것이기도 하고, 종교문화의 출현을 위해 당연하게 전제되는 것이기도 합니다. 발언되는 이야기만으로는 하나의 종교가 지속적인 현상이 되기 어렵습니다. 적어도 그 종교가 제시하는 문제와 해답을 끊임없이 되살필 수 있는 전거가 되는 경전이 마련되지 못하면 그 종교는 보편성을 확보하기 어렵기 때문입니다. 어쩌면 발언되는 언어만을 고집하는 종교가 있다면 그것은 마치 '소리의 물리적 한계'라고 해도 좋을 일정한 한계 안에서 머물 수밖에 없게 될 것입니다. 그 소리를 신화라고 해도 다르지 않습니다. 이미 신화는 여전히 음송되는 이야기이면서도 글 안에서 자신의 자리를 차지하고 있습니다. 지금 우리가 만나는 신화들도 거의 모두 기록된 것들입니다.

　그런데 문자의 출현은 발언처럼 그렇게 보편적이지 않습니다. 문자가 인류의 역사 속에 등장한 지 수천 년의 세월이 흘렀는데도 그러합니다. 아직도 우리는 문맹을 지칭합니다. 기록은 언제나 소수집단이 전유하는 것이었습니다. 엘리트의 전유물이라고 해도 좋습니다. 물론 '지식의 전유(專有)'는 불가피합니다. 비록 완전할 수는 없는 일이지만 적어도 상대적으로라도 '지식의 소비'는 보편적이거나 평등할 수 있다고 주장할 수 있습니다. 하지만 지식의 산출은 그렇지 못합니다. 그 주체가 제한적일 수밖에 없기 때문입니다. 그런데 종교문화의 맥락에서 보면 이러한 사실은 매우 주목할 만한 현상과 연결됩니다. 단적으로 말하면 문자문화가 출현하고 발언문화가 기록문화로 정착하는 과정에서 우리가 '성직의 출현 또는 강화'라고 하는 현상과 만나게 되기 때문입니다.

공동체 안에서 지도자가 출현하는 것은 자연스러운 현상입니다. 그것의 기능적인 분화도 다르지 않습니다. 그러나 문제는 언어의 편중현상이 낳는 상황입니다. 기록은 문자해독기능 담당자들에게 이야기를 위탁해 버립니다. 이 같은 사실은 '물음과 해답의 이야기'가 누구에게나 언제나 승인 가능하거나 수용 가능한 것이 되지 않는다는 것을 뜻합니다. 사람들은 자신의 문제도 종교언어를 전유한 사람들을 통하여 배우고 다듬어야 합니다. 당연히 해답은 문제를 투명하게 해준 당사자들이 내게 가르쳐준 물음 안에 이미 담겨 있습니다. 결과적으로 사람들은 자신의 문제를 자유롭게 물을 수가 없습니다. 잘못된 물음이 있을 수 있기 때문입니다. 해답도 다르지 않습니다. 자유로운 자신의 해답을 추구하거나 지닐 수 없습니다. 잘못된 해답이 있을 수 있기 때문입니다. 결과적으로 종교 공동체 안에서의 자유로움은 문자화된 이야기를 전유한 소수의 기능적 주체들에 의하여 철저하게 제한됩니다. 이야기의 문자화, 신화의 경전화는 그것이 '가장 순수하고 진정한 물음과 해답'을 전승하고 확산하는 데 기여하면서도 이러한 역설적인 한계를 드러내고 있습니다. 그것은 종교의 딜레마이기도 합니다. 자유로움의 약속과 그것을 위한 자유로움의 규제를 아울러 구조화하고 있기 때문입니다.

뿐만 아니라 종교언어는 그것이 고백의 언어라는 사실 때문에 지극히 주관적이고 자의적(恣意的)일 수 있는 가능성을 언제나 지닙니다. 따라서 경전은 언제나 '해석의 소용돌이' 안에 있게 됩니다. 소박하게 말한다면 사람들이 성직자의 주장이 마음에 들지 않을 경우, 그리고 공동체 조직의 이해관계가 서로 상충하는 경우, 해석은 언제나 심각한 도전을 받습니다. 다양한 해석이 솟아납니다. 그리고 다시 그 다양한 해석은 제각기 자신이 정통적이고 순수하고 본래적이라는 정당화 논리와 연계됩니다. 따라서 모든 종교들은 한결같이 '경전의 절대성을 위한 해석'과 '해석의 절대성을 위한 경전'의 확보라는 딜레마를 안고 있습니다. 경전이 일정한 역사 과정을 거치면서 공동체 조직의 권위와 밀착되어 이루어지는 것이라는 사실을 유념하면 우리는 이 현상을 충분히 짐작할 수 있습니다.

그러나 '발언과 신화' 그리고 '기록과 경전'이라고 나누어볼 수 있는 종교언어의 역사적 변이보다 더 종교언어와 관련하여 숙고해야 할 것은 그 언어 자체에 대한 이해입니다. 종교언어는 사실을 진술하거나 기술하고 있습니다. 처음 이야기의 모습이 그랬습니다. 하지만 그 사실 기술은 사실을 실증하기 위한 것이 아니기 때문에 사실을 그대로 전해주거나 기록한 것이 아닙니다. 그 발언이나 기록들은 사실을 서술하고 있지만 이른바 '보도기사'가 아닙니다. 종교언어의 이러한 특성 때문에 그것은 사실 기술에 충실할 때도 그것을 넘어서는 다른 것을 그 안에 담습니다. 의미가 그것입니다.

의미는 사실 진술 자체가 자연스럽게 드러내는 것이 아닙니다. 의미는 사실에서 비롯하지만 사실을 넘어섭니다. 그러므로 의미와 사실이 일치하는 것은 아닙니다. 특정한 사실이 그에 상응하는 특정한 의미만을 전해주는 것은 아닌 것입니다. 종교언어는 그것이 역사적 사실을 진술할 때조차 그러합니다. 종교적인 발언은 연대기나 사실에 대한 이른바 객관적 진술이 아닙니다. 그러한 내용들을 담을 때조차 그것은 연대기나 객관적 진술이라는 이름으로 포장된 의미내용을 지닙니다. 그렇기 때문에 신화는 실제로 '있지 않은 실재'를 읊는 것과 다르지 않습니다. 경전도 그러합니다. 그것은 있지도 않은 일을 기록하고 있거나 도저히 승인하고 수용할 수 없는 '사실 아닌 이야기'로 가득 차 있습니다. 사실성을 준거로 한다면 경전의 내용들은 거의 현실성을 갖지 못합니다. 그래서 모든 종교언어는 본질적으로 사실을 지칭하지 못하는 허구라고 주장하기도 합니다. 아니면 아무것도 담지 않은 허언(虛言)이라고 비판하기도 합니다. 아예 '거짓말'로 폄하하기도 하는 것입니다.

그러므로 종교언어를 사실로 받아들이는 문자주의적(文字主義的) 태도나 종교언어는 모두 정직하지 못한 언어라고 평가하는 실증주의적(實證主義的) 태도는 정당한 종교문화의 이해를 위해 도움이 되지 않습니다. 종교언어는 '의미론적 공감'을 요청하는 '고백의 언어'이기 때문입니다.

사물과 뜻풀이

겹겹으로 이루어진 사물에 대한 앎을 위해서는 그 겹의 구조를 밝히고, 그 틈에 스며 있는
의미를 찾아내지 않으면 안 된다.

이미 여러 번 되풀이한 주장입니다만 사람살이는 우리가 생각하는 것
보다 훨씬 더 복잡합니다. 흔히 우리는 '열 길 물속은 알아도 한 길 사람
속은 모른다'는 말을 합니다. 사람 마음 헤아리기가 예사롭지 않음을 뜻
하는 말입니다. 누구나 겪는 일입니다. 분명히 웃는 모습인데 안에는 미
움을 감추고 있기도 하고, 무뚝뚝하기 그지없는데도 속깊은 따뜻함을 지
닌 사람도 있습니다. 사람 마음을 들여다보는 일은 쉽지 않습니다. 드러
나는 것이 모두일 수 없기 때문입니다.

하지만 사람 마음만 그렇지 않습니다. 열 길 물속은 환히 들여다보인
다고 했지만 그 열 길 물속이라고 해서 그리 투명한 것만은 아닙니다. 물
속 바닥을 들여다보고 이를테면 거기 깨끗한 돌들이 몇 개 있다고 하는
것을 아는 일과 물이 그렇게 깊고 맑게 괴어 있는 현상에 관한 내 경험은
다르기 때문입니다. 물의 현상과 물을 경험하여 물에 관하여 발언하는
일은 같지 않습니다. 자연을 아는 일과 자연을 경험하는 일은 다릅니다.
그러므로 환히 들여다보이는 열 길 물속도 '보이는 것이 전부는 아니다'
라고 할 수밖에 없을 만큼 불투명하다고 해야 할 그러한 현상입니다. 게
다가 누구나 같은 반응을 그 물속에서 길어 올리는 것도 아닙니다.

예를 들어보십시다. 우리는 한 권의 책을 읽습니다. 그 책은 저자가 있
습니다. 그 저자가 기술한 자상한 내용들이 책에 가득 차 있습니다. 우리
는 그 책을 읽으면서 그 책이 무엇을 주제로 한 것이고, 어떤 장과 절로
구분되어 있으며, 그 내용이 어떤 것인지 잘 알 수 있습니다. 우리는 그
저자가 사용하고 있는 언어를 알고 있고, 용어를 알고 있으며, 문장이 구
성된 문법도 알고 있습니다. 그래서 우리는 그 책을 읽고 나서 그 책에

무엇이 기술되어 있는지 알 수 있으며, 그 내용에 대해서 상당한 수준의 이해를 할 수도 있습니다. 물론 경우에 따라 그 서술이 담은 내용이 독자의 관심과 거리가 먼 것이라든지, 또는 이미 알고 있는 앎의 수준의 높낮이에 따라 '이해할 수 없다'든지 하는 불평을 할 수도 있습니다. 그러나 아무튼 중요한 것은 우리가 한 권의 책을 읽으면서 그것을 '이해'한다는 것입니다. '무엇이' 담겨 있는지, 또는 무엇을 이야기하고 있는지, 무엇을 내가 알 수 없는지 등을 말할 수 있습니다.

그런데 이 예를 좀더 나아가 살펴보십시다. 이 또한 우리가 익히 겪는 일입니다만, 그 책의 저자가 어떤 사람인지 알면 그가 그 책 속에 담고 있는 내용을 더 잘 알 수 있게 됩니다. 왜냐하면 그가 이 책을 쓰게 된 동기가 무엇인지 짐작할 수 있기 때문입니다. 그의 삶의 어떤 계기에서 어떤 문제의식이 그를 사로잡아 마침내 이러한 저술을 할 수밖에 없었는지 헤아릴 수 있기 때문입니다. 그래서 책을 읽으면서 '행간을 읽어야 한다'는 말을 우리는 늘 듣습니다. 이는 '충분한 이해'를 위한 충고입니다.

저자가 어떤 시대에 살았는지 아는 것도 그 책을 읽은 데 많은 도움을 줍니다. 인간은 자기가 사는 시대나 문화를 벗어나서 사고하기가 쉽지 않기 때문입니다. 그래서 아무리 개인적이고 사적(私的)인 글이라 할지라도 거기에는 그의 시대상(時代相)이 밑에 깔려 있게 마련입니다. 따라서 이러한 역사-문화적 맥락을 염두에 두고 책을 읽으면 그 내용이 당연히 더 투명해질 수밖에 없습니다.

그러나 더 올바른 책읽기를 의도한다면 우리는 이러한 조건들을 충족시키는 데서 머무를 수 없습니다. 저자뿐만 아니라 독자 자신도 특정한 때, 특정한 문화 속에서, 특정한 문제의식을 가지고 살아가는 삶의 주체로 책과 만나기 때문입니다. 아무리 '냉정'하려 해도 나의 실존적 맥락이나 계기를 나 스스로 간과할 수는 없는 일입니다. 따라서 우리는 불가피하게 사물을 '내 눈'으로 봅니다. 물론 그것은 새로운 사물을 미리 판단해버리는 부정적인 의미에서 '전이해(前理解)'일 수도 있고, 지극히 주관적이어서 범하는 과오라는 의미에서 '편견'일 수도 있습니다. 그럼에도 불구하고 우리는 '내 눈'을 벗어날 수 없습니다. 우리는 아무리 순수한 인식을 의도한다 해도 그것이 '맹목적'으로 이루어질 수는 없는 것이라는 현실을 늘 경험하고 있기 때문입니다. 오히려 그러한 '내 눈'은 정직하게 '나의 실존적 정황'을 반영합니다. 그러므로 나 자신에 대한 상당한 성찰 없이 책을 읽는다는 것은 책을 오독할 수 있는 위험하고 불안한 일입니다. 이렇게 이러저러한 사정을 생각해보면 책을 읽는다는 것, 그것도 '제대로 잘 읽는다는 것'은 생각보다 더 복잡하고 어렵고 힘든 일입니다.

이러한 사실들은 우리로 하여금 삶 전체에 대한 우리의 인식 틀을 신중하게 반성하게 합니다. 사물은 철저하게 '보이는 것과 보이지 않는 것'의 중층구조로 이루어져 있는데도 우리는 그 구조를 잘 알지 못한 채 인식을 펼치고 있는 것은 아닌가 하는 생각을 가지게 되기 때문입니다. 그런데 그 중층구조조차 단순하지 않습니다. 끝없이 그 겹은 덮여 있습니다. 그러므로 중층구조는 그저 겹이 아니라 겹겹이 쌓여 있다고 해야 정확합니다.

때로 이러한 진술은 사물을 있는 그대로 순수하게 받아들이지 못하는 '사시(斜視)를 지닌 못된 사람'의 인식 태도가 지닌 사물이해라든지, 어느 것도 신뢰하지 못하는 '불안한 의식에서 벗어나지 못한 존재'의 한심한 태도가 언제나 전제하는 사물인식이 낳은 것이라든지 하는 주장과 만나기도 합니다. 물론 그럴 수 있습니다. 우리는 사물을 인식하는 태도에서 소박하지 못하고 진지성을 빙자하여 '부자연스럽게' 꼬여 있을 수도 있습니다.

하지만 지금 여기에서 말하려는 것은 그러한 것이 아닙니다. 오히려 사물을 홑겹으로 여기는 것이 얼마나 성숙하지 못한 태도인가 하는 것을 주장하고 싶은 것입니다. 이를테면 우리는 인간이 '성숙'하게 된다는 것을 '못 보던 것을 볼 수 있게 되고, 들리지 않던 것을 들을 수 있게 되는 것'이라고 할 수 있습니다. 더 적극적으로 말한다면 성숙이라는 것, 사람이 되어간다는 것은 다른 것이 아닙니다. 보이는 것에 가려 보이지 않는 것을 보이는 것을 뚫고 들어가 마침내 보게 되는 것, 그리고 들리는 소음 때문에 들을 수 없던 소리를 그 소음을 뚫고 들어가 듣게 되는 것입니다. 보이는 것을 대수롭지 않게 여기는 것이 아니라 보이는 것이 보이는 것이도록 된 그 소이연(所以然)을 투시할 수 있는 것을 뜻합니다. 그러므로 보이는 것이 볼 수 있는 모습의 전부라고 주장한다든지 들리는 것이 들을 수 있는 소리의 전부라고 여기는 것은 유치한 삶입니다. 아직 사람답지 못한 어린 모습인 것입니다.

이를 조금 더 구조화해서 살펴보십시다. 여기 보이는 사물이 있습니다. 보는 주체도 있습니다. 그런데 보이는 것은 보이는 것이 모두가 아닙니다. 보이는 것은 자신 안에 '스스로 가리고 숨겨놓아' 드러나지 않는 것을 담고 있습니다. 그러므로 당연히 우리는 그 사물을 속속들이 들여다보지 않으면 안 됩니다. 그런데 보이는 사물이 그렇듯이 보는 주체도 단순하지 않습니다. 사물에서 기대하는 것이 있고, 그러한 기대가 그 주체 안에서 자라 머물게 된 긴 '경험의 여울'이 있습니다. 그리고 우리는 각기 그러한 주체입니다. 그러므로 자신의 '인식 동기'를 가지고 사물에 다가갑니다. 그 동기를 제거할 수는 없는 일입니다.

그렇다면 투명한 A와 투명한 B가 만난 경우도 서로 상대방을 알거나 그 만남을 알기가 쉽지 않은데 각기 A와 B가 자기 안에 소박하거나 단순하지 않은 복합적인 엉킨 구조들을 내장하고 있다면 중층구조를 이룬

양자간의 만남이 '투명한 인식'을 낳을 수 있다는 기대 자체가 이미 비현실적인 것일지도 모릅니다. 그러므로 사물을 이해한다는 것은 우리가 말로 하듯 그렇게 산뜻하게 다듬어질 수 있는 그러한 일이 아닙니다. 사태는 상상 외로 심각합니다.

그러므로 '앎'이라고 크게 울지어 말하지만 '사물을 안다'고 하는 것은 결코 단순하지 않습니다. 애써 구분을 한다면 '인식'이 다르고, '이해'가 다릅니다. 혹은 '설명'이 다르고, '해석'이 다르다고 말할 수도 있습니다. 이러한 서로 다른 결의 앎이 또한 중층적으로 앎을 형성하고 있습니다. 그렇다고 해서 이들을 나무토막처럼 잘라 말할 수는 없는 일입니다. 다만 서술을 위한 개념으로 그렇게 다룰 수 있을 뿐이지 실제에서는 그렇게 되지 않습니다. 그러나 그러한 구분이 가능하다는 사실을 염두에 두는 것은 마땅한 일입니다. 왜냐하면 할 수 있는 한 우리가 사물에 대해 바른 앎을 지녀야 바른 삶을 살 수 있는 것인데, 그렇게 하기 위해서는 겹겹으로 이루어진 사물에 대한 앎을 위해 그 겹의 구조를 밝히고, 그 틀에 스며 있는 '의미'를 찾아내지 않으면 안 되기 때문입니다. 앞에서 예거한 '행간을 읽는 일'이 그것입니다. 글자만 읽는 것으로는 온전한 앎에 이르지 못합니다. 글자와 글자 사이에 끼여 있는 '뜻'을 찾아내야 합니다. 그러므로 우리가 사물인식에서 종국적으로 추구해야 하는 것은 '뜻풀이' 곧 '해석'입니다.

자료와 주체의 역사화

자료를 해석한다는 것은 그 자료를 역사화하는 일이며, 동시에 읽음주체의 역사적 맥락을 고려하는 일이다. 역사화를 통해 사물을 새롭게 되읽는 일, 그래서 '살아 있는' 사실로부터 의미를 추출해내는 일이 곧 해석이다.

종교문화에 주목하면 이러한 '해석의 작업'은 불가피한 일입니다. 종교문화는 이미 서술한 바와 같이 인간의 '경험', 구체적으로 말한다면 물음에서 비롯하여 도달하거나 획득한 '해답의 체험'을 드러낸 삶의 모습입니다. 그것이 언어로, 몸짓으로, 공동체적 현상으로 드러난 것의 총체에 대한 호칭입니다. 그러므로 드러난 모습만으로 종교를 이해한다거나 설명하는 것으로는 그 진정한 경험을 제대로 살필 수 없습니다. 언어 이전, 몸짓 이전, 공동체 이전을 유념하지 않으면 지금 우리가 직면하는 현상만으로는 경험 자체에 가 닿을 수가 없습니다. 따라서 경험과 드러남의 구조 전체를 성찰할 수 있어야 합니다. 그러한 자리에서 종교문화를 서술하는 것이 곧 '해석'입니다.

그러므로 어쩌면 종교문화는 '해석을 위한 자료'라고 해도 좋을지 모릅니다. 그것이 언어든, 몸짓이든, 공동체적인 삶의 모습이든 한결같이 종교문화는 '드러난 사물 자체'로 자기완결성을 이루는 것이 아니기 때문입니다. 실은 종교문화만 그런 것은 아닙니다. 인간의 문화 전체가, 다시 말하면, 인간의 삶 전체가 그러하기 때문에 종교문화도 그러합니다. 경험이 만남만으로 기술할 수 없는 겪음이라고 한다면 그 겪음은 만남의 '뜻풀이'와 다르지 않습니다. 만남을 해석을 통하여 의미 있는 것으로 지니는 것이 '경험' 또는 겪음이기 때문입니다. 다시 바꾸어 말하면 경험은 이미 해석입니다.

그렇다면 사실을 묘사하고 기술하는 것만으로는 옳은 앎을 구축할 수 없기 때문에 이에서 더 나아가 그렇게 보이는 것에 대한 뜻풀이를 해야 한다는 '해석의 당위성'을 더 언급하는 것은 무용한 일일 듯합니다. 이제 우리가 살펴야 하는 것은 '온당한 해석'이란 어떤 것인가 하는 문제입니다.

이 계기에서 무엇보다도 우리가 주목해야 할 것은 해석이란 결코 사물을 '추상화하는 것'이 아니라는 사실입니다. 추상화한다는 것은 사물의 '사물다움'을 드러내려는 작업입니다. 그것은 그렇게 하여 사물에 대한 인식을 보편적인 차원에서 이룰 수 있게 하고, 특정한 언어에 담을 수 있게 하며, 그러한 과정을 거쳐 사물에 대한 인식을 소통 가능하게 하려는 것입니다. 그러므로 추상화에서 가장 중요한 것은 구체적이고 직접적인 사물이 여과되거나 증류되어 개체이기를 그만둔다는 사실입니다. 더 직접적으로 말하면 '사물의 언어화' 현상이 곧 경험을 추상화하는 일입니다.

하지만 해석은 그렇지 않습니다. 그것은 보편성을 위하여 개체성을 해체하지 않습니다. 사물다움을 드러내기 위하여 사물의 구체성을 해소하기보다 사물 자체 안에 들어가 그 사물다움을 그 구체성 안에서 발견하고 '공감'하려 합니다. 오히려 그 사물의 현존 자체를 '그 사물이 되어 체험하고자 하는 것'이 해석입니다. 그러므로 우리는 추상화하는 일을 뜻풀이와 같은 것으로 착각하는 과오에서 벗어나야 비로소 온당한 해석에 이를 수 있습니다. 그러므로 추상이 사물을 '역사로부터 건져내는 것'과 달리 해석은 '역사 속으로 빠져드는 일'이라고 할 수 있습니다. 해석은 삶의 현장 한복판에서 이루어지는 일이지 삶을 벗어난 어떤 다른 '차원'에서 벌어지는 일이 아닙니다. 종교문화를 살펴보면 우리는 해석이 어떻게 '역사적인 몰입현상'인지를 분명하게 알 수 있습니다.

우리는 종교문화를 서술하는 이를테면 신성이나 신비나 초월 등의 개념에 익숙해 있습니다. 그런데 흔히 우리는 이러한 개념들이 삶의 경험을 추상화하여 얻어진 것이라고 여깁니다. 그것들을 현실에 담을 수 없는 다른 실재의 경험을 개념화한 것이라고 여기기 때문입니다. 그리고 그러한 개념화된 현실 속에서 그러한 것들, 곧 신성, 신비, 초월 등이 실재하는 것이라고 여기면서 마치 사물을 일컫듯이 그 개념들을 말하곤 합니다. 하지만 실은 그러한 개념들은 '역사 안에서 일어난 어떤 경험'을 언어화한 것입니다. 언어는 경험의 소산(所産)입니다. 그럼에도 불구하고 그 언어는 경험을 충분하게 담지 못합니다. 결국 언어는 비록 그 경험을 담는다 할지라도 이미 그 경험을 배신하는 데 이릅니다. 그 언어가 곧 실재라는 의식을 우리로 하여금 가지게 하기 때문입니다. 그러나 그 개념들은 실재에 대한 '지칭 언어'가 아니라 우리 경험의 표상입니다. 그러므로 우리는 그 개념들을 실재를 일컫는 언어라고 '이해'해서는 안 됩니다. 우리는 그 개념들이 무엇을 담고 있는지 '해석'해야 합니다. '언어화된 사물의 되읽기'를 감행하지 않으면 안 되는 것입니다. 그렇게 하기 위해서는 그 개념들을 낳은 '경험의 현장'으로 되돌아가야 합니다. 되돌아가 그 언어를 다시 안아야 합니다. 그렇지 않으면 그 개념들의 '실제적인 의미'를 파악할 수 없습니다. 뜻풀이를 할 수가 없는 것입니다. 다시 말하면 해석은 신성이나 신비나 초월을 역사화하는 일과 다르지 않습니다. 다르게 표현한다면 사물을 해석한다는 것은 그 사물을 현존하게 한 개념적 실재로서의 언어를 철저하게 '역사화'하는 일이라고 할 수 있습니다.

그렇다면 역사화란 다른 것이 아닙니다. 그것은 '처음 경험의 출현 맥락'이라고 할 수 있을 것을 찾아 그것을 준거로 하여 그 되읽음을 구체화하는 일입니다. 그때 비로소 그 개념을 출현하게 한 처음 '의미'를 우리는 만납니다. 우리는 이를 '자료의 맥락'이라고 할 수 있습니다. 해석은 이를 하나의 '준거'로 요청합니다. 그런데 앞에서 독서의 경우를 예로 들었듯이 읽음현상은 자료뿐만 아니라 읽음주체를 전제합니다. 그리고 자료와 주체가 모두 역사 안에서 그러한 현상을 겪고 있다면 준거가 되는 맥락은 자료만이 지니고 있는 것이 아닙니다. 읽음주체도 스스로 하나의 맥락을 이루면서 현존합니다. 우리는 그것을 좀 장황하지만 '처음 경험의 출현 맥락을 준거로 하여 읽혀지는 자료에 대한 읽음주체의 맥락의 출현'이라고 할 수 있습니다. 그러므로 역사화는 실은 이중적입니다.

읽음주체의 맥락의 출현을 가능하게 해야 하는 작업이기도 하기 때문입니다. 그러므로 해석이 '역사 속으로 빠져드는 일'이라고 하는 것은, '원자료(原資料. 드러난 경험의 표상)'의 맥락과 읽음주체의 맥락이 함께 준거를 이루고, 바로 그 준거를 통해 '부닥친 자료'를 읽는 것이라고 할 수 있습니다. '역사화'를 통해 사물을 '새롭게 되읽는 일, 그래서 사실로부터 의미를 추출해내는 일'이 곧 해석인 것입니다.

그러므로 예를 들어 종교문화가 지닌 언어현상을 해석한다는 것, 곧 경전을 설법하고, 강론하고, 설교하는 일은 구체적으로 말하면 언어화된 종교경험, 곧 종교적인 이야기(신화)나 '경전'을 그것이 발언하고 서술하는 것 그대로 받아들이는 것이 아닙니다. 그것들을 자료로 하여 이를 '다시 발언하고 서술하면서' 지금 여기의 종교경험 안에 그 언어현상을 자리 잡게 하는 일입니다. 설법이나 설교나 강론이나 경전주석 등이 그러합니다. 그러므로 해석은 이미 현존하는 경험의 표상에 대한 '새로운 되읽기'와 다르지 않습니다.

상술한다면 해석을 '역사화하는 작업'이라고 하는 것은 실제 현장에서의 설법, 강론, 설교 등이 어떠해야 마땅하다는 규범을 제시하는 준거를 마련하는 것이라고 할 수도 있습니다. 다시 말해 만약 해석이 이를테면 발언된 또는 기술된 언어에만 의존하는 '언어 의존적'인 경우, 그것은 그 언어의 재생산 이상의 것일 수가 없습니다. 그것은 '되풀이하여 읽기'이지 '새로운 되읽기'가 아닙니다. 따라서 그러한 자리에 서면 원자료는 어떤 역사적인 시기에 출현한 것이든 상관없이 그것 자체로 '불변하는 사물'이 됩니다. 그리고 그 불변성 때문에 그것을 언제 어디서나 타당한 것으로 여깁니다. '일점일획(一點一劃)도 가감(加減) 없이'라고 하는 격률이 이러한 태도의 지엄한 준거가 됩니다. 앞장에서도 지적했듯이 경전을 문자적으로 수용하는 태도는 결코 종교문화현상 속에서 낯선 것이 아닙니다. 마침내 그러한 태도에서는 '기존의 언어'를 지금 여기에서 어떻게 '적용'할 것인가 하는 것이 고려될 뿐, 그것이 지금 여기에서 어떻게 '적합성'을 가질 수 있는지 여부는 상관없는 것이 됩니다. 상관없다고 하기보다 오히려 그러한 태도를 통해 야기되는 부적합성을 그것 자체로 '과오'라고 판단하게 됩니다. 적합성 이전에 적용되어야 할 것이라고 여기기 때문입니다.

그러나 거듭 강조하는 것이지만, 그러한 '언어 의존적'인 태도는 강론, 설법, 설교 등을 완성하지 못합니다. 종교가 그러한 '언어적인 의례'를 수행하는 것은 한결같이 자기들의 '경험의 진실'을 널리 펴기 위한 것, 곧 소통하기 위한 것입니다. 그런데 소통은 '문자적인 내용의 이식(移植)'이 아닙니다. 그것은 원자료를 출현하게 한 경험의 내면에 들어가 그 주체가 겪었을 일련의 의식과정(意識過程)에 참여하면서 그 경험을 나 자신의 맥락을 준거로 재구성할 때 비로소 이루어지는 것입니다. 일반적으로 가장 온전한 책읽기는 그렇게 이루어집니다.

종교문화의 언어적 의례도 다르지 않습니다. 경전이나 신화에 대한 서술은 그것이 설교로 이루어지든, 강론으로 이루어지든, 설법으로 이루어지든 그 형태의 어떤 차이에도 상관없이 그러해야 합니다. 그것이 해석입니다. 따라서 그러한 해석이 가해지지 않은 채 이루어지는 문자적, 또는 언어적 전달만으로는 소통을 이룰 수가 없습니다. 소통의 불가능성은 서서히 원자료의 이야기를 살아 있는 것이게 하지 않습니다. 이를테면 '황금길 진주 기둥'으로 묘사되는 이른바 '극락'의 모습은 점차 현실감을 잃으면서 '의미의 탐색'을 불가능하게 합니다. 뿐만 아니라 그러한 묘사 자체에 함몰하게 함으로써 경청하는 사람이나 독자들을 '비현실적이게' 합니다. 문자적인 집착 안에 안주하게 하는 것입니다. 더 나아가 지금 여기의 물음에 대한 '현실적'인 메아리를 들을 수 없게 됩니다. '원자료의 침묵'이라고 할 수 있을 이러한 사태는 결코 원자료 자신의 ‘운명'이 아닙니다. 해석을 외면한 종교적인 태도가 초래하는 불가피한 필연입니다. 마침내 어떤 사물이 현실 부적합성을 지닌다는 것은 그 사물의 존재의미를 더 이상 지탱하지 못하게 합니다. 종교언어도 다르지 않습니다. 그러므로 설교나 강론이나 설법은 ‘해석 의존적'이지 않으면 안 됩니다.

구조와 자유 또는 한계와 자의(恣意)

> 해석은 결정된 의미를 발견해내려는 것이 아니다. 정답 찾기가 아닌 것이다. 엄밀한
> 의미에서 해석을 위한 보편타당하고 절대적인 기준은 없다. 다만 경전을 만나고 수용하는
> 해석자의 자유가 있을 뿐이다.

그렇다면 우리는 해석이란 어떤 것인지를 더 구체적으로 논의할 수 있습니다. 해석은 드러난 표상에 가려 ‘숨겨진 의미를 찾는 행위'입니다. 겹겹으로 이루어진 사물의 현상을 읽는 것이라고 해도 좋습니다. 사물이 단일한 의미를 지닌 것이라는 ‘이해'를 부정하는 일이기도 합니다. 역사적인 맥락을 따라 서술한다면 ‘그때 그곳에서의 경험이 지금 여기에서의 경험과 만나면서 빚어내는 의미의 확인'이라고 할 수 있는 그러한 것입니다. 그러므로 해석은 이 두 맥락의 어우러짐 속에서 그때의 언어도, 지금의 언어도 아닌 ‘새 언어'를 낳습니다. 그리고 그 ‘새 언어'는 이제까지 없던 의미의 모태이기도 합니다. 아니, 이미 그것이 새로운 의미 자체입니다. 그러므로 해석은 사물의 존재를 ‘너'로 삼아 ‘너에게 참여하는 것'도 아니고, 그것을 ‘나'로 삼아 ‘나에게 귀속시키는 것'도 아닙니다.

경전을 다시 예로 든다면 우리는 이러한 진술을 더 분명하게 할 수 있습니다. 이를테면 경전은 참 ‘오래된 기록'입니다. 뿐만 아니라 많은 경우 경전에서 서술하고 있는 내용은 ‘문화적 이질성'을 가집니다. 하지만

경전을 '거룩하게' 받아들이는 사람들은 거기 기록된 내용들을 그렇게 '옛날 것'으로 여기지 않습니다. 다른 문화와 만나 지니게 되는 자연스러운 낯섦도 개의치 않습니다. 지금도 생생하게 살아 숨쉬는 그러한 '살아 있는 이야기'로 받아들이고, 누구에게나 어디에서나 타당한 것으로 그 문화적 특성을 일반화합니다. 그렇기 때문에 경전을 읽으면서 그 내용의 '현실적 적합성 여부'를 아예 묻지도 않습니다. 당연히 '어느 때나 어느 곳에서나' 참된 것으로 현존하는 것이라고 여기기 때문입니다. 적어도 경전이 오늘 우리에게 의미를 제시해줄 뿐만 아니라 해답의 기능을 해야 한다면 경전은 그렇게 '다루어져야' 마땅합니다.

하지만 우리는 이러한 태도가 지닌 근원적인 불안을 간과할 수가 없습니다. '사실과 경험, 현상과 의미 사이의 괴리'를 메우지 않은 채 무조건 '사실의 적합성'을 서둘러 주장하기 때문입니다. 물론 결과적으로 현실 적합성을 구축하는 것이 곧 '해답의 확보'라는 형식논리를 따른다면 이러한 태도가 그르지는 않습니다. 어차피 해석은 '현재적'인 것이기 때문입니다. 그러나 우리는 바로 그렇게 현재적이게 되는 과정에 주목하지 않으면 안 됩니다.

옛날은 옛날이고, 다른 문화는 다른 문화입니다. 경전에 담겨 있는 어떤 사건의 주역은 옛날 사람입니다. 그 주체 나름의 문화-역사적 맥락이 있고, 문제를 제기하고 그에 상응하는 해답을 누린 실존적 맥락도 있습니다. 그리고 지금 여기에서 경전을 '살피지 않을 수 없는 절박한 존재론적 계기'에 놓여 있는 읽음주체가 있고, 그의 문화-역사적 맥락이 있습니다. 그리고 바로 그러하다는 것을 조망할 수 있는 주체가 있습니다. 이 마지막 자리에서의 의식(意識), 곧 경전 읽음현상의 전체 구조를 바라보는 사람의 의식에서는 읽음현상이 드러내주는 그 현상의 구조 자체의 의미를 살피지 않을 수 없습니다. 그리고 이때 기술될 수 있는 것은 다른 것이 아닙니다. 그 경험주체가 모두 '인간'이라는 근원적인 동질성을 전제하기 때문에 문화-역사-실존적인 맥락의 차이라는 것이 결과적으로 무의미한 것이 아니라, 바로 그러한 근원적인 동질성 때문에 현실적인 차이는 결코 간과될 수 없다는 것을 주장할 수밖에 없다고 하는 사실입니다.

따라서 문자주의적 적합성의 주장이나 모색은 비록 그것이 지금 여기에서 충분히 의미 있는 것이라 할지라도 실제로는 전혀 '살아 있는' 것이 되지 못합니다. 달리 표현한다면 경전의 의미를 문자적으로 지금 여기에서 적합하다고 주장하는 태도는 스스로 그것이 언어화된 경험이 담은 의미를 그대로 승인하고 수용하는 것이라고 여기지만, 실은 바로 그 의미의 '형해(形骸)의 이전(移轉)'과 다르지 않습니다. 언어에 담을 수 없는 속깊은 경험적 실재가 있다는 사실을 간과하고 있기 때문입니다. 그러나 해석은 근원적으로 '자료'의 역사성을 넘어서지 못합니다. 그래야 해석이 다루는 그 자료가 살아 있는 것이 됩니다. 경험과 표상 간의 틈에 담긴 '순수하게 실증할 수 없는' 의미를 호흡할 수 있는 것입니다. 마찬가지로 지금 여기에서의 해석주체도 자신의 역사성을 넘어설 수 없습니다. 따라서 해석이 의미 있는 것이기 위해서는, 다시 말해서, 의미를 낳는 해석이 이루어지기 위해서는, 그 두 맥락을 스스로 조망하는 '장(場)'을 마련할 수 있어야 합니다. 우리는 그것을 '해석의 장'이라고 할 수도 있습니다.

그런데 이제까지 우리는 앞에서 '역사'라는 개념을 '개념적 실재'에 반하는 것으로 사용하였습니다. 그러므로 이를테면 경전의 내용인 '이야기나 언어를 역사화한다'는 것은 그 이야기를 '실제적인 경험의 차원에 되놓는 것'으로 전제하고 우리의 이야기를 펼쳤습니다. '원자료의 맥락화' 등의 서술이 그러합니다. 그러나 '역사화'라는 개념은 또 다른 함축을 지닙니다. 이를테면 '지금 여기'의 삶주체도 '역사화'하여 그의 맥락을 이야기해야 한다고 하였습니다. 그러나 엄밀한 의미에서 그 두 맥락은 근원적으로 동질적일 수가 없습니다. 책의 저자의 맥락과 독자의 맥락이 같을 수는 없는 것입니다. 독자는 저자를 만나지 못합니다. 경전의 독자는 경전 기술자(記述者)와 대면하지 않습니다. 다만 행간을 읽으면서 '저자의 현존'을, 다시 말하면 그의 '역사적 맥락'을 호흡할 수 있을 뿐입니다. 그러한 의미에서 저자의 역사성은 이미 '결정된 것'이라고 말할 수 있습니다. 저자는 '아직 살아 진술하는 주체'가 아닙니다. 비록 우리가 그의 경험이 표상화된 글이나 이야기를 지금 여기에서 만난다 할지라도 그 글과 이야기의 맥락은 그 표상을 드러낸 그때와 그 자리의 맥락으로 있는 것이기 때문에 지금은 더 이상 '움직이지 않는 맥락'입니다. 맥락을 간과하지 않는 일과 맥락이 더 이상 살아 있지 않다는 것을 인식하는 일이 혼동을 일으켜서는 안 됩니다.

그러나 독자가 그 책을 읽는 맥락은 '아직' 살아 움직입니다. 그러므로 비록 저자가 자신의 저서를 통하여 독자의 경험지평을 자신의 더 이상 움직이지 않는 맥락의 한계 안에 머물게 한다 하더라도, 그것을 읽고 느끼고 의미를 추출하는 독자의 경험이 독자의 맥락을 준거로 하여 자유롭게 펼쳐지는 것까지 제한하지는 못합니다. 따라서 독자는 아무리 저자의 맥락을 존중한다 하더라도 그것에 구속되지는 않습니다. 저자의 맥락은, 그의 표상인 글과 이야기, 곧 자료의 중첩된 구조의 얼개를 헤치며 들어가, 그 표상을 드러나게 한 경험의 실제를 들여다보고, 그로부터 독자 스스로 저자의 경험을 공유하면서, 그 경험과 부닥쳐 새롭게 빚어지는 자신의 의미를 추출해내는, 불가결한 '장치'일 뿐입니다. 해석은 이러한 구조 안에서 일어납니다. '역사화'를 기본적인 준거로 삼으면서도 그것이 지닌 이러한 '차이'의 함축을 의식할 때 비로소 우리는 '해석의 구조'를 넘어 '해석의 실제'에 이르게 됩니다. 의미의 출현이라는 사실과 만나게 되는 것입니다.

그런데 바로 이러한 이유 때문에 특정한 경전의 어떤 이야기나 진술내용이 고유하게 가지는 '결정적인 의미'란 없습니다. 그것이 어떤 의미를 지니느냐 혹은 어떤 기능을 하느냐 하는 것은 온전히 '해석 의존적'입니다. 다시 말하면 어떤 경전이든 그것이 신도를 향해 자신을 활짝 열어놓고 있는 것과 다르지 않습니다. 그러므로 해석은 결정된 의미를 발견해내려는 것이 아닙니다. '정답 찾기'가 아닌 것입니다. 경전을 읽는 사람, 곧 해석자의 자유로운 읽기에 따라 스스로 '내용'을 달리할 수밖에 없는 그러한 것입니다.

당연히 해석의 타당성을 검증하거나 실증하는 타당성의 기준이나 준거가 제시되어야 한다는 요청이 일게 됩니다. '자의성'이 자유로움은 아니기 때문입니다. 그래서 그러한 준거로 흔히 경전의 맥락이 운위되고, 아울러 경전을 만나는 해석자의 맥락이 강조됩니다. 그러나 이러한 '해석의 구조'는, 앞에서 지적한 바와 같이, 그러한 것이 분명해진다고 해서 저절로 의미가, 그것도 '타당한 의미'가 산출되는 것은 아닙니다. 그것은 여전히 다만 의미의 구체성을 지향하는 '장치'일 뿐입니다. 사실상 엄밀한 의미에서 해석을 위한 보편타당한, 그래서 절대적인 기준은 없습니다. 있다면 그것은 다만 경전과 만나고 그것을 수용하는 해석자의 자유뿐입니다. 따라서 해석의 타당성을 검증할 수 있는 준거가 없다고 하는 것은 다시 말하면 해석은 검증될 수 있는 것이 아니라는 주장과 다르지 않습니다. 그리고 그것은 사실입니다.

창조성과 현재성

해석은 해체된 언어의 재구축을 통해 새로운 언어를 요청하기에 창조적이다. 그러나 해석은 단회적인 작업이 아니다. 해석은 현재에의 참여를 통해 현재시제로 부단히 지속되어야 한다.

우리는 이를 다음의 몇 가지 사실을 지적하면서 부연할 수 있습니다. 우선 하나의 예를 들어보십시다. 종교문화를 살펴보면 종교사는 일반적으로 이른바 종교사상사를 통해 서술됩니다. 고전적으로 말하면 '경전에 담겨 있는 얼에 대한 탐구'이겠는데, 비록 다른 범주에 속하는 것이라는 이견이 없지 않을 것이지만, 그리스도교의 신학(神學)이나 불교의 교학(敎學)이나 유교의 경학(經學)이 이에 포함되어도 좋을 듯합니다. 종교문화를 이해하기 위해 이른바 '사상'에만 유념하는 이러한 접근을 의도하는 것이 얼마나 종교를 삶의 어떤 특정한 현상으로 한정하는 것인가 하는 것을 의식하고, 사유 편향적인 이러한 관행을 철저히 벗어나야 할 것이지만, 이제까지의 현실을 되살펴보면 그러합니다. 그런데 우리는 이러한 역사적 사실을 통해 어떤 교의적 주장도 '항구적으로 여일하게 지속한 전통'으로 있는 경우를 거의 찾아볼 수 없습니다. 비록 어떤 특정한 주장이 '진리'라고 일컬어질 만한 '권위'를 지닌 것이라 할지라도 그것은 처음부터 그렇게 정해진 것이 아닙니다. 그렇게 이루어진 이른바 '형성사(形成史)'를 갖습니다. 다시 말하면 그러한 '교의적 진리'는 무수한, 그리고 다양한 해석이 전승되면서 스스로 다듬어 이른 '결집(結集)'인 것입니다.

여기에서 우리는 해석의 또 다른 모습을 지적할 수 있습니다. 해석이란 결코 '끝날 수 없는 작업'이라는 사실을 새삼 확인하게 되는 것입니다. 종결지어지지 않는 진술, 그래서 끊임없이 '나아갈 수밖에 없는' 서술, 그것이 해석인데, 해석이 그럴 수 있는 것은 그러한 과정 속에서 늘 새로운 '의미'를 만날 수 있기 때문이라는 것을 우리는 말할 수 있습니다. 해석자의 맥락이 늘 살아 있기 때문입니다. 그리고 그 경전 독자인 신도가 늘 경전을 자신의 맥락에 실어 살아 있게 하기 때문입니다. 어쩌면 우리는 이 사태를 '신의 언어 또는 절대적인 언어와 인간의 언어가 만나 서로 살아나면서 빚는 새로운 우주의 산출'이라고 할 수도 있을 듯합니다.

신의 언어든 절대적인 언어든 경전이나 전승이 담고 있는 종교적인 언어는 언제나 스스로 완결적입니다. 그래서 영원하고 신비스럽고 초월적이고 신성하다고 일컬어집니다. 그러나 그렇게 있는 한 그것은 다만 '경화(硬化)된 실재'일 뿐입니다. 인간의 물음과 만나 그 호흡 속에 담길 때 비로소 그 절대적 실재는 살아 있게 됩니다. 해석은 그러한 작업입니다. 따라서 해석은 '언제나 현재적'일 수밖에 없습니다. 지금 여기에서 경전이 담은 의미를 살아 있게 하는 것이기 때문입니다. 또 다르게 말하면 '언제나 현재 참여적'이라고 해도 좋습니다. 그러므로 해석은 '완결성을 지속하여 살아 있게 하는 것'일 수는 있어도 '완결성 자체를 전승하는 것'은 아닙니다. 해석은 그러한 의미에서 '진리의 수용,' 다시 말해서 '주어진 진리'의 수용이 아닙니다. '진리의 발견'도 아닙니다. 진리라는 용어를 그대로 사용하는 것이 어색하기는 하지만 그대로 차용하여 말한다면 '진리를 낳는 일'입니다. 더 일반적인 언어로 표현한다면 '의미를 빚는 일'입니다. 그리고 바로 그 의미가 곧 해답입니다.

따라서 해석은 '없던 것을 있게 하는 일'과 다르지 않습니다. 그러한 측면에서 볼 때 해석은 '설명'이 아닙니다. 설명은 사실에 대한 분명한 묘사가 전제됩니다. 이성적 사유와 판단의 틀에 담아 그것을 정리하여 보여주어야 합니다. 그렇게 하기 위해서는 논리적 체계가 분명해야 합니다. 당연히 합리성은 설명의 핵입니다. 그러므로 결과적으로 모든 설명은 스스로 설명하는 실재에 대한 인식을 이론화하는 데 이르러야 합니다. 일정한 지식을 구축하는 것은 당연한 일이고, 사물을 '그대로' 말하는 것이 설명의 윤리이기조차 합니다.

하지만 해석은 그러한 설명에 대한 '실망'에서 비롯합니다. 달리 표현한다면 이는 산문의 한계에서 비롯하는 시에의 희구가 해석을 현실화하는 것이라고 묘사할 수도 있습니다. 그리고 우리는 누구나 그러한 '경험'을 하고 있습니다. 종교경험이 드러나고, 그렇게 드러난 종교문화라는 표상을 만났을 때도 우리는 동일한 반응을 합니다. 관행적인 인식의 지평을 넘어서지 않으면 충족될 수 없는 '텅 빈 느낌' 때문에 우리는 사물에 대한 '분명한 진술'을 소박하게 수용하지 못합니다. 해석은 그때 등장하는 '의식(意識)'의 고양현상(高揚現象)'이기도 합니다. 그리고 우리는 그것을 '언어에 대한 새로운 인식'이라고 말해도 좋으리라고 판단합니다. 직면하고 있는, 지금 읽고 듣고 있는 언어에 담기지 못한, 또는 언어에 담을 수 없는, 속깊은 경험이 실재한다는 '터득', 그리고 그것에 장애가 되는 것이 '언어'라고 하는 '앎'에 이르면서 '언어를 해체하는 것'이 해석이기 때문입니다.

그러나 언어의 해체가 '언어의 부정(否定)'을 뜻하는 것은 아닙니다. 언어의 무용론을 주장할 만큼 극단적인 자리에 이르는 '해석의 운동'이 없는 것은 아닙니다. 그러나 그러한 태도조차 자신을 드러내기 위해 언어를 요청합니다. 그렇기 때문에 중요한 것은 '해체된 언어의 재구축'입니다. 해석은 바로 이 계기에서 스스로 '창조적'이라고 말합니다. 해석은 해석을 위한 문법과 자신의 의미론을 스스로 '확보'하는 것이지 승인하거나 수용하거나 발견하는 것이 아니기 때문입니다. 이를 우리는 다시 다음과 같이 진술할 수도 있습니다.

일상적으로 우리는 언어를 통하여, 그것이 진술하는 내용으로부터 의미를 전달받습니다. 그렇다고 여기는 것입니다. 따라서 종교문화의 경우에도 우리는 경전을 읽고 탐구하고 알게 되는 절차가 '이미 완성된 것으로 내장되어 있는 의미'와 만나 그것을 자신의 삶 속에서 구체화하는 것이 다름 아닌 신앙생활이라고 말합니다. 하지만 '의미'는 '언어 이후'입니다. 언어가 진술하는 자기전개의 논리적 필연이 의미가 아닙니다. 그 언어현상을 '마침내 벗어난' '비언어적 언어의 상태'가 다름 아닌 의미의 자리입니다. 의미는 '언어 의존적'으로 태어나는 것이 아닙니다. 오히려 '언어 일탈적'일 때 가능한 것이 의미의 출현입니다. 그런데 그 의미는 다시 언어에 담겨야 합니다. 의미의 실재성은 언어에 담기지 않으면 소통이 불가능합니다. 소통불가능성의 가장 심각한 비극은 결과적으로 그 사물을 현존하는 것이 아니게 한다는 사실에 있습니다. 그러므로 의미는 다시 언어로 되돌아가야 하는데 이 계기에서 '(새로운) 의미(의 언어)'는 '(기존의) 언어(의 의미)'를 해체합니다. 의미가 언어를, 그 문법 및 개념과 논리의 체계를 '다시 짓는 일,' 그러한 '새로 지음'이 해석인 것입니다. 새로운 언어를 요청하는 일, 새로운 언어의 출현을 기대하는 일은 불가피합니다.

종교문화와 종교사를 통해 우리가 확인하는 것은 한결같이 '새로운 언어의 출현'의 역사입니다. 그럴 때마다 새로운 언어는 새로운 의미를 또한 함축하는 것이었습니다. 그리고 그 새로운 언어의 출현이 초래하는 의미가 결과적으로 물음에 대한 적합성을 가질 수 있을 때, 경전은 해석을 통해 실재로서의 생명을 지탱했습니다. 그러므로 아득한 연대기를 지닌 경전이 오늘 우리에게 전승되는 것은 실은 '해석'이 그 수레였기 때문에 가능한 현상입니다. 그러나 그렇지 못할 경우, 경전은 문자주의나 근본주의라는 '경화(硬化) 과정' 속에서 스스로 자신의 회복 불가능한 퇴행현상에 직면하지 않으면 안 되는 처지에 이르게 됩니다. 종교사가 종교의 흥망성쇠의 역사를 보여주는 그 현실의 구조는 이러합니다.

　그러므로 이러한 사실을 통해 우리는 해석의 또 다른 모습을 묘사할 수 있습니다. 해석이 '새로 지음'이라고 하는 것은 '해석의 현재성'을 뜻하는 것이기도 하다는 사실이 그것입니다. 일반적으로 '새로 지음'이란 한 순간에 일어난 '사건'을 지칭합니다. 다시 말하면 창조는 '처음 지어짐'을 일컫는 말입니다. 그러므로 '이미 있는 것'은 그것이 창조로부터 말미암은 것임에는 틀림없지만 그것을 동사의 진행형으로 서술하지 않고 과거완료형으로 수식합니다. '창조되고 있는'이 아니라 '창조된' 것입니다. 그러나 해석은 이미 있는 것을 새롭게 빚어냅니다. 따라서 과거완료의 시제로 수식된 일들을 현재진행형의 시제로 바꿉니다. 해석의 창조성은 이러합니다. 비록 무에서 유를 빚는 것은 아님에도 불구하고 해석이 '창조'로 묘사되는 것은 이러한 이유 때문입니다.

　그러나 현재진행형은 사실상 관념이지 실재는 아닙니다. 시간의 속성을 흐름으로 이해하는 자리에서 보면 현재란 사실상 존재하지 않습니다. 그러므로 해석이 아무리 '새로 지음'이라 할지라도 실재하는 시간에 준거하여 그 일을 서술한다면 그 창조는 '새것임'을 지탱하지 못합니다. '새로 지음'이 수행되었다고 여기는 순간, 이미 그것은 다시 해석이 요청되는 그러한 자료가 됩니다. 따라서 해석은 단회적인 작업이 아닙니다. 끝날 수 있는 일이 아닙니다. 해석은 지속되어야 합니다. 시간의 시제와 상관없는 '상존하는 해석작업'을 현존하도록 해야 비로소 그것이 해석입니다. 해석자의 자리에서 이를 바꾸어 말하면 해석이란 '현재에의 참여'라고 할 수 있고, 해석작업 자체를 묘사한다면 '해석의 현재성'이라고 표현할 수도 있습니다. 해석자가 직면하는 해석 대상이 현재시제로 지속될 수 있어야 비로소 그 작업을 '해석을 하고 있는 것'이라고 일컫게 되는 것입니다.

해석에 대한 해석학

해석은 상징 만들기와 다르지 않다. 해석 가능하게 된 사실은 이미 사실이 아니라
상징이다. 그러므로 그것은 다시 '읽혀져야' 한다.

해석에 대한 이러한 진술은 나아가 우리로 하여금 '해석이 낳는 실재'
에 대해 관심을 가지지 않을 수 없게 합니다. 다시 말하면 '의미'에 대한
진술을 불가피하게 합니다. 생각해보십시다. 사물은 그것이 드러난 것이
곧 그 사물의 전부라고 할 수는 없다는 것을 전제했습니다. 그렇지 않았
다면 해석은 실은 불필요합니다. 그러나 우리가 경험하는 실재는, 이미
충분히 서술했듯이, 그리고 우리가 일상적으로 경험하듯이 홑겹이 아닙
니다. 그러므로 현상의 겹쌓인 구조를 탐색하는 '풀이'를 하지 않으면
안 됩니다. 해석은 그렇게 출현한 '삶주체의 경험과 의식'이 스스로 움
직여 빚는 '뜻풀이'와 다르지 않습니다.

그러므로 해석으로 말미암는 의미는 '해석된 자료'에 예속되지 않습
니다. 해석된 경전의 의미는 그 경전으로부터 비롯한 것이지만 그 경전
에서 기술하고 있는 '문자적 사실'에서도, 그리고 그 사실의 '실제적 맥
락'에서도 벗어납니다. 뿐만 아니라 해석자의 삶, 곧 신도의 맥락으로부
터도 벗어납니다. 경전에 접근하게 된 생생한 동기는 신도의 실존적 정
황과 그것을 현실화한 문화-역사적 맥락의 구체성으로부터 비롯한 것
입니다. 하지만 해석이 이루어진 계기에서는 바야흐로 그것이 낳은 의미
가 스스로 자신의 '세계'를 짓습니다. 자료도, 그것을 읽는 주체도, 경전
도, 신도도 그 새로운 세계에 안깁니다. 그 세계 안의 실재가 되는 것입
니다. 그것이 의미가 낳는 '해답의 경험'을 가능하게 합니다. 해답은 의
미의 세계 안에서 벌어지는 새로운 실재의 펼쳐짐이기 때문입니다. 그러
므로 해석주체의 자료나 해석주체 자체는 '보는 주체'이면서 '보이는 주
체'라는 중첩성을 가집니다. 해석의 과정은 상황의 인식과 성찰, 그리고

자기성찰과 자기인식이 더불어 이루어내는 것입니다. 경전 읽기는 그렇게 이루어질 때 비로소 종교적인 행위가 됩니다. 의미의 새로운 세계에 자신이 전이(轉移)될 수 있기 때문입니다.

마침내 해석은 '상징 만들기'와 다르지 않다는 주장을 할 수 있습니다. 사물을 상징으로 여긴다는 것은 사물의 현존을 승인하는 자리에서 나아가 그것이 의미의 실재임을 확인하는 것이고, 더 나아가 '마르지 않는 의미의 샘'이게 한다는 것입니다. 그리고 그러한 의미는 논리에 예속된 것도 아니고, 인식의 범주에 종속된 것도 아닙니다. 따라서 이를테면 상징이 낳는 의미는 모순의 해소에서 이루어지는 것이 아니라 모순의 모순다움이 지니는 실재의 발견과 수용에서 온전해집니다. 상징은 일상적으로 언어에 담을 수 없고 우리의 의식에서 자연스럽게 수용될 수 없는 '갈등적인 역설과 그것이 마련하는 소용돌이'를 그대로 보여주기 때문입니다. 따라서 상징 만들기에서는 사물과의 만남에서 거절해야 할 어떤 것도 없고, 부정해야 할 어떤 것도 전제되지 않습니다. 해석은 바로 그러한 상징과의 만남에서 이루어지는 우리 의식의 전개입니다. 그리고 그렇게 해석 가능하게 된 사실은 이미 사실이 아니라 상징입니다.

보이는 것이 모두가 아닌 것이 실재인 한, 우리는 아직 보지 못한 것도 있고, 미처 잘 보지 못한 것도 있습니다. 다르게 볼 수 있는 것도 있고, 보기를 유보하는 보기도 가능합니다. 너와 내가 서로 다르면서도 함께 같은 것으로 볼 수도 있고, 함께 동시에 보면서 다르게 볼 수도 있습니다. 우리가 만나는 모든 실재는 그것이 실재로 여겨지는 한 겹겹이 쌓인 구조를 지닙니다. 그러므로 불가피하게 '보는 대상'은 정태적이거나 온전한 것으로서 완성된 것일 수 없습니다. 그렇다고 해서 이러저러한 모습으로 '본다는 사실'이 가능하다는 것을 이처럼 이야기하는 것이 우리가 '본다는 사실'을 완성하기 위해서는 총체적인 노력을 경주(傾注)해야 한다'는 것을 주장하려는 것은 아닙니다. 적어도 우리가 해석이 곧 상징화 작업과 다르지 않다는 주장을 하는 과정에서 이러한 언급을 하는 것은, 이러저러한 구실로 우리가 직면하는 실재를 회피하거나 간과하는 태도는 '비현실적인 부정직'을 범하는 것이라는 것을 지적하려는 것뿐입니다. 다시 말하면 '있는 것은 있는 것'이라는 사실을 지울 수는 없습니다. 그러므로 중요한 것은 있는 것의 승인이고 수용입니다. 그것을 가능하게 하려면 있는 것을 '의미의 실재'이게 하지 않으면 안 됩니다. 그런데 그렇게 할 수 있는 것이 해석이고, 따라서 해석은 '온갖 보기'를 다 동원하도록 하는, '의식의 고양(高揚)'이라고 말하고 싶은, 그런 계기에서 발언하고 있는 것입니다. 다시 말하지만 이러한 '여러 가지 봄'이 초래하는 이 모든 '본다는 현실'이 곧 해석이고, 그렇게 볼 수 있도록 설정되는 '사실'이 해석의 자료, 곧 상징입니다.

이러한 사실 때문에 우리는 해석이 낳는 '의미의 자율성'에 주목하게 됩니다. 의미는 '의미의 의미다움'을 스스로 지닙니다. 이미 '의미가 된 의미'는 의미 이전의 '조건'에서 자유롭습니다. 뿐만 아니라 되돌아가 그 조건들을 자신의 자율성에서 비롯하는 '법칙'에 따라 재편성합니다. 이렇게 되면 그 조건이었던 사실들은 이미 그 사실의 사실다움을 그 사실의 맥락을 준거로 하여 확보하지 않습니다. 의미가 스스로 자신이 지니는 자율성의 원칙에 따라 빚는 새로운 실재에 의하여 그 사실들은 '다른 사실'이 됩니다. 직접적으로 말한다면 문제였던 사실이 문제아님이거나 문제없음의 사실로 바뀝니다. 그러므로 해석이 낳는 의미는 단순히 '의미의 출현'으로만 있지 않습니다. 그것은 '의미의 세계'를 낳고, 그 세계는 기존의 세계를 대치(代置)합니다.

이에 이르면 우리는 해석을 운위하면서 '의미의 존재론'을 말할 수 있게 됩니다. 의미는 사실을 낳습니다. 그것은 의미가 비롯한 사실과 다릅니다. 사실이 다른 의미의 실재가 된다는 것은 이미 다른 사실의 출현과 다르지 않습니다. 그것은 감추어져 있던 세계의 등장이기도 하고, 없던 실재의 새로운 현존이기도 합니다. 중요한 것은 의미가 존재의 결과가 아니라 존재의 원인으로 현존할 때 비로소 의미는 스스로 자신의 존재론을 주장할 수 있게 된다는 사실입니다. 따라서 그러한 의미 속에서 우리가 차지할 수 있고 놓여질 수 있는 자리가 어디인지를 탐색하는 일이 해석이 이르는 종국적인 자리에서 우리가 해야 할 과제가 됩니다. 그리고 그 세계가 정태적인 것이 아니라는 사실은 그러한 '자리의 발견'이나 '자리에서의 안주'가 마찬가지로 정태적일 수 없음을 뜻하는 것이기도 합니다. 그러므로 '끊임없는 의미의 창출'은 해석자로서의 인간의 근원적인 '생리(生理)'이고 존재법칙입니다.

　그러나 이러한 사태는 또 다른 역동성을 보여줍니다. '의미의 세계'는 달리 묘사한다면 '의미들의 세계'이기도 합니다. '의미 자체'와 '의미의 현존이 다양한 의미로 표상화된다는 사실'을 혼동해서는 안 됩니다. 실제로 우리가 겪는 의미의 세계는 단일한 의미로 이루어진 하나의 '단위'가 아닙니다. 삶의 주체로 묘사되는 모든 것들이 제각기 해석주체가 되어 빚는 '의미의 소용돌이'이기도 합니다. 그러므로 의미의 충돌이 불가피합니다. 의미의 생성에 따른 의미의 소멸도 마찬가지입니다. 의미의 왜곡도 가능하고, 의미의 질병현상마저 일컬을 수 있습니다. 의도적이고 '악의적인' 훼손이나 굴절을 야기할 수 있기 때문입니다. '진리의 불변성'이라는 구실로 이루어진 의미의 단일화 작업은 바로 이러한 현상을 보여줍니다. 해석을 해체하는 작업이 이루어질 수 있다는 사실은 다시 우리로 하여금 의미의 존재론을 넘어 의미의 규범적 수용에 대한 성찰마저 강요합니다. 의미는 스스로 자율적인데도 불구하고, 그 자율성 때문에 지녀지는 '정태적이지 않음'과 해석주체의 다수성 및 다양성으로 인해, 그 일은 결코 간과될 수 없습니다. 결과적으로 그러한 성찰이 이루어지지 않으면 그것은 '해석의 붕괴'에 이를 수밖에 없습니다. 그런데 해석이 단지 사실을 성실하게 전해주는 설명의 단계에서 머물거나 '해석이라는 이름의 설명이 되어버린다'면, 그것은 '의미의 경화' 현상이 의미에 대한 배신이듯이 해석의 자기부정과 다르지 않습니다.

　그런데 종교문화에서 해석에 대한 이러한 반역은 언제나 '종교적 권위'에 의하여 이루어졌습니다. 종교사는 자신의 긴 역사 속에서 이른바 '이단논쟁'이 없었던 경우란 없다는 사실을 보여줍니다. 이러한 사실은 해석 자체가 얼마나 '역설적 정황'을 일컫는 것인가 하는 것을 보여주는 것이기도 합니다. 해석이 없으면 의미가 출현하지 않습니다. 의미가 없으면 해답도 없습니다. 해석은 '구원'을 위한 필수적인 조건입니다. 그런데 해석은 사실에서 비롯하지만 사실을 빚습니다. 그리고 그 빚어진 세계는 자율성을 가집니다. 그리고 그 자율성은 의미의 충돌과 왜곡을 더불어 지닙니다. 해답은 혼란스러워지고, 해석주체는 선택을 강요당합니다. 그것이 우리가 겪는 '해석이 있는 현실'입니다. 그리고 그 현실에는 의미를 구실로 하여 야기되는 '비의미적'이고 '반의미적'인 사태가, 다시 말하면 '해답이 그것 자체로 문제를 야기하는' 그러한 사태가 벌어집니다. 그렇다면 종교문화에서 우리가 모색해야 하는 진정한 해석학이 있다면 그것은 종교문화가 지니고 있는 해석에 대한 해석학이어야 할지도 모릅니다. 종교학은 그러한 해석학을 의도하는 것이라고 말할 수 있습니다.

• 몸 •

생각의 틀 : 하나와 둘과 여럿

이원론은 서로 대칭되는 둘의 현존을 주장하고, 일원론은 둘을 하나의 다른 양상으로
설명하고, 다원론은 개체적 실재성을 그대로 승인하여 삶의 다양성과 복합성을
드러내고자 한다. 우리는 이 생각 틀의 혼재를 질병처럼 앓고 있다.

쉽게 살려면 생각이 단순해야 합니다. 아무리 삶이 꼬이고 겹쳐 그 실타래가 풀리지 않을 듯해도 그 상황을 단순하게 여기고 이를 툭툭 잘라 흩어놓으면 걱정할 것이 없게 됩니다. 사는 것이 간단해지고 편해집니다. 고민할 것도 괴로워할 것도 없습니다. 이것 아니면 저것이라고 판단하고 하나만을 선택하면 다 되기 때문입니다.

이렇게 사는 사람들이 많습니다. 또 그렇게 살고 싶기도 합니다. 이러저러한 온갖 것으로 뒤엉킨 삶은 참으로 견디기 힘들기 때문입니다. 하지만 그렇게 다 끊어버리고 그것을 풀렸다고 여기는 것은 아무래도 옳은 태도일 수 없습니다. 왜냐하면 엉킨 실타래를 풀어야 하는 것과 그것을 잘라 아예 뒤엉킴이 없어졌다고 여기는 것은 서로 다른 일이기 때문입니다. 실이 여전히 이어져야 비로소 삶이 삶다워지는 것이라면 매듭을 끊어버리는 것으로 엉킨 것을 풀어버린다는 것은 자기를 속이는 일과 다르지 않습니다. 그것은 '끊긴 것'을 '풀린 것'으로 여기는 것인데 그러한 태도는 무엇이 분명히 '있는데' 그것을 마치 '없는 듯' 여기는 것과 다르지 않기 때문입니다. 뿐만 아니라 그렇게 툭툭 자르고 하나만을 선택한다는 일이 결코 쉽지 않습니다. 그래야 사는 것이 엉키지 않는다는 주장과 그것을 아무런 어려움 없이 해낼 수 있으리라는 기대는 서로 일치하지 않습니다. 현실은 당위를 자연스러운 것으로 실천하도록 놓아주지 않기 때문입니다. 그렇다면 '쉽게 살려는 태도'는 근원적으로 잘못된 것이라고 해야 옳을 듯합니다. 다시 말하면 '단순한 생각'은 바른 것일 수가 없습니다.

물론 '복잡한 것을 단순하게 하는 것'과 '처음부터 사물을 단순하게

여기는 것'은 같지 않습니다. 앞의 경우는 '인식 이후의 해석'이지만 뒤의 경우는 '인식 이전의 감각'입니다. 그러므로 '단순함' 자체를 옳다든지 그르다든지 속단하는 일은 조심스럽습니다. 그것이 진지한 고뇌의 결과일 수도 있고, 생각 없이 서둔 판단일 수도 있기 때문입니다. 하지만 어떤 경우든 단순함은 명쾌하고 투명한 속성을 지니지만 동시에 실제를 상당히 간과하는 과오를 범할 수도 있습니다. 이를테면 우리에게 익숙한 '이원론적(二元論的)인 사고(思考)'가 그러합니다.

이원론은 실재하는 모든 사물들을 아무리 복잡하고 다양해도 둘로 크게 나누어 각기 다른 범주로 정리할 수 있다는 생각에서 비롯한 주장입니다. 사람들은 복잡하고 뒤엉킨 현상이나 사물을 오래 겪어오면서 자연스럽게 그러한 생각 틀을 가지게 된 것 같습니다. 왜냐하면 우리는 서로 대칭되는 여러 모습의 '둘의 현존'을 늘 겪고 있기 때문입니다. 예를 들면 밤과 낮, 하늘과 땅, 삶과 죽음, 남자와 여자, 좋은 것과 나쁜 것 등을 경험합니다. 어느 한쪽에 대한 이해는 필연적으로 그것과 대칭되는 다른 쪽을 유념하게 되고, 더 나아가 그것을 이해할 수 있게 됩니다. 그러면 결과적으로 그 둘을 모두 설명하게 됩니다. 그러므로 이원론은 실재를 두루 설명하는 중요한 입장을 마련해줍니다. 그러한 사고방식을 사물과 직면하는 삶의 주체들이 익숙하게 지니게 되면 삶이 투명하게 되고, 그렇게 이루어진 삶에 대한 앎을 통하여 우리의 삶이 훨씬 살 만한 것이 된다고 여깁니다. 이러한 생각은 더 나아가 주관과 객관, 이성과 감성, 사유와 행위, 정신과 물질 등의 개념들을 병치시키면서 참으로 많은 것을 설명하고 있습니다.

그러나 이원론은 '불가피하게 병존하는' 양자의 상충과 갈등을 구조적으로 지닙니다. 그리하여 때로 어느 것이 우선하는 것인가 하는 물음이라든지 어느 것을 폐기해야 하는가 하는 문제와 부닥치면서 실재 전체를 수용하기보다 '선택된 실재'로 '선택되지 못한 실재'를 지워버리려는 의도도 확연하게 드러냅니다. 뜻밖에 삶은 투명하게 되기보다 투명하려는 의도 속에서 부분적인 것을 가지고 전체를 묘사하게 됩니다. 그런데 그렇게 되면 선택을 위한 포기의 감행, 그러나 그렇게 되지 않는 현실 속에서의 갈등 등이 아예 실재의 구조로 자리를 잡게 됩니다.

누구나 다 알듯이 이러한 이원론과 다른 입장도 있습니다. 이를테면 '일원론(一元論)'이 그러합니다. 이 주장의 자리에서는 흔히 둘로 여기는 실재들을 실은 '하나의 다른 양상'이라고 설명합니다. 근원적인 '하나'에서 비롯한 여럿인데 그것을 근원적인 '둘'로 여기고 있는 것이라는 주장을 펴고 있는 것입니다. 따라서 둘로 인식하는 것 자체가 이미 과오를 범하는 것이라고 판단합니다. 물론 실제로 우리가 겪는 것은 둘의 상충이나 갈등이기도 합니다. 그것이 우리가 겪는 경험내용입니다. 그러나 그것만이 사실이라면 둘의 상충이나 갈등에도 불구하고 이루어지는 둘 사이의 조화나 화해가 우리가 살며 겪는 또 하나의 경험내용이라는 사실을 설명할 수 없습니다.

이를 설명하기 위해서는 둘의 현실성이 하나로 귀결되거나 하나로부터 비롯한 것이라는 사실로 정리되어야 합니다. 그때 비로소 우리는 둘이기 때문에 야기되는 온갖 상충과 갈등을 넘어설 수 있다고 말합니다. 이를테면 밤의 끝에서 낮이 이어지고 낮의 끝에서 밤이 이어진다면 낮밤을 단절된 둘로 나눌 수는 없습니다. 그러므로 택일이 아니라 상호 수용이 당연한 인식기반이라고 설명합니다. 충돌과 갈등, 모순과 역설은 본래적인 존재의 모습이 아닙니다. 보완과 합일이 실재의 속성입니다. 그럼에도 불구하고 사람들은 그 둘이 근원적으로, 그리고 종국적으로 하나라는 사실을 잊고 있습니다. 일원론은 이렇게 주장합니다.

그러나 삶에 대한 이러한 이해가 삶의 현실적인 마디에서 구현되기를 바라는 것은 어쩌면 현실적이지 못한 기대일지도 모릅니다. 다름을 뚫고 그 다름 때문에 가려진 그 안에 내재한 하나를 본다는 것은 매우 관념적인 자리에서나 가능한 것이라는 주장도 주목할 필요가 있습니다. 실재들이 서로 달라 그 기능이나 미치는 영향이 분명하게 상충하면서 결과적으로 사람들에게 택일을 요청하고 있는 것이 현실인데, 그러한 '비현실적인 근원성'이 지금 여기에서의 해답으로 드러난다는 것은 너무 먼 거리에 있는 '참'에 지나지 않는다는 반론을 우리는 유념할 필요가 있는 것입니다.

이와 달리 '다원론(多元論)'이 주장되기도 합니다. '하나'나 '둘'로는 모두 설명할 수 없다는 또 다른 인식의 준거와 자리를 주장하는 것입니다. 다원론은 이원론이나 단원론이 실재를 지나치게 관념적인 것으로 환원하거나 실재와 상관없이 다만 서술의 논리에 맞추어 실재를 재편성하려 하는 작위적인 의도를 내장하고 있다고 비판합니다. 그러면서 우리가 겪는 수많은 현실들의 개체적 실재성을 그대로 승인해야 비로소 삶이 그 다양한 모습과 그로부터 말미암는 복합적인 문제들을 그대로 정직하게 드러낸다고 주장합니다. 그렇게 될 때 우리는 실제적인 삶과 직면하게 되고, 삶의 진실을 가장 정직하게 논의할 수 있다고 주장하는 것입니다. 따라서 논리적 단순화나 형이상학적인 단일성의 전제 등은 그것들이 아무리 인식을 위한, 또는 현실적인 규범성을 위한 진지한 노력의 결과라 할지라도 여전히 현실 적합성을 확보하지 못한 관념적인 '유희'라고 여기는 것입니다. 뿐만 아니라 일원론에서 다름을 부정하거나 간과하는 것, 또 이원론에서 다름을 절대적으로 상대화하는 것들은 각기 '지배하기 위한' 또는 '배제하기 위한' 힘의 행사와 다르지 않다고 판단합니다.

그렇다고 해서 다원론적인 사물이해가 늘 정당한 것은 아닙니다. 물론 그것은 개체의 존엄을 일정한 틀 속에서 손상 받지 않도록 보호합니다.

하지만 바로 그러한 사실 때문에 자칫 그러한 인식의 자리는 개개 실재의 의미나 가치에 대한 인식주체의 판단을 거의 불가능하게 합니다. 뿐만 아니라 그러한 판단을 의도하는 것 자체가 적합하지 않다는 태도를 정당한 것으로 여기는 논리를 내장하고 있을 수가 있습니다. 하지만 이러한 '의도'가 현실적으로 다원론적 인식 안에 감추어져 있다면 그것은 염려스러운 일입니다. 왜냐하면 개개 실재가 지닌 실재로서의 동질성과 의미로서의 실재성은 일치하지 않기 때문입니다.

그러나 그것이 어떤 주장이든 이러한 지적 전통들은 삶을 이해하고 바른 삶을 살려는 우리의 노력에 많은 도움을 줍니다. 다시 말하면 매우 유용한 '사유의 원리나 준거'를 제공해주는 것입니다. 그러므로 이러한 여러 주장들에서 어느 것이 유일하게 정당한가 하는 판단을 재촉하는 것은 바람직한 일이 아닙니다.

편리한 분류와 정직한 인식

몸이 없으면 문제가 없으리라 여기는 이원론적 사유는 몸의 실재에 대한 더할 수 없는 확실한 승인이기도 하다.

그런데 우리는 일상적인 삶을 살아가면서 무엇보다도 이원론적 입장에서 우리의 삶을 재단하고 인식하는 관행적 사고를 지니고 있습니다. 하나로 수렴되거나 여럿으로 확산되게 하는 것보다 둘의 대칭적 묘사를 근원으로 하는 그러한 사유에 훨씬 익숙합니다. 예를 들면 삶을 '몸'과 '정신'으로 나누어 서술하고 파악하며, 그러한 분류에 의하여 실제적인 삶을 위한 규범을 도출하려는 태도가 전형적으로 그러합니다. 무엇보다도 몸을 상대적으로 부정하는 경향은 삶에 대한 진지한 고뇌를 하면 할수록 더 두드러지게 강화됩니다.

사람이 자신을 스스로 떼어놓고 바라볼 수 있다는 것은 매우 흥미로운 일입니다. 인간은 자신을 객관화할 수 있는 존재입니다. 그리고 그것은 이른바 '사유'의 능력이 있어 가능한 참으로 '인간적인 현상'이라고 해도 좋을 듯합니다. 그런데 이를 통하여 사람들은 자신을 사유주체와 사유객체로 나눕니다. 그리고 좀 거칠게 그린다면 이때 우리는 사유주체를 '정신'으로, 사유객체는 '육신'으로 여깁니다. 이러한 이원적인 태도를 지니면서 우리는 자연스럽게 몸을 정신에 비해 열등한 것으로 평가합니다.

반드시 이러한 인식의 차원이 아니더라도 우리는 이른바 그 둘의 상충과 갈등을 무수하게 겪습니다. 우리는 흔히 '본능'이라고 부르는 육신의 욕구를 지닙니다. 그러나 그것이 모두 충족되지는 않습니다. 그렇다고 하는 것을 인식하고 자제하는 '자아'가 있습니다. 인간은 그것을 압니다. 하지만 그러한 자아의 의지에도 불구하고 몸이 스스로 자신을 충동하며 나아가는 불가항력적인 힘의 현실을 경험합니다. 사람들은 그 둘 사이의 불균형한 갈등을 겪습니다. 분명히 우리는 '몸과 얼'의 두 다른 구성요소로 이루어진 개체라는 것을 마침내 확인합니다. 뿐만 아니라 무수하게 겪는 이러한 갈등 속에서 정신적인 것의 강조를 통한 몸의 극복이 종국적인 해답에 이르게 한다는 것도 아울러 저리게 겪습니다.

이를 좀더 구체화하면 앞에 이어 다음과 같은 사실들도 기술할 수 있습니다. 이른바 인간이 직면하는 온갖 '문제의 발단'을 살펴보면 몸의 현실성이 가지는 부정적 함축은 심각합니다. 어떤 문제에 봉착했을 때, 많은 경우 우리는 몸이 없었으면 그러한 문제들은 아예 있지도 않았을 것들이라는 판단을 하곤 합니다. 육체적인 질병이 견딜 수 없는 '문제'로 내 현실을 질식하도록 옥죄는 경우, '먹고 사는 문제'라고 흔히 말하는 생존의 문제에 직면하여 속수무책일 경우, 살고 싶은 욕망에도 불구하고 쇠약해가는 육체적 한계를 실감하며 짙은 우울증에 빠지는 경우,

우리는 '육신을 가진 인간'이기 때문에 어쩔 수 없다는 체념을 삼킵니다. 따라서 몸은 벗어야 할 멍에로 인식됩니다.

인간이 지어낸 도덕적 규범도 한결같이 몸을 유념한 정신의 우위를 확보하려는 노력의 결실들입니다. 달리 말하면 도덕은 몸을 다스리려는 지혜를 쌓아놓은 것과 다르지 않습니다. 그 중에서도 몸에 의해 직접적으로 이루어지는 못된 행위, 곧 폭력은 그 내용이 어떤 것이든 몸에서 비롯하여 몸으로 귀결하는 일인데, 그것이 지어내는 정신적 상처의 엄청남은 지울 수 없습니다. 그래서 지엄하게 과해지는 '몸의 실천적 규범'이 곧 도덕에서 일컫는 개개 덕목들입니다. 이러한 '몸 인식'은 점차 스스로 몸을 억제하려는 충동에 이르고, 몸을 통제하는 것이 사람다운 삶이며, 더 나아가 그 몸을 아예 부정하는 것이 해답에 이르는 첩경이며, 마침내 몸을 폐기하는 것이 스스로 할 수 있는 지고한 덕목의 실천이라는 데 이르기조차 합니다.

그렇기 때문에 긴 역사를 통해 '금욕'이라 이르는 몸에 대한 부정적 억제는 고상한 덕으로 칭송되곤 했습니다. 아무나 할 수 없는, 다만 맑은 영혼의 소유자들만이 할 수 있는, 덕의 실천이라고 여겼습니다. 그것은 심하게 말하면 '몸의 학대'라고 해야 할 만큼 치열한 것이기도 하였고, 자연히 삶 자체를 천하게 여기는 것이기도 하였습니다. 왜냐하면 고전적으로 '본능'이라고 칭한 모든 우리의 일상, 곧 먹고 마시고 잠자고 성행위를 하고, 추위와 더위를 느끼고, 맛을 가리고, 더 편하고 안락한 것을 찾고, 힘을 누리며 더 많은 것을 가지려는 모든 '행위'들이 철저하게 부정되어야 하기 때문입니다. 그리고 그렇게 부정된 몸은 당연하게 정신적인 것의 고양으로 채워져야 했습니다. 몸의 아픔은 마음의 기쁨으로, 몸의 한계는 마음의 열림으로, 몸의 절망은 마음의 희망으로, 몸의 욕구는 마음의 충족으로 보상되어야 마땅한 것으로 일컬어졌습니다. 금욕의 시행은 정신의 승리, 마음의 고결함을 드러내는 징표로 여겨지기도 하였습니다. 비록 그것이 구체적인 몸의 학대로 드러나지는 않는다 하더라도 절제나 인내는 그러한 몸의 부정을 구체화하는 긴한 요목들로 수용되었습니다. 그리하여 금욕은 '해답에 이르는 길'의 하나로 선택되기도 하였고, 그러한 태도는 몸에서 비롯하는 것이 가장 실제적인 문제라는 것을 느끼는 사람들에게는 선망의 적(的)이면서 동시에 또 다른 갈등을 일으키는 긴장의 샘이기도 하였습니다.

물론 이른바 '마음의 고통'이라고 묘사되는 '몸의 문제가 아닌 문제'가 없는 것은 아닙니다. 쉽게 몸과 이어져 있다는 것을 확인할 수 없으면서도 견딜 수 없는 문제를 일으키는 마음결이 있음을 우리는 잘 알고 있습니다. 몸의 질병이 초래하는 정신적인 고통도 있지만 마음의 아픔이 낳는 몸의 고통도 있습니다. 그렇다면 몸이 온갖 문제의 근원은 아닙니다. 그럼에도 불구하고 몸을 정신과 대칭하는 것으로 놓고 상대적으로 부정하는 자리에서는 '몸만 없으면 있지 않을 문제'라는 범주를 설정하는 데 조금도 주저하지 않습니다. 그리고 그러한 주장의 논거는 대체로 '유한한 몸'보다 '무한한 정신'을 선택해야 하기 때문이라고 하는 데 있습니다.

우리는 몸에 대한 이러한 부정적 평가의 현실성을 결코 가볍게 지나쳐서는 안 됩니다. 그것은 진지한 고뇌가 도달한 '출구' 같은 것이었기 때문입니다. 모든 종교적 전통들이 다소간 강조의 차이는 있지만 한결같이 '금욕적인 몸의 견제'나 '해답에의 길로서의 금욕'을 위한 몸의 학대를 정당화한 흔적들은 그만큼 현실적인 삶에 대하여 심각한 고뇌를 했던 것을 보여줍니다. 그러므로 몸을 '관리'하려는 사소한 계율에서부터 몸을 구체적으로 '제거'하려는 적극적인 금욕에 이르기까지, 그 모든 것이 '해답에 이르는 출구'였다는 사실에 우리는 주목해야 합니다. 다시 말하면 그것은 막연한 '관념'이 아니었습니다. 정신적이기를 바라는 희구는 몸의 현존을 상대적으로 승인하지 않을 수 없는 데서 비롯하는 '역설적인 선택'이고 주장이기 때문입니다. 그런데 바로 이러한 사실에서 우리는 이원론적인 사유 틀이 가진 '단순화의 오류'와 만나게 됩니다. 몸을 의도적으로 간과하는 것은 실은 '논리의 정연함'이라는 이원적 인식 틀을 충족시키기 위한 형식논리를 따르는 일이지 실제 삶을 기술하기 위한 것은 아니라는 사실을 만나게 되는 것입니다.

사정은 분명합니다. 참으로 역설적이게도 '몸'이 진정으로 '문제의 비롯함'이라고 한다면 그것은 몸이 '간과할 수 없는 실재'임을 뜻하는 것이기도 합니다. 몸이 없으면 문제가 없으리라는 예상은 몸의 실재에 대한 더할 수 없는 확실한 승인이기도 한 것입니다. 따라서 그러한 주장은 '그러므로 몸의 부정이 문제의 해결'이라고 진술되기도 하지만 동시에 '그러므로 몸의 승인이야말로 문제에 대한 바른 인식이 비롯하는 처음자리'라고 진술하도록 하기도 합니다. 이것이 이원론의 실상이라면 실재에 대한 두 다른 측면의 구분과 두 다른 시각에서의 접근은 오히려 삶의 경험을 더 온전하게 드러내는 서술방식일 수도 있습니다. 그런데 그렇게 하지 못한 긴 전승 속에서 우리는 몸을 정신과 병치해놓고, 이를 상충하고 갈등하는 것으로 여기면서 '몸의 폄하(貶下)'와 '정신의 절대적 긍정'을 당연하게 여기고 있습니다.

부정할 수 없는 현실성

몸의 한계는 종교적 관심을 충동하는 우선하는 현실이다. 종교적 관심이란 근원적으로 몸의 현상이다.

하지만 실은 몸의 현존을 부정한 문화도 없고, 그것을 초극한 전통도 없으며, 그것을 폐기한 종교도 없습니다. 다만 우리의 사실 인식의 논리적 틀이 그러한 사고를 우리에게 하도록 했을 뿐입니다. 그렇다고 하는 것을 우리는 쉽게 되살펴볼 수 있습니다. 이를테면 이제까지 살펴보았듯이 우리는 정신과 몸을 대비시킵니다. 그러나 몸이 없으면 정신도 없습니다. 정신은 실제적으로 '현존하는 존재'가 지니고 있는 '실제적인 현상'입니다. 그러므로 그것은 어떤 '주체의 기능'입니다. 그 주체가 없다면 정신은 솟아나지 않습니다. 그런데 인간의 경우, 그 주체는 '현존하는 인간'이고, 그러한 인간은 '몸을 가진 인간'입니다. 인간은 '육체적으로' 존재합니다. 더 구체적으로 말한다면 '내 몸이 없으면 나는 없습니다.' 당연히 몸이 없으면 그 몸으로 현실화되는 존재가 없습니다. 그 존재가 없는데 그 존재의 정신을 이야기한다는 것은 어이없는 일입니다.

몸과 상관없는 정신의 존재를 말할 수도 있습니다. 개념적인 엄밀성에서 서로 다르다는 것을 명확히 해야 하겠지만 우리는 '얼'이나 '혼' 또는 '영혼' 등의 그 나름의 실재성을 말합니다. 또한 한정된 독특한 개념어이기는 하나 '자아'라는 것을 일컫기도 합니다. 이러한 용어들은 모두 몸이 없어도 존재하는 실재라고 설명됩니다. 몸은 다만 그러한 것들이 깃드는 집 같은 것, 또는 그러한 것들이 구체적으로 현실화된 실재라고 말합니다. 따라서 정신이 깃들지 않은 몸이란 진정한 실재일 수 없다는 주장을 폅니다. 옳은 말입니다. 정신이 몸과 무관하게 별도로 존재하는 것이고 몸은 다만 그것이 담기는 도구라면, 정신의 선재성(先在性)이나 우선적인 중요성이나 그것만이 절대적인 택일적 가치를 지닌다는 주장을 우리는 받아들여야 합니다.

그러나 바로 그러한 주장이나 설명은 그대로 '몸 없는 정신이란 없다'는 것을 증언하는 것과 조금도 다르지 않습니다. 몸이 없으면 사람은 없습니다. 사람과 상관없는 어떤 것이 우주적인 실재로 있으리라는 전제는 가능합니다. 그러나 그러한 것이 몸을 통해 자신을 구현한다는 주장을 따른다면 몸의 부재는 결국 아무것도 구체적인 것이 있을 수 없음을 뜻합니다. 그러므로 '몸 없는 삶'의 현실을 말한다는 것은 공허한 짓입니다. 그것은 아예 삶을 이야기하는 것이 아닙니다. 그럼에도 불구하고 그러한 이야기가 발언되고 또 그것에 대한 어떤 동의가 이루어지기도 합니다. 그렇다면 그것은 삶의 실제에서 비롯한 것이 아니든가, 아니면 전제된 자신의 인식 틀로 실재를 재단하여 그 논리를 완성하려는 비현실적인 의식에서 말미암은 사고에 지나지 않습니다.

개체의 실존이 태어남에서부터 죽음에 이르는 일련의 과정으로 서술되고 있다는 것도 몸의 실재성이 지니는 '절대적 의미'를 증언하고 있습니다. 태어나지 않은 실재를 이야기한다는 것은 적어도 인간 개개인의 실존을 지칭하는 것이 삶에 대한 진정한 진술일 수 있다는 준거에서 보면 전혀 불가능하거나 부정직한 진술입니다. 나는 태어나지 않았다면 없습니다. 그런데 나는 몸의 현존입니다. 몸이 없는 태어남은 없습니다. 몸이 있어 비로소 나는 나입니다. 그러한 나, 곧 몸을 가진 존재인 내가 문제에 직면하고, 문제에서 벗어나려 하며, 그럴 수 있기 위한 문화를 지어냅니다. 종교가 바로 그러한 '몸부림'의 가장 깊고 구체적인 모습입니다.

물론 몸을 폄하하는 이원론적인 택일적 규범의 실천이 반드시 몸 없음을 주장하는 것은 아닙니다. 몸을 부정적인 것으로 판단하는 태도 자체가 이미 몸의 현실을 승인하기 때문에 이루어지는 것임은 이미 지적한 바 있습니다. 그러나 그 과정에서 몸의 실재를 정신과 상대적인 것으로 놓고 지워버리려는 태도는 온당하지 않습니다. 몸에서 유리된 정신이란 없기 때문입니다. 그렇다고 해서 정신이 몸에 유폐되어 있다고 하는 주장을 하려는 것은 아닙니다. 정신은 몸의 한계를 스스로 인식할 만큼 '탈(脫)-육체적'이기도 합니다. 그러나 주목할 것은 그러한 판단조차 몸의 현존이 지속하는 한에서 이루어지는 것이라는 사실입니다. 다시 말하면 '살아 있어' 가능한 일입니다. 몸의 현존이 '살아 있음'으로 진단되는 한에서 정신은 그 육신에 대한 자기인식을 수행합니다.

흔히 존재의 근원에 대한 종교의 설명들은 몸의 실재를 간과한다고 말해도 좋을 부정적 인식을 근원으로 하여 이루어진다든지, 아니면 그러한 시각에서 살펴야 비로소 종교의 진정한 의미를 터득할 수 있다든지 하는 생각들을 갖습니다. 하지만 그렇지 않습니다. 개념적으로 말한다면 존재의 근원에 대한 서술은 구체성, 직접성, 현실성을 내용으로 하여 실재를 묘사하지 않고는 불충분합니다. 그런데 몸은 그렇게 서술되는 진정한 실재입니다. 당연히 '몸을 몸이게 한' 태초의 존재론에서는 몸이 '몸 아닌 것'에서부터 말미암았다고 주장합니다. 그러나 그러한 주장이 몸에 대한 부정적인 평가를 규범적인 것으로 단정하게 하는 의식의 기반을 형성하는 것은 아닙니다. '몸 아닌 것'의 실재, 곧 초월이나 신성으로 개념화될 수 있는 어떤 실재를 승인한다 하더라도 그 실재의 구체성은 '몸이 된' 실재를 통하여 비로소 인식되는 것이기 때문입니다.

또한 '몸 이후'에 대한 서술도 '알 수 없는 영역'과 연계하여 이루어지는 것을 우리는 확인할 수 있습니다. 존재론적인 맥락에서 본다면 '몸의 부재'는 결코 '부정적'이지 않습니다. 그 사태는 곧 '긍정적' 상태와 이어집니다. '몸으로부터 벗어난 완성'은 몸의 실재를 부정하는 논리에 이어져 있지 않습니다. 그것은 몸의 실재를 승인할 때 비로소 이루어지는 의미론적 서술입니다. '몸 이후'는 '몸의 현실'이 결정합니다. 그러므로 거듭 말씀드리지만 '몸 없으면 사람 없습니다.' 당연히 몸에서 비롯하고 몸으로 귀결하지 않는 의미도 없습니다. 몸의 실재성을 폄하하거나 배제하는 것은 이원론적 논리가 빚은 병리현상입니다. 실제 경험은 한 순간도 몸의 거절을 용인하지 않습니다.

더 부연해보십시다. 몸이 없으면 시간도 없습니다. 시간의 부재를 말하려는 것이 아닙니다. 시간이 있어도 몸이 없으면 그 시간은 구체화되지 않습니다. 경험되지 않는 시간은 실은 없는 것과 다르지 않은데 그 경험주체는 그저 의식이 아니라 몸이 있어 비로소 있는 의식입니다. 공간도 다르지 않습니다. 몸이 차지하고 인지하는 실재가 없는 공간은 공간일 수 없습니다. 그 공간은 다만 개념일 뿐입니다. 당연히 우리는 관념적인 차원에서 시간과 공간을 말할 수 있습니다. 하지만 그렇게 말하는 주체는 몸을 가진 실체입니다. 관념이 실체를 낳는 것은 아닙니다. 실체가 경험하는 '어떤 것'이 관념으로 진술될 수 있을 뿐입니다.

'고통과 의미'도 다르지 않습니다. '문제와 해답'이 또한 마찬가지입니다. 몸의 실재를 '본능을 살아가는 것'으로 서술하는 것은 그릇된 통념입니다. 몸이 없으면 몸의 고통도 없고 마음의 고통도 없습니다. 마음의 고통이 있어 몸의 고통이 일게 되는 것이라는 설명으로 몸의 실재성에 대한 근원적인 진술을 덮어서는 안 됩니다. 도대체 사람이 없는데 사람의 고통과 의미를 말한다는 것은 비현실적인 일입니다. 그러므로 우리가 주목할 것은, 우리의 '자아'라는 것은 근원적으로 그리고 그렇기 때문에 현실적으로 '몸-자아'라고 하는 사실입니다. 그것을 간과하게 하고 소홀하게 한 것이 이른바 이원론적인 사유방식이고 그것의 관행적 반복에의 의존입니다. 그런데 우리는 흔히 종교란 그러한 이원론적인 틀을 지니고 몸을 파기하면서 영혼만을 위한다고 생각하기 쉽습니다. '정신-자아' 또는 '영혼-자아'를 절대적이고 유일하게 긍정적인 것으로 여기곤 하는 것입니다.

우리는 이 계기에서 새삼 삶이라는 것, 일상적인 삶이라는 것을 생각해볼 필요가 있습니다. 우리는 만약 숨을 쉬지 못한다면, 몸을 지탱할 만큼 먹고 마시지 못한다면, 살지 못합니다. 몸을 가지고 있기 때문입니다.

몸으로서 존재하기 때문입니다. 그 몸이 있어 비롯한, 그리고 말미암은 온갖 문제의 소용돌이에서 우리는 '물음'을 묻고 '해답'을 추구합니다. 몸 없으면, 몸-자아를 간과하고는, 종교의 현존을 말할 수 없습니다. 몸의 제거는 일상을 절연하는 것과 다르지 않은데 그것은 삶의 부정입니다. 존재를 승인하지 않는 것과 다르지 않습니다. 몸과 상관없이 둥둥 떠다니는 '영혼, 마음, 얼, 정신'이 있을지도 모릅니다. 알 수 없는 일입니다. 우리의 사유와 언어와 그런 것들이 이제까지 지녀온 근원적인 틀을 다 폐기처분하면 그러한 실재를 이야기해도 좋을지 모릅니다. 그러나 다시 강조하지만 그러한 실재는 몸이 있어 비로소 그에 대한 상대개념으로 형성된 서술범주입니다. 이원론적인 사유 틀이 초래한 다만 서술상의 '편의'입니다.

우리는 왜 종교들이 그처럼 지극하게 질병과 죽음에 대하여 관심을 기울이고 있는가 하는 것에 주목할 필요가 있습니다. 질병은 인간이 견디기 힘든 일입니다. 고통스럽고 무의미하고 감내할 수 없을 만큼 힘든 삶이 질병입니다. 그런데 몸을 가진 인간이 아프지 않기를 바란다면 그처럼 철없을 수가 없습니다. 죽음도 다르지 않습니다. 죽음은 불가피한 필연인데도 몸은 그야말로 '온몸'으로 죽음에 저항합니다. 그러면서 공포에 휩싸입니다. 그러나 몸을 가진 존재인데 죽음을 피하고자 한다면 그렇게 못났을 수가 없습니다. 종교들은 한결같이 이 역설적인 딜레마 속에서 질병과 죽음의 문제를 풀려고 노력해왔습니다. 당연히 치유를 이야기합니다. 그것을 '기적의 범주'에 넣습니다. '불가능한 가능성의 현실화'가 기적입니다. 그 '알 수 없는 이야기'를 합니다. 경전들은 그러한 이야기를 수두룩하게 담고 있습니다. 죽음도 다르지 않습니다. '다시 산다'고 말합니다. 다른 존재로 '바뀌어져 산다'고 말하기도 합니다. '죽지 않음'을 이야기하기조차 합니다. 몸의 지속은 아니라고 말하면서도 '몸

의 소멸 없는 지속'을 전제하지 않는다면 '죽지 않음'은 생길 수 없는 개
념입니다. 종교들은 몸의 문제를 외면하지 않았습니다. 택일적인 선택
속에서 파기하지도 않았습니다. 종교인들도 다르지 않습니다. '몸의 한
계'는 종교적 관심을 충동하는 우선하는 현실입니다. 바꾸어 말하면 종
교적인 관심이란 '몸의 현상'입니다.

몸의 결

몸은 문제 자체이면서 동시에 해답 자체이다. 종교문화를 제대로 만나려면 그 문화가 담고
있는 '몸이 움직이는 결'을 아울러 살펴야 한다.

종교는 몸과 단절될 수 없습니다. 인간의 문화가 그러합니다. 아니,
'존재'라는 것은 몸의 실재성에서부터 비롯하여 마침내 도달한 개념적
서술입니다. 앞에서 우리는 '믿음'을 이야기한 바 있습니다. 그리고 그
이야기 속에서 가장 중요한 것은 믿음이 '마음의 결'이라는 사실이었습
니다. 그러나 이제는 종교를 그렇게 설명하고 끝낼 수 없다는 사실을 첨
가할 때가 되었습니다. 몸이 없으면 마음의 결도 있을 수 없다는 사실에
서 다시 종교문화를 살펴보아야 하기 때문입니다.

이 계기에서 우리는 '몸'과 관련하여 또 다른 이야기를 하지 않으면
안 됩니다. 종교문화는 '마음의 결'로만 설명될 수 없습니다. 삶이 그렇
게 이루어진 것이 아니기 때문입니다. 삶은 몸을 움직여 이루는 일입니
다. 마음도 몸도 한데 있어 이루어지는 것인데 다만 다른 삶의 모습들을
그렇게 '둘'로 여기기 때문에 두 다른 실재가 의식 속에서 확인되고 있
을 뿐입니다. 그러므로 종교문화를 제대로 만나려면 그 문화가 담고 있
는 '몸이 움직이는 결'을 아울러 살펴야 합니다. 우리는 그것을 종교문
화를 구성하는 '움직이는 몸'이라고 할 수 있습니다. '수행'과 '의례'가
그것입니다.

수행은 '가르침'을 실천하는 일입니다. 그것은 주어진 '해답' 곧 내 물음에 메아리친 해답을 실제 내 삶의 현실로 만들려는 나 자신의 의도적인 노력입니다. 물론 마음을 닦는 일이 당연히 포함됩니다. 하지만 그 실천은 몸을 움직이는 구체적인 행위를 뜻합니다. 그러므로 어떤 수행도 몸을 움직이는 일이 없이 이루어지지 않습니다. 마음을 닦는 일조차 몸 없이는 이루어지지 않습니다. 그것도 몸을 간과하고 이루어지는 일이 아닌 것입니다. 가만히 앉아 온 마음을 집중시킨다는 행위 자체도 이미 그렇게 앉아 있는 몸을 전제합니다. 마음을 다스리기 위해 호흡을 조절하는 경우도 있습니다. 눈을 감는다든지, 하늘을 우러러본다든지, 팔을 벌린다든지, 두 손을 모은다든지 하면서 마음을 닦는 일도 흔합니다. 그런데 이러한 것들도 한결같이 몸과 관련된 것입니다. 수행은 그 목적을 무엇이라고 표현하든 몸에서 출발하고 몸을 매개로 하고 몸으로 되돌아옵니다. 몸의 생리현상조차 몸의 내재적 질서라고 이해하면서 그것이 가지는 기능과 의미를 우주론적인 것으로 설명하고, 그렇게 함으로써 존재의 총체가 곧 몸이라고 설명하는 경우도 몸이 얼마나 절박하게 실천적 차원에서 스스로 '모든 것'이 되고 있는지 잘 알 수 있게 합니다. 앞에서 지적한 금욕은 그러한 수행의 한 극단적인 예입니다.

가르침이 담고 있는 덕목의 실천도 우리는 수행의 범주에 넣을 수 있습니다. 흔히 일컫는 사랑이나 자비를 이웃과 더불어 살아가는 삶 속에서 실천하는 일이 그러합니다. 희생이나 어짊이나 지혜로움의 베풂이나 모두 그러합니다. 그것들이 구체적인 현실이 되는 것은 몸을 통하여 그것들이 다른 사람에게 가 닿을 수 있을 만큼 실제적인 실천이 될 때입니다. 행동은 몸이 이룹니다. 마음이 다하지 못하는 자리를 몸이 차지하여 마침내 뜻한 바를 이루어냅니다. 수행은 해답을 현실화하기 위한 몸의 다스림이면서 동시에 공동체의 삶을 해답의 지향에 따라 구조화하는 실천적인 일을 하는 몸을 모두 아우릅니다.

위에서 살펴본 바와 같이 몸은 종교문화에서 이른바 이원론적인 인식
틀을 통하여 판단되는 부정적인 것만은 아닙니다. 몸은 삶의 현실이고
구체성입니다. 그것이 긍정적인 것인지, 아니면 부정적인 것인지 하는
것은 몸의 실재를 승인한 다음의 일입니다. 그럼에도 불구하고 많은 경
우 사람들은 몸에 대해서 그것이 실재한다는 것을 승인하기 전에 아예
그것을 부정적인 것으로 판단합니다. 자연히 바른 것과 그른 것으로 이
루어진 이원적인 구조에서 몸은 택일적인 규범을 준거로 할 때 그른 것
으로 여겨버려야 할 것으로 단정되고 있는 것입니다.

그렇게 된 까닭은 단순하지 않을 듯합니다. 그런데 한 가지 분명하게
지적할 수 있는 것이 있습니다. 몸이 처음부터 '불완전'하기 때문입니
다. 몸은 온전하지 않습니다. 끊임없이 성장해야 합니다. 하지만 어느 계
기에서부터는 퇴화하거나 노화합니다. '완성'이라는 개념은 몸에 관한
한 현실적으로 정당하지 않습니다. 그럴 뿐만 아니라 몸은 언제나 일그
러질 수 있습니다. 병들고, 부서지고, 죽습니다. 자기자신을 일정한 상태
로 유지하지 못합니다. 무엇을 성취하는 것 같아도 그 순간에 자신을 지
탱하기가 쉽지 않습니다. 조그만 자극이나 충격이나 힘에 의해서도 몸은
늘 자기가 철저하게 파괴될 수 있다는 것을 실감합니다. 먹지 못하고 마
시지 못하고 잠을 잘 수 없으면 몸은 아예 자신을 해체해버립니다. 몸으
로서의 실존을 확보하지 못하는 것입니다. 이러한 몸의 '취약함'은 일상
을 괴롭히는 가장 직접적이고 근원적인 것입니다. 더 나아가, 같은 맥락
에서 진술한다면, 몸은 '유한'합니다. 몸은 한시적(限時的) 실재입니다.
존재하는 온갖 사물 중에서 가장 전형적인 '한계 안의 존재'입니다. '생
명'이란 근본적으로 이러한 유한한 몸의 실존으로부터 유추된 개념이고
언어라고 이해한다면 왜 인간이 이른바 '영원한 삶'이라는 것을 거의 본

능적으로 회구하는지 짐작할 수 있습니다. 결과적으로 몸은 '무화(無化)'되는 실재입니다. 몸은 스스로 '소멸'하는 주체입니다. 죽음이 그 가장 구체적인 현실입니다.

그런데 이제까지 언급한 몸의 현실, 곧 불완전성, 취약함, 유한함, 소멸됨 등은 다른 것이 아니라 우리가 겪는 '문제'들을 일컫는 개념들입니다. 그렇다면 몸은 다른 것이 아닙니다. 그것은 '문제 자체'입니다. 비록 우리의 문제가 때로 무의미라든지 지향의 상실이라든지 하는 지극히 '정신적인 차원에서 이루어지는 개념들'로 묘사된다 할지라도 그 뿌리는 몸의 경험과 다르지 않습니다. 그러므로 몸을 가지고 있는 한 우리는 문제로부터 자유로울 수 없습니다. 적어도 몸을 간과해도 좋을 정신만의 문제란 실재하지 않습니다. 따라서 몸의 실재를 승인하기 전부터 몸에 대한 부정적 평가를 하게 되는 것은 어쩌면 자연스러운 일일지도 모릅니다. 문제에 대한 절실한 경험은 문제를 문제로 겪는 주체에 대한 반성적 사고보다 우선하기 때문입니다.

하지만 몸에 대한 서술이 이에서 다 끝나지 않는다는 것이 우리가 앞에서 서술한 내용이기도 합니다. 그러한 '문제 자체'이면서도 '해결되어야 할 문제'인 한, 몸은 그 문제를 극복하고 여전히 몸이어야 할 주체, 곧 '해답의 현실'이기도 하기 때문입니다. 몸의 불완전성에 대한 해답은 몸의 완전성이고, 몸의 취약함에 대한 해답은 몸의 강건함이고, 몸의 유한성에 대한 해답은 몸의 무한성이고, 몸의 소멸에 대한 해답은 몸의 불멸입니다. 문제의 해답이 문제를 야기하는 주체에 귀착해야 비로소 해답다운 것이라는 이러한 주장은 다만 논리적 정연성(整然性)을 유지하려는 서술만은 아닙니다. 그것은 우리가 겪는 삶의 현실입니다.

그러므로 몸은 '문제 자체'이면서 동시에 '해답 자체'이기도 합니다. 그렇게 진술될 수 있는 한 몸은 가능성이고, 잠재된 구체성이며, 아울러 실현되어야 하는 해답의 주체입니다. 거듭 말하지만 몸 없이 이루어질 수 있는 어떤 해답도 현실적이지 않습니다. 종교인들은 자신의 경험 속에서 몸에서 이루어질 해답의 실현을 기대합니다. 그렇기 때문에 몸의 현존 때문에 문제가 빚어진다는 사실을 저리게 승인하면서도 동시에 몸의 현실을 통해 이루어질 해답을 마찬가지로 저리게 기다립니다.

이러한 갈등적인 몸 인식은 종교문화를 매우 역설적인 현상으로 만듭니다. 실제로 우리는 몸이 해답의 주체여야 한다는 당위가 현실화되기를 기대하지만 그것이 그렇게 이루어지는 것은 '거의' 경험하지 못합니다. 이를테면 질병의 치유를 기원하고 이른바 기적의 출현을 증언하기도 하지만 '치유된 몸의 확인'은 여전히 드문 일입니다. 바르고 옳은 삶의 공동체를 희구하지만 그것의 실현은 몸의 한계 안에서 늘 불완전하게 이루어집니다. 무한을 바라고, 소멸되지 않는 몸의 지속을 바라지만 그것이 불가능한 현실이라는 것을 모르는 사람은 아무도 없습니다. 그러면서도 그러한 것을 갈망하고 기원합니다. 아무도 자신이 죽지 않을 수 있다고 믿지 않습니다. 생명의 필연적 귀결이 죽음이라는 사실을 다 압니다. 그러면서도 그것을 애써 부정하려고 합니다.

종교경험은 이 계기에서 일상적이지 않은 다른 것으로 스스로 자신을 다듬어 드러냅니다. 몸 아닌 다른 실재인 정신이나 영이나 얼, 무한한 공간이나 시간의 현존에 대한 승인과 그에 상응하는 '몸 아닌 존재로의 몸의 전화(轉化) 가능성'에 대한 믿음, 곧 영생에 관한 신앙, 그것을 문화-역사적 맥락에서 드러내는 다양한 변주로서의 재생이나 전생(轉生)이나 부활 등의 개념들, 지상(地上)이 아닌 '천상(天上)'이라고 묘사되는 '다른 곳'에서의 삶의 온전함에 대한 기대, 몸의 현실에 대한 보상과 징벌의 시나리오 등이 드러나고 있는 것입니다. 결국 그러한 것들이 해답입니다. 비록 몸의 현실로 이루어지지는 않는다 하더라도 몸의 현실에서 비롯한 문제가 몸을 준거로 하여 해답으로 출현하기를 그리고 있는 것입니다.

무릇 종교는 이렇게 자신을 이루고 있습니다. 몸이 없었다면 우리가 제기하는 문제는 없습니다. 그 문제가 없었다면 우리가 희구하는 해답도 있을 수 없습니다. 그런데 우리는 문제를 가지고 있고, 여전히 그 문제들에 대한 해답을 추구합니다. 종교는 있을 수밖에 없습니다. 우리가 몸을 가지고 있기 때문입니다. 인간은 몸-자아입니다. 이원론의 관행적 사고가 몸을 '아예 없음'으로 여기려는 의식은 온전한 종교문화의 인식을 위해 되살펴지지 않으면 안 될 중요한 사실입니다.

• 몸짓 •

움직임 : 자존(自存)의 원리

삶은 그것 자체로 몸의 연출,
또는 몸의 연희, 또는 몸짓이다.

모든 사물은 스스로 홀로 있지(自存) 않습니다. 존재하는 모든 것은 철저하게 서로 의존적입니다. 이것이 없으면 저것이 있을 수 없고, 저것이 없으면 이것이 있을 수 없습니다. 때로 그 이어짐이 아무리 살펴보아도 찾아지지 않을 만큼 복잡하고 멀고 아득하여 이것과 저것은 아무런 상관이 없다고 단언하고 싶은 경우가 없지 않습니다. 하지만 기다리고 마음을 가라앉히고 그윽하게 사물을 살펴보면 우리가 경험하는 온갖 것이 한결같이 어떤 경로를 통해서든 내 삶을 이루는 '구성요소'들임을 짐작할 수 있습니다. 그렇다면 우리는 존재하는 사물이 서로 상관없이 존재할 수 있다는 주장을 쉽게 받아들일 수 없습니다. 아무리 무관하게 보이는 것들이라 할지라도 어떤 자리, 어떤 때, 어떤 실제적인 정황에서는 그 모든 것들이 유기적으로 만나기 때문입니다.

그런데 또 다른 자리에서 보면 모든 사물은 당연하게 자존합니다. '스스로 있는 것'입니다. 앞에서 우리는 '이것이 없으면 저것이 있을 수 없다'고 말했습니다. 그것을 다시 역으로 진술하기도 했습니다. 존재하는 사물 간의 '관계'를 돋보이게 하고 싶었기 때문입니다. 그런데 다시 그 진술을 살펴보면 우리는 또 다른 함축된 의미를 그곳에서 찾아볼 수 있습니다. '이것이 없다면'이라든지 '저것이 없다면'이라는 조건절(條件節)에 주목해보면 전혀 다른 사실을 확인하게 되는 것입니다. '이것이(저것이) 있지 않다면'이라는 조건절은 '이것이(저것이) 참으로 있다'는 것을 전제한 가정적(假定的) 부정입니다. 다시 말하면 '관계 이전'의 개체의 존재가 전제되지 않으면 그 같은 '관계'에 대한 진술은 있을 수 없습니다. 존재하는 사물들이 스스로 있지 않다면 '관계'는 아예 이야기될 수 없는 것입니다. 따라서 사물이 실재한다는 것을 묘사하는 자리에서 근원적인 것은 존재하는 사물의 '자존성'이지 다른 사물과의 '의존성(관계성)'은 아니라고 할 수도 있습니다.

달걀과 닭의 관계에서처럼 자존성과 의존성의 우선순위를 이야기하는 것은 '삶의 현실'을 준거로 하는 경우, 무척 낭비적입니다. 그러한 논의가 아무런 의미 있는 결과도 이끌어내지 못하기 때문입니다. 하지만 존재하는 사물이 이 역설적인 성격을 아울러 지니고 있다는 사실을 지적하는 것은 매우 중요한 일입니다. 앞장에서 지적했듯이 이원론적인 택일적 사유가 짙게 우리의 의식을 지배하는 경우에는 더욱 그러합니다. 자칫 우선적이라고 판단되는 것을 선택하면서 그 다음 것은 아예 부정적인 것으로 처리해버리는 경향이 있기 때문입니다. 그러므로 존재하는 사물은 자존하는 것이기에 의존적이고 의존하는 것이기에 자존해야 하는 것이라고 말하는 것이 진실에 더 가까운 것이라고 해도 좋을 듯합니다.

이러한 사실은 언어를 주제로 이야기하는 장에서도 비록 용어를 다르게 사용하기는 했지만 부분적으로 묘사한 적이 있습니다. 그때 우리는 언어가 소통매체라는 사실을 주장했습니다. 그렇다면 언어는 철저하게 '존재 의존적'입니다. 하지만 그러면서도 동시에 언어가 사물을 현존하게 한다는 사실도 아울러 지적했습니다. '발언되는 언어'가, 곧 '언어의 발언'이 얼마나 스스로 자족적(自足的)으로 기능하는가 하는 것을 살펴본 것입니다.

그런데 몸도 다르지 않습니다. 앞의 장에서 살폈듯이 몸은 택일적 규범에 의해서 부정되어야 하는 것이 아닙니다. 그것은 오히려 '몸-자아'라는 새로운 주체적 실재입니다. 몸은 몸 자체로 있습니다. 몸은 자신의 존재양태를 스스로 지닙니다. '살아 움직이는 실재'입니다. 따라서 몸은 스스로 몸의 근원적인 속성인 '움직임'을 통하여 스스로 자기완결적인 자리에 섭니다. '몸짓'은 몸의 자족성 또는 자존성을 드러내는 것입니다.

이를 좀더 부연해보십시다. 우리는 헤아릴 수 없이 다양한 몸의 움직임을 경험합니다. 보고 듣고 말하고 걷고 눕고 잡고 놓고 들고 던지곤 합니다. 이 모든 묘사들은 몸짓을 그린 것입니다. 우리는 그렇게 '몸짓하며' 살아갑니다. 살아가려면 그렇게 꿈틀거리고 움직여야 합니다. 그렇다면 '다양한 몸짓'이라는 말도 실은 정확하지 않습니다. 삶이 곧 몸짓이기 때문입니다. 몸짓은, 몸의 움직임은, 그것 자체로 삶입니다. 살아 있지 않은 것은 몸짓하지 않습니다.

그런데 우리는 이러한 몸짓에 대한 풍성한 설명과 만납니다. 어떤 설명은 몸짓을 몸을 위한 단순한 기능적 행동이라고 말합니다. 몸짓 하나하나를 모두 몸이 불가피하게 요청하는 필요를 충족하기 위한 '도구적인 것'으로 이해하는 것입니다. 그런가 하면 몸짓이란 사물에 대한 이해, 겪어 터득한 삶의 내용, 더불어 살아가면서 얻은 지혜 같은 것들을 드러내고, 이어가고, 확산하고, 의미 있는 것으로 빚어내는 일련의 '몸의 움직임'이라고 설명하기도 합니다. 몸짓을 일정한 개념의 표출이라든지 공동체적 삶의 정서와 틀을 드러내는 것이라고 하는 설명이 그러합니다.

흥미로운 것은 이러한 '설명'입니다. 그러한 설명은 그것이 어떤 것이든 몸짓을 기능이나 개념이나 구조의 드러냄으로 전제합니다. 다시 말하면 기능적 필요가 없으면, 개념적 인식이 전제되지 않는다면, 그리고 삶의 주체가 귀속된 공동체의 삶의 틀이 없었다면, 몸짓이란 있을 수 없는 것이라고 이해하는 것입니다. 이러한 설명은 결과적으로 몸짓에 대하여 두 가지 사실을 주장하게 합니다. 하나는 그것이 어떤 것이든 모든 몸짓에는 그렇게 움직일 수밖에 없는 필연적인 '까닭'이 있다는 것이고, 또 다른 하나는 모든 몸짓이 동일한 개념적 범주에 드는 것은 아니라는 주장이 그것입니다. 그러므로 몸짓을 이해하고 서술하기 위해서는 이 둘을

서로 이어 '특정한 까닭'과 그에 알맞은 여러 '다른 모습의 몸짓'들이 있
다는 사실을 다듬어야 한다고 말합니다.

이러한 주장은 몸짓을 이해하는 데 매우 중요한 점들을 지적하고 있습
니다. 이러한 설명에 의하면 몸짓은 분명히 '삶을 위한 것'임이 확연하
게 드러납니다. 비록 본능적인 몸짓으로부터 공동체적인 규범적 행위에
이르기까지 서로 다른 모습의 몸짓을 분명하게 구분해야 하겠지만 범연
하게 말한다면 몸짓이 '살기 위한 움직임'임에는 틀림이 없습니다. 이미
언급했듯이 몸의 움직임 없는 삶은 없으며, 몸짓은 삶과 더불어 있는 현
상이기 때문에 그러합니다. 그런데 사실이 그러하다면 그러한 몸짓을 굳
이 '까닭'이 있어 하는 행동이라고 설명할 필요는 없을지 모릅니다. 물
론 삶의 어떤 경험이 특정한 몸짓을 하게 합니다. 삶에 대한 어떤 인식이
특정한 몸짓을 충동하기도 합니다. 배우고 익혀 언제 어느 때 어떤 몸짓
을 하며 살면 되는지 알고 그에 상응하는 몸짓을 하며 사는 것도 사실입
니다. 우리는 그렇게 말하고, 그렇게 우리의 몸짓을 설명합니다. 그래서
우리는 그러한 설명이 지적하는 사실들, 또는 까닭들이 '비로소' 몸짓을
있게 한 것이라고 여기곤 합니다. 하지만 그러한 '설명'은 몸짓을 전제
하기 때문에 가능한 것이지 몸짓이 없었다면 있을 수 없는 진술입니다.
적어도 논리적으로 몸짓은 그것에 대한 설명 이전입니다.

우리는 몸짓에 대한 그러한 '설명'을 존중할 필요가 있습니다. 왜냐하
면 그러한 이해는 우리의 몸짓이 불가피하게 우리의 삶을 이루는 조건이
라는 사실을 뚜렷하게 알 수 있도록 해주기 때문입니다. 하지만 그렇다
고 해서 몸짓이란 그러한 설명의 논리에 따라 몸이 움직이는 것을 일컫
는 것이라든지, 그러한 설명이 담고 있는 까닭에서 말미암아 움직이는
몸을 몸짓이라고 한다든지 하는 주장을 그대로 받아들일 수는 없습니다.
몸은 그러한 설명 이전에 이미 몸짓을 '연출'하고 있고, 그러한 설명 이

후에도 몸이 반드시 그러한 설명을 따라 몸짓을 '수행(遂行)'하는 것은 아니기 때문입니다. 삶은 그것 자체로 몸의 연출, 또는 몸의 연희(演戱), 또는 몸짓입니다.

그렇다면 몸짓은 '설명 이전'이기도 하고 '설명 이후'이기도 합니다. 몸짓은 '까닭 이전'이기도 하고 '까닭 이후'이기도 합니다. 설명이나 그것이 수반하는 까닭이 몸짓을 있게 한 것이기보다 몸이 있어 그에 대한 설명이나 까닭이 있게 된 것이기 때문입니다. 설명이라든지 까닭의 제시라든지 하는 작업이 불가능하거나 무의미한 것은 결코 아닙니다. 그러한 작업은 당연히 시도되어야 합니다. 우리는 실재하는 모든 것에서 의미를 찾지 못하면 그것을 실재로 여길 수 없기 때문입니다. 그러나 그렇다고 해서 '의미 찾기'가 곧 그 현상의 사실성 자체를 결정하는 것은 아닙니다. 그 현상이 없다면 의미 찾기도 이루어질 수 없을 것이기 때문입니다. 바로 이러한 맥락에서 몸짓은 설명과 상관없이 이미 있고 또 있을 실재입니다. 당연히 까닭을 서술할 수 있어 비로소 그 특정한 몸짓이 있는 것은 아닙니다.

그러므로 이러한 이해의 맥락을 따라 몸짓 자체를 주체로 삼아 언표해 본다면 몸짓은 설명을 요청하기도 하고 요청하지 않기도 하는 자존(自存)적인 것이라고 말할 수밖에 없습니다. 몸짓은 몸짓 그것 자체로 자신의 자신다움을 지니고 있다고 주장하고 싶은 것입니다. 그렇다면 우리는 '몸짓에 대한 설명'에 초점을 두기보다 '몸짓 자체'에 초점을 두어 몸짓이 빚는 삶의 현실을 헤아려야 합니다. 그리고 이때 우리가 다듬어야 하는 것은 몸짓의 존재론, 또는 그로부터 비롯하는 몸짓의 의미론입니다.

몸짓이 낳는 몸짓

의례에서는 몸짓-의식이 펼치는 몸짓-감성이 낳는 몸짓-종교성의 자기실현이 경험된다.

앞에서 살펴보았듯이 우리는 흔히 몸짓을 다만 그 몸주체의 인식이나 의도를 드러내는 것으로 여깁니다. 몸과 정신을 나누는 이원론적인 태도에서는 이러한 이해가 거의 절대적입니다. 우리는 이러한 주장이 분명한 사실에 바탕하고 있는 것임을 모르지 않습니다. 우리는 우리가 이해한 바를, 또는 우리가 의미를 부여하거나 의미를 획득한 어떤 경험을, 몸을 움직여 드러냅니다. 그러한 이해나 터득이 없었다면 드러난 몸짓이란 있을 수 없었을 것입니다.

하지만 우리는 몸짓 자체가 빚는 현실에 주목할 필요가 있습니다. 앞의 서술을 이어 말한다면 우리는 인식을 '낳는' 몸짓이라든지 의도를 '빚는' 몸짓 등에 관심을 기울이지 않으면 안 됩니다. 더 나아가 이성도 아니고 감성도 아닌 어쩌면 '몸짓-의식(意識)'이라고 해도 좋을 새로운 의식 현상을 이야기하는 것이 우리에게 필요한 일일지도 모릅니다. 왜냐하면 우리는 종교문화라고 일컬어지는 현상들 속에서 그렇게 묘사할 때 비로소 그 현상이 겨우 짐작되는 종교 나름의 독특한 모습을 만나기 때문입니다. 다른 것이 아닙니다. '의례'라고 일반적으로 지칭되는 정형화(定型化)되어 있고, 주기적으로 반복되고, 수시로 등장하는 일련의 몸짓이 종교문화의 상당한 몫을 차지하고 있다는 사실과 직면하기 때문입니다.

조금만 우리의 관심을 우회해보면 이 같은 사실이 가지는 중요성을 곧 짐작할 수 있습니다. 흔히 우리가 종교문화에서 가장 주목하는 것은 '가르침'입니다. 그리고 그것을 '알아야' 비로소 우리는 우리가 직면한 문제에 대한 해답을 얻을 수 있다고 생각합니다. 경전(經典)에 대한 태도는 그러한 이해가 낳은 산물입니다. 경전은 대단히 신성할 뿐만 아니라 '심오하고 어려운 진리'를 담고 있는 것이기 때문에 이를 '절대적인 가치'를 지닌 것으로 여겨야 하고, 이를 배우고 익히기 위하여 온 정성을 다 기울여야 한다고 여깁니다. 그리고 그러한 것을 가르칠 수 있는 사람은 매우 한정되어 있다고 여깁니다. 그러한 진리는 누구에게나 열려진 것이 아닙니다. 진리는 드러난 것이기보다 감추어져 있는 것이라고 여기기 때문입니다. 따라서 '스승'은 종교문화에서 커다란 비중을 차지합니다.

그러나 종교문화가 실제로 우리의 삶 속에서 자리 잡고 있는 것을 보면 결코 경전 중심적이지만은 않습니다. 분명히 그러한 전통이 하나의 흐름을 이루고 있는 것은 사실입니다. 그러나 예를 들면 문자를 읽지 못하는 사람들도 얼마든지 종교인이 될 수 있습니다. 이른바 경전-전승에서 제기하는 조건들을 전혀 갖추지 못하고 있다 할지라도 바로 그러한 사실 때문에 종교경험, 곧 물음과 해답의 구조에서 배제된다고 하는 것은 말이 되지 않습니다. 물론 읽지 못하면 들으면 된다고 할 수도 있습니다. 하지만 지금 이곳에서 제기하는 문제는 읽음과 들음의 차이가 아닙니다. 듣는 일도 읽는 일과 다르지 않습니다. 개념과 논리에 익숙해야 하고, 이성적인 사변과 판단이 필수적으로 요청됩니다. 결국 경전 중심적인 종교적 태도가 없지는 않지만, 그것은 대체로 종교적인 경험은 사변적인 태도, 이성적인 추론, 명료한 가치판단에 의한 결단에 의해서 이루어진다고 생각하는 사람들에 의하여 지탱되는 현상입니다. 그러나 이와 더불어 또 다른 흐름이 종교문화를 구성하고 있습니다.

주목할 것은 '아무것도 모르면서'도 두 손을 모으고, 무릎을 꿇고, 눈을 감는 몸짓만으로도 자신의 모든 문제를 다 펼쳐놓고 그에 대한 해답을 얻는 경험을 누리는 사람들이 많다고 하는 사실입니다. 더 나아가 경전이나 특정한 가르침이 잘 다듬어져 분명한 규범적 계율로 마련되어 있지 않은 종교도 얼마든지 있습니다. 그러한 경우, 그 종교들은 대체로 몸짓만으로 충분한 해답의 의미체계를 누리고 있습니다.

예배나 제의나 미사나 예불이나 굿 등을 살펴보면 우리는 그 일련의 행위에서 일정한 체계를 묘사할 수 있고, 그것에 담긴 의미를 읽을 수 있으며, 그것이 연희된 까닭과 지향을 아울러 진술할 수 있습니다. 그러나 그러한 '설명'의 가능성이나 현실성에도 불구하고 몸짓주체의 자리에서는 자신이 행하는 몸짓이 그렇게 '현학적'이지 않습니다. 그것은 다만 '몸짓의 진행'이거나 '몸짓이라고 하는 몸의 연출'이거나 '몸짓이 이루는 몸짓 자체의 완성'입니다. 다시 말하면 '몸짓-의식'이 펼치는 '몸짓-감성'이 낳는 '몸짓-종교성'의 자기실현이 경험되는 것입니다.

물론 몸짓만으로 이루어진 몸짓은 없습니다. 이야기가 함께 있고, 소리와 색깔과 시간과 공간과 행위의 주객(主客)이 몸짓과 더불어 있습니다. 공동체의 규범과 관행과 가치도 또한 몸짓에 무관하지 않습니다. '사연'이 있다고 해도 좋을 물음이 낳는 아픔과 해답을 좇는 아쉬운 갈망도 함께 있습니다. 그러나 강조하고 싶은 것은 그러한 것들을 '드러내는 것'이 몸짓은 아니라는 사실입니다. 오히려 몸짓은 그러한 것들을 다 자기 안에 '담는다'고 하는 편이 옳을 듯합니다. 그것이 몸짓입니다. 다시 말하면 바로 그러한 것이 몸짓이기 때문에 결과적으로 몸짓은 그러한 것들을 드러낸다고 말할 수도 있는 것이지 처음부터 몸짓이 그러한 것을 드러내려고 있는 것은 아닙니다. 만약 몸짓이 그러한 조건들을 충족하기 위해서 이루어지는 것이라면 우리는 동일한 몸짓구조의 문화적 다양성을 설명할 수 없습니다.

인간의 모든 몸짓이 그러하기 때문이겠지만 종교문화에서 드러나는 몸짓현상은 두드러지게 '몸짓이 몸짓을 낳는다'는 사실을 보여줍니다. 이를 우리는 '몸짓-의식이 몸짓을 낳는다'고 해도 좋을 것입니다. 몸짓을 통해 이루어지는 수행을 살펴보면 그러한 것을 분명하게 알 수 있습니다. 몸짓은 스스로 자신을 반복하고 지속합니다. 그리고 그것은 예상을 뛰어넘는 '강화'를 이룹니다. 이러한 강화를 통하여 그 몸짓은 독특한 경험을 빚습니다. 그 독특한 경험은 다른 것이 아닙니다. 지금 여기에서 직면한 문제에 대한 '씨름'이 마침내 새 누리를 빚는 그러한 경험입니다. 그런데 그것은 이성적 판단을 통한 경험과 다릅니다. 그렇다고 해서 감각적 경험의 통합으로 이루어지는 공감 같은 것도 아닙니다. 그것은 '몸을 움직여 경험하는 감동'이라고 해야 겨우 지적할 수 있는 그 나름의 독특한 경험입니다. 종교문화는 그러한 '몸짓-종교성'의 경험을 분명한 하나의 흐름으로 지니고 있습니다.

때로 그러한 몸짓들은 원시적인 종교성이라고 비판을 받는 경우도 적지 않습니다. 그것들을 지극히 충동적이고 반지성적이며 자기몰입적인 것이라고 판단하기 때문입니다. 몸짓은 여전히 평가절하되어도 마땅하다고 여겨지는 '몸의 움직임'이기 때문입니다. 그러나 '경전 없는 몸짓-종교성'의 생명은 오히려 그것이 지닌 직접성이나 현실성에서 돋보입니다. 사색이나 판단에 의한 '절실함으로부터의 차단이나 정지'가 없습니다. 누구나 아무런 장애 없이 스스로 자신을 움직이는 몸짓으로 자신의 문제에 대한 해답에 이릅니다. 이를테면 우리는 종교라고 일컬어지는 문화 안에서 리듬에 맞추어 끊임없이 반복되는 '발 구르기'라든지 팔다리를 모두 움직여 몸짓 자체이고자 하는 것이라고밖에 달리 묘사할 수 없을 그러한 춤사위를 볼 수 있습니다. 그러한 것이 아니어도 좋습니다. 예불과 미사와 예배와 기도와 굿을 통해서 살펴보아도 다르지 않습니다.

관성(慣性)의 의미론

몸짓은 몸짓 자체로 몸짓주체의 존재의 변화를 초래할 수 있다. 여기에서 우리는 마침내
몸짓의 의미론을 확인하게 된다.

그런데 우리는 그러한 몸짓현상에 대한 일정한 해석, 곧 그것이 무엇
인가를 드러내는 '상징적 행위'라는 설명에 익숙해 있습니다. 사실 그러
하기도 합니다. 의미를 싣지 않은 행위란 거의 없습니다. 그러나 실제로
우리가 그러한 '의례'들을 '보고 있노라면' 우리는 그것들이 어떤 의미
나 실재를 드러내려는 이른바 '상징적 행위'라는 설명이 가 닿을 수 없
는 그 나름의 '몸짓-세계'를 이루고 그 안에서 이루어지는 것임을 짐작
할 수 있습니다.

앞에서도 잠깐 지적한 의례의 정형성과 반복성은 이 계기에서 새로운
주목의 표적이 되지 않을 수 없습니다. 몸짓은 몸짓을 낳습니다. 몸짓은
이념의 구현만이 아닙니다. 그렇다 할지라도 몸짓으로 표출된 이념은 몸
짓을 통해 강화되거나 아니면 몸짓의 거부를 통해 쇠퇴합니다. 다른 해
석에 의한 다른 몸짓의 출현도 가능하고, 다른 몸짓이 새로운 해석을 낳
기도 합니다. 하지만 몸짓의 생명력은 여전히 그 반복성에 있습니다. 형
식의 정형성도 근원적으로는 반복성의 범주에 듭니다. 반복은 동일한 짓
의 되풀이입니다. 때에 따라 다른 몸짓이 일어나는 것은 사실입니다. 그
러나 그 '다른 몸짓'은 그것에 상응하는 일정한 '상황'과 연결되어 있습
니다. 그러므로 반복은 결국 '동일한 몸짓을 되풀이하는 일'일 수밖에
없습니다. 몸짓이 정형성을 갖는 것은 지극히 자연스러운 일입니다. 일
정한 틀과 특정한 시공을 그 근간으로 지닙니다. 마치 무보(舞譜)와 같은
그러한 '몸짓 그리기'를 채록할 수도 있고 만들어 따를 수도 있습니다.
그리고 그 '몸짓'을 그대로 따라할 수 있고, 그것을 일정한 때를 따라 반
복할 수 있을 때 그 몸짓은 완결되는 것이라고 여깁니다. 그러므로 정형

화된 반복에 의하여 몸짓은 비로소 존재하는 것이고, 그 의미는 정형화된 반복을 수행하는 몸짓에 의하여 빚어진다고 할 수 있습니다.

그런데 몸짓의 이러한 정형화된 반복성은 몸짓이 실은 매우 ‘관성적인 움직임’을 보여주고 있다고 읽혀질 수도 있습니다. 이러한 몸짓은 누가 어떤 계기에서 충동하지 않더라도 일단 정형화되고 주기적이게 되면 그 지속을 스스로 지탱합니다. 개인의 실존의 자리에서도 그렇지만 공동체의 경우에는 그러한 ‘지탱’이 더 구체적입니다. ‘전승’이라는 개념으로 묘사되는 몸짓의 거의 무감각한 지속은 몸짓이 얼마나 어떻게 ‘관성적’일 수 있는가 하는 것을 잘 보여줍니다. 모든 몸짓이 마디마디 또는 고비고비마다 그 몸짓을 충동하고 스스로를 추출하는 의미를 낳으면서 이루어지는 것은 아닙니다. ‘자기도 모르게’ 또는 ‘몸이 움직이는 대로’ 몸짓은 스스로 자신을 되풀이합니다. 몸짓-의식이 낳는 독특한 경험을 그렇게 쌓아갑니다. 그런데 바로 그 관성적인 몸짓연희가 다름 아닌 종교의례들입니다. 정형화되고 반복되는 몸짓인 것입니다.

그런데 관성은 ‘의식(意識)의 현상’이 아닙니다. 그것은 물리적인 현상을 일컫습니다. 그러므로 ‘의례’를 관성적인 것이라고 하는 묘사는 엄격한 의미에서 적합하지 않습니다. 하지만 몸짓은 정형화되고 반복되면서 ‘자연스럽게’ 관성적이게 됩니다. ‘몸의 현상’이 되는 것인데 그것은 틀을 만들지만 이어 부숴버리고 그러고는 또 만들곤 하는 ‘마음의 움직임’ 혹은 ‘마음짓’과는 사뭇 다릅니다. 정해진 몸짓을 되풀이하는 일은 ‘어느덧’ ‘인식하고 평가되고 선택하고 의도하는’ 그러한 현상이 아니게 됩니다. 몸짓-의식이 빚는 자신의 ‘기제(機制)’가 지극히 ‘물리적’으로 작동하면서 빚는 ‘움직임’입니다. 그런데 어떻게 설명해야 할지 알 수 없지만 그러한 물리적 움직임 속에서 이제까지 없던 ‘현실’이 솟습니다. 그것은 물질적인 것으로 환원할 수 없는 그런 것입니다.

그러므로 종교의례란 우리의 전통적인 이원적 사유를 통해 설명한다면 '의식(意識)의 물화(物化)현상'이면서 동시에 '물화된 몸의 영화(靈化)현상'이라고 할 수 있습니다. 달리 말하면 앞서 기술한 바와 같이 '몸짓의식'이 그러한 '법칙'을 가지고 움직이고 있는 것입니다. 일정한 몸짓의 끊임없는, 또는 간헐적인 반복을 통하여 마침내 그 의식이 몸짓주체의 문제를 그 몸짓-세계 속에 담고, 그 문제를 그 몸짓으로 풀어가면서 사람들이 마침내 '출구'를 찾든지, '건짐'을 받든지 '숨통'이 트이는 경험을 하게 되는 것입니다. 다시 말하면 몸짓은 '설명'을 거부하는 자세로 자신의 격률을 통하여 자신의 존재의미를 펼칩니다. 그 몸짓이 관성적일수록 그 존재의미는 더 분명해집니다. 그렇게 강화된 반복의 구조 속에서 몸짓은 스스로 자기의 '우주'를 지닙니다. 결국 몸짓은 몸짓 자체로 몸짓주체의 이른바 '존재의 변화'를 초래할 수 있는 것입니다. 여기에서 우리는 마침내 '몸짓의 의미론'을 확인하게 됩니다.

그렇다면 우리는 이제 몸짓이 그것 자체로 주체가 되어 '세상을 바꿔놓는 힘'으로 기능한다는 사실도 마저 승인할 수 있게 됩니다. 몸짓 자체가 스스로 의미를 낳을 수 있기 때문입니다. 그러므로 몸짓은 스스로 존재를 낳는다고 말할 수도 있습니다. 종교문화가 우리가 흔히 이해하듯 믿음이라고 칭한 지극한 마음결을 통해서 이루어지는 것이라는 사실을 애써 강조하면서도 몸짓을 간과하지 못하는 것은 바로 기계적인 반복의 관성인 듯하면서도 결코 의식현상에 반(反)하는 것이 아닌 몸짓-의식이 지닌 이러한 '창조적 가능성' 때문입니다.

거듭 말하지만 이원론적 택일적 규범에 의하여 '몸'이 '마음'보다 덜한 것이거나 그것에 반(反)하는 것이라고 '잘못' 여겨 몸을 제대로 평가하지 못하게 한 것이 우리가 이해하는 종교문화의 실상이었습니다. 하지만 종교사를 보면 이러한 갈등은 늘 있었습니다. 의례를 무의미하고 맹목적인 것으로 평가절하하여 의도적으로 간과한 일도 있고, 의례에서 일게 되는 몸짓의 감동만을 추구하면서 지적 전승을 의도적으로 거부한 일도 있습니다. 앞의 경우를 '경전 중심의 문자주의'라고 한다면 뒤의 경우는 몸짓을 통하여 '종국적인 경지'에 이르려는 '체험 위주의 신비주의'라고 할 수 있습니다.

그러나 그러한 극단적인 자리에 초점을 두지 않고 종교문화를 살펴보면 의례로 구현되는 몸짓은 상상 이상으로 중요합니다. 종교문화를 다른 문화와 구분하는 가장 중요한 준거도 바로 이 몸짓입니다. 이를테면 우리는 물음의 제기와 해답의 확보를 여러 모습으로 이루어냅니다. 그런데 실상 우리의 삶을 살펴보면 종교만이 그러한 '물음과 해답의 구조'를 전유하고 있는 것은 아닙니다. 철학도 그러하고 문학도 그러하고 예술 일반이나 구체적이고 실제적인 정치나 경제나 과학도 다르지 않습니다. 그러한 '분야'도 나름대로 자기설명의 논리와 지향하는 이념과 실천을 위한 구체적 방안을 지니고 있습니다. 뿐만 아니라 그 나름대로 자신의 영역 주권을 선포하고 있고, 그러한 선포된 경계를 준거로 자기를 지키고 다른 영역과의 다름을 확인하면서 상호간의 조화로움도 빚어내고 있습니다. 그런데 이러한 모든 문화영역들에서 예배나 제의 등으로 불릴 만한 어떤 정형화되고 반복되는 자기완결적인 몸짓이 자리를 잡고 있지는 않습니다. 의례가 스스로 충족성을 지니고 '연희'되는 경우를 찾는 일은 쉽지 않습니다. 거의 모든 경우 그것은 '도구적'입니다.

하지만 종교문화의 경우에는, 비록 이 영역에 대한 설명에서 제의에 대한 도구적 설명이나 평가가 없는 것은 아니지만, 의례는 그것 자체로 다른 것을 요청할 필요 없이 자족적인 것으로 있습니다. 의례를 위한 의례의 의미론적 현존이 기능하기 때문입니다. 그러므로 온갖 문화가 물음과 해답의 구조로 이루어져 있다 할지라도 종교문화는 몸짓으로 드러나

는 ‘제의(祭儀)’를 수행한다고 하는 면에서 여타의 문화와 전혀 다른 모
습을 지닙니다. ‘정치의 종교성’이나 ‘과학의 종교성’ 등을 말하면서 그
러한 문화들이 전승하고 있는 정형화되고 반복되는 어떤 몸짓이 현존하
고 있다는 것을 지적할 수도 있습니다. 하지만 그러한 설명은 여전히 몸
짓의 몸짓다운 자존(自存)을 일컫는 것은 되지 못합니다. 종교문화의 경
우 몸짓은 다른 어떤 것을 묘사하거나 드러내려는 의도 없이 그것 자체
로 자신을 종결짓기 때문입니다. 구체적으로 말한다면 예배나 미사나 예
불을 몸으로 실천하는 것은 ‘몸짓의 자율성’을 통하여 ‘몸짓-세계’를 형
성하는 일입니다. 그런데 바로 그 새로 지어진 몸짓-세계가 일상 안에서
늘 겪는 물음에 대한 해답으로 등장하는 것입니다.

몸짓의 종교사

몸짓은 이전과 무관한 짓의 출현을 가능하게 한다. 다시 말하면 인과를 거절하는
새 몸짓이 등장하는 것을 확인할 수 있다.

그러나 이러한 주장이 몸짓이 몸짓 아닌 다른 삶의 실재들과 단절되어
있다는 것을 뜻하는 것은 아닙니다. 몸짓은 몸짓주체에 의하여 이루어지
는 현상입니다. 그런데 그 주체는 때와 장소의 맥락 안에 있고, ‘홀로’와
‘여럿’의 맥락 안에 있습니다. 따라서 몸짓도 그러한 다양한 맥락에서
자유롭지 못합니다. 몸짓을 충동하는 동기와 몸짓을 설명하는 해석이 불
가피하게 첨가됩니다. 그러므로 정형화되고 반복되는 몸짓인 의례도 그
정형성이나 반복성을 유념하면서도 다르게 ‘현존’합니다. 다시 말하면
동일하고 동질적인 의례가 바로 그것이 자기완결적인 것이라 하여 언제
어디서나 ‘같은 것’으로 있는 것은 아닙니다. 그러므로 동일한 의례에
참여하면서도 그 경험은 개인적인 차이를 지닙니다. 시대적이고 상황적
인 조건에 의하여 다른 의미를 지니기도 합니다. 의례의 구조적 보편성

이 의례의 의미를 당연하게 보편적인 것으로 축조(築造)하는 것은 아닙니다.

이러한 사실 때문에 몸짓은 스스로 지니고 있는 정형성이나 반복성을 '변화'시키기도 합니다. 팔놀림이나 발 구름이나 몸의 접고 폄, 의례를 수행하는 시간이나 공간, 그것을 위한 치장이나 소리나 빛깔, 주어지는 해석이나 추출하는 의미론도 한결같지 않습니다. 우리는 몸짓의 문화-역사적 변천을 확인할 수 있는 것입니다. 그러나 여전히 그러한 조건들 때문에 몸짓 자체의 자기완결성이 훼손되는 것은 아닙니다. 다만 그렇다고 하는 사실을 통하여 그 몸짓의 자리와 무게가 늘 같을 수는 없다는 것을 지적하고 싶을 뿐입니다.

그런데, 이를 더 적극적으로 말한다면, 그러한 것이 몸짓이고 의례이기 때문에 그 특정한 의례의 지속 속에서도 의도적으로 '새 의례'를 만드는 일이 가능해집니다. 우리는 이 사실에 좀더 주목할 필요가 있습니다.

앞에서 우리는 몸짓의 관성화 현상에 대하여 언급한 바 있습니다. 그것을 몸짓의 물화(物化)현상이라고 하기도 했습니다. 문제는 바로 여기에 있습니다. 정해진 틀을 옷 입고 그것이 끊임없이 되풀이되는 과정에서 몸짓은 몸짓 자체의 기제에 철저하게 속박되면서 그 틀이나 반복 자체에 귀속됩니다. 다시 말하면 몸이 몸짓-세계를 형성하기보다 몸짓에 유폐되어버립니다. 몸짓이 '살아 있는 짓'이기보다 '관성화된 짓'이 됩니다. 그것은 '몸을 상실한 짓'이라고 말할 수도 있을 몸짓 자체에 대한 반역이나 배신입니다. '몸짓의 몸짓에 대한 자의식'을 배제하는 것이기 때문입니다. 그러한 몸짓은 결과적으로 '기계적인 작동'에 지나지 않는 것이라고 묘사할 수 있습니다. 우리는 흔히 그러한 현상을 '의식(意識) 없이 수행하는 맹목적인 습관적 행위'라고 말합니다. 몸짓은 이렇게 될 수 있습니다. 그리고 그렇게 된 '몸짓의 탈-몸짓 현상'은 어떤 물음에 대해서도 해답으로 기능하지 못합니다. 물음을 야기하지도 못하고 그 물음에 대한 해답을 반향하지도 못하기 때문입니다. 그리고 그러한 몸짓은 관성을 거절하는 몸짓이 여전히 존재하는 한 승인되지 못합니다. 몸짓이 스스로 그러한 몸짓에 대한 저항을 의도합니다. 이러한 사태는 마침내 새 몸짓, 곧 정형을 깨뜨리고 반복 주기를 재편하는 새로운 의례의 탄생으로 이어집니다. 몸짓의 타성화(惰性化), 곧 몸짓-세계의 상실을 저어하는 것은 다름 아닌 몸짓 자체이기 때문입니다.

이른바 종교사라고 일컬어지는 특정한 문화권에서의 '물음과 해답의 전승'을 살펴보면 우리는 그 전승이 '동일한 양태나 내용의 지속'이 아니라 상황적인 변화와 연계된 다양한 모습으로 이루어진 '변화의 전승'임을 확인할 수 있습니다. 그런데 그 변화를 금 긋는 것을 흔히 생각하듯 '사상'만이 주도하는 것은 아닙니다. 물론 우리는 '생각의 다름'이나 '다른 생각의 출현'이 현실적인 변화를 얼마나 강력하게 자극하거나 촉진하는지 잘 압니다. 하지만 '사상'처럼 그렇게 경험이 철저하게 개념화되고 그 개념들이 빚는 '현실'이 논리적으로 진술되는 것은 누구에게나 가능한 것이지만 공동체 전체가 겪고 짓는 것이기보다 대체로 특정한 개인이나 집단에서 더 두드러지는 것이었습니다. 그러한 담론의 생산과 확산에서 주역을 담당하는 것은 성직자들을 비롯한 전문가들이기 때문입니다. 그렇다 할지라도 '사상'이 '해답의 가르침'을 통해 일상화되어 종교의 울 안으로 들어오려는, 또는 들어온 많은 사람들을 그 사상의 틀 안에서 사고하고 판단하도록 하는 것도 분명합니다. 그러한 의미에서 이른바 '사상적 영향력'을 총체적인 것이라고 판단하는 것도 당연합니다.

그러나 의례와 비교해보면 사상의 변화는 상대적으로 충분히 총체적이고 직접적이지 못합니다. 종교문화는 사상보다는 의례에서 근원적인 변화를 일으키곤 했습니다. 주목해야 할 것은 관성적인 움직임, 곧 '몸짓의 경화(硬化)현상'에 대한 저항이 몸짓 자체로부터 말미암는다는 사실입니다. 몸은 자신의 몸짓이 더 이상 적합성을 지니지 못한다는 것을 사상보다 먼저 감지합니다. 따라서 새 몸짓의 출현은 필연적입니다. 새 의례의 출현은 불가피합니다. 그러므로 종교사는 일정한 의례의 지속을 보여주면서도 그 지속이 실은 '낡은' 의례의 소멸과 '새' 의례의 출현이 점철하는 '굴절하는 지속'임을 보여줍니다. 그리고 사상의 변화도 몸짓에 의하여 그것이 현실화되기 전에는 아무런 실제성을 지니지 못합니다.

이러한 사실은 종교사를 살펴보는 데서 우리가 주목해야 할 매우 중요한 사실을 시사하고 있습니다. 우리는 일반적으로 역사의 전개를 소박하게 '인과의 연쇄'로 이해합니다. 그리고 이러한 맥락에서 종교사도 다르지 않다고 여깁니다. 그러나 동일한 원인이 초래할 수 있는 결과는 결코 하나가 아닙니다. 그러한 의미에서 단일한 인(因)이나 그에 상응하는 단일한 과(果)를 이야기하는 것은 조심스럽습니다. 사상의 차원에서는 실제가 추상화되면서 그러한 논리로 역사를 읽는 일이 가능합니다. 그러나 몸짓은 이전과 '무관한 짓의 출현'을 가능하게 합니다. 다시 말하면 인과를 거절하는 새 몸짓이 '등장'하는 것을 확인할 수 있는 것입니다.

이 계기에서 우리가 묘사할 수 있는 것은 바로 '창조성'입니다. 역사적 전승을 절대적인 인과율로 설명할 수 없는 '다른 질서의 출현'을 확인하게 되는 것입니다. 창조성의 구현은, 적어도 삶의 주체의 현실성과 연관하여 말한다면, '몸짓'을 통하여 이루어집니다. 구체적이고 직접적이고 실제적인 장에서 이루어져야 하는 것이 창조성의 구현이기 때문입니다. 이른바 '새로운 종교의 출현'이라고 역사에서 기술되는 사건들은 한결같이 그랬습니다. 우리의 문화 속에서 세계종교라고 일컬어지는 '전통적인 종교들'의 출현이 그러하고, 개인의 실존적인 차원에서 겪는 개종이나 '종교인 되기'도 그러합니다. 그렇게 일컬어지는 현상들은 '몸이 거역할 수 없이 겪는 어떤 사건'에 근거를 두고 '발생'합니다. 물론 마음의 번민이라고 할 수 있을 측면이 현실성을 가지지 않는 것은 아닙니다. 그러나 그것은 몸짓경험에 이르기 전에는 아직 '새로운 사건'을 낳은 것은 아닙니다. 그 이전은 실제성이 없는 다만 '방황'일 뿐입니다.

새로운 사건을 낳는 몸짓경험은 때로 신비경험으로 기술되기도 하고, 고양된 정신으로 설명되기도 하며, 아니면 설명 불가능한 질병으로 진술되기도 합니다. 하지만 이러한 다양한 모습에도 불구하고 이 모든 것은 우리의 몸이 겪는 경험입니다. 관성화되어 경화된 이제까지의 몸짓과는 다른 것입니다. '창조적인 몸짓'이라고 부를 수밖에 없는 그러한 것입니다. 몸짓은 이렇게 자기갱신을 통하여 자기를 완결적인 것으로 지탱합니다. 그러므로 종교사는 인과의 지속이 아니라 인과가 단절되는 '창조적인 몸짓'의 계기들이 점철하는 것이라고 말할 수 있습니다.

하지만 '새 몸짓'이 언제나 무사하게 등장하는 것은 아닙니다. '관성적 행위'는 그것이 '탈-몸짓적인 몸짓'이라는 터득이 비롯하는 정황에서도 강하게 그 경화현상을 이어갑니다. 그것이 다름 아닌 관성화된 몸짓의 특성이기도 합니다. 따라서 변화에 대한 저항은 창조의 어려움에 상응하는 만큼 심각합니다. 개인의 실존적 차원에서는 이러한 사태가 자기의 상실과 이어집니다. 그러므로 그것은 당연히 피하고 싶은 상황입니다. 자기변화를 이루기 위한 자기포기는 소박하게 아픈 일이기 때문입니다. 그러나 그것은 '존재양태의 변화'를 의도하는 주체가 이룩해야 할 '몸의 현실'입니다. 공동체적인 의례의 경우, 이는 그 저항주체인 개인 및 집단과 기존 의례의 옹호주체 사이의 갈등과 충돌을 야기하는 사태에 이르곤 합니다. 의례가 특정한 권력에 의하여 정당화되고 지속되는 경우, 사태는 매우 심각합니다. 새로운 의례의 출현은 이른바 '성상파괴(聖像破壞)'라고 개념화할 수 있는 현상으로 인식될 뿐만 아니라 실제로 그렇게 수행되기 때문입니다. 따라서 이러한 현상은 심각한 사회적 위기를 수반합니다. 그러나 그 위기는 기존 질서에 대한 부정이나 파괴에도 불구하고 관성화된 채 경직화된 '탈-몸짓적인 몸짓'을 몸짓다운 몸짓으로 되살릴 수 있는 유일한 가능성의 실현입니다.

종교문화에 대한 관심에서 몸짓 또는 의례에 주목하는 일은 무엇보다도 종교문화의 사회적 현존에 대한 이해를 위해 절실하게 필요합니다. 그럼에도 불구하고 우리는 이제까지 '몸짓의 사회학'을 간과한 채 종교의 사회적 현존을 사상적 귀결이나 표출 또는 구체화로 간주하려는 경향을 더 중요하게 전제해왔습니다. 하지만 몸짓문화의 보편성은 종교문화의 이해를 위해 주목해야 할 준거로 새롭게 기능할 수 있습니다. 바야흐로 몸짓으로 구현되는 '해답의 에토스'에 대한 해석학이 우리의 당면한 과제가 되고 있는 것입니다.

• 힘 •

가능성의 현실화

우리는 힘의 절정에 이르러 힘과 만나고 싶고, 힘의 근원에서 내가 그 힘과 더불어
움직이고 싶고, 마침내 내가 힘 자체와 하나가 되고 싶은 꿈마저 지닌다.

사람은 먹고 마십니다. 그래야 합니다. 왜냐하면 그렇지 않고는 살아
갈 힘이 생기지 않기 때문입니다. 사람은 쉬고 자곤 합니다. 당연히 그래
야 합니다. 그러한 휴식이 없으면 힘이 아예 탈진하고 말기 때문입니다.
힘이 모자라거나 없어지면 몸을 추스를 수가 없게 되고, 마침내 생명을
지탱할 수 없게 됩니다. 삶이 끝나는 거지요.

힘이 나면 원하는 것을 대체로 다 할 수 있습니다. 더 많은 힘을 가지
면 더 많은 것을 할 수 있습니다. 더 많은 소원을 이룰 수 있다고 말할 수
도 있습니다. 남다른 힘을 가지고 있으면 내 삶이 돋보일 수 있습니다.
그러면 더불어 사는 삶 속에서 자기만이 할 수 있는 일이 생기고, 그 일
을 통하여 다른 사람들이 할 수 없는 일을 함으로써 자신의 삶을 보람 있
는 것으로 만들 수도 있습니다.

몸의 힘이 삶에서 차지하는 중요성은 설명하지 않아도 누구나 익히 경
험하는 일입니다. 우리는 병에 걸리는 것을 몹시 두려워합니다. 그런데
그 까닭인즉 아픔 때문이기도 하지만 결국 몸을 쓸 수 없게 된다는 공포
때문인데, 그것은 몸이 더 이상 힘을 쓸 수 없게 된다는 사실에 대한 절
망입니다.

그러나 몸을 온전하게 다 활용을 해도 우리가 바라는 것을 다 이룰 수
있는 힘을 얻는 것은 아닙니다. 물론 우리는 삶을 영위하기 위한 최소한
도의 힘을 바라거나 요청할 수 있습니다. 그리고 내 몸의 정상적인 활동
을 통하여 그것을 충족할 수 있는 힘을 일구어내기도 합니다. 하지만 사
람이란 참 이상해서 그러한 최소한의 조건을 충족시키는 힘만으로 만족
하지 않습니다. 그 이상을 바랍니다. 아니, 달리 말한다면 최소한의 힘이

라는 것이 실은 모호하기 그지없습니다. 왜냐하면 힘은 많을수록 당연히 좋습니다. 하고 싶은 것을 더 많이 할 수 있기 때문입니다.

몸과 마음을 나누어 생각하는 버릇을 또 드러내는 것이 되겠습니다만 마음의 힘도 다르지 않습니다. 삶이 마음먹기에 따라 얼마나 달라지는가 하는 것을 겪어보지 않은 사람은 하나도 없습니다. 마음을 단단히 다지고 나서면 두려운 것이 없어집니다. '마음의 힘'이라고 할 수 있는 것이 분명히 있음을 알게 하는 예입니다. 정신적인 힘, 또는 영적인 힘, 어떻게 말해도 좋습니다. 우리는 그것의 실재를 확인할 수 없음에도 불구하고 결과적으로 '힘'이라고 표현할 수밖에 없는 어떤 실재가 우리의 마음결을 짓는 데서 실제로 작용하고 있음을 부정할 수 없습니다. 보이지 않으면서도 실재한다고 고백할 수밖에 없는 실재, 다시 말하면 눈에 보이지 않고, 잡을 수도 없지만, 더구나 설명하기는 거의 불가능하지만, 분명히 경험할 수 있는 어떤 '실재', 곧 할 수 없는 일을 하도록 하고, 하고 싶은 일을 할 수 있도록 하는 어떤 것, 곧 불가능한 일을 가능한 것으로 만드는 '힘의 실재'를 우리는 내 마음결 안에서 익히 겪습니다.

그렇기 때문에 '잘살려면' 마음을 다스려야 하고, 마음을 힘으로 채워야 하고, 그렇게 '자신 있는 힘'을 통하여 삶을 헤쳐 나아가는 것이 다름 아닌 '믿음'이라고 일컫는 마음결이라는 주장도 우리는 익숙하게 듣고 있거니와 또 그렇게 '믿고' 있습니다. 신념이란 곧 힘이라는 서술이 결코 낯설지 않습니다. 삶을 위한 힘의 근원은 마음에 있고, 그래서 삶을 온전하게 하는 힘은 마음으로부터 말미암는다는 것을 조금도 주저 없이 증언하는 것이 우리네 삶의 모습이기도 한 것이기 때문입니다.

그래서 몸의 힘도 마음의 힘에 따라 달라질 수 있다는 가르침이 오랜 전승 속에서 이어져왔습니다. 몸은 쇠하여 힘이 빠져도 마음은 그렇지 않을 수 있다는 것을 우리는 경험하고 있고, 몸의 욕심조차 마음의 힘으로 제어할 수 있다는 사실도 분명하게 증언할 수 있는 것이 우리의 삶의 현실이기 때문입니다. 당연히 이 둘이 서로 단절되어 있다든가 별개의 실체로 물리적인 관계만을 유지하는 것은 아닙니다. 건강한 몸에 건강한 정신이 깃든다고 하는 우리가 잘 아는 격언처럼 그 둘은 접근을 어디서 어떻게 하느냐에 따라 가치의 우선순위를 달리할 수도 있고, 더 나아가 택일적인 강조마저 할 수도 있습니다. 하지만 그 접근이 어떠하든 분명한 것은 마음의 힘이나 몸의 힘은 떼어놓을 수 없을 만큼 하나라는 사실입니다. 그 둘은 삶의 주체 안에서 움직이는 힘의 모습에 대한 다른 묘사일 뿐인 것입니다.

그러나 살면서 경험하는 것은 힘의 이러한 모습만이 아닙니다. 우리는 마음의 힘이 직면하는 한계가 얼마나 분명한가 하는 것도 경험하고 있습니다. 마음이 마음대로 되지 않는다는 것은 참으로 역설적이지만 마음의 힘에도 엄연한 한계가 있음을 보여줍니다. 그러고 보면 마음도 몸도 우리는 그 힘이 얼마나 한정지어진 것인가 하는 것을 절감하지 않을 수 없습니다. 마음먹기 나름이라지만 마음대로 되지 않습니다. 몸의 힘을 기르면 어려운 일도 수월하게 할 수 있음을 모르지 않지만 몸이 말을 듣지 않습니다. 그리고 이러한 경험이 쌓일수록 우리는 내가 지닌 힘을 넘어서는 어쩌면 '온 힘'이라고 할 수 있을 힘 자체에 대한 아쉬움을 지닙니다. 힘의 절정에 이르러 힘과 만나고 싶고, 힘의 근원에서 내가 그 힘과 더불어 움직이고 싶고, 마침내 내가 힘 자체와 하나가 되고 싶은 꿈마저 지닙니다.

다시 말하면, 우리는 '유한한 가능성'으로서의 우리의 힘에 대한 인식, 그런데 이와 다른 '무한한 가능성'으로서의 힘의 실재에 대한 기대와 동경, 그리고 그러한 절대적인 힘에 내 존재를 근거시키려는 의지 등을 겪으면서 그러한 '힘'의 실재에 대한 긍정적인 고백을 문화화합니다.

그러한 힘이 틀림없이 존재한다는 믿음, 그러한 힘에의 의존이 삶을 삶답게 하리라고 하는 기대, 그 힘을 얻고, 그 힘의 보우(保佑)를 받고, 그 힘을 가능하면 '부릴 수도 있을' 삶의 차원에서 내 삶을 영위하고 싶은 기원, 그러한 것들을 현실화하여 그것이 다만 '희구'가 아니라 '현실'이라는 것을 승인하는 삶을 스스로 이루는 것입니다. 어쩌면 종교문화란 이러한 경험을 가장 구체적으로 형상화한 삶의 모습이라고 해도 좋을지 모릅니다.

신 : 삶이 발언하는 '마지막 인식'

신은 인간이 추구하는 '마지막 인식' 안에서 생존한다. 인간은 그 자리에 다가가고 싶지만 그렇게 되지 않기를 바라는 긴장을 늘 지닌다.

예를 들어보십시다. 인간의 문화는 언제 어디서든 '신(神)'에 대한 담론을 결한 적이 없습니다. 물론 그러한 논의 속에는 '신의 존재'뿐만 아니라 '신의 부재'를 주장하는 내용도 포함됩니다. 그런데 신의 존재 여부는 그러한 존재에 대한 실증 가능성 여부가 결정하지 않습니다. 신의 존재 여부를 묻는 그러한 물음은 이른바 이성적 사고가 준거가 되는 경우에만 가능한 실은 매우 작위적인 것입니다. 신은 언제 어디서나 자연스럽게 '있었'고 또 '있습'니다. 다시 말하면 대체로 사람들은 신을 그것이 실재한다는 것을 실증할 수 있었기 때문에 승인한 것이 아닙니다. 그러한 실증 이전에 '신의 현존'을 사람들은 먼저 경험했습니다. 그리고 삶은 그러한 증언으로 가득 차 있습니다. 우리는 그러한 증언들의 '소용돌이' 속에서 신과 만납니다. 분명한 것은 '신의 존재'를 승인하지 않는 문화를 우리는 인류의 역사 속에서 찾아볼 수 없다고 하는 사실입니다.

그렇다면 신의 존재 여부보다 더 직접적으로 우리가 관심을 기울여야 할 것은 신이 어떤 존재로 경험되고 있는가 하는 것입니다. 그런데 그것을 서술하는 것은 조금도 어렵지 않습니다. 신은 인간이 아닌 존재로 경험되고 있습니다. 신의 존재를 고백하는 모든 인간에게 신은 인간이 아닙니다. 인간이 고통을 겪는 존재인 데 반해 신은 고통을 겪지 않는 존재라고 믿고 있습니다. 신은 고통을 해소할 수 있는 존재이거나 아니면 매우 역설적이지만 인간에게 고통을 주는 존재로 고백되고 있습니다. 그러므로 인간은 죽지만 신은 죽지 않습니다. 인간은 부분적이지만 신은 온전합니다. 인간은 시간 안에 있지만 신은 시간 밖에 있거나 시간을 짓거나 그것을 다룹니다. 인간의 가능성은 한계가 있지만 신의 가능성은 한계가 없습니다. 가능성 자체이기 때문입니다. 되돌아가 다시 말한다면 인간은 신이 아닙니다. 신도 마땅히 인간이 아닙니다. 그러므로 결국 신은 인간이 희구하는 '힘' 그것 자체라고 우리는 말할 수 있습니다. 그러한 존재로 신을 경험하는 것이 인간입니다.

그러므로 신은 인간이 자신의 힘의 한계를 느끼며 온전한 힘을 희구하는 한, 언제 어디에나 있을 수밖에 없습니다. 그리고 인간이 불가피하게 자신의 힘의 한계 안에 있는 존재라고 한다면 신은 인간이 있는 한 자신의 존재를 지울 수 없습니다. '신이 있어 인간이 있다'고 하는 고백이 종교문화의 가장 중요한 내용을 이루고 있지만 그 고백의 문화적 현실을 다른 말로 풀이한다면 그것은 '신은 인간이 있는 한 있다'고 할 수 있는 그러한 '현상'입니다. 신은 '신이 존재한다'고 고백하는 경험 안에 깃든 현상인 것입니다.

그런데 그 신이 곧 '힘'입니다. 절대적이고 궁극적이고 온전하고 구체적이며 직접적인 힘입니다. 그렇게 경험합니다. 우리는 이렇게 묘사하는 몇 가지 개념적 용어 간의 등가적(等價的) 현상에 주목할 필요가 있습니다. '절대성＝궁극성＝온전성＝구체성＝직접성＝힘'이 다름 아닌 신인 것입니다. 인류의 문화가 지닌 신의 이미지는, 이러한 개념들의 선택적인 강조와 그 힘이 실현되는 현실의 묘사에 따라, 그 속성의 일정한 일관성과 상황적 변용을 교직하면서 다양한 종교문화의 내용을 이룹니다.

창조주, 조물주, 또는 '하늘 위에 있는 존재'라는 신 개념은 그 중의 하나입니다. 그것은 없던 것을 있게 하는 힘에 대한 다른 호칭입니다. 창조주의 그러한 힘은 현존하는 것을 현존하는 것이게 하기 위한 '질서'의 요청을 충족시키는 힘이기도 합니다. 아울러 무엇이나 알고, 무엇이나 할 수 있는 힘으로 묘사되기도 합니다. 따라서 신은 '살아 있는 존재'로 여겨집니다. 사고하고, 판단하고, 행동하는 주체로 경험되는 것입니다. 그러므로 신은 신으로서의 격(格)을 지닌 살아 있는 주체이기 때문에 인간은 그와 더불어 일정한 '관계'를 맺을 수 있다고 여깁니다. 그 관계가 '정상적일 때' 신의 현존에 대한 승인은 그대로 우리 삶을 위한 종국적인 힘으로 기능합니다. 인간은 자신의 힘의 한계를 극복할 수 있게 됩니다. 근원적인 힘과 연계되었거나 그 힘에 귀속되었거나 그로부터 비롯한 존재라는 확신이 자신 안에서 일게 되기 때문입니다. 그러므로 신은 힘이 없거나 부족하여 야기된다고 서술될 수 있는 인간의 문제에 대한 유일하고 절대적인 해답이라고 고백됩니다. 신의 존재는 자연스럽게 당연한 '현실'이 되고, 신의 뜻이라고 이해되는 어떤 초월적인 의도에 순응하는 것이 지극한 삶의 격률이 됩니다.

바꾸어 말하면 이러한 경험은 인간으로 하여금 스스로 자율적일 수 있는 자신의 힘에 분명한 한계가 있다는 것을 인식하게 했습니다. 그리고 아울러 타율적인 것으로 자신에게 첨가되는 어떤 힘의 실재를 승인하지 않고는 자신의 삶이 충분하게 실현될 수 없다는 것을 인식하게 하기도 했습니다. 흔히 우리 자신의 실존을 묘사하면서 사용하는 '운명'이라는 개념은 그러한 힘과의 관계 속에서 묘사되는 인간의 모습에 대한 이름입니다. 그것은 '힘을 추종하는 일'의 불가피성을 설명합니다. 신의 현존에 대한 경험이 자신의 삶을 온전하게 한다고 '믿고' 있는 것입니다.

그러므로 그 힘과의 관계에서 비로소 인간은 자신의 자신다움을 승인합니다. 그 힘에게 더 많은 힘을 기원하기도 하고, 그 힘에 의지하여 삶을 완성시키기도 하지만 그 힘을 인식하면서 이미 '주어진' 어떤 한계를 승인하는 겸허(謙虛)를 통하여 자신을 가꾸기도 합니다. 그것이 '하늘'로 묘사되든, '창조주'라는 인격적인 개념으로 기술되든, 아니면 '온전한 삶'의 모습으로 그려지든, 그렇게 묘사되는 실재의 뜻에 순종하거나 그러한 상태에 이르려는 노력은 인간의 삶을 삶답게 하는 당연한 규범으로 전제됩니다. '운명'은 그러한 경험에서 비롯한 인간 자신의 모습에 대한 고백을 개념화한 것입니다. 지어진 존재, 이미 정해진 몫을 지니고 있는 존재, 그러므로 그 틀을 벗어나는 것이야말로 잘못된 삶인 것입니다. 그러므로 운명은 절대적인 힘을 경험한 삶이 발언할 수 있는 마지막 자기 인식이기도 합니다. 신으로 흔히 기술되는 절대적인 힘은 그렇게 인간의 삶의 경험 속에서 '현실화'되어 있습니다. 신은 '해답으로 기능하는 힘'인 것입니다.

그러나 절대적인 힘과의 만남이란 너무 엄청난 일입니다. 그것은 더 이상 어떤 선택적 가능성도 지워버리는 '마지막 해답'과의 만남이기 때문입니다. 해답의 현실성에 대한 기대가 충족되는 일과 그 해답이란 어떤 것이라도 좋다는 태도가 반드시 일치하는 것은 아닙니다. 해답은 언제나 '어떤 해답'이어야 합니다. 내 물음에 상응하는 것이 아닌 보편성으로서의 해답이나 개연성으로서의 해답은 현실적이지 않습니다. 무척 오만한 것 같아도 인간은 자신의 물음에 대한 해답을 이렇게 추구합니다.

그런데 절대적인 힘과의 만남은 그 힘이 제시하는 해답에 대한 무조건적인 추종을 수용할 수밖에 없는 정황과 다르지 않습니다. 그렇기 때문에 그 힘과의 직접적인 만남은 '자유롭게 원하는 힘을 선택하고 싶은'

인간의 자존(自尊)을 훼손합니다. 힘에의 아쉬움과 자신의 자유로움을 잃고 싶지 않은 주체적 입장을 견지하고자 하는 태도 사이에서 인간은 절대적 힘과의 '긴장'을 호흡합니다. 따라서 절대적 힘과의 만남이란 두려운 일이기도 했고, 그래서 피하고 싶은 일이기도 하였습니다. 자신의 힘의 한계를 절감하면서 그것을 완성시켜줄 힘과 잇대어 살기를 바라는 태도가 절실함에도 불구하고, 막상 그 힘과의 만남을 예상하는 일이 '감히 직면하지 못할 현실과의 만남'이라고 하는 갈등적인 정서를 마음속에 일게 한 것입니다. '멀리하고 싶어하는' 바로 그 정서의 내용은 충분히 기술되지 않고 있습니다. 하지만 '절대적인 힘에 의한 자존의 훼손'이 그 내용이리라는 짐작은 충분히 가능합니다. 결과적으로 '신과의 만남'이란 '다가가고 싶은, 그러나 멀리하고 싶은' 상태에서 이루어지는 독특한 '상반하는 감정의 공존'으로 기술되고 있습니다. 어떤 문화권에서나, 어떤 시대에서나 적어도 신의 존재를 전제하거나 승인하는 삶의 모습 속에서는 한결같이 그러했습니다. 그렇다고 그 힘의 현존에 대한 절대적인 필요와 그 힘으로부터의 도움을 거절할 수는 없는 일입니다.

절대의 분산

가치 지향적인 이념적 힘이나 다스림을 전유하는 정치적인 힘이나 현실적인 삶을 위해 기능하는 도구적인 힘 같은 모든 힘에서 인간은 신을 경험한다.

그러한 '관계'의 정황 안에서 우리는 이른바 '신과 인간 간의 매개기능'이 출현하고 있음에 주목하게 됩니다. 절대적인 힘과의 '간접적인 만남'이 더 현실성을 지녔던 것이라고 할 수 있습니다. 아니면 자존의 한계를 훨씬 더 유효하게 확보할 수 있으리라는 기대가 그러한 매개를 요청하게 된 것이라고 말할 수도 있습니다. 종교사는 그러한 사실을 절대적 힘의 실재에 대한 인간의 경험이 상당히 '분산적(分散的)'이라는 사실로 기술하기도 합니다. 이를테면 '절대적 힘의 현실적 분화'라는 사실로 신에 대한 이른바 '간접적 경험'을 기술하고 있는 것입니다. 이러한 주장은 대체로 신과 등가적(等價的)이거나 신이 지닌 절대적인 것으로 인식된 어떤 힘이, 현대적인 개념으로 묘사한다면, 이념적 실재나 정치적 권력이나 기능적인 도구적 효용성으로 바뀌어 수용되고 있다고 말합니다. 이러한 주장은 우리의 일상에서의 이른바 '종교적 태도'가 실제로 어떠한 것인지 잘 보여줍니다.

인류의 종교사는 사람들이 지고(至高)한 힘의 실재를 가장 일차적인 차원에서 '하늘-님'으로 인식한다고 말합니다. 우리는 이를 닿을 길 없고 어찌할 수 없는 자연의 인격화 현상이 우리 삶 안에서 일어나는 것이라고 말할 수 있습니다. 다시 말하면 자연이 절대적 힘의 실재로 경험되고 있는 것입니다.

그런데 이러한 실재를 직접적으로 소통이 가능한 인격적인 존재로 만나기도 하지만 그렇지 않을 수도 있습니다. 이를테면 '하늘의 길(天道)'이라고 하는 이념적 실재를 승인하면서 그 이념의 구현이 곧 우리의 필요를 충족시켜주거나 우리가 직면하는 힘의 한계에 대한 해답을 마련해주는 것이라고 여깁니다. 그 '길'을 따르지 않아 문제가 생기는 것이고, 그 길을 따라 삶으로써 문제로부터 벗어나 해답을 확보한다고 여기는 것입니다. 그러므로 그 이념을 구현하기 위한 배움이나 수행은, 일상적인 서술을 벗어나 말한다면, '모자라는 힘의 현실'을 '온전한 힘의 현실'로 바꾸는 일과 다르지 않습니다. 그리고 그 일을 '온전함과 직면하는 일'을 통해 이루는 것이 아니라 '배우고 익히고 수행하여' 마침내 도달하는 '간접적인' 과정을 통해 이룹니다.

이처럼 절대적 힘을 이념으로 '환원'하여 만나는 일은, 힘 자체나 신 자신과의 만남에서보다, 훨씬 더 편하게 힘의 절대성과 그 힘이 해답으로 기능하는 현실을 경험하게 합니다. 그리고 수행주체로서의 자존도 완전히 상실하지 않습니다. 그렇게 본다면 이념은 흔히 생각하듯 '사색의 귀결'이 아닙니다. 다만 전제된 절대적인 힘에 대한 '사색의 전개'일 뿐이라고 말해야 옳을 듯합니다. 그렇지 않다면 '가르침의 규범'을 절대화하면서 그것을 '이념의 절대성'이라고 묘사한다든지, 그러한 절대화 과정이 없다면 가능할 수 없을 '이데올로기의 힘'이 결과적으로 물리적 횡포에 이르곤 하는 사실을 설명할 수가 없습니다.

정치적 권력이 절대적인 힘을 대행하는 매개로 간주되는 예도 역사를 통하여 수없이 증언되고 있습니다. 종교와 정치가 본래 하나였다(政教一致)는 주장이 흔히 그러한 예로 제시되고 있지만, 그러한 주장이 근거하고 있는 진화론적 서술보다 이러한 예의 직접적인 주장은 '왕권의 구조'에 대한 설명(王權神授說)에서 더 구체적으로 나타나고 있습니다. 그것은 왕권이라는 힘이 신이라는 절대적인 힘에 근원을 두고 있다는 것을 뜻합니다. 신으로부터 비롯하여 현실화된 힘의 실재가 곧 정치적 권력의 진정한 속성이라는 것을 확인하도록 하려는 주장입니다.

이러한 주장은 결코 낯설지 않습니다. 정치적 힘의 규범적 강제성이 갖는 절대성이 거의 불가항력적이라는 사실을 우리는 누구나 인정합니다. 그리고 그러한 힘이 자신의 삶을 옥죄지만 동시에 여럿이 살아가기 위한 질서를 지탱하기 위해서는 반드시 있어야 하는 것이라는 사실도 우리는 잘 알고 있습니다. 그러므로 정치권력은 힘을 요청하는 우리의 태도 안에 이미 자리 잡고 있는 것과 다르지 않습니다. 우리는 정치적인 힘을 절대적인 힘과의 직접적인 조우의 '불편함'을 덜어주는 '현실 속에 실재하는 신의 대리자'라는 이해를 가지고 만나고 있기 때문입니다. 정치적 권력도 자신이 신으로부터 비롯한 힘일 뿐만 아니라 더 나아가 자신의 힘이 곧 절대적인 힘인 신의 힘을 대행하는 것인 한 자신도 또한 절대적일 수밖에 없다는 인식 위에서 자신의 힘을 행사합니다. 따라서 정치적 권력은 어떤 경우에든 자신이 절대적 힘의 매개기능 또는 대행기능을 수행한다는 자의식 속에서 자기정당성을 확보합니다. 정치라는 개념의 폭넓은 변주를 전제한다 해도 '힘 자체'에 직면하기를 저어하는 인간의 경험이 있는 한 정치권력은 필수불가결합니다. 그러나 동시에 매개로서 접근이 용이한 힘을 인간이 요청하는 한, 그래서 등장한 지배나 통치의 힘은 매개만으로 수용되지 않습니다. 역설적이게도 왕권은 그것 자체가 현실적으로 '신의 권력'입니다. 정치적 권력뿐만 아니라 모든 힘은 절대성을 속성으로 지닙니다. 바로 이러한 구조를 지니고 있기 때문입니다. 결과적으로 '힘으로 작용하는 것으로 이해되는 모든 것'은 적어도 그것이 힘을 발휘하는 한, 그 상황 속에서는 절대적입니다. 모든 힘이 신을 매개하고 있다는 잠재된 전제가 인간 안에 '있기' 때문입니다.

인간이 자신의 한계 안에서 요청하는 절대적인 힘을 간접적으로 만나는 경험을 하는 삶의 또 다른 장(場)은 '할 수 없는 것을 할 수 있도록 하는 데 동원되는 모든 구체적인 삶의 모습들'입니다. 지식과 기술이 바로 그러한 모습의 대표적인 것들입니다. 모를 때는 아무것도 할 수 없지만 알게 되면 못하던 일을 할 수 있습니다. '아는 것'은 그대로 힘입니다. 그렇기 때문에 절대적인 힘은 '모르는 것이 없는 존재'로 여겨집니다. 당연히 앎이란 그러한 절대지(絕對知)가 스스로 '만날 수 있는 것'이 되어 내게 다가온 현실을 통하여 비로소 내가 이루는 것이기도 합니다. 앎에의 추구를 우리가 인간이 지닌 거의 '본능적'인 것이라고 여기는 것은 이러한 까닭 때문입니다.

그러나 그러한 앎에의 추구가 이른바 지적 호기심을 충족시키려는 것으로 끝나면 우리는 흔히 그것을 바른 태도로 여기지 않습니다. 사실상 지적 호기심은 우리가 상상하는 것 이상으로 실은 '의도적'이고 '작위적'입니다. '자연스러운 것'이 아닙니다. 왜냐하면 그러한 '탐구'는 마땅히 '진리'에 이르러야 한다고 하는 분명한 모습이 인간의 삶 속에서 확인되기 때문입니다. 이러한 주장의 함의는 다른 것이 아닙니다. 앎은 절대적인 힘에 가 닿아야 하고, 우리가 만나 얻은 앎은 그러한 근원적인 앎의 어쩌면 단계적이고 부분적인, 그러나 현실적인 힘으로 기능하는 것이라는 사실을 진술하는 것과 다르지 않습니다. 그런데 바로 그러한 이유 때문에 그러한 지적 성취는 모든 것을 할 수 있다는 신념을 함축합니다. 그렇지 않다면 과학만능주의라고 하는 근대적인 삶의 이념적 지표가 형성되었을 까닭이 없습니다. 따라서 그러한 태도는 반종교적 문화가 낳은 것이 아니라 오히려 은폐된 종교적 태도가 낳은 것이라고 해야 옳습니다. 그러므로 그러한 태도는 비단 근대 이후의 현상이 아니라 아득한 때부터 있었던 '힘에의 아쉬움'이 역사적 맥락에서 강화된 표상이라고 해야 오히려 옳을 듯합니다.

당연히 그 앎이 전개되는 현실이 곧 인간의 문명의 발전을 이룩하고 있습니다. 구체적으로 말하면 기술공학의 기능에 대한 '신뢰'가 이러한 현상과 더불어 있음을 우리는 잘 알고 있습니다. '도구의 힘'에 대한 신뢰는 인간의 한계를 극복하게 해준다는 의미에서 언제나 '해답'으로 수용되었습니다. 그리고 그러한 문명의 발전은 인류가 지니고 있는 문제의 점진적 해소와 다르지 않은 것으로 인식되기도 하였습니다. 편리함, 효율성, 안락함, 감소되는 고통, 새로운 삶에의 꿈에 대한 보증 등은 기술의 확장과 더불어 이루어지는 것이었습니다. '손발의 다양한 기능적 확장'으로 그려질 수 있는 이러한 모습의 근원에는 힘의 한계에 대한 절실한 자각과 그 힘이 온전한 힘일 수 있기를 바라는 절박한 결단이 함께 있었습니다. 그것은 '할 수 없는 일이 없다'는 것을 실현하려는 것이고, 그것을 이루는 구체적인 '도구'를 확보하는 것이었으며, 삶은 그러한 도구를 통하여 '해답'을 누리는 온전함을 살아갈 수 있게 되는 것이었습니다.

지금도 우리가 갖는 기술공학에 대한 기대가 그러합니다. 그것은 '문제'로부터 '해답'에 이르려는 꿈이고, 우리가 실현한 기술공학적 효과는 그래서 도달한 해답의 누림과 다르지 않습니다. 자연의 힘이 지닌 횡포에 대한 효과적인 방어, 기아의 극복, 질병의 치유, 여유가 마련해주는 삶의 질의 향상, 수명의 연장, 공동체 삶의 공간을 구축하는 '도시'의 출현, 산업과 정보와 환경의 재편과 복지화 등은 단순히 이념이 마련한 것은 아닙니다. 그것을 실천할 수 있는 도구적 힘이 없었다면 이룰 수 없는 일들입니다. 전통적인 표현을 빌린다면 과학과 기술의 이러한 '기여'는 신의 일을 대행하는 것과 다르지 않습니다. 신만이 할 수 있는 일을 실천하는 것이기 때문입니다. 앎과 그것을 실제적인 도구로 삼아 행사하는 힘은 절대적인 힘을 매개하는 것과 다르지 않습니다.

가치 지향적인 이념적인 힘이나 다스림을 전유하는 정치적인 힘이나 현실적인 삶을 위해 기능하는 도구적인 힘을 요청하는 것은 불가피한 삶의 당위입니다. 그것은 절대적인 힘의 실재를 승인하거나 그 실재에의 귀속이나 의존을 의도하는 것이 인간의 삶인 한 바로 그 절대적인 힘의 분신이나 다름없습니다. 다시 말하면 그 모든 것은 그 힘 자체인 신을 매개하고 있는 것들입니다. 그리고 그러한 힘의 추구는 신과의 만남에서 경험하는 양가적(兩價的)인 긴장을 의식하지 않아도 좋을 만큼 자신의 주체적 삶을 편하게 해줍니다.

매개의 거절

매개의 효용은 매개를 인식하는 주체가 매개의 근원을 회상하기 시작하면서
그 종국에 이른다.

그러나 이러한 현상을 절대적인 힘의 매개로만 이해하는 것은 매우 제

한적인 설명일 수밖에 없습니다. 실제로 우리가 겪는 것은 이념이나 권력이나 도구적 힘이 그것 자체로 절대적인 것으로 현존하는 모습이기 때문입니다. 그러한 의미에서 이 모든 것은 '매개 이상의 실재'로 인간의 경험 안에 현존합니다.

익히 알듯이 인간은 절대성을 양여(讓與)받은 이념이나 그렇게 된 권력이나 도구적 가치에 귀속된 삶을 살면서 비로소 자신의 문제가 해답을 확보하고 있다고 안도합니다. 그런데 그러한 것들에 의존하여 해답을 확보하기보다 자신이 그것 자체가 되거나 그것을 자신이 '소유'하고 있다는 '확신'조차 가지게 됩니다. 그렇게 되면 이념은 모자라는 힘을 온전하게 하는 힘이 아니라, 다시 말하면, 실천적인 덕목이나 지향해야 할 가치를 설명하는 일련의 체계가 아니라, 배타적으로 수호해야 할 지주(支柱)가 되고, 그 경험주체가 스스로 자신이 그 지주임을 천명하게 됩니다.

권력도 다르지 않습니다. 권력은 절대적인 힘을 위탁받은 '겸허한 대행자'로 현실 속에 있는 것이 아니라 그것을 소유하고 있다는 자의식을 가진 주체에 의하여 스스로 자존(自存)하는 절대권력으로 바뀌어 '못할 것이 없는 속성'을 발휘하게 됩니다. 정치권력의 주체들이 신격화되는 현상은 낯선 일이 아닙니다. 오늘 우리 시대에서도 다르지 않습니다. 그것이 모든 권력의 속성이기도 합니다.

도구적인 힘도 구조적으로 동일합니다. 그러한 힘은 목적을 위한 기능으로 있어야 합니다. 하지만 실제 경험 속에서는 그 수단 자체를 강화하면서 마침내 목적을 간과한 채 도구적인 힘이 절대화되고 목적이 됩니다. 지극히 '고전적인 논제'이지만 지금도 여전히 우리의 문화담론에서 더 심각하게 전개되고 있는 '과학'의 문제는 바로 이러한 모습을 드러냅니다. 흔히 밖에서는 과학의 진전을 몰가치적인 것으로 비판합니다. 하지만 과학 자체 안에서는 자기의 목적과 수단을 동시에 실현하고 있다고 판단하는 자기완결적인 '과학의 탐구 격률과 이념적 지향'을 간과하고 있지 않습니다. 다만 과학이 인류를 위해 봉사해야 한다는 당위와 오히려 과학이 인류를 지배한다고 판단하는 과학에 대한 비판적 인식 사이에서 '과학의 역할'에 대한 오늘 우리의 인식이 상당한 표류를 하고 있음을 확인할 수 있을 뿐입니다.

그러나 이렇게 경험되는 '매개의 절대화' 현상이 실은 불가능한 현상일는지도 모릅니다. 절대적 힘이 현실적이고 직접적인 삶의 현실 속에서 어떤 현상들에게 자신을 '양여'하고 있다고 기술될 수 있는 그러한 현상이 있다면 그 현상의 힘은 분명히 실제적으로 절대적일 수밖에 없습니다. 하지만 그것이 매개이기를 지나 그것 자체로 힘의 실체로 묘사되는 정황에서는 언제나 그것이 해답으로 충분하지 않다는 인식이 수반되었습니다. 왜냐하면 신의 절대적인 힘이 무한한 적응가능성을 지니고 이를 발휘하는 것과 달리, 이념이나 권력이나 도구는 유한한 적응가능성 안에 머무를 수밖에 없기 때문에 충분한 해답으로 기능하지 못한다는 경험을 우리로 하여금 지니게 했기 때문입니다. 신의 매개라는 인식의 맥락에서는 그러한 것들이 '다가갈 수 있는 현실적인 해답'이었지만, 그것 자체가 '신적인 것'으로 현존하는 자리에서는 전혀 '충분하지 못한 비현실적인 해답'이기만 한 그러한 경험을 인간이 그의 일상 속에서 절실하게 하게 된 것입니다. 이것은 종교사가 보여주는 참으로 흥미로운 사실입니다.

되풀이하는 언급이지만 '매개의 출현'은 실은 '신의 퇴거(退去)'와 다르지 않습니다. 스스로 힘의 실체라는 자의식을 지니고 그렇게 행동하는 '사람'에 의하여 신은 '뒤로 물러나 사라진 듯 조용하게 머물 수밖에' 없게 됩니다. 그런데 사람은 그러한 자의식에서 비롯하는 자신의 행위가 '신과 같은 것일 수 없다'는 한계에 직면합니다. 이때 인간은 신에게 다시 다가가려는 의도를 지니게 됩니다. 그것은 일종의 '용기'이기도 합니다. 일상과는 매우 다른 행위양태, 곧 '감행'인 것입니다. 다시 말하면 '종교라고 일컬어지는 현상'을 이념이나 권력이나 도구가 지닌 힘과는 '다른 어떤 것'으로 기술하지 않을 수 없고, 종교를 바로 그러한 기술을 할 수 있는 '새로운 힘의 범주'로 설정하고 있는 것입니다. 앞에서 예거한 모든 것들, 곧 이념, 권력, 도구 등이 '해답'의 범주 안에 드는 것은 분명하지만, 그러면서도 전혀 다를 수밖에 없는 '경험'을 구축한다는 인식에서, 그렇게 '종교'라고 불리는 힘의 '다른 서술범주'를 마련하고 그곳으로 되돌아가고자 하는 것입니다. 그러므로 우리가 서술한 맥락을 따라 다시 더 구체적으로 이 사실을 묘사한다면 그것은 '다가가고 싶으면서도 멀리 있고 싶은 힘'에 대한 정서에서 '감히 다가가는 일을 감행하고 싶은 힘'에 대한 정서가 종교라는 문화를 빚게 되는 것이라고 할 수 있습니다.

그러나 종교문화 안에서 '매개' 개념이나 '매개적 실재'는 이러한 차원에서 끝나지 않습니다. 종교공동체에서는 이러한 '매개적 실재'가 현실적으로 그 공동체 전체를 통어(統御)합니다. 우선 사제(司祭)가 그러합니다. 사제는 조직을 구성하는 기능의 하나로만 있지 않습니다. 그 이상입니다. 그것은 또한 조직을 구성하는 배분된 힘의 하나로만 있지도 않습니다. 그 이상입니다. 그는 스스로 '매개'이기 때문에 힘을 지니고 있습니다. 그리고 스스로 정당하고 절대적입니다. 그래서 결과적으로 매개이기보다 자신이 자신에게 힘을 양여한 힘 자체이기도 합니다. 논리적으로 그럴 수 없다는 설명은 현실적이지 않습니다. 그럴 수 없다면 사제는 없었어야 합니다. 그럼에도 불구하고 사제가 실재한다고 하는 것은 사제의 매개적 기능이 함축하는 '절대적 힘'을 사람들이 경험하기 때문입니다. 실제 경험에서는 사제는 '매개이기 때문에 절대자'이고 그래서 '결과적

으로 절대자'입니다. 종교문화 안에서 물음에 대한 해답은 그렇게 현실
화합니다. 그러한 사제가 스승으로 불리든가 안내자라고 불리든가 하는
문화-역사적 다름의 개념적 차이를 지적할 수도 있습니다. 하지만 근원
적으로 매개의 실제화가 일정한 종교공동체 안에서 사제라는 특정한 일
군(一群)의 '기능적 예외자'를 낳았고, 그를 활용하면서 비로소 종교공동
체가 자신을 구축한다는 사실에는 아무런 다름이 없습니다.

　하지만 이러한 현상 속에서도 앞에서 이념이나 권력이나 기능에서 지
적한 바 있는 '절대적 힘의 실재의 물러남' → '매개기능의 전면(前面)으
로의 등장' → '다시 잊힌 절대적 존재에의 회귀'라는 사실은 조금도 다
르지 않게 그대로 드러납니다. 그러한 사실을 구조적인 바탕으로 하여
종교문화는 지탱되고 있는 것입니다. 따라서 사제에의 귀속은 절대적인
힘과의 '간접적인 만남이면서도 오히려 직접적인 만남'으로 경험됩니
다. 그런데 그러한 사태가 반드시 상존(常存)하는 것은 아닙니다. 그러한
현실 속에서 사제가 해답을 위한 충분한 힘을 발휘하지 못한다는 한계를
인식하게 되면, 그러한 경험은 마침내 '사제를 넘어'라고 하는 '다른 지
향'을 의도하게 합니다.

　물론 '사제를 배제하는 일'이나 '사제의 권위에 대한 도전'이라고 말
할 수 있는 이러한 현상은 공동체가 지니고 있는 일상적인 힘의 긴장이
나 위기로 논의될 수 있습니다. 조직의 문제로 다룰 수도 있습니다. 삶은
늘 그러한 '힘겨루기'를 일상 안에 담고 있기 때문입니다. 하지만 종교
문화의 자리에서 벌어지는 이러한 사태는 좀더 다른 양상을 보여줍니다.
사제의 권위나 자질에 대한 논의는 언제나 '절대적인 판단'을 수반합니
다. 왜냐하면 그러한 판단은 사제를 넘어 사제에게 힘을 양여한 근원적
인 힘에 근거하고 있다는 자의식에서 비롯하는 것이기 때문입니다. 따라
서 그러한 판단은 기존의 사제에 대한 '절대적 심판'을 아울러 수행합니

다. 그 사제를 추종하는 집단에 대한 태도도 다르지 않습니다. 이러한 이유 때문에 이른바 기존의 사제를 정점으로 한 기존의 주장에 대한 '다른 주장,' 곧 '다른 해답의 가능성'에 대한 의견의 제시는 그것 자체가 절대성을 전제하고 주장될 뿐만 아니라 절대성을 향한 도전이기 때문에, 언제나 '타협과 조화'가 불가능한 사태에 직면하지 않을 수 없게 하는 그러한 것이었습니다.

따라서 '다른 주장에 대한 정죄'의 정서는 종교문화를 형성하는 깊은 '성인(成因)'이 되고 있습니다. 종교공동체가 '살육'조차 감행하는 '싸움의 역사'를 드러내고 있는 것은 종교의 가르침과 모순되는 불가해한 일이라고 생각할 수도 있지만, 절대적인 힘을 경험하고 이 힘을 통해 현실적인 문제에 대한 해답을 얻으려는 것이 종교문화라는 사실을 유념하면, 그것이 사제를 출현시키는 공동체 구조 속에서는 불가피한 현상이라는 것을 우리는 충분히 짐작할 수 있습니다. 인류의 종교사는 이러한 구조 때문에 서로 다른 종교 간에, 그리고 하나의 종교이지만 서로 다른 주장을 담고 있는 그 공동체 안에서, 갈등하고 충돌하고 싸우는 비극적인 역사를 한번도 보여주지 않은 때나 곳이 없습니다. 종교사는 결코 '종교의 가르침'이 문자 그대로 구현되는 역사이지 않습니다. 그것이 '힘의 현실'이라는 사실을 우리는 유념하지 않으면 안 됩니다.

그런데 사제를 배제하는 동인(動因)이 이렇게만 현실화하는 것은 아닙니다. 이미 앞에서 언급한 바와 같이 매개에 대한 실망은 매개를 넘어 매개에게 자신을 양여했던 그 힘 자체에게 직접적으로 가 닿을 길을 추구하게 됩니다. 다가가고 싶으면서도 멀리 있고 싶은 갈등을 의도적으로 넘어서려는 '용기'는 절대적 힘의 실체나 신과 자신이 '하나일 수 있는 길'을 탐색하게 되는 것입니다. 하지만 그러한 일이 쉬운 것은 아닙니다. 비일상적인 존재와의 만남은 일상적인 삶의 태도를 그대로 유지하면서 이루어지는 것은 결코 아니리라는 사실에 대한 인식이 이 일을 수월한 것으로 여기게 하지 않습니다. 실제로 이러한 '태도'는 일상을 부정하거나 간과하거나 파괴하지 않으면 이루어지지 않습니다. 이른바 신비주의적인 전통이 그러합니다.

사람들이 신비주의라고 이름지은 특정한 경험은 무엇보다도 그 경험이 '설명할 수 없는 것'이라는 사실 때문에 두드러집니다. 그러나 바로 그렇게 말할 수밖에 없는 까닭은 그 경험주체가 '설명할 수 없는 힘'에 '사로잡혀' 있기 때문이라고 '설명'됩니다. 그런데 이러한 설명은 결국 신비경험이라고 하는 것은 종국적으로 '힘에의 직접적인 도달'이 그 내용이고, 더 적극적으로 말한다면 '신과의 합일'을 지향하면서 이루어진 경험이라고 말할 수 있게 합니다.

그런데 이러한 경험이 '지금 이곳'을 부정하는 일로부터 비롯한다는 것을 유념하면 이 현상은 더 쉽게 이해됩니다. 신비경험은 지금 이곳의 일상을 부정하면서 그 일상성 안에 있는 자아를 넘어서는 것을 그 경험이 완성되는 것으로 여깁니다. 다시 말하면 일상성에 대한 현실적인 인식을 존중한다 하더라도 이러한 경험은 '일상에 대한 일상적 인식'을 더 이상 절대화하지 않고 있는 것입니다. '있으나 없다'는 '일상에 대한 비일상적 인식'이 일상을 수용하는 것입니다. 따라서 그러한 경험은 현실에서 직면하는 문제를 더 이상 문제로 여기지 않습니다. 문제가 없습니다. 그렇기 때문에 절대적 힘과의 합일은 '문제에 대한 해답'이라는 도식과는 달리 '아예 문제없음'이 삶의 현실임을 주장합니다. 결과적으로 신비주의적 태도는 부정해야 할 일상도 없고 승인해야 할 비일상도 없습니다. 그런데 모두 없는가 하면 모두 있습니다. 그리고 이어 그 역(逆)도 참입니다. 이러한 삶의 모습을 증언하는 것이 신비경험입니다.

물론 이러한 태도조차 일정한 '전통'으로 현존하기 때문에 이를 주장하는 사제나 스승이나 안내자의 현존도 마저 이야기하지 않으면 안 됩니다. 특정한 신비주의적 경험은 일정한 '양식(樣式)'의 수행을 전승하기도 하고, 그러한 과정에서 신비주의적 전통의 조직적 위계화(位階化)를 통하여 그것 자체를 또 하나의 새로운 '매개'이게 하기도 합니다. 그러므로 당연히 어떻게 이 '경지'에 이르느냐 하는 방법론적 논의의 다양성도 일게 됩니다. 문화-역사적 맥락과 개개인의 실존적 정황과 인간성이라고 말할 수 있는 그 개인의 특성에 따라 방법도, 성취되었다고 판단하는 종국도, 그 경험이 일상 속에서 드러내는 태도도 다양할 수밖에 없기 때문입니다. 그럼에도 불구하고 이러한 반응이 절대적인 힘과의 만남 속에서 매개의 거절을 구조적으로 내장하고 있다는 사실은 어느 경우에나 다르지 않습니다.

신의 파기와 교체

새 종교는 절대적 힘의 실재를 교체하는 일과 다르지 않다. 그것은 '낡은' 신의 퇴장과 '새' 신의 등장을 보여준다

그런데 힘과의 관계는 매개의 현존이 야기하는 것만이 아닌 더 복합적인 경험을 하게 합니다. 우리가 승인한 신이, 매개든 실재든 상관없이 우리의 희구를 충족하기보다 우리가 바라지 않는 현실을 우리 삶 속에서 펼칠 때면 우리는 그 힘의 절대성과 그 현실이 그렇지 않기를 바라는 희구를 여전히 지닌 채 심한 갈등을 느낍니다. 신은 우리에게 전횡을 일삼는 맹목적인 힘으로 의식되기도 하고 폭력적인 실재로 여겨지기도 하기 때문입니다.

해답을 제시해주는 마지막 실재로 상정된 힘의 현존이 오히려 '폭력'으로 경험되는 이러한 사례는 종교문화를 서술하는 과정에서 언제나 모호한 정당성의 논리로 수식되곤 하였습니다. 그것을 '폭력'으로 기술하

는 경우는 거의 없기 때문입니다. 하지만 그러한 인식이 가능했으리라고 추정되는 역사적 경험의 진전을 살펴보면 그 힘에 대한 반응에서 우리는 그 경험주체들이 그러한 힘의 '횡포'를 절감했으리라는 추정을 얼마든지 할 수 있습니다. 예를 들면 자연재해는 그것을 넘어서는 더 높은 힘을 상정할 수 없는 절대적인 힘 자체의 '폭거'로 경험되었습니다. 인간의 희구를 배신하는 설명 불가능한 '사건'이기 때문입니다. '숙명'이라고 일컫는 불가피한 삶의 수용도 실은 거역할 수 없는 힘의 횡포에 대한 수동적 체념이라고 해도 좋을지 모르겠습니다. 뿐만 아니라 매개로 등장한 이념이나 권력이나 기술이 스스로 자신을 절대화하면서 그 힘에 대한 기대의 삶을 '황폐하게 하는 것'을 견디지 않으면 안 되는 '고통'도 설명할 수 없는 절대적 힘의 작희(作戱)로 각인되곤 하였습니다.

　삶의 경험은, 특히 힘의 한계에서 비롯하는 경험은 절대적인 힘의 실재를 승인하고 의존하지 않으면 안 되는 불가피성을 담고 있으면서도, 바로 그 절대적인 힘의 불가피성이 자신의 힘에 대한 견제와 억압을 가능하게 하는 근원일 수도 있다는 사실에 대한 심각한 갈등을 수반합니다. 그리하여 이제까지 절대적인 것으로 승인한 신에 대한 '반역'을 의도하기도 합니다. 그러한 일은 매개로 인식되었던 직접적이고 실제적인 힘들을 스스로 절대적인 것으로 만들려는 구체적인 태도에서 현실화합니다. 이념의 절대화, 권력의 절대화, 기능의 절대화가 그렇습니다. 그러한 절대화 현상은 신을 빙자한 오만일 수도 있지만 신의 전횡에 대한 인간의 저항이 구체화한 모습이기도 합니다. 그런데 이러한 '절대화된 매개'의 한계는 지극히 쉽게 드러납니다. 인류사는 그러한 것들이 문제에 대한 해답이라는 신념으로 살아왔음에도 불구하고 그 모든 것이 한결같이 인간의 삶에 어떤 '부정적인 힘'으로 되돌아오고 있음을 증언하고 있습니다. 앞에서 우리는 이러한 사태가 결국 절대적인 신에의 불가피한 회귀에 도달한다고 설명한 바 있습니다. 그러나 그것만이 아닙니다.

실은 그러한 회귀조차 편하지 않습니다. 왜냐하면 근원적으로 신의 현존이 '더 거북할 수밖에 없는' 역설적인 갈등이 '신 인식' 안에 내재해 있기 때문입니다. 따라서 그 '힘'에 대한 저항은 마침내 '신의 파기(破棄)'로 드러나기도 합니다. 종교사가 보여주는 '새로운 종교'의 출현은 그러한 사실이 어떻게 문화화하여 역사 속에서 드러나는가 하는 것을 잘 보여주는 예입니다. 새로운 종교를 출현하게 하는 원천적인 힘은 기존의 '절대적 힘과 그것이 이루고 있는 일련의 체계'에 대한 불신과 부정이기 때문입니다. 당연히 '새 종교'는 절대적 힘의 실재를 교체하는 일과 다르지 않습니다. 개인의 실존적 차원에서도 그러한 '힘의 교체'는 언제나 가능했습니다. 물론 그것이 쉬운 일은 아닙니다. 우리는 아무리 느슨해도 강제하는 힘을 가진 질서 속에서, 그것이 전승하는 가치를 일정한 조직을 통해 승인해야 하는 구조를 살아가고 있기 때문입니다. 그러나 '신의 파기와 교체'는 종교문화 안에서 '일상적'인 현상입니다.

하지만 '신의 횡포'로 기술될 수밖에 없는 그러한 현상의 경험주체는 그 현상을 '횡포'라고 묘사할 수 없는 또 다른 현상을 드러내고 있습니다. 종교문화는 '신과의 갈등'이라고 할 수 있을 그러한 긴장과 위기를 오히려 경험주체의 '책무(責務)'로 만드는 구조를 지니고 있기 때문입니다. 모든 종교문화는 '자신이 주장하는 구체적인 행위규범의 불순종'이나 '진정한 뜻을 온전히 탐색하지 못하는 것'이나 '충분하지 못한 실천'에 대한 참회를 그 내용으로 설정하고 있습니다. 따라서 절대적 힘의 실재는 스스로 '횡포일 수 없는 자리'에 의연하게 현존합니다. 그러므로 이 맥락 속에서 문제가 되는 것은 힘의 희구 주체입니다.

뿐만 아니라 희생제의를 축으로 한 의례 일반은 참여자들로 하여금 자기부정의 실천을 몸짓화하도록 '강제'하고 있습니다. 사실상 의례의 실제 모습은 '죽임'을 배제하고는 이루어질 수 없는 실은 '폭력적'인 것입니다. 물론 인류의 문화사를 기술하는 일반적인 논의가 '피를 흘리는 의례의 모습'을 이른바 '원시적인 것'으로, 그래서 '폭력적인 것'으로 여기는 것에 대하여 이론을 제기할 수 있습니다. 그러나 원시적 의례만 그러하지 않습니다. 무릇 의례는 그것이 어떤 것이든 '폭력적임'을 벗어날 수 없습니다. 그것은 지금 여기의 자아를 거절하는 구조로 이루어지고 있는 몸짓이기 때문입니다. 따라서 폭력이라는 일상적인 행위가 상징적인 의미로 의례의 구조를 이루고 있고, 또 그렇게 설명된다 하더라도, 거기에는 언제나 그 폭력을 수행하기 위한 '아픈 갈등을 넘어서는 결단'이 요청됩니다. 폭력의 수용이 폭력의 수행으로 규범화되어 있는 것입니다. 그렇기 때문에 신은, 절대적인 힘의 실재는, 해답의 희구가 도달하는 마지막 '출구'이면서도 언제나 '진노하는 신'이라든지 '파괴하는 신'이라는 개념적 함축을 동시에 지니고 있습니다. 그렇게 경험되고 있는 것입니다.

따라서 이러한 주장에 의하면 새로운 종교의 출현조차 신의 교체나 파기가 아니라 그 신에게 자신을 봉헌하는 종교경험의 주체들이 자신을 파기하거나 변화시키는 계기가 낳은 사건이 됩니다. 그리고 이러한 주장들은 인간의 문제에 대한 해답은 '쟁취하는 것'이 아니라 '주어지는 것'이라는 것을 기리는 정서로 그 사건을 다듬어냅니다. 스스로 얻어내는 것이라고 하는 주장이 강조되는 경우에도 그것은 언제나 '불가능한 것을 이루는 일'로 전제되고, 그것을 이루는 '순간'이나 계기는 '설명할 수 없는 힘'이 간여하여 이루어진 것으로 고백되고 있습니다. 자기를 버려 신의 뜻을 따름으로써, 또는 절대적인 힘의 규범을 실천함으로써 우리는 '살 수 있는 것'이라고 주장하는 것이 종교문화의 참 모습이라고 서술하고 있는 것입니다. 인간은 자신의 삶 안에서 절대적인 힘을 그렇게 서술되는 내용으로 경험하고 있습니다. 그것이 종교문화입니다.

　그런데 진노하는, 또는 파괴하는 그러한 '두려운 존재'라는 묘사는, 절대적 힘에 대한 희구와 두려움을 아울러 지니는 처음 경험에서 지녔던, '다가가고 싶으면서도 멀리하고 싶은' 그때의 '멀리하고 싶음'과는 다른 경험입니다. 더 정확하게 말한다면 그것은 그 갈등적인 정서가 절대적인 힘을 승인한 '다음에' 이루어지는 경험내용입니다. '신과의 만남 이후'라고 할 수 있는 그러한 것입니다. 물론 우리는 이러한 '진전과정(進展過程)'을 선후(先後)로 이어 설명할 수는 없습니다. 우리는 그것이 복합적으로 드러난 종교라는 현상을 만나고 있을 뿐이기 때문입니다.

　그러나 분명한 것은 종교문화의 변천입니다. 그것은 언제나 긴 역사 속에서 그때그때마다 드러나는 차이를 보여주고 있습니다. 그것을 '현상의 변화'라고 할 수도 있습니다. 그러나 '구조의 변화'라고 하는 것이 더 정확할지도 모릅니다. 그런데 구조의 불변성을 현상의 변용성과 상대적인 것으로 이해한다면 구조의 변화라기보다 '현실이 선택하는 구조가 달라지는 것'이라고 해도 좋을지 모르겠습니다. 아니면 '구조에의 접근이 변화한 것'이라고 말해도 좋을 듯합니다. 왜냐하면 절대적 힘의 실재를 상정하고 경험한다는 동일한 구조에도 불구하고 이에 접근하는 경험내용이 다르기 때문입니다. 앞에서 언급한 새 종교의 출현이 그러합니다.

폭력의 규범적 요청

마성적 힘의 실재에 대한 승인은 불가피하게 폭력에 대한 규범적 요청을 현실화하는 문화로 자리 잡는다. 종교문화가 스스로 폭력적이기를 멈춘 적이 없다.

　그런데 '진노하는, 또는 파괴하는 신'이 실재한다는 고백을 할 수밖에 없는 그러한 절대적 힘의 횡포를 직면하는 경험은 또 다른 '실재'를 등장하게 합니다. 그것은 절대적 힘에 대한 '다른' 인식이라고 할 수도 있고, '또 하나의 절대적 힘'이 실재한다는 사실에 대한 승인이라고도 할 수 있는 그러한 것입니다.

물론 해답을 마련해줄 수 있는 절대적인 힘과 대칭되는 또 다른 절대적인 힘의 실재를 승인한다는 것은 적어도 논리적으로 정당할 수 없습니다. 전자를 긍정적인 절대적인 힘으로, 그리고 후자를 부정적인 절대적인 힘으로 전제한다고 해도 사정은 다르지 않습니다. 부정적인 힘을 승인하는 한, 비록 그 승인이 종국적으로 긍정적인 힘의 '승리'를 함축한다 해도 사정은 여전히 다르지 않습니다. 그럼에도 불구하고 이미 그러한 인식이 현실화되어 있다는 것만은 분명합니다. 다시 말하면 이른바 긍정적인 절대적 힘의 한계에서 비롯한, 아니면 '그 힘의 온전하지 못함을 경험할 수밖에 없는 삶의 현실'에 대한 인식에서 말미암은, '다른 절대적인 힘의 상정'은 논리가 아니라 실제적인 경험이기 때문입니다.

절대적 힘에 대한 '신뢰의 갈등'이라고 해도 좋을 이러한 경험은 종교문화의 언제 어디에서나 철철 넘칩니다. '마성적(魔性的) 힘'의 실재에 대한 진술이 그러합니다. 그 힘은 '어두움'이라든지 '음습한 기운'이라든지 하는 묘사를 담은 개념적인 실재로 서술됩니다. 신이라고 일컫는 절대적 존재에 대한 다만 상대적 존재로 상정되기 때문입니다.

그러나 이러한 실재에 대한 경험은 개념적인 인식의 자리에서 멈출 수 없는 훨씬 더 현실적인 모습으로 묘사됩니다. '악마'라는 서술로 모두 포괄할 수 있을 그러한 '마성적 힘의 인격화된 모습'이 그러합니다. 그러한 '다른 힘의 실재'는 자신의 의지를 지닌 존재로 그려집니다. 그는 힘의 행사주체입니다. 사람들은 그러한 존재를 절대적인 신에 못지않은, 그리고 그러한 절대적인 힘에 대한 저항이나 파괴를 목표로 하는, 그래서 어떤 일도 마음대로 할 수 있는 '또 다른 힘'의 실재로 여깁니다. 그러므로 그 힘은 '창조적인 힘'과 비견되는 '파괴적인 힘'으로 여겨지기도

하고, 그 양자간의 갈등과 쟁투를 삶의 과정으로 기술하는 논리로 그 양
자의 관계가 진술되기도 합니다. 왜냐하면 사람들은 자신이 희구하는 해
답을 절대적인 힘의 실재인 신으로부터 제대로 확보하지 못하는 자신의
힘-경험이, 그러한 '다른 힘의 실재' 때문에, 또는 그러한 힘의 간섭 때
문에 야기되는 것이라고 이해하기 때문입니다.

'두 다른 실재 간의 힘겨루기'라고 하는 구조는 종교문화 전반에 걸쳐
확인할 수 있는 매우 두드러진 현상입니다. 무엇보다도 그 두 힘이 각기
긍정적인 힘과 부정적인 힘, 또는 창조의 힘과 파괴의 힘으로서, 더 현실
적으로는 선과 악이나 빛과 어둠 같은 그러한 범주의 대칭으로서 묘사할
수 있는 온갖 사물들의 대칭적 구조를 전제한 '겨루기'인 경우, 이러한
현상은 결코 낯설지 않습니다. 우리의 삶이 실제로 겪는 갈등의 내용은
바로 그러한 두 상반하는 힘들 간의 모순과 갈등과 쟁투입니다. 그렇기
때문에 종교문화가 자체 안에 그러한 '힘겨루기'를 내장하고 있을 뿐만
아니라 그러한 현실을 문화화하고 있다는 것은 당연합니다. 종교문화는
우리가 겪은 경험이 드러난 것이기 때문입니다.

그러나 이 당연한 경험의 표상은 종교문화를 '위협'하는 구조적 균열
을 이루고 있습니다. 온갖 종교적 담론은 두 힘 간의 갈등에서 어떻게 벗
어나 긍정적인 힘의 '승리'나 '완성'을 이룰 수 있는지를 역설하고 있습
니다. 승리를 주창하는 자리에서는 부정적인 힘의 종국적인 패퇴를 말하
면서, 그것이 현실적인 힘으로 삶을 제약하여 진정한 힘의 실재화를 저
해하는 사실을 다만 '과정'으로 여깁니다. 그리고 그 과정을 의미화하는
것이 삶의 물음에 대한 해답의 구현이라고 설명합니다. 사람들은 그러한
'설득'에 공감하면서 마침내 '창조적인 힘'의 그늘에서 자신의 물음을
풀어나갑니다. 완성을 주창하는 자리에서는 '겨루기'로 묘사되고 인식
되는 현상이 실은 바른 앎이 아니라는 사실을 주장하면서, 그 겨루기 자

체를 넘어서는 근원적이고 궁극적인 하나의 자리에서 그 둘의 갈등을 재조명하라고 권고합니다. 그렇게 하면 그 둘이 더불어 있다는 것, 그 둘을 나누는 것이 실은 문제를 낳는다는 것, 그러므로 둘을 넘어서는 하나의 자리에 서면 둘이 이미 둘이 아니라는 터득에 이르면서 문제의 해답을 스스로 그 문제에 담을 수 있다는 것을 주장합니다.

이러한 '해법'에도 불구하고 두 힘의 힘겨루기는 종교문화 자체의 현존을 충분히 위협하고도 남습니다. 직접적으로 말한다면 '악의 문제'는 종교문화가 지니고 있는 가장 '풀 수 없는 문제'입니다. 근원적인 긍정을 훼손하고 제약하기 때문입니다. 그리고 그렇다면 그것은 해답의 불가능성을 주장하는 것과 다르지 않습니다. 물음에 대한 해답을 추구하는 문화에서 이러한 마성적 힘을 승인한다는 것은 예사로운 일이 아닙니다. 그것이 실재하는 힘인지, 아니면 삶을 경험하면서 겪는 '결핍의 인격화' 인지, 그것도 아니라면 삶에 직면하면서 겪는 공포가 투사한 허상인지, 그것도 아니라면 절대적인 힘이 자신의 현존을 진정으로 승인하게 하는 도구인지, 더 나아가 다만 '일탈'이나 '무력함'이나 '의도적인 자학'의 개념화인지 등의 온갖 '악에 대한 설명'들은 다양할 뿐만 아니라 역사적으로 무수한 강조와 첨삭을 겪으면서 그 설명의 적합성과 정당성이 끊임없이 변해갑니다.

하지만 그러한 '설명'이 악의 현존을 겪는 실제적인 삶의 경험을 지우거나 흐리게 하지는 못합니다. 악의 현존은 '그렇게 말할 수밖에 없는' 정직한 '경험적 실재'입니다. 그러는 한, 두 힘들 간의 겨루기 안에서 인간이 직면하는 '당혹스러움' 자체가 결국 인간의 문제 자체라고 하는 묘사도 결코 그르지 않습니다. 우리의 삶은 그 힘겨루기 안에서 스스로 인식과 판단과 선택과 실천의 딜레마를 안고 있기 때문입니다.

논리적 구조로 본다면, 그렇기 때문에, 이 다른 마성적 힘의 실재에 대한 승인이 비로소 종교문화의 현존을 서술하는 지렛목이 됩니다. 적어도 악의 현존은 종교적 진술이나 고백의 전제로 자리 잡고 있습니다. 그리 하여 이제까지 서술한 '종교에 대한 이해'인 '물음에 대한 해답'이라는 개념적 진술을 이 맥락에서 재서술한다면 종교문화는 '마성적 힘에 대 한 대응의 논리'라고 말할 수도 있습니다.

그런데 남아 있는 실제적인 문제는 악의 존재 자체에 대한 인식을 어 떻게 다듬을 것인가 하는 것이 아닙니다. 종교문화는 그러한 논의보다 마성적 힘에 대한 대응의 가르침을 펴면서 스스로 마성적이게 된다고 하 는 사실입니다. 다시 말하면 마성적 힘의 실재에 대한 승인은 불가피하 게 '폭력에 대한 규범적 요청'을 현실화하는 문화로 자리를 잡습니다. 주목해야 할 것은, 거듭 말하지만, 종교문화는 스스로 폭력적이기를 멈 춘 적이 없다고 하는 사실입니다. 상식적으로 일컫는 사랑이나 자비나 구원이나 어짊이나 순종이나 '할 수 있음'의 어느 개념도 폭력, 그것도 물리적 폭력을 내장하지 않은 것은 없습니다. 그렇다면 마성적 힘은 절 대적인 힘과 대칭되는 '밖에 있는 실재'가 아니라 오히려 그 신의 속성 이라고 해야 옳을지도 모릅니다. 힘을 해답으로 추구하는 삶의 구조는 그 힘의 폭력적 행사를 '태생적'으로 배제하지 못합니다. 우리가 간과하 는 종교문화의 가장 중요한 '실상'은 그것이 내포하고 있는 '힘의 모호 성,' 또는 직접적으로 묘사한다면 '폭력성'입니다.

• 타자 •

'우리' 만들기

자기물음에 대한 해답의 발견이 감격스러우면 감격스러울수록 '우리' 만들기 충동은
더 현실적이게 된다.

살면서 늘 만나는 사람들이 있습니다. 가족과 이웃과 직장 동료들이
그러합니다. 그들은 낯이 익습니다. 언어도 아무런 지장 없이 서로 잘 통
합니다. 우리는 얼굴 표정조차 읽을 수 있습니다. 뿐만 아니라 우리는 그
러한 사람들에 대하여 많은 것을 알 수 있습니다. 경제-사회적인 조건도
알고, 건강도 알고, 심지어 그의 마음속에 있는 즐거움과 아픔도 짐작합
니다. 가까이 있고, 익숙하게 알고, 삶의 조건들을 공유하고 있을 뿐만
아니라 함께 의존하지 않으면 안 된다는 판단까지 하게 되면, 우리는 우
리와 그러한 관계를 맺고 사는 사람들을 '우리'라고 부릅니다. 그러므로
'우리'란 함께 동일한 생활공동체를 이루는 구성원들이기도 하고, 함께
동일한 운명공동체를 이루고 사는 사람들이라고 말할 수도 있습니다. 그
러므로 '우리'는 가치나 의미를 공유할 수 있습니다. 그렇지 않으면 '우
리'가 아닙니다. 이념적 지향도 한곳으로 모아질 수 있습니다. 그것이
'우리의 규범'이기도 합니다.

물론, 이제까지 나열한 여러 조건들로만 '우리'가 형성되는 것은 아닙
니다. 그러한 조건들이 모두 채워진다 해도 그것만이 곧 '우리'인 것은
아닙니다. 비록 서로 만나지 못했다 하더라도, 비록 동시대를 살고 있지
않고 동질적인 문화 안에 있지 않다 할지라도 '우리'를 지어낼 수도 있
습니다. 앞에서 예거한 자연스러운 조건들을 넘어서면서도 그 자연스럽
지 않은 조건들을 '자연스러운' 조건들로 확보할 수 있다면 '우리'의 외
연을 확대하는 것은 그리 어려운 일이 아닙니다. 우리는 만난 일이 없는
아득한 옛날에 먼 곳에 있었던 어떤 사람의 지혜를 통해 내 삶을 다스릴
수 있습니다. 그것은 익숙하고 낯익은 '우리'를 넘어선 더 크고 넓은 '우

리'를 형성하는 것과 다르지 않습니다.

　그런데 중요한 것은 '우리'의 형성이 낳는 '우리 경험'의 내용입니다. 적어도 '우리가 형성되기 전에' 우리는 '나' 자신의 삶의 문제를 지니고 있었습니다. 그리고 '두루 더불어 살면서' 그 문제가 현실화되기도 했습니다. 하지만 그 선후나 홀로와 여럿을 살피기 진에 우리가 승인해야 할 분명한 사실이 있습니다. 우리는 '문제를 사는 주체'라는 사실이 그것입니다. 우리는 이 일을 부정하지 못합니다. 그리고 종교문화는 그러한 '문제'에 대한 해답으로 현존하는 것이었고, 스스로 종교문화를 승인하는 사람들은 바로 그 '해답을 경험'한 사람들이었습니다. 그렇기 때문에 스스로 종교인이라고 자신을 드러내는 사람들은 바로 이 계기에서 우리는 '해답을 확보한 감격'을 삶 속에 담고, 이를 '더불어 사는 사람들에게 알리고 싶은 충동'을 받는다고 말합니다. 그런데 이러한 감격에 공감하는 사람이 생깁니다. 바로 이 순간에 우리는 '우리의 태동'을 하나의 분명한 현상으로 확인하게 됩니다. 그렇다면 해답의 내용에 대한 감격과 그 감격에 대한 공감이 곧 '우리의 경험내용'이라고 말할 수 있습니다.

　그런데 이러한 '우리의 태동'은 거기에서 끝나지 않습니다. 그것은 마침내 하나의 사회적 실재(實在)로 있게 됩니다. '우리'는 그러한 공동체입니다. 그리고 우리는 '우리' 안에서 여럿이 함께 있다는 사실 때문에 우리의 문제들이 쉽게 풀리는 것을 경험합니다. '우리' 속에서 우리가 직면하고 고통스럽게 출구를 모색하는 문제들이 뜻밖에 '효과적으로' 제풀에 풀리는 것을 경험하는 것입니다. 나 아닌 다른 존재와의 '공감'은, 그것이 문제를 공감하는 것이든, 문제에 대한 해답을 공감하는 것이든, 아니면 감동 자체를 공감하는 것이든, '우리'를 형성하면서 커다란 위안과 힘을 그 '우리'의 구성원들이 누릴 수 있도록 해줍니다. 이를테면 문제를 해결하는 현실적인 수단에 대하여 새롭게 알게 된다든지, 그

것을 익혀 수단화할 수 있는 능력을 습득할 수 있다든지, 더 근원적으로
는 자신의 문제가 참으로 문제다운 문제인가 하는 자기성찰을 할 수 있
다든지, 해답이란 어떤 모습으로 실현되는 것인가 하는 것을 스스로 선
택할 수 있다는 것을 터득한다든지, 실존 자체가 외롭지 않을 수 있다는
사실을 저리게 느끼면서 스스로 감격한다든지 하는 것이 그러한 위로와
힘의 내용입니다.

우리는 이러한 사실을 특별히 학습하지 않아도 잘 압니다. 일상적인
삶 속에서의 경험을 통하여 우리는 사람들이 모두 '우리'를 형성하고, 서
로 '우리'가 되고, 함께 '우리' 속에서 살아가는 것이 참으로 행복한 것이
라는 사실을 체험하고 있기 때문입니다. 마음을 열어놓을 수 있는 사람
들과 함께 사는 일, 위로를 받을 수 있고 고통을 함께 이겨낼 수 있는 사
람들과 더불어 살아간다는 일, 이러한 삶보다 더 귀한 것은 없습니다. 그
런데 그러한 '우리'는 내가 지닌 해답에 대한 나 자신의 감동을 공감하는
사람들과 만나면서 이루어집니다. 아니면 내가 공감할 수 있는 해답의
감동을 전해주는 사람과 만나면서 이루어집니다. '해답을 누리는 감동의
공유'가 '우리'를 낳습니다. 이것이 종교공동체의 비롯함입니다.

이러한 공동체의 출현은 종교문화가 보여주는 가장 현실적인 모습입
니다. 자기물음에 대한 해답의 발견이 감격스러우면 감격스러울수록 그
러한 '우리 만들기' 충동은 더 현실적이게 됩니다. 그리고 이러한 태도
는 아름답고 착한 일입니다. 만약 우리가 인간으로서의 동질성을 부정할
수 없다면, 그래서 우리가 지니는 문제의 적어도 범주적 동질성을 현실
적으로 승인할 수 있다면, 어느 개인이나 공동체가 추구하여 얻은 해답
에 대한 감격을 '다른 사람'에게 전하여 공감을 얻고자 하는 일은 마땅
한 일입니다. 그리고 만약 그 감격스러운 주체의 문제에 공감한다면 그
가 확보한 해답을 경청하는 것은 또 다른 성실하고 진지한 태도입니다.

비록 타인의 일이지만 그 문제에 대한 해답에 스스로 메아리쳐 자신의 문제도 풀릴 수 있기를 기대할 수 있기 때문입니다.

종교문화가 정태적(靜態的)일 수 없는 가장 중요한 이유 중의 하나는 종교경험 주체들이 자연스럽게 쏟아내는 이러한 '우리' 공동체를 일구려는 역동성입니다. 우리는 그러한 역동성이 어떻게 벌어지는가 하는 것을 개인의 실존적 차원에서 기술할 수도 있고, 공동체적 맥락에서 기술할 수도 있습니다. 물론 개인과 공동체의 선후를 물을 수도 있겠지만 그러한 물음은 결코 현실성을 지니지 못합니다. 상호적이기 때문입니다. 따라서 물음과 연계하여 유의미한 선택을 할 수 있을 뿐 사실의 차원에서 선후를 실증하는 것은 불가능하고 무의미합니다. 중요한 것은 그러한 역동성이 지니는 '자기확산의 의지'와 '자기전승의 확신'입니다. 그리고 인류의 역사는 그러한 의지와 확신이 수많은 '종교공동체'를 낳았다는 사실을 뚜렷하게 보여줍니다. 그것이 지금 우리가 일컫고 있는 이를테면 이슬람이라든지 불교라든지 그리스도교라든지 하는 개별 종교들을 있게 한 '처음 사정'일 듯합니다. 지금도 새 종교의 출현은 그러한 감동의 공유를 의도하는 확신과 의지에 의해서 이루어집니다.

그런데 '우리'를 지어내야겠다는 것이 보편적인 당위이고, '우리'가 저절로 태어나게 마련이라는 이해가 아무리 자연스러운 확신이라 할지라도 실제로 '우리'가 태어나는 일이 그리 수월하지는 않습니다. 이유는 간단합니다. '내' 감동에 대한 반응이 반드시 공감적이지만은 않은 것이 삶의 현실이기 때문입니다. 그렇다면 우리는 이 계기에서 '우리'를 강조하는 '당위'가 요청되는 실제적 맥락에 주목할 필요가 있습니다.

당위를 강조할 때는 반드시 그 배후에 당위에 반하는 현실이 있습니다. 우리는 이러한 사실을 늘 겪습니다. 지금 '우리'를 이야기하는 이 계기도 다르지 않습니다. 우리가 '우리'를 희구하는 것은 사실은 우리가 바라는 '우리'가 비현실적이기 때문입니다. 우리는 '우리'를 바라지만 그것은 다만 꿈이거나 기대일 뿐 실현될 수 없는 현실로만 있는 것이 우리의 삶인 것입니다. 이러한 사태는 내가 감격하는 해답에 대한 내 발언에 아무런 메아리도 없을 때 우리가 경험하는 현실입니다. 그런데 사태는 이를 넘어서는 더 심각한 국면을 야기합니다. 공감하는 메아리가 아주 없지는 않습니다. 그것이 처음부터 불가능하다면 '우리'를 이루려는 꿈도 아예 있을 수 없었을 것입니다. 그런데 중요한 것은 '공감할 수 없다'는 발언이 내 증언에 반향하고 있다는 사실입니다.

'다른 우리'의 출현

감동의 훼손은 인식의 왜곡을 낳는다. '우리'와 '다른 우리'와의 관계가 이성적으로 회복될 수 없는 것은 이 때문이다.

좀더 가까이서 이 문제를 살펴보십시다. 그 살핌의 계기를 '우리' 이전의 개인의 실존의 차원에 두든지, 아니면 이미 형성된 '우리'에다 두든지, 그것이 이 살핌을 위해 크게 작용하지는 않습니다. 중요한 것은 '공감할 수 없음'을 가능하게 하는 삶의 조건들이 무척 많고 다양하다는 사실입니다. 생각해보십시다. 삶을 묻는 구체적인 계기는 개개인에 따라 다릅니다. 물론 인간이기 때문에 지니는 공통적인 자질들을 간과해서는 안 됩니다. 또 그 동질성 때문에 공감이 확장될 수 있거나 다른 자아에게 전이될 수 있다는 것을 존중하지 않으면 안 된다는 사실을 부정해서도 안 됩니다. 그러나 비록 그러한 사실을 충분히 전제한다 해도 각기 실존적 주체가 지니는 문제의 양태적 차이는 구조적 요소를 심하게 채색할 만큼 심각한 다름을 드러냅니다. 반드시 '동일'하다고 하는 묘사는 몹시 조심스럽지만, 심지어 삶의 과정에서 겪는 '동일한 사건'에서조차 그 사건으로부터 말미암는 문제들이 서로 다르기도 합니다.

그렇기 때문에 나 자신의 고백에 대해 나 스스로 아무리 정직하고 순수하다 할지라도 그 정직성과 순수성이 당연하게 다른 사람들에게도 공감을 불러일으키리라고 기대하는 것은 충분히 성숙한 생각일 수 없습니다. 무릇 세상에는 '나 아닌 다른 사람'이 있습니다. 그렇기 때문에 결과적으로 나에게 '공감하지 않는 반응'이 실재한다고 하는 것은 지극히 현실적인 일입니다. 따라서 나와 공감할 수 없는 '다른 사람'의 실재를 승인하지 않으면 안 되는 것이 삶이라는 것을 알고 있다면 '나에게 공감하지 않는 반응'이 그리 낯선 일일 수 없는 것입니다. 그런데도 우리는 내 감동에 공감하지 않는다든지, '네 감동에 나는 공감할 수 없다'는 분명한 발언과 만나면 당혹스럽기 짝이 없게 됩니다. '우리'를 이루려는 꿈이 좌절에 부닥치기 때문입니다. 그리고 그 좌절은 '해답의 공유'가 불가능하다는 것과 다르지 않고, 다시 그렇다고 하는 사실은 우리 모두 함께 '삶다운 삶을 누릴 수 있다'는 기대는 비현실적인 희구라는 것을 인식하는 것과 다르지 않습니다.

문화적 차원에 이르면 이 문제는 훨씬 더 심각해집니다. 역사-문화-생태적 동질성의 범주 안에 든 삶은 대체로 문제를 공유할 수 있고, 해답을 추구하는 지향도 상당한 정도 공감대를 구성하는 데 어렵지 않습니다. 특별히 일상적인 삶 안에서 일어나는 '생존의 문제'라든지, 그러한 상황에 대처하는 '문제의 해결수단'의 실제성의 차원에서 더욱 그러합니다. 또 대체로 생존의 조건을 공유한 터이기 때문에 의미나 가치를 결정하는 준거도 크게 다르지 않습니다. 사유방식이 대체로 하나의 흐름을 지니고 있기 때문입니다. 따라서 이러한 역사-문화-생태적 동질성은 이미 그 나름의 '우리'를 형성하고 있다고 해도 좋습니다.

그럼에도 불구하고 그러한 '우리'에서조차 '나 자신이 누리는 해답에 대한 나 스스로의 감동'이 전달되지 않을 뿐만 아니라 그 감동을 폄하하든가 부정하는 발언과 만납니다. ‘다른 사람들’이 있기 때문입니다. 이상하게도 우리는 우리가 속한 역사-문화-생태계만을 ‘실재하는 것’이라고 여기는 관행적인 사고에 익숙합니다. 하지만 ‘세상’은 그렇지 않습니다. 우리는 무수하게 다양한 역사-문화-생태적 현실 안에 있습니다. 그것은 결코 단순하고 소박하게 내 역사-문화-생태적 특성과 일치할 수 없는 ‘다른 역사-문화-생태적 실재’입니다. 그러므로 개인의 차원에서와 다르지 않게 내 감동이 그저 가 닿지 않습니다. 그럴 수 있는 내용도 얼마든지 있지만 당연하고 자연스럽게 내 감동에 대한 메아리가 칠 거라고 기대한다면 그것은 매우 어리석은 일입니다. 문화권의 단절이 일컬어지던 옛날에는 그러했지만 지금은 그럴 수 없지 않느냐는 반론도 가능합니다. 하지만 익숙함이 뜸 들기도 전에 낯선 것과의 만남이 불가피하게 일상화된 오늘에 이르러서는 더욱 그러합니다.

우리는 ‘다른 역사-문화-생태계’를 경험하는 삶을 살아가기 때문에 그들 나름의 문제가 성격적으로 ‘우리’의 것과 다르고, 추구하는 해답의 이미지도 ‘우리’의 것과 같을 수 없는 사람들과 더불어 있습니다. 사물에 대한 다른 인식, 그리고 의미나 가치에 대한 다른 태도를 지닌 ‘다른 사람들’과 더불어 살아가고 있는 것입니다. ‘다른 사람들’의 현존은 부정할 수 없는 현실입니다. 그러므로 내 감동이 그대로 확산되거나 전승되지 않는다는 이유로 자신의 감동에 대하여 스스로 초라해진다든지 아니면 물리적인 힘으로라도 자신의 감동을 확산하고 전승시켜야 하겠다고 판단하고 그렇게 행동하는 것은 아직 삶에 대한 솔직하고 진지한 태도를 결여한 모습입니다.

이러한 상황 속에서 우선 우리가 유념해야 할 것은 ‘우리’의 출현은 동시에 ‘다른 사람들’을 낳는다고 하는 사실입니다. 논리적으로 서술한다면 ‘우리’가 없었다면 ‘다른 사람들’도 없었을 것입니다. 억지로 ‘우리'도 '다른 사람들'도 없는 그러한 상황을 그려본다면, 그때 우리가 묘사할 수 있는 것은 같은 얼굴, 다르지 않은 몸매, 판에 박은 듯 하나도 틈이 없는 똑같은 생각 틀, 좋아하고 싫어하는 것의 정확한 일치, 동일한 것을 회상하고 누구나 공감하는 동일한 꿈을 갖는 일 등일지도 모릅니다. 그러나 그것은 삶의 현실이 아닙니다. 우리는 서로 다르다는 것을 익히 압니다. 그렇지 않다면 '내 감격'을 '네 감격이게 하고자 하는' 일도 없었을 것입니다. 그러한 태도는 다름을 넘어 내 감격의 폭을 넓히고 '더불어 누릴 수 있는 참 삶'을 지니고자 했기 때문임에 틀림없습니다. 하지만 그 일은 전혀 다른 사태를 낳습니다. 물론 그러한 희구가 내 감격의 여울을 따라 더 넓게 흐르고 더 잦은 잔잔한 파문을 일으키며 뭍에 가 닿아 넘실거릴 수도 있습니다. 그래서 누구나 그렇게 하나의 감격에 공감하면 됩니다. 그래야 당연합니다. 그런데 현실은 많이 다릅니다. '네 감동은 아니다'라고 하면서 강하게 나에게 저항하는 '또 다른 감동'과 만나기 때문입니다. 그런데 바로 그러한 '다른 자아'의 출현은 내가 이룬 '우리'의 출현과 동시적입니다.

'우리'는 그러한 사태와 직면하면서 몇 가지 다른 반응을 보입니다. 하나는 '다른 사람들'의 출현과 직면하면서 지극한 긴장과 당혹을 드러내는 경우입니다. 지나치게 심리적인 수사(修辭)로 이 상태를 묘사하는 것 같아 편하지 않지만, 그래도 그러한 용어로 말한다면, 이 경우를 우리는 상당한 피해의식을 지니고 이러한 사태에 반응하는 것이라고 할 수 있습니다. 결과적으로, 매우 역설적이지만, 이러한 반응은 상당한 공격적 태도로 자신을 드러냅니다. 자기확인이 강화되고, '우리'의 울이 공고해집니다. '다른 사람들'의 울도 아울러 뚜렷하게 구분이 됩니다. 그러면서 '나'의, 또는 '우리'의 순수성과 정직성에 대한 훼손이 그 '다른 사람들'로부터 가해지고 있다는 판단을 하게 되면, '우리'는 직면하는,

또는 새롭게 출현한 ‘다른 사람들’과 힘겨루기의 상황으로 내닫게 됩니다. 이러한 과정에서 ‘우리’는 자기정당화의 논리를 치밀하게 준비하고 전개합니다. 그리하여 마침내 그러한 작업은 ‘우리’는 선이고 정의라는 가치판단을 수반하면서 ‘다른 사람들’을 악이고 불의라고 판단하는 데 이르게 됩니다.

그러나 그 ‘우리’는 ‘다른 사람들’의 자리에서 보면 그 ‘다른 사람들’이 ‘우리’인 그 우리의 ‘다른 사람들’입니다. 모든 ‘우리’는 그렇게 서로 ‘우리’이고 서로 ‘다른 사람들’입니다. 그러므로 ‘우리’가 만난 ‘다른 사람들’은 실은 우리 앞에 있는 ‘다른 우리’입니다. 이러한 현상을 꼭 ‘상대적’이라는 개념으로 정리할 수는 없습니다. 상대란 이원적인 구조를 전제한 개념이고, 그렇기 때문에 그것은 절대에 대칭되는 것으로 여겨집니다. 그러나 인간의 삶은 그렇게 ‘둘’의 구조로만 이루어져 있고, 따라서 결과적으로 택일해야 하는 것으로만 되어 있지 않습니다. 이원적인 구조로 삶을 다듬는 것은 아무래도 지나치게 소박한 마무리입니다. 삶은 무한하게 다양한 무수한 ‘나’와 ‘우리’로 이루어져 있습니다. 이원론이나 단원론은 편리한 개념이기는 해도 삶을 다 담을 수는 없는 매우 비현실적인 개념이기도 합니다. 사정이 이러하기 때문에 ‘우리’의 감동을 수용하지 않고 거절하는 ‘다른 사람들’의 경우에도 스스로 ‘우리’가 되어 자기를 정당화합니다. 무수한 ‘우리’가 서로 ‘다른 우리’들과 만나고 있는 것입니다. 따라서 착함과 바름을 그 무수한 ‘우리’들은 각기 자기들이 전유하고 있다고 선언합니다. 그리고 자연히 서로 다른 ‘우리’들을 악이나 불의로 여깁니다. 배타와 독선은 이러한 ‘감격의 전이(轉移) 불능’이 빚는 감동주체의 좌절에서 말미암는 불가피한 반응입니다. 그리고 심한 경우, 구체적으로 그 ‘다른 사람들,’ 곧 ‘다른 우리’들을 사람으로 여기지도 않습니다. 증오하고, 저주하고, 제거하고, 무화(無化)시켜야 할

'악의 실재'가 됩니다. 감동의 정도가 진할수록 이러한 판단과 행동은 더욱 힘을 더합니다. 끝내 '다른 사람들'이 '다른 우리'가 되지도 못합니다. 문제를 안고 고민하는, 그리고 해답을 얻어 즐거운, 그러한 주체일 수조차 없다고 판단하는 것입니다.

'우리'가 만들어지면서 드러나는 '다른 사람들'에 대한 태도가 모두 이러한 것은 아닙니다. 우리는 이보다 더 '건강'하고 성숙한 반응도 기술할 수 있습니다. '다른 감동'이 있을 수 있다는 사실을 그대로 승인하는 태도가 그것입니다. 이러한 태도는 근본적으로 '우리'가 형성되면서 '다른 사람들'이 출현하는 그러한 구조와는 다른 '우리' 인식에서 비롯합니다. 그것은 '다른 사람들' 속에서 '마침내' '우리'를 형성한 자의식이 지닐 수 있는 태도라고 여겨도 좋을 듯합니다. 물론 반드시 그런 것은 아닙니다. '다른 사람들'을 낳게 한 '우리'가 그 계기에서 바야흐로 그러한 '다른 사람들'을 승인하는 태도를 지닐 수도 있습니다. 그러나 결과적으로 본다면 이러한 '다름의 현존을 승인하는 일'은 미처 '우리'를 형성하지 않은 상황 속에서 '다른 여럿'과 함께 있었던 경험에서 비롯했으리라고 짐작할 수 있습니다. 따라서 이러한 태도에서는 처음부터 '다른 사람들'이 있는 것이 아니라 '다른 우리'가 있습니다. '다른 사람들'도 그들 나름의 '우리'이기 때문입니다. 그러나 그렇다고 해서 내 감동의 확산이 좌절되는 경험이 고즈넉하게 넘어가는 것은 아닙니다.

중요한 것은 이러한 태도가 지니는 내재적인 갈등입니다. 자신의 감동에 대한 훼손이나 저항이나 부정에 직면하는 일은 결코 견디기 쉬운 일이 아닙니다. 더구나 감동의 전달이나 확산이 선의에 의한 것이라는 자의식을 경험주체가 지니고 있다면, 그것은 바른 관계를 지속할 수 없는 이른바 '관계의 손상'을 낳을 수밖에 없습니다. 그리고 종국적으로 그러한 '다른 사람들'의 현존이 '나'의 현존을 부정하는 데 이를 수밖에 없는 것이라는 판단도 마찬가지로 현실성을 가집니다. 그러므로 그러한 '다른 사람들'과 그들의 '우리'에 대한 태도를 승인한다는 것은 거의 불가능한 일입니다. 그러나 삶의 현실성은 의식(意識)이나 감성만으로 설명되지 않습니다. 실재는 지극히 복합적입니다. '다름과의 공존의 불가피성'은 곤혹스러우면서도 승인하지 않을 수 없는 이른바 개념과 논리를 넘어서는 삶의 현실입니다. 역설적으로 말한다면 감동을 공유하고자 하는 동기, 다시 말하면 '우리'를 형성하고자 하는 근원적인 동기도 실은 서로 다른 실재들과 어울리면서 겪은 갈등으로부터 벗어나고자 하는 것이기 때문입니다.

연민 혹은 은폐된 배타성

관용은 그것 자체의 실현을 의도해서 선포되기보다 오히려 자신의 감동의 확산을 위한 방법론으로 선택되고 있다.

따라서 이 경우, '우리'의 주체들은 자신의 고백이 훼손되고, 자기의 증언이 존중되지 않고, 심지어 자기의 감동 자체가 거짓이라고 지탄되든가 악이라고 여겨지는데도 불구하고, 그러한 반응주체가 엄연히 존재한다는 사실을 소박하게 승인하지 않을 수 없다는 경험을 하고 있습니다. 따라서 이러한 반응을 하는 경우는 아예 '우리'란 아무리 불편해도 본래 그렇게 '다른 사람들'과 더불어, 곧 '다른 우리'와 더불어 현존하는 것이라는 인식을 가집니다. 그런데 바로 이러한 태도가 내적인 갈등을 근원적으로 해소하고 있는 것은 아닙니다. 여전히 그 현실 자체가 견딜 수 없는 것으로 있습니다. '나'와 '다른 나'가, '우리'와 '다른 우리'가 더불어 있다는 사실이 바뀌는 것은 아닙니다. 그렇기 때문에 서로 다름을 간과한 채 아무런 '관계 형성' 없이 병존하듯 그렇게 공존한다는 것은 상상할 수도 없거니와 실재하지도 않습니다. 그렇다면 자연히 앞의 경우와 같이 방어적이고 공격적이게 될 수밖에 없습니다. 그런데 그것이 현실적으로 유일한 선택은 아니라고 생각하는 데 태도의 차이가 있습니다. 이때 드러나는 태도가 다름 아닌 '관용'입니다.

관용은 실은 매우 적극적인 내용을 함축하고 있습니다. 따라서 이를 앞에서 서술한 바와 같이 불가피하게 선택한 필연의 맥락에서 운위하는 것은 옳지 않습니다. 관용이란 '다른 사람들'을 '다른 우리'로 승인하고, 그의 태도를 긍정적으로 수용하며, 그와의 관계를 서로 존중하는 최선의 것으로 만들려는 모든 것을 포함하고 있습니다. 자신에 대한 비판적 평가나 자신을 부정하고 있다는 분명한 징표를 확인하면서도 여전히 '다른 사람들'의 '다른 우리다움,' 곧 주체적 인격의 인식과 판단과 행위의 의미를 존중하는 것이 관용입니다. 관용은 결코 감성적이거나 감상적(感傷的)인 반응이 아닙니다. 자기자신에 대한 상당한 '손상'을 현실적으로 감내하지 못하면 이루어질 수 없습니다. 그러므로 관용이 덕목으로 설정되는 것은 이 개념이 함축하는 실천적 행위의 당위성 때문입니다. 관용은 실제적이어야 합니다. 그리고 그러한 실제적 행위는 '다른 사람들'을 '다른 우리'로 아끼는 태도에서 온전하게 됩니다. 그러므로 그때 우리는 '우리'와 '다른 사람들'이 함께 어울리는 삶의 어떤 닫힌 자리를 더불어 열어 나아갈 수 있어야 합니다. 그것이 관용입니다.

그렇다면 관용은 자기상실을 유념하지 않고는 이루어질 수 없는 일입니다. 그럼에도 불구하고 종교문화 안에서는, 비록 큰소리는 아니지만 진지한 음조로 관용이 끊임없이 주창(主唱)되고 있습니다. 우리는 종교문화의 역사적 전개 과정에서 종교 간의 갈등이 여러 모습으로 펼쳐지는 것을 볼 수 있습니다. 그리고 '관용적인 태도'를 그 하나의 모습으로 그릴 수 있다는 사실은 주목할 만한 일입니다. '자기감동의 전파를 위한 순수'와 '자기훼손이나 손상가능성에 대한 피해의식' 사이에서 긴장을 유지하고 있는 모습이기 때문입니다.

그런데 이러한 사실을 종교문화에서 실제로 찾아보기란 쉽지 않습니다. 어떤 종교는 다른 어떤 종교보다 스스로 관용적이라고 말합니다. 또 제각기 자신의 관용성과 다른 종교의 배타성을 서술하면서 자기종교의 정당성을 그 설명 위에 구축하기도 합니다. 그러나 이 모든 것은 종교들의 자기주장입니다. 우리가 기술하는 종교문화는 매우 다른 모습을 보여줍니다. 관용이라는 개념이 담고 있는 그러한 적극적인 모습이 실제 종교문화의 경험 속에는 실재하지 않습니다. 그러므로 우리는 그 긴장을 유지하도록 하는 종교문화의 구조를 살피기 위해 종교문화에서 지속되는 관용의 내용에 주목하지 않으면 안 됩니다. 과연 무엇이 왜 관용의 주장을 포기하지 않게 하느냐 하는 역사-문화적 현실을 자상하게 살펴보지 않으면 안 되는 것입니다. 이때 우리가 발견하는 것은 관용이 그것 자체의 실현을 의도해서 선포되기보다 오히려 자신의 감동의 확산을 위한 방법론으로 선택되고 있다는 사실입니다.

우리가 종교문화에서 발견하는 이른바 관용의 모습은 세 가지로 기술할 수 있습니다. 하나는 '다른 사람들'을 '다른 우리'로 승인하면서도 실은 그 '다른 사람들'의 현존이 가지는 실제적인 힘에 대한 두려움이 없는 경우입니다. '우리'와 '다른 우리' 간의 힘의 균형이 적어도 사회-문화적으로 '견줄 필요조차 없는' 사태에 있다면 '우리' 감동에 대한 '다른 발언'이 문제될 것이 없습니다. 실질적인 '위협'이 되지 않기 때문입니다. 종교문화도 삶의 현실입니다. 힘의 불균형은 적어도 어느 감동의 고백주체가 강자의 자리를 차지하고 있을 때 약자의 메아리를 '존중'하지 않아도 되게 합니다. 더구나 그것은 언제나 '그른 것의 불가피한 퇴거'로 묘사됩니다. 그러므로 약한 '다른 우리'와의 불협화음이란 다만 '우리'의 감동이 가지는 선하고 바른 속성 때문에 어쩔 수 없이 쇠잔해가는 악하고 그른 '공감하지 못하는 다른 사람들'의 필연적인 운명에 불과합니다. '우리'의 교세를 준거로 한 태도들이 그러합니다. 그렇지 않다면 '약한 우리'와 '강한 우리' 사이의 '힘겨루기'가 종교문화의 지속적인 특성이라는 사실을 설명할 수 없습니다. 그런데 이 경우는 겨루기조차 무의미하다고 판단되는 정황에서 찾아볼 수 있는 현상입니다. 이때 관용은 '다른 우리'에 대한 존중이 아니라 '소멸할 것에 대한 연민'입니다. 그 연민이 자기를 확장하는 수단이 되고 있는 것입니다.

이와 다른 또 하나의 태도가 있습니다. 분명히 '우리'는 '다른 사람들'의 현존을 승인합니다. 그들이 분명한 '다른 우리'라는 사실도 수용합니다. 그들을 간과하거나 무시하지 않습니다. 그러한 무리가 '우리'의 '우리다움'을 꽤 손상하는 힘의 실재인 것도 부정하지 않습니다. 그리고 그 '다른 사람들'이 '우리'의 감동을 수용하지 않을 뿐만 아니라 오히려 정당하지 않다는 판단을 선언하고 적대적으로 다가올 수도 있다고 하는 것을 예상하면서 상당한 긴장조차 느낍니다. 그럼에도 불구하고 이 태도는 관용을 유지합니다. '우리'가 지닌 좋고 바른 감동의 내용이 '다른 우리' 안에도 있을 수 있으리라는 생각을 합니다. 그리고 그러한 '긍정적인 요소들'을 꽤 찾아냅니다. 나아가 이러한 공통적인 사실들을 나열하면서 그 '다른 사람들'이 마찬가지로 존중되어야 한다는 사실도 주장합니다. 그렇다고 해서 '다른 사람들'이 옳다는 것은 아닙니다. 다만 '우리'가 수긍할 만한 경험을 그들도 지니고 있다는 것을 인정할 뿐입니다. 이를테면 해답의 구체적인 내용이 아니라 그들도 해답을 추구하고 있다는 사실에 공감합니다. 그들도 그 이전에 삶을 심각하게 고뇌하는 주체였다는 사실을 존중합니다. 따라서 '우리'의 구체적인 해답의 내용을 공감해주지 않는다 하더라도 문제의 공감에서 우리의 '감동'에 그 '다른 사람들'을 이끌어들일 수 있을 듯합니다. 이럴 경우 '우리'가 참으로 자신의 감동에 정직하다면, 그래서 ‘다른 사람들’에게 여전한 애정을 기울이고 있다면 배타적 독선은 ‘효과적’이지 않을 수 있다는 것을 압니다. 따라서 다른 ‘수단’이 필요합니다. 그때 선택된 것이 관용입니다.

자연히 이러한 태도는 ‘우리’들로 하여금 분명한 내재율을 마련하게 합니다. ‘다른 우리’라 할지라도 그들은 여전히 ‘다른 사람들’입니다. 그러므로 그들의 ‘우리’에 대한 반향 중에서 승인할 수 있는 것과 부정할 수밖에 없는 것을 구분합니다. 승인의 한계를 설정하는 것입니다. 문제에 대한 공감이 필연적으로 해답을 공유하게 하는 것은 아니라는 사실을 확인하는 것도 그러한 한계설정의 모습입니다. 그러나 이보다 더 주목할 사실이 있습니다. 적어도 ‘다른 사람들’을 ‘다른 우리’로 승인하는 한, ‘우리’는 그 ‘다른 우리’가 지닌 긍정적이고 의미 있는 어떤 경험들을 선택적으로나마 수용하지 않을 수 없습니다. 하지만 그러한 수용이 ‘우리’의 어떤 결핍을 채워주는 그러한 것은 아닙니다. 가장 적극적일 때 이러한 태도는 ‘다른 사람들’이 가지고 있는 긍정적인 것을 그렇다고 ‘우리’가 인정합니다. 그런데 그렇게 할 수 있는 것은 ‘우리’가 그것이 낯설지 않은 익숙한 것이라고 인정하기 때문입니다. 그리고 더 나아가 ‘우리’가 그렇게 행동하는 것은 ‘다른 우리’가 가지고 있는 그 긍정적인 것이 실은 ‘우리’에게 이미 있어온 까닭이라고 하는 태도를 갖는 데 이르게 합니다. 다시 말하면 ‘다른 사람들’이 가지고 있는 긍정적인 요소들은 실은 ‘우리’에게 이미 있는 것인데 그들도 다행하게 그것을 주장하고 있기 때문에 우리는 그들을 포용해야 한다고 하는 판단을 하게 되는 것입니다.

그러나 이러한 것을 내용으로 하는 관용은 심각한 비관용적 태도를 함축하고 있습니다. ‘너희 좋은 것들, 그것은 본래 우리가 가지고 있는 것’이라는 태도로 ‘다른 사람들’에게 다가가는 것은 그 ‘다른 사람들’을 실은 '다른 우리'로 여기는 것이 아닙니다. 그러한 태도는 동시에 '너희가 중요하게 여기는 것은, 우리가 다 겪어보아 알지만, 실은 그리 대단한 것은 아닌 것'이라는 판단을 드러냅니다. 더 나아가 '너희가 가진 좋은 것은 이미 우리가 익히 누려온 당연한 것, 따라서 그 모든 것은 본래 우리에게 있던 것인데, 그 그림자로, 또는 우연한 파종(播種)의 결과로 너희가 거두어들이게 된 것'이라고 하는 태도를 자신 안에 깊이 지니고 있습니다.

그런데 이러한 지적이 우리가 경험하는 종교문화의 '사실'이라면 그러한 구조로 '우리'가 '다른 우리'에게 행하는 관용이란 다만 처음부터 '독선이 은폐된 승인'이거나 '배척이 내장된 수용'이거나 상대방의 존엄을 간과하면서 얻는 '위장된 공존'이라고 말할 수 있습니다. 왜냐하면 '다른 사람들'을 진정으로 '다른 우리'로 인식하는 자리에서 가장 긴요한 것은 그 '다른 우리'의 '우리다움'을 존중하는 것인데, 바로 그 존엄을 간과하면서 스스로 자기의 태도를 관용이라고 부르고 있기 때문입니다.

그러므로 이러한 서술이 가능한 관용을 적극적인 덕목으로 기술하는 것은 실제적이지 않습니다. '우리'와 '다른 사람들'이 더불어 있을 수밖에 없다는 현실에서 불가피하게 선택한 '수단적인 반응'이기 때문입니다. 서로 다른 숱한 '우리'들의 관계가 이렇게 얽혀 있다고 예상해보면 이러한 사태가 어떤 모습으로 나타날지 짐작하는 것은 그리 어렵지 않습니다. 우리가 익히 겪고 있는 '사랑이라는 이름의 저주'나 '자비라는 이름의 경멸' 등이 그러합니다. 그러나 종교들은 그 어느 종교도 스스로 꾸린 '우리'의 순수와 옳음과 착함을 그렇게 부정적으로 묘사할 수 없습니다. 분명한 자의식 속에서 그들은 '우리'의 순수, 옳음, 착함에 스스로 감동하고 있기 때문입니다. 하지만 종교문화를 바라보는 인식의 자리에서는, 그러한 묘사 이외에, 즉 이러한 '우리'가 지니고 있는 이른바 관용의 태도는 '은폐된 배타성'이라는 묘사 이외에 그것을 달리 표현할 수 없습니다.

종말론적 기다림 : 작은 우리

'작은 우리'들이 살아남는 것은 자기확산의 불가능성을 묻는 물음에 주어진 새로운 해답에의 감동 때문이다.

그런데 '우리'가 '다른 우리들'을 만나면서 철저하게 부정적으로 반응하는 첫 번째 태도와도 다르고, 비록 밖의 자리에서 보면 투명하지 않은 굴곡된 구조를 내장하고 있다고 판단되면서도, '우리'와 공감하지 않는 '다른 사람들'을 '다른 우리'로 만나는 두 번째 관용의 태도와도 다른 또 하나의 반응을 우리는 기술할 수 있습니다. 첫 번째 태도가 종국적으로 악의 실체이기 때문에 무화(無化)시킬 수밖에 없다고 판단한 바로 그 객체, 그리고 두 번째 태도가 종국적으로 '우리'에게 내재화시켜야 할 '다른 우리'로 전제한 관용의 객체, 그 객체들 중의 일부가 지니고 있는 태도가 그것입니다. 주목해야 할 것은 그 두 태도의 객체인 '다른 사람들'이나 '다른 우리'가 대체로 처음 '우리'에 의하여 동일한 범주에 드는 것으로 간주되고 있다는 사실입니다. 다시 말하면 그 처음 '우리'에 의하여 '사라져야 할 것'으로 여겨진 채 지속하고 있다는 사실이 그것입니다.

하지만 그들도 '우리'임에는 틀림없습니다. 그들 나름의 물음을 묻고, 그 물음에 상응하는 해답의 누림을 감동한 경험주체들입니다. 그렇지 않다면 그들이 만난 '다른 우리'에게 공감할 수 없다는 반향을 했을 까닭이 없습니다. 그런데 이들 중에서도 자신을 주장할 수 있는 정연한 논리를 마련할 수 있고, 자기고백을 형상화할 문화적인 틀이나 꼴을 갖추고 있으며, 자신의 정당성을 도출해낼 수 있는 긴 역사적 의미전승을 확보하고 있고, 그것들을 잘 아우를 수 있는 현실적인 사회적 힘을 잘 다듬어 지니고 있다면 사정은 다릅니다. 그들은 자기들을 본래적인 ‘우리’라고 주장하면서 자기들을 ‘다른 사람들’이라거나 ‘다른 우리’라고 여기는 사람들을 그대로 되돌려 ‘다른 사람들’이나 ‘다른 우리’로 여깁니다. 그러므로 이러한 ‘우리’들은 철저하게 서로 갈등적인 상황 속에서 실제적인 충돌을 야기할 수밖에 없게 됩니다.

하지만 그러한 마련이 없는 경우도 있습니다. 우리가 관심을 기울이려는 것은 바로 이 경우입니다. 소박한 감동만으로 이루어진 ‘작은 우리’가 그러합니다. 그들은 아무리 자신의 감동을 선포하고 다른 ‘우리’들에 대한 자기 나름의 ‘우리다움’을 주장한다 하더라도 아무런 현실적인 인정을 받을 수 없습니다. 이 ‘작은 우리’는 배타성을 드러내지도 못합니다. 그렇다고 관용을 베풀지도 못합니다. 그 어느 것도 현실적인 힘을 발휘하지 못할 만큼 작습니다. 따라서 어떻게 ‘우리’를 펴고 ‘다른 우리’에게 반응해도 아무런 관심을 끌지 못합니다. 그러나 분명한 것은 이러한 ‘작은 우리’가 현존한다는 사실입니다. 종교사는 그러한 ‘작은 우리’의 현존이 결코 간과할 수 없는 실재라고 주장하지 않을 수 없는 사실들로 가득 차 있다고 말해도 좋을 사건들의 점철이기도 합니다. 그리고 ‘작은 우리’도 자신의 무게가 당해 사회-문화적 맥락에서 그러하다는 것을 잘 알고 있습니다. 그리고 스스로 자신의 존재 현실보다 자기존재가 함축하는 잠재적 가능성을 신뢰합니다. 그래서 이러한 ‘작은 우리’는 종말적인 상황인식 안에 창조적 동기를 담습니다. 미래의 새 누리에 대한 비전을 현실 안에 자리 잡게 하고자 애씁니다. ‘우리’를 공고히 하지만 ‘기다림’ 속에서 배타성이나 관용성을 드러내지 않습니다.

기다림은 막연한 인내가 아닙니다. 더구나 ‘다른 사람들’을 아예 부정해버리려 한다거나, ‘다른 우리’를 그 독자성을 간과한 채 포용하려는 은폐된 배타성과 직면하면서 '인내'한다는 것은 '생존하려는 모습'이 아닙니다. 그러나 현실적으로 즉각적인 대응은 불가능합니다. 결국 스스로 감동스럽게 지닌 '해답의 확산이 불가능하다고 하는 것을 문제로 삼아 그 문제에 대한 해답을 추구하는 자세'로 자신을 다듬을 수밖에 없습니다. 그때 이루어진 해답을 우리는 '기다림'이라고 개념화하여 서술할 수 있습니다. 그러므로 '기다림'은 절대적인 힘의 간섭에 대한 희구이고 그 구체적인 실현에 대한 묘사입니다. 개벽이라든지, 종말이라든지, 일정한 재생주기라든지, 심판과 재창조라든지 하는 것이 그렇습니다. 그런데 이러한 개념들은 한결같이 '시간'을 준거로 하고 있습니다. '지금'은 기다림 속에서 미래를 안는 그릇이 되고, '어제'는 기다림 속에서 오늘을 지탱하는 힘의 원천이 됩니다. '작은 우리'들이 살아남는 것은 자기확산의 불가능성을 묻는 물음에 주어진 이러한 '새로운 해답'에의 감동 때문입니다. 종교사는 종교문화 안에서 특정한 종교전통들이 역사적 변천을 어떻게 겪어왔는지 보여주고 있습니다. 그리고 이러한 사실에 의하면 종교도 분명하게 '성장'하고 '쇠퇴'합니다. 그리고 그 원칙은 우리 일상의 경험과 조금도 다르지 않습니다. '작은 것은 크게, 큰 것은 작게' 변합니다. '작은 우리'의 기다림은 그 원칙에 대한 신뢰를 구현하고 있는 것이라고 말해도 될 듯합니다.

그런데 '우리'와 '다른 사람들,' 그리고 '다른 우리'에 대한 태도는 이미 '우리'를 형성한 바로 그 '우리' 안에서도 발견됩니다. 다시 말하면 '우리'는 단순하지 않습니다. 그 안에서 우리는 다시 '우리 안에 있는 다른 사람들'이나 '우리 안에 있는 다른 우리'들의 현존을 확인합니다. 그리고 그 안에서도 갈등과 충돌과 싸움을 확인합니다. 철저한 배타적 정죄와 관용으로 치장한 경멸도 조금도 다르지 않게 일어납니다. 그러한 내적 갈등의 첨예화된 실제 모습은 '우리'와 '다른 우리' 사이에서 일어나는 일보다 훨씬 비참합니다. '우리'는 외부로부터 가해지는 위협보다 안에서 일어나는 저항에 의하여 쉽게 붕괴될 수 있다는 것을 알고 있기 때문입니다. 그것도 우리 일상의 경험에서 늘 확인할 수 있는 일입니다. 이른바 이단(異端)에 대한 정통(正統)의 태도는 언제 어디서나 스스로 선언하고 가르치는 '해답의 감격'으로는 도저히 설명할 수 없는 반(反)종교적 양태를 드러내곤 하였습니다.

불가피한 구조 : 갈등

해답을 누리게 되었다는 감격은 종교적이다. 그러나 그것을 증언하고 전해주겠다는
사랑이나 자비의 실천에서는 비종교적이고 반종교적이다.

위에서 언급한 내용들을 유념하면 모든 '우리'와 '다른 사람들'과의 관계를 실질적으로 결정하는 것은 감동이 깃든 경험 자체라기보다 그 경험주체들이 역사-문화적 현실 안에서 어떤 '자리'를 차지하고 있는가 하는 것이라고 할 수 있습니다. 다시 말하면 삶이 지닌 엄연한 '힘의 지도' 안에서 '우리'와 '다른 사람들'이 차지하는 위치에 따라 그 관계의 성격, 곧 서로 다른 반응양태가 결정되는 것임을 알 수 있는 것입니다. 그 관계가 옳음과 그름, 선과 악, 정의와 불의 등 어떤 대칭구조로 기술되든 결과적으로 그 관계를 결정하는 것은 현실적인 힘이고 세력입니다. 모든 '우리'들의 자기정당성은 각기 지니고 있는 힘의 현실성 안에서 결정됩니다. 물론 정태적인 실재란 없습니다. 인간의 삶을 역사적으로 기술할 수 있다는 것은 바로 그 '유동성' 때문입니다. 그렇기 때문에 지금 여기의 우리의 삶의 현실에서 주변적인 '우리'의 감동이 중심에 이르지 못할 까닭이 없고, 지금 정점에 있는 '우리'의 감동이 저변으로 떨어지지 않을 까닭도 없습니다. 그 힘은 문화-역사적 동질성일 수도 있고, 문제의 속성일 수도 있고, 해답을 확보하는 수단에 대한 선택적 공감일 수

도 있습니다. 그러나 중요한 것은 '감동 자체의 확산'이란 상당히 비현
실적인 개념이라고 하는 사실입니다.

　실제적인 힘의 논리와 무관하게 종교문화가 전개될 수 있었다면 우리
가 종교사 안에서 발견할 뿐만 아니라 지금도 겪고 있는 '종교 간의 갈
등'이라는 사실은 실은 없어야 합니다. 온갖 종교의 최종적인 해답이 결
국 '우리'를 벗어나 '다른 사람들'을 '다른 우리'로 승인하고 존중하는
데 이르러야 한다는 것을 구체적인 내용으로 지니고 있는 한 더욱 그러
합니다. 그러나 우리는 불행히도 종교 간의 평화는 거의 불가능한 이상
이라는 사실을 간과할 수 없습니다. 종교를 둘러싼 '우리'와 '다른 사람
들' 또는 '다른 우리' 간의 충돌은 갈등에서 끝나지 않습니다. 그것은 피
를 흘리는 살육에 이릅니다. 그러면서도 그러한 극단적인 행위는 한결
같이 감동의 순수성과 그것을 공유하는 '우리'의 지고한 가치를 위해 정
당화됩니다. 그리고 나아가 '다른 사람들'에 대한 부정적 심판을 예사롭
게 감행합니다. 성전(聖戰)은 특정한 종교에 한한 개념이나 실제가 아닙
니다. 종교문화는 어떤 종교사에서도 이 개념과 실제를 배제할 수 없다
는 사실을 증언하고 있습니다. 배타적인 반응만이 이러한 태도를 드러
내는 것은 아닙니다. 관용적인 태도조차 실은 '굴절된 폭력을 통한 수
용'이라는 구조를 지니고 있습니다. '다른 문화의 거절, 파괴'가 그러하
고, '다른 가치관에 대한 폄하'가 그러하고, '다른 역사적 기억에 대한
망각의 강요'가 그러합니다. 그렇다면 종교문화를 구성하는 '우리'와
'다른 사람들' 간의 충돌과 갈등과 싸움과 살육은 종교문화의 '불가피
한 구조'입니다.

　분명히 이러한 사태는 반종교적이고 비종교적입니다. 그것이 종교문
화의 모습일 수도 없고 그것이 종교경험의 내용일 수도 없습니다. 그런
데 우리는 이것이 종교문화의 근원적인 구조라고 말했습니다. 이러한 갈

등이나 충돌이나 싸움이 늘 종교적인 태도의 근간을 이루고 있기 때문입니다. 다시 말하면 종교경험에서 비롯하는 감동의 전파과정에서 자연스럽게 '다른 사람'과 구분되어야만 하는 '우리'가 형성되거나 출현하기 때문입니다. 그렇다면 이러한 배타적이고 독선적인 부정적 태도는 어떤 '우리'에게서도 예외일 수 없습니다. 종교문화의 현존은 참으로 역설적이게도 비종교적이거나 반종교적인 행태를 스스로 드러냅니다. 해답을 누리게 되었다는 감격은 종교적이지만 그것을 증언하고 전해주겠다는 사랑이나 자비의 실천에서는 비종교적이고 반종교적입니다.

종교문화를 기술하면서 감동이 빚는 '우리'와 그것이 형성되면서 드러나는 '다른 사람들'의 실재, 아니면 처음부터 '다른 사람들'과의 삶 속에서 '우리'가 비롯하면서 확인하게 되는 '다른 우리'의 실재, 이 실제적인 정황이 결국 갈등과 싸움을 야기하는 '구조적 필연'이라고 이야기할 수밖에 없다는 것은 무척 우리를 혼란스럽게 합니다. 왜냐하면 우리는 종교란 좋은 것이고 진리를 수호하고 전파하며 종교적 규범의 준수는 문제의 해답으로 기능한다고 하는 상식을 지니고 있기 때문입니다.

그러한 종교에 대한 상식적인 이해가 아주 그른 일이라고 주장하고 싶지는 않습니다. 마땅히 종교는 그래야 하고 우리는 그렇게 종교를 이해해야 합니다. 그리고 많은 경우 그러합니다. 하지만 분명한 것은 이제까지 인류사가 담고 있는 종교문화의 실태는 우리가 종교가 가르치고 있다고 여기는 이른바 사랑이나 자비나 순종이나 조화보다 오히려 많은 경우에 증오나 저주나 거역이나 갈등을 더 드러내고 있다는 사실입니다. 우리는 종교문화의 이러한 역사적 사실에 대하여 정직해야 합니다. 오늘 우리가 직면하는 종교문화의 현실도 그러한 부정적인 판단을 배제할 수 없는 사태로 전개되고 있습니다. 그런데 우리는 쉽게 어느 쪽이 옳다는, 또는 그르다는 판단 속에서 이러한 사태가 종교문화의 '필연적인 구조'

라는 사실을 간과하기 쉽습니다. 우리는 우리의 이러한 태도에 대해서도 마찬가지로 정직해야 합니다. 현실과의 정직한 만남이 없이 종교들의 주장만을 따르는 것은, 또는 종교문화의 현실을 그저 승인하고 끝나는 것은 삶에 대한 바른 인식을 그르치게 할 뿐만 아니라 실제 우리가 삶을 살아가는 실천적인 차원에서도 별로 도움이 되지 않기 때문입니다.

• 비교 •

토끼와 기계

우리는 모든 사물을 어떤 사물과도 비교할 수 있다. 그러나 모든 비교가 반드시 옳은 것은 아니다.

우리는 무수한 사물을 만나며 삽니다. 그러면서 이런저런 많은 판단들을 합니다. '같다'든지 '다르다'든지 하는 인식도 그러한 판단의 한 경우입니다. 그렇게 딱 끊어지게 '같음'과 '다름'이 구별되기도 하지만 '비슷하다'든지 '닮았다'든지 서로 '정반대'라든지 '아예 견줄 수 없다'든지 하는 판단도 얼마든지 있습니다. 모두 같음과 다름을 일컫는 묘사들입니다. 우리는 이러한 우리의 태도를 '비교에 의한 사물인식'이라고 말할 수 있습니다. 우리는 늘 이것과 저것을 비교하면서 하나의 사물을 알게 됩니다.

그렇다면 우리는 비교란 인식을 위한 가장 우선하고 실제적인 방법이라고 말할 수 있습니다. 사실 그렇습니다. 우리는 사물을 알아야 합니다. 모르는 것이 많고, 알 수 없는 혼미한 일들만 가득하다면 사는 것이 쉽지 않습니다. 자연현상에 대한 앎에서 사람에 대한 이해에 이르기까지 우리는 온갖 존재하는 실재에 대한 소상하고 투명한 앎을 이루어야 비로소 삶을 나 스스로 통제할 수 있게 되고, 나 자신이 내 삶의 주체가 될 수 있습니다. 그러므로 앎은 삶을 위해 필연적인 우선하는 과제입니다. 그리고 비교는 그 앎을 이루는 방법, 곧 '어떻게 하면 알 수 있는가' 하는 물음에 대한 실제적인 대답으로 기능합니다.

예를 들어봅시다. 우리는 한 그루의 나무를 만납니다. 그리고 그것이 나무라는 사실을 알고 있습니다. 그런데 우리가 그것을 나무로 인식하는 것은 이를테면 옆에 있는 풀이나 바위와 나무가 어떻게 다른지 확인하면서 비로소 뚜렷해진 것입니다. 주변에 비교할 아무것도 없다면 그저 '나무를 나무라고' 해야 했을 터인데, 그러할 경우 가장 곤혹스러운 것은 나무를 설명할 방법이 없다는 사실입니다. 왜냐하면 이때 우리가 가장 분명하게 나무를 나무라고 설명할 수 있는 길은 방금 말한 대로 '나무는 나무이기 때문에 나무다'라고 하는 서술방법밖에 없는데, 우리 모두 알 듯이 그러한 발언이 나무를 '설명'해주지는 않습니다. 하지만 만약 바위의 특성을 이야기하면서 그것과 비교하여 나무의 특성을 이야기한다면 우리는 나무의 나무다움을 아주 쉽게 머릿속에 그릴 수 있고, 마침내 나무를 설명할 수 있게 됩니다. 나무를 알게 되는 것입니다.

다행하게도 사물은 하나만이 아닙니다. 무수하고 다양한 실재들이 우리 삶 안에 현존하고 있습니다. 따라서 우리는 언제나 어디에서나 특정한 사물을 비교할 수 있습니다. 이렇게 사물 간의 비교가 가능하다고 하는 것은 우리가 사물에 대한 상당한 수준의 인식에 도달할 수 있다는 것을 뜻하는 것이기도 합니다. 그리고 우리가 지닌 지적 전승이나 삶의 지혜도 실은 이러한 과정을 거쳐 우리에게 전해진 앎의 내용들입니다. 서로 비교하여 같음과 다름을 기술하고, 그 같음과 다름이 지니는 현실적인 의미들을 찾고 다듬어 이루어낸 것이 바로 그러한 '문화'인 것입니다. 그래서 '하나만 알면 아무것도 모른다'는 말은 옳습니다.

그런데 흥미로운 것은 이러한 판단이 실제 우리의 삶 속에서는 무척 예사롭게 이루어지고 있다는 사실입니다. 사물을 알기 위해서는 비교라는 방법을 사용해야 한다는 것을 누가 특별하게 가르쳐주지 않아도 우리는 사물들을 만나면서 자연히 비교를 하게 됩니다. 어느 것이 크고 어느 것이 작은 것인가를 이야기하고, 무엇이 둥글고 무엇이 모난 것인지 설명합니다. 많고 적은 것도 말할 수 있고, 마음이 편한 것과 불편한 것도 말할 수 있습니다. 마음에 드는 것과 마음에 들지 않는 것을 구분하기도 합니다. 삶은 한 순간도 그러한 판단 없이 이루어지지 않습니다. 그러므로 우리는 이러한 '비교에 의한 인식과 판단'을 나 스스로 하고 있다는 생각도 없이 그저 늘 하고 있습니다. 지극히 다양하고 많은 사물들 속에서 살면서 저절로 이러한 인식태도를 익혔는지도 모르겠습니다.

그런데 생각해보면 이것은 매우 예사롭지 않은 일이기도 합니다. 조금 되살펴보면 이러한 태도에는 뜻밖에 많은 함정이 숨어 있기 때문입니다. 한 가지 예만 들어보십시다. 우리는 나무를 바위나 풀과 비교하여 나무다움을 이야기할 수 있다고 했습니다. 그러나 우리는 나무를 또 다른 많은 것들과 비교할 수 있습니다. 물고기나 토끼나 기계나 사람과도 비교할 수 있습니다. 그러므로 하나의 사물을 무엇과 비교하느냐에 따라 그 사물에 대한 인식의 내용이 사뭇 다를 수 있습니다. 따라서 우리는 모든 사물을 어떤 사물과도 비교할 수 있지만 모든 비교가 반드시 옳은 인식을 낳는 것은 아닙니다. 또한 그렇기 때문에 우리는 잘못된 비교를 통하여 얻은 사물에 대한 인식을 통하여 뜻밖에 많은 잘못을 저지를 수 있습니다. 그러므로 비교하는 일은 매우 편리한 인식의 수단이기도 하면서 매우 위험한 인식을 초래할 수 있습니다.

종교문화에서도 사정은 다르지 않습니다. 우리는 살아가면서 종교만이 아니라 다양한 여러 삶의 모습들과 만납니다. 커다랗게 옛날부터 상식적으로 구획지어온 서술범주를 예로 든다면 정치도, 경제도, 과학도, 문화도 삶의 그러한 여러 모습을 지시하는 개념어들입니다. 이에 덧붙여 종교도 있습니다. 그러므로 종교란 도대체 어떤 것인가 하는 물음을 물으면서 우리는 그것이 정치와 어떻게 다른지, 과학과는 또 어떻게 다른지, 그리고 일상의 삶 속에서 우리가 추구하는 아름다움이라든지 덕이라든지 하는 가치들과는 어떻게 다른지 살펴보곤 합니다. 그렇게 해서 종교가 다른 것들과 두드러지게 다른 점을 찾아 다듬으면 자연히 종교가 무엇인지 이야기할 수 있으리라 믿기 때문입니다. 그리고 이러한 '비교방법'은 상당히 의미 있는 인식을 하게 했고, 우리는 종교가 왜 어떻게 다른 삶의 모습들과 다른지 잘 다듬어 펼쳐보이곤 합니다. 하지만 이러한 비교도 모든 비교가 그렇듯이 그 나름의 어려움이 있습니다.

당연히 이러한 주장은 이론적으로 옳습니다. 그러나 실제로 이를 현실에 적용하여 진정한 인식을 구축하는 일은 결코 쉽지 않습니다. 종교와 다른 문화를 비교하기 위해서는 비교작업 이전에 종교와 다른 문화를 구분하는 일이 선행되어야 합니다. 그러나 그 일이 쉽지 않습니다. 앞에서도 '옛날부터 상식적으로 늘 구획지어온 서술범주'라는 표현을 했습니다만 이는 매우 모호한 이야기입니다. 사실 삶은 우리가 구분하여 일컫는 정치, 경제, 과학, 문화, 종교 등이 한꺼번에 중첩되어 이루는 것이기 때문입니다. 아니, 그러한 삶이 너무 복합적이어서 조금 다듬기 위해 겨우 구분해 서술해본 것이 그러한 범주이기 때문입니다. 오랜 경험을 통해 이것과 저것을 구분하는 어떤 터득이 분명히 생길 수 있는 것이지만 그 또한 살펴보면 일정한 '비교'를 통해 이루어졌을 것입니다. 그렇다면 이는 일종의 순환적인 구조를 가진 풀기 어려운 문제가 됩니다. 비교를 해야 특정한 사태를 분명히 인식할 수 있을 텐데 그렇기 위해서는 먼저 분명하게 구분된 사물들이 전제되어야 합니다. 그런데 바로 그렇게 사물들을 분명하게 구분하기 위해서 지금 우리는 비교방법을 동원하고자 하는 것입니다. 따라서 '비교'와 '분명하게 구분된 사물들'은 꼬리를 물면서 서로 우선되어야 한다는 주장을 할 수밖에 없게 됩니다. 사물들을 분명하게 구분하여 인식하기 위해서는 비교해야 하고, 그러기 위해서는 이미 분명하게 사물들이 구분되어 있어야 하기 때문입니다.

그렇지만 우리가 이러한 일을 반드시 논리적인 정연성(整然性)만으로 다듬을 수는 없습니다. 논리가 삶을 마련하는 것은 아니기 때문입니다. 논리는 다만 삶을 위해 필요한 것이지 삶을 낳을 수는 없는 것입니다. 마치 조금 알아야 물을 수 있지 전혀 모르면 어떤 물음도 불가능하듯이,

'전통적인 상식적 구분'을 통해 이루어놓은 정치와 종교의 차이, 종교와 과학의 차이, 그리고 그러한 차이를 통해 종교를 규정하고 정치를 규정 하는 등의 인식작업이 결코 무의미한 것은 아닙니다. 오히려 그러한 '일 상적인 앎'이 실용적일 수도 있습니다.

주체의 자리 : 선택과 강화

알기 위한 비교보다 우선하는 것은 선택하기 위한 비교이고, 자신을 강화하기 위한 비교다.

그렇다면 우리는 종교와 여타 문화가 어떻게 다른지 누구나 자기자리 에서 자유롭게 비교해볼 수 있습니다. 그러나 마냥 자유롭지는 못합니 다. 중요한 것은 무엇이 비교의 대상이 되느냐 하는 것이기 때문입니다. 각개 문화가 지닌 이념과 종교적 이념을 비교할 수도 있습니다. 당해 사 회 안에서 펼치는 기능을 비교할 수도 있습니다. 행위주체를 비교할 수 도 있고, 역사적 전개 과정이나 양상을 비교할 수도 있습니다. 따라서 비 교는 그리 단순한 과제가 아닙니다.

가장 일상적으로 종교와 여타 문화를 비교할 때 그 차이로, 곧 종교의 특성으로 지적하곤 한 것은 삶의 주체가 드러내는 '관심의 정도'였습니 다. 얼마나 '심각하게' 당해 사물에 대하여 관심을 가지는지, 얼마나 '진 지하게' 그 사물에 대하여 관심을 기울이는지, 또는 관심을 기울일 수 있 는 얼마나 많은 다양한 것들을 버리고 이제는 더 이상 관심을 둘 어떤 것 도 없다고 판단하고 마침내 기울이는 '마지막 관심'인지 하는 것을 준거 로 종교와 다른 문화현상을 비교한 것입니다. 자연히 그러한 관심은 그 렇지 않은 관심이 대상으로 선택한 사물과는 '다른 사물'에 대한 관심을 가질 수밖에 없습니다. 다시 말하면 그렇게 이루어지는 비교를 통해 사 람들은 예를 들어 정치가 현실적인 삶을 잘 다스려 모두 행복하게 되는 것에 대해 관심을 가지는 것인 데 비해, 종교는 정치가 의도하는 행복 자체에 대한 물음을 묻고 그 내용을 정리해 행복이 무엇인지 드러내는 것이라고 이해한 것입니다. 정치는 다스림을, 종교는 그 다스림이 지향하는 행복을 묻고 실현한다는 맥락에서 종교는 '궁극적인 관심'을 구체화한 것이라고 이해하는 것입니다. 이러한 주장은 매우 설득력이 있습니다. 또 다른 개념으로 종교는 존재의미 자체에, 그리고 여타 문화는 삶의 현실에 대한 방법론적 접근에 관심을 기울이는 것이라고 한다면 이 주장을 좀더 분명하게 다듬을 수 있을 듯합니다.

하지만 이러한 비교, 곧 '관심의 정도'를 척도로 한 비교가 반드시 종교와 여타 문화현상을 구분하면서 종교란 과연 어떤 것인가 하는 것을 충분히 드러내주는 것은 아닙니다. 이른바 '궁극적인 관심'이란 어느 삶의 자리에서나 가능한 모습이기 때문입니다. 예를 들면 정치는 그 나름의 이념적 지향과 구체적 실천에서 이른바 스스로 '차선(次善)'의 자리에 자기를 두지 않습니다. 경제도 과학도 예술도 마찬가지입니다. 제각기 그 문화들은 스스로 자신이 절대적이고 종국적인 가치를 지닌 삶을 담고 있다고 여기고 있으며, 스스로 그러한 삶의 주체들은 자신의 삶이 결코 수단적인 가치의 차원에 머물고 있는 것은 아니라고 여깁니다. 그러한 자리에서는 오히려 종교적인 가치나 경험조차 자기가 속한 자기의 문화 영역의 완성을 위해 '동원'됩니다. 그러므로 궁극적 관심은 결코 종교문화의 전유물이 아닙니다. 그렇다고 주장하는 것은 종교문화의 자의식에서 말미암은 자기정당화의 '구실'일 수도 있습니다.

그러나 그렇다고 해서 이것이 비교의 준거로 전혀 무의미한 것이라고 말할 수도 없습니다. 그러한 비교를 통한 자기인식이 우리의 삶 속에서 현실적으로 '작용'하기 때문입니다. 모든 종교문화는 한결같이 스스로 인간의 마지막 물음에 대한 마지막 해답이라는 자의식 속에서 자기정체성을 펴고 있습니다. 그리고 비록 이러한 종교문화의 주장에 대해 어떤 저항이 인다 할지라도 종교문화의 그러한 주장이 반드시 우리 삶 속에서 배제되거나 사라지는 것은 아닙니다. 그 주장의 현실성만큼 그것은 구체적인 실재로 현존합니다. 그러므로 종교문화가 스스로 우리는 어떤 문화도 지니지 않은 궁극적인 관심을 가지고 있다는 사실 때문에 다른 문화와 다르다고 주장한다면 그 주장은 그 주장 나름의 실재성을 가지게 됩니다.

그렇지만 존재하는 모든 문화현상들이 아울러 승인하지 않는 특정한 문화의 자기주장은 그 현상에 대한 바른 인식을 초래할 수 없습니다. 그리고 엄밀한 의미에서 그러한 '배타적 자기주장'만을 발언하는 태도를 '비교'라고 말할 수도 없습니다. 따라서 비록 현실적인 타당성이 아주 없는 것은 아니라 할지라도 '관심의 정도'가 종교문화와 종교문화 아닌 것을 구분하는 유일하고 정당한 비교 기준일 수는 없습니다.

눈에 보이는 구체적인 모습들을 비교하여 종교문화와 종교문화가 아닌 것을 구분하고 인식하려는 입장들도 있습니다. 제의가 있는지 없는지, 성직자라는 특정한 기능수행자들이 있는지 없는지, 초월이나 신비로 범주화할 수 있는 상징들이 있는지 없는지, 공동체의 형성원리가 무엇을 축으로 하고 있는지, 가장 구체적이고 현실적인 삶의 규범들은 무엇인지 등을 비교를 위한 준거로 선택하는 경우가 그러합니다. 그러나 이때도 앞의 경우와 다르지 않습니다. 마치 '관심의 정도'를 준거로 하여, 더 이상 다른 관심이 불가능한 마지막 관심을 지니고 있느냐 없느냐 하는 비교를 통하여 종교문화를 묘사했듯이, 이러한 가시적인 사항들을 비교하는 방법도 결과적으로는 상당히 비교의 어느 한쪽을 준거로 하여 다른 쪽을 '판단'하는 투로 이루어지고 있기 때문입니다. 그런데 이 역(逆)도 참입니다. 종교문화가 아닌 다른 문화에서는 종교문화가 어떤 것인지 알기 위하여 자기와 종교문화를 비교합니다. 그러나 이때도 종교문화가 아닌 비교주체는 자신을 준거로 종교문화를 비교하고 판단합니다. 이를테면 합리성이라든지, 실증성이라든지, 지배권력의 원천이라든지, 이윤의 추구방식이라든지, 심미적 감성이라든지 하는 것을 준거로 비교를 합니다. 비교를 통해 자신과 타자를 인식하려는 주체가 결국 비교의 주제를 선택할 때부터 자기를 준거로 삼고 있다는 사실이 옳은 비교를 할 수 없게 만들고 있는 셈입니다.

비교를 통한 인식을 도모하는 주체들이 이처럼 자기를 준거로 작업을 수행함으로써 도달하는 주관적 인식의 한계를 넘어서지 않으면 어떤 비교도 인식을 위한 방법으로 기능할 수 없으리라는 판단을 우리가 하게 된 것은 무척 다행한 일이기도 합니다. 그러나 그러한 자성이 온당한 비교방법을 자연스럽게 구축하도록 하는 것은 아닙니다. 여전히 비교는 그것이 지닌 당위와는 달리 쉽지 않은 문제입니다. 그래서 인식을 위한 방법으로서의 비교는 두 가지 다른 접근을 시도하기도 합니다. 하나는 비교 대상을 분리된 개체로 여기기보다 그것들이 어떤 보편성 안에 들며 또 어떤 다른 모습으로 그 보편성이 드러나고 있는가 하는 것을 살피는 일이고, 다른 하나는 그 개체들이 역동적이고 가변적인 것이지 결코 정태적인 것이 아니라는 사실을 전제하면서 이들을 비교하는 일입니다.

'같은데 다르다'라든지 '다르지만 같다'라고 하는 것을 충분히 서술할 수 있어야 비로소 우리는 사물에 대한 바른 인식을 할 수 있다는 주장이라고 할 수 있는 첫 번째 태도는 비교가 절대적으로 개체의 개체다움을 드러내는 것일 수는 없다고 판단합니다. 그렇기 때문에 이 자리에서는 종교문화가 여타 문화 일반과 '다른 것'이기보다 삶의 한 측면을 드러내는 것이라고 이해합니다. 이를테면 종교와 과학이 다르다고 흔히 판단하지만 동일한 자연인이 훌륭한 지적 업적을 내는 과학자이기도 하고 특정한 종교에 자신을 봉헌한 돈독한 신도이기도 합니다. 이것이 우리가 직접 겪는 삶의 현실이라면 종교문화라고 일컫는 현상과 그렇지 않은 문화현상을 본질적으로 분리된 것으로 전제하는 비교는 의미가 없습니다. 삶이 드러내는 다양한 측면들을 더 잘 이해할 수 있도록 다듬기 위한 방법론적 비교만이 가능할 뿐입니다. 그리고 그러한 비교에서 차이를 묘사하면서 '종교와 과학은 다르다'라고 말할 수 있을 뿐입니다. 이에 이르면 우리는 앞서 저어했던 문제, 곧 비교작업의 주체가 자기를 기준으로 하여 타자를 판단하는 주관적인 인식의 과오는 상당히 벗어날 수 있습니다.

이러한 자리에서 비교를 수행하게 되면 자연히 두 번째 자리에 들어서게 됩니다. 비록 '구조'는 불변한다 할지라도 드러나는 '현상'은 그럴 수 없다는 사실을 전제하면서 서로 다르다고 판단되는 개체들을 비교하게 되는 것입니다. 따라서 이러한 자리에서 이루어지는 비교는 주제별 비교나 본질의 비교일 수 없습니다. 역사-문화적 정황을 맥락으로 하여 종교문화와 정치문화, 또는 종교문화와 과학문화가 어떻게 서로 만나고 갈등하고 상호지양하는 계기들을 확보하고, 그렇게 나아가면서 어떻게 자기 자신을 확인하는 존재의미의 범주 안에 스스로를 둘 수 있었던가 하는 것을 살피게 됩니다. 당연히 이러한 비교에서는 삶의 총체적 조망 속에서 이를테면 관심의 대상이 되는 두 문화가 각기 어떤 자리를 어떻게 차지하면서 스스로 그 관계를 유지하며 인류의 문화를 위해 기여했는가 하는 것이 인식의 초점이 됩니다.

이러한 비교방법을 정교하게 다듬는 일이 끊임없이 이어져야 하겠지만 여전히 남는 것은 비교를 행하는 주체의 문제입니다. 인식의 주체는 나 자신입니다. 사물을 견주어 어느 것이 어떻다고 말하는 것은 결국 나 자신인 것입니다. 그러한 인식주체가 없다면 물을 것도 없고 알 것도 없습니다. 그런데 그 주체가 '어떤 자리'에서 인식을 위한 비교의 작업을 하는가 하는 것은 불가피하게 인식을 채색하는 감추어진 잣대나 전제된 '안경'이 됩니다. 그러므로 중요한 것은 비교의 방법론에 앞서 비교주체의 '자리'를 살피는 일입니다. 내가 어떤 맥락에서 무엇을 지향하며 그러한 인식을 도모하는지 스스로 되물어볼 필요가 있는 것입니다. 이때 우리는 그 '자리'를 채우고 있는 기본적인 풍토를 두 가지로 나누어 살펴볼 수 있습니다. 하나는 '선택하기 위한 비교'이고, 또 다른 하나는 '자신을 강화하기 위한 비교'입니다.

엄밀한 의미에서 '이것이 온당한 비교다'라고 할 수 있을 이른바 '비교의 문법'을 일컫는 것은 거의 불가능합니다. 우리가 살아가면서 어떤 것을 알기 위해 여러 사물을 서로 '견주어보는 일'은 소박한 일상인데도 이제까지 살펴보았듯이 비교조건 또는 비교주제는 그리 단순하지 않기 때문입니다. 하지만 사물에 대한 인식주체가 왜 그러한 의도를 가지느냐 하는 것을 살펴보면 '비교의 모습'이나 '비교가 도달할 귀착점 또는 비교의 결과'를 짐작할 수 있습니다. 그런데 이는 물음주체가 지니는 의미나 가치의 추구와 단절되어 있지 않습니다. 물론 우리는 지적 호기심만으로도 얼마든지 사물에 대한 인식을 의도할 수 있다고 말합니다. 그래야 진정한 앎이 이루어지는 것이라고 강조하기도 합니다. 따라서 그 호기심의 충족만으로도 자신의 인식태도를 지속할 수도 있다고 주장합니다. 흔히 '학문의 길'이란 그렇게 사는 것이라고 말하기도 합니다.

그러나 이러한 진술은 삶을 개념화하기 위해 무척 많은 것을 거르고 남은 진술이라고 할 수 있습니다. 왜냐하면 우리는 자신의 삶을 어떤 형태로 살든 그 안에서 '의미나 보람'을 지닐 수 없으면 그러한 모습의 삶을 이어 살 수 없기 때문입니다. 앎을 추구하는 '학문적인 노작'은 반드시 실존적 동기와 이어져 있는 것이지 따로 떨어진 것은 아닙니다. 또 그래야 합니다. 우리가 비교의 방법보다 비교주체에 관심을 갖는 것도 이 때문입니다. 그리고 바로 이때 우리가 발견하는 것이 '알기 위한 비교'보다 우선하는 것이 '선택하기 위한 비교'이고 '자신을 강화하기 위한 비교'라는 사실입니다. 다시 말하면 '의미론적 정황인 선택과 강화를 위한 앎의 추구'가 비교를 통해 시도되고 있는 것입니다.

결국 왜 종교문화에 대한 관심을 가지면서 이를 다른 문화들과 비교하여 인식하려 하는가 하는 물음주체의 입장이 '종교란 다른 문화와 비교하여 어떻게 다른가' 하는 물음에 대한 대답을 가져옵니다. 비교의 내용은 그러한 의도에 따라 다듬어집니다. 선택을 위한 비교의 자리에서는 모든 문화에 대해 열린 입장에서 종교를 살피게 됩니다. 종교 우위의 문화인식이 정당하다는 주장을 하지 않습니다. 그것은 '선택 이후'의 일입니다. 비교는 순전하게 인식을 위한 방법의 자리에서 머뭅니다. 하지만 '강화'를 위한 비교는 단순하게 그 비교작업을 인식을 위한 방법으로 머물게 하지 않습니다. 비교는 자기정당화를 위한 자료를 제공해줍니다. 비교는 인식의 방법으로 충분히 기능적입니다. 그러나 그 방법이 완성되기 위해서는 갖추어져야 할 조건들이 너무 이상적이거나, 아니면 그 조건들을 갖추는 일은 지나치게 비현실적입니다. 결국 비교를 통한 종교문화와 다른 문화에 대한 인식은 비교작업의 주체가 지닌 실존적 물음을 준거로 하여 이루어질 수밖에 없습니다.

다름의 발견

공유할 수 있는 구조적 중층성이 전제되지 않는다면 비교는 불가능하다. 같은데 다르다고 말할 수 있을 때 비교가 가능해진다.

종교문화와 비종교문화를 구분하기 위한 비교보다 더 현실적이고 직접적인 것은 종교와 종교의 비교입니다. 종교인들도 그러하고 비종교인들도 그러합니다. 인류의 문화가 안고 있는 종교라고 기술된 문화현상은 하나가 아닙니다. 문화권에 따라, 역사의 진전에 따라 수많은 종교가 있어왔고, 또 있습니다. 이를테면 고대 이집트 종교가 있었습니다. 중국의 종교라고 일컬어진 문화가 있었습니다. 멜라네시아의 섬들에도 많은 사람들이 종교라고 이름붙인 현상들이 있었고 또 있습니다. 우리 역사 속에도 아직 잘 다듬어진 것은 아니지만 무(巫)를 사제로 하는 '종교'라 불릴 만한 문화가 있었다고 전해질 뿐만 아니라 지금 여기에서 우리는 그러한 현상을 경험하고 있습니다. 그리스도교도 있고, 불교도 있고, 유교도 있고, 이슬람도 있습니다. 중요한 것은 우리가 그 어느 종교에 속해 있든 그렇지 않든 그 많은 종교들이 어떻게 서로 다르고 같은지 궁금증을 가진다는 사실입니다.

그런데 어쩌면 문화권이나 역사라는 것이 분리와 단절로 분명하게 구획되었다면 우리는 '다른 사실에 대한 궁금증'을 가지지 않았을지도 모릅니다. 동일한 문화권, 동일한 시대를 산다는 것은 거의 동질적인 삶을 거의 모든 사람들이 공유할 수 있다는 것을 의미합니다. 따라서 아예 '다름'을 뚜렷하게 의식하지 않았을지도 모릅니다. 하지만 어떤 문화권도 다른 문화권과 절대적으로 단절되어 있지는 않습니다. 지표(地表)는 결코 끊어져 있지 않습니다. 바다도 지표의 연속을 불가능하게 하지는 않습니다. 역사는 말할 것도 없습니다. 사물을 역사적인 시각에서 본다는 것 자체가 사물의 시간적 연속을 전제하고 이루어진 개념입니다. 따라서 이른바 문화적 중심과 주변이 있고, 시간적 현재와 과거가 있다 할지라도, 그래서 때로 중심과 주변이나 현재와 과거가 단절된 개체처럼 인식된다 하더라도, 삶의 여울은 '다름의 혼재'가 시간이나 공간 어디에서나 불가피함을 보여주고 있습니다. 그러므로 익숙한 것과 낯선 것을 비교하는 일은 자연스러운 일입니다. 내가 그 안에 있어 거의 나와 구분할 수 없이 하나가 된 종교문화가 있는가 하면 낯설고 '이상스럽고' 이해할 수 없는 종교문화와 부닥치는 경우가 없지 않습니다. 앞에서 서술한 이런저런 문제들을 다시 반복하게 될 수도 있겠지만 이러한 정황 속에서 자연스럽게 이루어지는 비교의 내용을 우리는 다음의 몇 가지로 요약할 수 있습니다.

하나는 가르침이나 주장의 내용들을 비교하는 일입니다. 주제별 비교라고 할 수 있을 이러한 비교는 무엇을 물음이라고 하는지, 무엇을 해답이라고 하는지, 어떻게 묻고 어떻게 대답하는지 살핍니다. 흔히 아는 대로 그리스도교는 문제를 '죄'로 개념화합니다. 불교는 '고통'을 문제로 삼습니다. 이슬람은 '불순종'을, 유교는 '가야 마땅할 길에 들어서지 못함'을 문제로 여깁니다. 무속적인 전통에 의하면 '힘 없음'이 현실적인 문제입니다. 이곳에서 각 종교의 교의적 또는 교리적 비교를 할 생각은 없습니다. 우리는 이러한 주제들을 놓고 각 종교의 같음과 다름을 비교한다는 사실을 적시하고 싶을 뿐입니다. 그리고 '종교 간의 비교'라고 하면 대체로 우리는 이러한 비교를 지칭하는 것으로 이해합니다.

하지만 이를 넘어, 또는 이와 더불어 의례의 다름에 주목하면서 비교를 하는 경우도 있습니다. 의례의 계기가 어떻게 다른지, 의례의 대상이 누구인지, 의례의 집전자는 누구인지, 그 결과는 어떻게 확인이 되는지, 그러한 의례의 '종류'는 어떤지, 의례의 주기(週期)는 어떤지 등이 비교를 위해 살피는 대상이 됩니다. 시간과 장소, 도구와 상징물들, 읊어지는 이야기와 발언되는 언어들, 그리고 의례를 수행하는 공동체 안에서 그 의례가 그 공동체의 사회적 구조와 어떻게 연결되어 있는지, 한 인간의 생애 과정과 연결된 의례의 집전은 어떤 구조로 이루어져 있고, 그것이 개인의 성숙과 공동체의 형성에 어떠한 영향을 주는지 등을 살피면서 한 종교와 다른 종교의 다름과 같음을 다듬습니다. 작은 몸짓에서 무리가 이루는 커다란 움직임에 이르기까지 각 종교는 자신의 '속성'을 그러한 것을 통해 드러내기 때문에 이러한 의례를 비교하고 관찰하는 일은 종교들이 어떻게 서로 다른지 같은지를 살피는 데 필수적입니다.

이에 이어 또 다른 하나로 우리는 '사람과 사람을 비교하는 일'을 들 수 있습니다. 이른바 교조(敎祖)라고 일컬어지는 인물들을 비교하는 일이 그러합니다. 사실상 한 종교의 색깔은 그 교조의 생애의 색깔과 거의 일치합니다. 그러므로 그 개개 인물에 대한 이해는 그 종교를 이해하는 지름길이 됩니다. 하나의 종교는 근원적으로 그 인물들이 가르친 해답의 내용을 구체화한 것이기 때문입니다. 예수와 석가를 비교하는 일이 그 한 예입니다. 출생만을 하나의 예로 든다면 예수는 천민으로 태어났지만 석가는 왕족으로 태어났습니다. 이를테면 이러한 비교를 통하여 그 종교의 종교다움을 조명해보려는 것이 이 비교의 내용입니다. 교조 이외에도 개개 종교에서 두드러진 자리에 있는 사람들을 상호비교하여 그 종교의 가르침의 특성을 밝히기도 합니다. 이를테면 원효와 아우구스티누스를 비교하는 일도 그러한 작업의 하나입니다. 물론 이러한 비교는 엄밀한 의미에서 교리적 비교의 영역에 들 수 있습니다. 자연인인 개인의 품격이나 생애를 이야기하는 것은 결국 그의 가르침 또는 그의 사상에 대한 이해를 돕기 위한 것이기 때문입니다. 따라서 이러한 '사람에 대한 관심'은 충분히 교리를 비교하는 영역에서 다룰 수 있는 하나의 '주제'가 될 수 있습니다. 그럼에도 불구하고 사람을 따로 떼어놓고 견주어보는 일은 우리가 늘상 경험하는 비교의 현실에서는 거의 독자적인 자리를 차지하고 있는 두드러진 비교의 과제가 되고 있습니다. 그래서 그러한 인물 간의 비교는 개개 종교의 비교를 온전하게 완성하는 것이라는 이해조차 지니고 있습니다.

이와 다르게 교리나 공동체나 상징들을 모두 한데 아우르면서 개개 종교의 역사를 비교하는 태도도 있습니다. 이러한 비교는 개개 종교의 구조보다 그것이 어떻게 시간의 흐름과 더불어 변화해왔는지를 초점으로 하여 서로 같고 다른 점을 찾아봅니다. 우리는 이러한 비교를 통하여 종교들이 각기 어떻게 자신의 흥망성쇠를 이루고 있는지 알 수 있게 됩니다. 예를 들면 변화하는 세계가 짓는 새로운 삶의 조건들을 수용하면서 그에 상응하는 해답을 끊임없이 제시하는 종교가 있는가 하면 이에 비해 기존의 해답이 지니는 절대성에 집착하면서 변화된 정황에 대한 인식을 차단한 채 자신의 주장만을 추스르는 종교가 있음을 보여주기도 합니다. 앞의 종교는 그 나름의 위기를 잘 넘어서지만 뒤의 종교는 자신이 봉착하는 위기를 잘 견디지 못합니다. 변화에 대한 인식, 그것을 준거로 한 자기성찰이 없기 때문입니다. 비교의 초점을 역사로 설정하면 이러한 사실을 상당히 설득력 있게 기술할 수 있습니다.

이 밖에도 우리는 비교의 준거가 되는 많은 주제들을 나열할 수 있습니다. 그러나 비교의 결과 어떤 사실들을 같거나 다르거나 한 것으로 진술하느냐 하는 것은 나중 문제입니다. 중요한 것은 비교작업이 온당하게 이루어지고 있는가 하는 것입니다. 이미 종교문화와 비종교문화의 비교를 이야기하면서 지적한 문제들은 종교와 종교 간의 비교에서도 마찬가지로 유념해야 할 사항으로 타당성을 지닙니다. 이를 다시 종교 간의 비교를 유념하면서 다듬는다면 다음의 몇 가지가 반드시 비교작업을 위해 요청된다는 사실을 강조할 수 있습니다. 다시 말하면 '비교'의 개념을 분명하게 정립할 수 있게 됩니다.

비교는 비교객체가 서로 다르다는 것을 전제합니다. 그러나 공유할 수 있는 구조적 중층성이 전제되지 않는다면 비교는 불가능합니다. '같은데 다르다'라고 말할 수 있을 때 비교는 가능해집니다. '다른데 다르구나' 하는 데 이르는 인식은 처음부터 비교가 아닙니다. 비교 이전이거나 비교 이후라고 할 수 있을 텐데, 그러한 자리는 객체에 대한 인식을 굳이 비교를 통해 할 까닭도 없습니다. '다르다'는 동어반복만으로도 훌륭하게 자기인식의 정당성을 확보할 수 있을 것이기 때문입니다.

하지만 비교는 개개 종교의 연속성을 전제하고 발견하는 다름에 대한 진술입니다. 다르게 표현한다면 비교 대상으로 선정된 개개 종교는 일컬어 종교라고 하는 특정한 범주에 함께 들어 있다는 사실을 공유하고 있다든지, 그것도 아니라면 경험주체인 인간의 경험내용을 공유하면서 그 안에서 서로 단절되어 있지 않은 개체로 각개 종교가 현존한다는 사실을 승인한다든지 하는 자리에서 비롯하는 상호간의 다름의 발견입니다. 그러므로 예를 들어 불교와 그리스도교를 비교하면서 비교주체가 이루어내야 할 것은 다음과 같은 사실이어야 합니다. 곧 그 개개 종교를 이루고 있는 것은 인간으로서의 동질성을 전제하는 '사람들'이, 나름대로 '문제를 지니고 있다'는 사실을 공유하면서, 그에 대한 '해답'을 모색하여 도달한 '문제없음'의 경험 또한 공유하며, 그 경험을 각기 표상화한 것인데, 그 '표상은 서로 다르다'는 것을 확인하는 일입니다.

그러므로 다름의 발견은 개개 종교를 이해하는 데 아무런 장애를 초래하지 않습니다. '같은데 다르구나' 하는 당연한 사실을 확인하는 일이기 때문입니다. 그러므로 마땅히 다름이 같음을 훼손할 수는 없어야 합니다. 다름의 발견은 오히려 다른 종교를 이해하는 지름길이어야 합니다. 그렇게 될 때 비교방법은 마침내 제 역할을 잘 수행하는 것과 다르지 않습니다. 비교는 비교작업을 하는 주체가 자기자리를 비교하는 객체에 투영하여 그 굴레 안에 다른 종교를 끌어들여 자기와 같다는 것을 그 종교에 덧씌우는 일도 아니고, 다르다는 사실을 확인하면서 그 종교가 해답을 추구하지 않을 수 없는 문제를 지닌 우리와 같은 인간의 경험이 드러난 표상이라는 사실을 지우는 일도 아닙니다.

따라서 비교작업은 구체적인 현상을 간과하지 말아야 합니다. 뿐만 아니라 발견된 '다름'은 직접적이고 현실적인 '사례'로 적출(摘出)될 수 있어야 합니다. 막연하고 모호한 관념적인 묘사는 결국 비교주체가 자기자리를 확산하기 위하여 '다름을 낳는 경계(境界)를 지우는 일'에 지나지 않습니다. 그것은 끊임없이 '같음을 주장하는 퇴행적 인식'만을 강화할 뿐입니다. 따라서 그러한 비교를 통한 인식은 모든 개개 종교는 비교작업의 주체의 울 안에서 다르지 않다는 '너그러운', 그러나 '전제적(專制的)인' 인식에 이릅니다. 그러므로 비교는 모름지기, 이를 관행적인 개념으로 말한다면, '역사적'이어야 합니다. 실재하는 종교의 '자기생애'를 그 맥락에서 읽어 그것이 하나의 실재로, 지금 내가 비교를 통해 인식한 그 다름을 특성으로 하여 현존한다는 사실을 '존중'할 수 있어야 합니다. 개개 종교는 비교의 방법을 펼치는 지평에서 그렇게 만나야 합니다.

다원성의 합일과 다양성의 공존

다름은 곧 그름이라고 판단하는 인식은 다른 종교에 대한 배타적인 태도가 '옳음'일 수 있다는 주장의 논거를 제공한다.

이에 이르면 우리는 종교 간의 비교가 다양한 주제를 준거로 하여 다양한 수준에서 이루어져야 한다는 실제적인 자리에 들어설 수 있습니다. 더 나아가 비교 불가능한 주제의 비교라든지, 상이한 수준에서의 비교여서 그것은 진정한 비교일 수 있는 가능성이 처음부터 차단될 수밖에 없다든지 하는, '비교를 위한 판단'도 할 수 있습니다. 그리고 더 나아가 그러한 것을 충분히 유념한 이른바 '적법한 비교'를 이룬다 할지라도 그때 이루어진 인식을 어떻게 하면 개개 종교의 언어를 벗어난 '다른 언어'로 묘사할 것인가 하는 것도 아울러 탐색하게 합니다. 이러한 작업이 늘 성공적이기를 기대하는 것은 지나친 욕심일지도 모릅니다. 그러나 적어도 이러한 사실이 비교주체에 의하여 유념되지 않는다면 그것은 비교작업이 아닙니다.

그렇게 되면 비교는 앞서 지적한 바와 같이 특정 종교를 유일하고 절대적인 것으로 옹호하려는 의도에서 이루어지는 '의도적인 음모'가 됩니다. 인식을 빙자하여 인식 이전의 판단을 인식이라고 강변하는 자리에 들게 되는 것입니다. 비교주체가 특정 종교의 자리에 있을 때 이는 매우 심화됩니다. 배척이든 수용이든 그 방법은 다양할 수 있습니다. 그러나 종국적으로 그러한 비교는 비교주체의 종교의 논리로 비교객체가 되는 종교를 해체하는 데 이릅니다. 물론 이때 비교는 그 주체의 자리에서 보면 '선한 책략'입니다. 하지만 현존하는 종교가 그 특정한 종교의 그러한 비교방법을 통한 인식에 의하여 필연적으로 해체되는 것은 아닙니다. 그럼에도 불구하고 이러한 태도는 현존하는 '다른 종교'에게 커다란 위협이 됩니다. 왜냐하면 '다름은 곧 그름'이라고 판단하는 이러한 인식은 그 인식을 실천하는 장에서 다른 종교에 대한 배타적인 태도가 '옳음'일 수 있다는 주장의 논거를 제공하기 때문입니다. 다시 말하면 이러한 인식은 다른 종교에 대한 물리적인 배타적 행동을 언제나 현실화할 수 있는 기반이 되기 때문입니다.

다름의 인식이 갈등을 낳는다는 현실성을 간과할 수는 없습니다. 구체적으로 문화적 차이에 의한 관행적인 선악의 판단이 드러날 경우, 곧 한 종교에서는 선이 다른 종교에서는 악으로 명확하게 드러나는 것을 비교를 통해 인식하는 경우가 그러합니다. 이를테면 소를 신성한 것으로 여기는 종교문화권이 다른 종교문화권에서 소를 먹이로 하기 위해 도살행위를 하는 것을 견디는 일은 쉬운 일이 아닙니다. 그 두 다른 종교문화권의 충돌은 불가피합니다. 이를 극복하는 일은 결코 쉽지 않습니다. 결혼 등 사회제도의 차이, 장례의례 등에서 드러나는 차이, 몸짓이나 언어 등에서 드러나는 표현과 전달의 다른 구조들에서 우리는 서로 견딜 수 없는 기본적인 가치나 의미의 충돌을 볼 수 있습니다. 우리는 이러한 첨예화된 갈등이 비교를 통한 인식에서 비교가 강화될수록 점증한다는 사실마저 확인할 수 있습니다.

그렇다고 해서 우리가 문제의 등장을 억제하기 위하여 비교방법을 포기할 수는 없습니다. 비교를 통해 드러나는 이러한 '불행한 사태'에도 불구하고 이 사태는 인식의 끝이 아니라 실은 새로운 인식의 처음이기 때문입니다. 흔히 사용하는 용어로 말한다면 우리는 그러한 비교를 통하여 바야흐로 '문화교차적인 분석'을 통하여 세계를 새롭게 인식해 나아가고 있는 것입니다. 제각기 종교를 별개의 실체로 기술해온 긴 역사는 우리가 종교를 개개 종교로 단절하여 전혀 별개의 것으로 기술하고 인식하도록 하였습니다. 우리는 그 과정에서 각 종교의 '진리'를 탐구하는 일이 비교의 내용이라고 여겼습니다. 그리고 그 '진리의 빛'으로 조명된 온갖 실제적인 종교경험을 재구성하면서 그 진리 자체를 판단하였습니다. 그것이 비교의 내용이었습니다. 하지만 이제는 그 개개 종교가 문화적 실체라는 사실을 전제하는 새로운 차원에서 비교를 하지 않을 수 없는 현실적인 필연에 도달해 있습니다.

종교는 종교문화입니다. 그것은 인류의 문화를 구성하는 하나의 현상이지 절대적이고 배타적인 초월적 실재가 아닙니다. 초월은 그 문화가 발언하는 경험의 한 표출개념입니다. 그러므로 개개 종교에 대한 이해는 '종교와 종교 간의 비교'가 아니라, '상이한 문화가 품고 있는 종교 간의 비교'여야 합니다. 우리는 그것을 '문화교차적인 비교'라고 말할 수 있습니다. 오늘 우리가 의도하는 비교는 그러한 차원에서 이루어져야 합니다. 앞서 지적한 불가피한 갈등에 대한 인식은 그 갈등 때문에 비교를 끝내야 한다는 인식으로 종결되는 것이 아니라, 그 갈등을 갈등으로 수용하면서 넘어서는 다른 세계의 확인에 이르는 방법이어야 합니다. 그러한 의미에서 비교는 시작입니다. 다시 말하면 종교를 비교하여 종교들에 대한 인식을 의도하는 것은 인간의 '다양한 삶의 모습'에 대한 인식을 의도하는 것이지 개개 종교가 주장하는 '진리'를 옳은 것인지 그른 것인지 판단하려는 것이 아닙니다. 그러한 의미에서 비교의 과제는 지극히 소박합니다.

따라서 우리는 이러한 문화교차적인 비교가 또 다른 인식의 차원을 열어준다는 사실도 마저 지적할 수 있습니다. 문화는 정태적이지 않습니다. 그것은 살아 움직이는 실체입니다. 그러므로 그것은 언제나 변화합니다. 당연히 다른 문화와 접촉하기도 합니다. 그리고 그러한 접촉을 통하여 서로 상이한 문화들은 기존의 자기를 벗어나는 '접촉에 의한 변신'을 이루기도 합니다. 개개 종교도 다르지 않습니다. 문화접변(文化接變) 현상은 당연하고 자연스러운 종교문화의 모습을 그립니다. 서로 영향을 주고받지 않은 개별 종교란 사실상 없습니다. 비교는 그러한 사실을 드러내줍니다. 그렇다고 해서 '여러 종교가 다 같을 수밖에 없다'는 주장을 하려는 것은 아닙니다. 그러한 주장은 이념적 지향일 수는 있어도 현실적으로 부정직한 인식에 뿌리하고 있는 선언입니다. 왜냐하면 그러한 주장은 '다양성의 공존'과 '다원성의 합일'을 혼동하고 있기 때문입니다. 인류의 역사 속에서 삶의 모습이 하나로 다듬어지기를 바란 꿈은 없지 않았지만 그 꿈은 언제나 다양성의 공존을 견디지 못한 '모자란 의식'에게 깃든 것이었습니다. 정치문화에서 우리는 그러한 사실을 얼마든지 확인할 수 있습니다. 전제나 독재가 그러합니다. 종교 간의 갈등은 그러한 허황한 이념의 산물이기도 합니다. 다양성 또는 다원성은 인간의 근원적인 존재론적 모습입니다. 오늘 우리는 어느 때보다 이러한 문화다원성과 직면해 있습니다.

　이를 부정하려는 힘이 현실적으로 없는 것은 아닙니다. 오히려 그러한 힘의 격한 부상(浮上)을 우리는 겪고 있습니다. 종교적 근본주의의 다른 종교에 대한 태도가 행사하는 정치나 경제나 기술의 운용이 어떻게 다원성을 근원적으로 파괴하는지 우리는 익히 경험하고 있습니다. 그러나 바로 우리의 그러한 현실이 문화교차적인 비교의 불가피한 당위성을 주장하게 합니다. 매우 조심스러운 접근이지만 종교문화에 대한 인식을 의도하는 비교방법이 결과적으로 종교문화를 유형적으로 분류하고, 그것이 중첩된 구조를 가지면서도 드러난 표상에서는 다른 실재(實在)로 있는 것이라는 이해를 천명하곤 하는 것도, 다원성의 실종을 저어하는 절박한 태도에서 말미암은 것이라고 이해할 수 있습니다.

　예를 들면 우리는 신을 전제로 하여 물음을 넘어서는 경험을 하는 삶의 모습, 신 없이 인간 스스로 어떤 ‘경지’에 이르러 거기에 도달한 마음결을 따라 물음을 풀어내는 삶의 모습, 결핍된 힘의 충족을 통하여 물음을 더 이상 묻지 않게 되는 삶의 모습들이 제각기 종교라는 이름으로 현존하고 있음을 잘 알고 있습니다. 그런데 때로 비교는 그 어느 자리에서 다른 자리에 있는 ‘종교라는 삶의 모습’을 그르고 못된 것으로 여기면서 배제하거나 부정합니다. 하지만 문화교차적인 비교를 통한 인식은 그러한 다른 모습을 그 나름의 ‘한 모습’으로 존중합니다. 그리고 그 ‘유형’의 종교는 마치 사람이 지닌 개성처럼 그렇게 있는 것이기 때문에 불가피하게 다원적이라는 사실을 보여줍니다. 그러므로 유형론은 그 유형을 미지의 현상을 이해하기 위하여 투척해야 하는 인식을 위한 그물이 아니라 문화를 재성찰하려는, 또는 자기가 속한 세계를 총체적으로 다시 기술하려는, 현상에의 참여라고 말할 수 있습니다.

성숙의 지표

비교는 다만 인식을 위한 방법론이 아니다. 진정한 비교는 오늘 우리의 종교문화를 위해
당연하게 요청되는 규범이다. 도덕이라고 해도 좋다.

그런데 종교와 종교를 비교하기 위한 작업 과정에서 어떤 문제가 어떻
게 등장한다 할지라도 앞서 지적한 바와 같이 비교주체의 문제는 언제나
마지막 열쇠로 작용합니다. 비교주체의 자리와 의도가 비교의 내용을 결
정하기 때문입니다. 비교를 통한 인식이 결국 해석학에 도달하는 것은
그 주체의 실존적 현존이 간과될 수 없기 때문입니다. 최종적으로 각 종
교를 상호비교하여 얻은 인식의 내용에 의미를 부여하는 것은 그 비교작
업의 주체입니다. 따라서 '서로 다른 종교를 비교하여 무엇을 어떻게 인
식하였는가' 하는 것과 '그 인식내용에 어떤 의미를 부여했는가' 하는 것
은 일치하지 않습니다. 하지만 불일치가 무관함을 의미하는 것은 아닙니
다. 인식내용과 의미부여의 관계가 해석학의 '수준'을 일정하게 결정하
는 것은 아니라는 의미에서 그 불일치를 말할 수 있을 뿐입니다.

예를 들면 그리스도교에서 희생을 상징하는 십자가의 죽음을 다른 종
교와 비교하여 그리스도교가 다른 종교와 구분되는 특성임을 인식하면
서도 이를 '잔인성'으로 해석한다든지, 불교에서 깨달음을 이루게 하려
는 선문답을 다른 종교와 비교하여 불교의 특성으로 인식하면서도 이를
'공허한 언어유희'로 해석한다든지 하는 것은, 비록 예를 부정적인 것으
로 들었지만, 비교주체가 어떤 수준에서 인식내용을 수용하고 있는지 하
는 것에 따라 다른 종교의 현존이 전혀 다르게 판단된다는 사실을 보여
주는 사례일 수 있습니다. 그러나 이러한 사례도 사실 좀더 그 현상을 살
펴보면 당해 종교의 전통 속에서 그러한 현상이 어떤 맥락에서 어떤 상
황적인 조건들을 지니고 등장한 것인가 하는 것을 제대로 묻지 못한 비
교방법의 한계를 드러내주는 것이기도 합니다. 중요한 것은 인식내용을

끌어낸 처음 물음이 무엇을 선택했는가 하는 것, 그리고 그 주제를 어떻게 비교했는가 하는 것입니다. 그러므로 비록 인식내용과 의미부여가 불일치한다 하더라고 그것이 비교방법의 한계를 설명하는 것일 수는 없습니다. 여전히 비교주체의 문제가 중요하다는 것을 보여주는 것이라고 할 수 있습니다.

그러므로 종교문화와 여타 문화와의 비교나 종교와 종교를 비교하는 일은 여전히 절실하게 요청되는 인식론적 방법론입니다. 그렇게 주장하지 않더라도 이미 우리는 자연스럽게 이 종교와 저 종교를 비교하고 싶은 궁금증을 가지고 있고, 종교문화와 여타 문화가 어떻게 같고 다른지 분명하게 말하고 싶은 욕심도 있습니다. 왜냐하면 '다름과 더불어 살아가는 일'은 불가피한 현실이기 때문입니다. 이처럼 서로 다른 종교들의 복합적인 현존이 오늘 우리가 살아가는 문화 및 사회의 현실이라면 그 속에서 이루어질 수밖에 없는 불가피한 비교가 초래하는 또 다른 사실이 있습니다. 그것은 어쩌면 오늘에 이르기까지 충분히 유념하지 않아도 좋았을 일일지도 모릅니다. 하지만 현대문화는 이를 더 이상 우리로 하여금, 또는 개개 종교로 하여금 간과할 수 없게 하고 있습니다. 그것은 다른 것이 아닙니다. 우리가, 또는 개개 종교들이 다름과 부닥치면서 자신을 새삼 확인하지 않으면 안 되게 되었다고 하는 사실이 그것입니다.

다른 실재와 비교하여 자기를 서술할 수 있다는 것은 그 자기의 성숙을 보여주는 지표이기도 합니다. 단일한 문화권 안에서 단일한 종교만이 있다는 매우 소박한 가정을 해볼 경우 우리는 그 단일한 종교가 자기를 확인할 수 있는 아무런 준거도 마련할 수 없었으리라는 것을 짐작할 수 있습니다. 어쩌면 그러한 필요가 전혀 없었다고 해도 좋을지 모르겠습니다. 종교문화와 여타 문화와의 비교도 도식적인 이해에서 끝났을지도 모릅니다. 오늘과 비교해 상대적으로 정체성을 특성으로 지니고 있을 것이기 때문입니다. 게다가 단일한 종교만이 있을 뿐일 경우 다른 종교와의 비교는 현실적으로 불가능합니다. 이렇게 소박하게 단정적으로 묘사하는 것은 지나친 단순화의 과오를 범할 수 있는 것이기도 합니다. 그러나 오늘과의 상대적인 자리에서 이러한 묘사가 불가능하지 않다고 판단됩니다. 이러한 맥락에서 살펴보면 개개 종교는 대체로 그렇게 꽤 오랜 세월 '한가하게' 자신을 지탱해왔다고 할 수 있습니다. 그런데 그러한 안주(安住)가 심각한 흔들림에 직면하고 있는 것이 오늘날의 종교문화가 보여주는 다종교(多宗敎) 현상입니다. 그러므로 이제는 불가피하게 종교문화는 자기가 어떤 문화인지 살펴보아야 하고, 개개 종교는 다른 종교와 견주어 자기가 어떤 모습을 하고 있는지 살피지 않을 수 없습니다.

그러므로 종교문화와 관련하여 비교는 다만 인식을 위한 방법론이 아닙니다. 그것은 오늘 우리의 종교문화를 위해 '당연하게 요청되는 규범' 입니다. 도덕이라고 해도 좋습니다.

• 죽음 •

금기의 구조와 현상

인식과 경험의 괴리가 가장 두드러지게 드러나는 삶의 현실이 바로 죽음이다.

죽음처럼 분명한 '사실'은 없습니다. 인간은 죽음과 익숙하게 함께 살고 있습니다. 어디서나 죽음을 만날 수 있습니다. 죽음은 필연이라고 하는 사실도 알고 있습니다. 누구나, 그래서 나도, 반드시 죽는다는 사실을 모르지 않습니다. 도대체 인간은 죽음과 무관한 삶을 경험해보지 않았다고 말해도 좋을지 모르겠습니다. 죽음은 누구나 아는 일상입니다. 그러므로 죽음은 처음부터 문제가 될 까닭이 없습니다. 앎이 혼돈스러워야 우리는 물음도 묻고 그 물음에 대한 해답도 찾습니다. 다시 말하면 우리가 물음을 묻는 경우란 그것이 무언지 모르고, 판단이 곤혹스럽고, 받아들이기가 어려울 경우입니다. 그런데 죽음은 그렇지 않습니다.

엄밀한 인식의 자리에서 볼지라도 죽음은 실증을 요하지 않을 만큼 뚜렷한 '현실'입니다. 의식의 지각 차원에서 보더라도 죽음을 감지한다는 것은 지극히 당연하고 자연스러운 일입니다. 인간은 죽음을 늘 겪습니다. 그 사실을 확인하고, 그 현실을 기술하며, 그 일상을 경험합니다. 죽음을 낯설어하는 일은 정상적이지 않습니다. 뿐만 아니라 자신이 죽는다는 사실도 알고 있습니다. 심지어 자신이 스스로 죽기도 합니다. 죽음을 선택하기조차 하는 것입니다. 살아 있는 것은 살아 있기 때문에 죽을 수밖에 없다는 사실도 담담하게, 그리고 분명하게 진술할 수 있습니다. 그것이 사람입니다.

생각해보면 하나의 사물에 대하여 우리의 인식이 이처럼 투명할 수가 없습니다. 누구나 겪는 일이고, 누구나 아는 일이고, 누구나 이야기할 수 있는 일입니다. 어떤 사물과의 관계가 이러하다면 우리는 그 사물에 대하여 '인식의 문제'를 제기할 까닭이 없습니다. 이미 충분히 겪어 아는 일이기 때문입니다. 따라서 '아무런 물음을 물을 필요가 없는 것'으로 여겨도 되는 것이 죽음일지도 모릅니다.

하지만 인류의 역사는 이제까지 우리가 언급한 사실과 전혀 다른 현상을 보여주고 있습니다. 죽음에 대한 인간의 경험에 비추어보면 앞의 진술은 매우 비현실적이고 부적질한 묘사라고 판단할 수밖에 없는 그러한 현실이 벌어지고 있기 때문입니다. 우리의 실제 경험에 의하면 죽음은 낯설기 짝이 없는 '비일상적인 것'으로 경험됩니다. 죽음이란 늘 부닥치는 일이면서도 결코 있어서는 안 될 일이 벌어지는 것이라고 여기고 있기 때문입니다. 뿐만 아니라 우리는 죽음을 겪으면서 왜 하필이면 그가, 또는 내가 죽어야 하는지 설명할 수 없으며, 왜 하필이면 지금인지도 짐작하지 못합니다. 왜 그렇게 죽는가 하는 물음도 메아리 없기는 마찬가지입니다. 죽음은 끝내 불가해한 현상입니다. 우리가 겪는 죽음은 이러합니다. 그렇기 때문에 죽음은 아예 '설명할 수 없는 사실'로 기술되고 있습니다.

그런데도 인간이 살면서 거듭하는 생각의 끝은 그 실마리가 무엇이든 언제나 죽음에 이릅니다. 물음도 거듭하다 보면 그 물음의 대상이 무엇이든 그 끝도 죽음에 가 닿습니다. 무엇을 생각하고, 어떻게 살고, 어떤 보람을 쌓았다 하더라도, 또 어떤 고통과 어떤 아픔을 겪었다 하더라도, 삶의 종국은 죽음입니다. 몸의 종말이 그러하고, 마음결의 파장이 가 닿는 끝이 또한 그러합니다. '결국 죽을 건데……' 하고 생각해보면 이제까지 살아온 세월은 물론이고, 지금 여기에서의 삶, 앞으로 펼쳐질 삶에 대한 꿈들이 모두 허옇게 퇴색합니다.

마침내 죽음은 일상에 담을 수 없는 두렵고 감당할 수 없는 미지의 현실이 됩니다. 죽음은 삶이 직면하는 필연적인 사실이라는 것을 알면서도 죽음을 부정하고 싶고, 죽음을 피하고 싶어합니다. 그러한 자신의 태도가 얼마나 부정직하고 비현실적인가 하는 것을 또한 모르지 않지만 그러한 충동을 억제하지 못합니다. 참으로 역설적인 일입니다. 우리는 죽음을 알지만 죽음을 알지 못한다고 말합니다. 알지 못하지만 안다고 말하기도 합니다. 다시 말하지만 죽음은 분명합니다. 그것은 거역할 수 없는 실재입니다. 그런데 죽음은 끝내 불안합니다. 그것은 수용할 수 없는 실재입니다. '인식과 경험의 괴리'가 가장 두드러지게 드러나는 삶의 현실이 바로 죽음이라고 해야 옳을 듯합니다. 다시 말하면 '모르는 것이 하나도 없는데도 불구하고 모르는 것만으로 이루어진 역설적인 사실'이, 죽음이라는 것을 알면서 깊은 '수심(愁心)'에 빠질 수밖에 없는 것이, 인간의 죽음인식인지도 모릅니다.

바로 그러한 이유 때문이겠는데 죽음은 흥미로운 다른 모습을 인간의 문화 속에서 드러내주고 있습니다. 죽음이 '금기(禁忌)'로 울이 쳐져 있다는 사실이 그것입니다. 물론 우리가 겪는 금기라는 현상이 죽음에만 한한 것은 아닙니다. 금기가 되는 사물이 언제나 일정한 것은 아닙니다. 또 동일한 사물이라 할지라도 때와 장소와 사람과 사항에 따라 금기 여부가 달라질 수도 있습니다. 그러므로 금기는 언제 어디서나 늘 있어온 현상이지만 특정한 금기가 한결같이 편재(遍在)해 있고 한결같이 지속하는 것이라고 말하는 것은 옳지 않습니다. 뿐만 아니라 금기는 그것이 철저하게 지켜지기를 바라는 것이지만 때로는 금기가 특정한 사람들에 의하여 의도적으로 깨뜨려지기도 하고 금기와 아예 상관없이 행동해도 괜찮은 특정한 사람들이 있기도 합니다.

흔히 금기의 파괴는 무서운 재앙으로 이어진다고 말합니다. 금기는 절대적인 '하지 말 것'의 틀을 만들어 사물에 덧씌운 것이기 때문에 이에 대한 반역은 이에 합당한 징벌로 보상된다고 말하고 있는 것입니다. 그런데 주목할 것은 그것을 범하고 깨뜨린 경우나 그러한 일을 한 사람이 반드시 '재앙'을 받는 것은 아니라는 사실입니다. 금기를 깨뜨리는 일은 오히려 금기가 된 사물이나 금기를 어긴 사람의 일상성을 갑자기 바꾸면서 그 일도, 그 사람도 '다른 존재'이게 합니다. 그러고 보면 금기는 오히려 '깨지기 위해 설정된 금령(禁令)'이라고 해야 옳을지도 모릅니다. 왜냐하면 금기는 우리의 일상 안에 있는 어떤 사실을 다른 차원의 사실로 옮겨놓을 뿐만 아니라, 이를 '문제'로 직면하는 사람도 이제까지와는 '다른 정체성을 가진 사람'으로서의 자의식을 가진 존재로 바꾸어놓기 때문입니다. 따라서 금기는 '금령의 설정과 파괴'를 통해 그 사물로 인한 문제를 '다른 차원에서 만나 풀도록' 하기 위한 '세움과 깨뜨림'의 역설적인 구조라고 말할 수 있습니다.

이러한 역설을 논리적으로 진술한다는 것은 쉽지 않습니다. 그래서 도저히 이를 '설명'할 수가 없습니다. 하지만 우리는 우리의 '경험'에서 바로 그 역설에 매우 현실적으로 직면합니다. 모든 중요한 것들은 언제나 '함부로 하지 말라'와 '과감하게 단행하라'의 사이에 머문다는 것을 누구나 겪습니다. 출구는 그 둘의 '동시적 준수'에 의해서만 열립니다. 따라서 금기가 설정된 사물들이나 이를 준수하든지 파괴하든지 하는 사람들에게 금기는 이른바 '구원에의 희구'를 역설적으로 드러내는 장치라고 이해할 수도 있습니다. 참으로 알 수 없는 일이지만 '다친다, 건드리지 말라'라고 하면서 동시에 '건드려라, 그래야 지금 그것으로 인한 한계를 비로소 벗어날 수 있다'는 경험은 금기를 확인하는 인간이 겪어야 하는 일상이라고 하는 사실입니다. 금기는 특정한 현상과 연계된 것이기보다 사물에 대한 우리의 의식이 드러내는 반응을 범주화한 현상입니다. 그러므로 어떤 사물이 금기가 되어 있다고 하는 사실은, 논리적인 설명이 아니라 우리의 현실적인 삶의 경험을 준거로 하여, 그 사물이 그렇게 금기로 울쳐져 있다는 사실을 풀어보지 않으면 안 됩니다. 그런데 죽음은 이러한 금기로 울이 쳐져 있습니다. 따라서 죽음에 대한 인간의 '역설적인 경험'도 그것이 금기로 설정된다는 사실을 통해 비로소 더 분명하게 서술될 수 있습니다.

죽음자리의 상실

금기를 결한 죽음은 죽음다움을 지니지 못한다.

이 같은 사실을 더 구체적으로 살펴보십시다. 우리는 하나의 죽음을 '사건'으로 만납니다. 몸은 주검으로 바뀝니다. 따뜻하고 부드러운 몸의 친근성은 경직되고 차디찬 주검의 낯섦에 의하여 철저하게 부정됩니다. 그래서 주검은 '흉측한 것'이거나 '더러운 것'으로 일컬어집니다. 물론 위생학적인 현실이 간과될 수는 없습니다. 하지만 이때 '흉하고 더러운 것'이란 위생학적인 개념이 아닙니다. 그러한 사실을 넘어섭니다. '부정탄다'는 우리의 익숙한 언어가 함축하고 있듯이 그것은 '접촉이 초래할 예상할 수 없는 결과'에 대한 두려움을 담고 있습니다. 하지만 동시에 주검은 그 죽음주체가 생전에 지니지 못한 전혀 다른 '차마 건드릴 수 없는 객체'가 됩니다. 신비로운 분위기가 주검에 스밉니다. 언제 어디서나 나와 다르지 않았던 것이 갑작스레 '다른 것'이 되어버린 것을 확인합니다. 내 일상이 감당할 수 없는 것에 대한 내 태도는 자연히 '불가사의한 신비'로 가려진 사물과의 만남이기만 합니다. 우리가 겪는 주검경험은 이러합니다. 주검은 긍정적인 극도의 미화(美化)와 부정적인 당연한 혐오를 아울러 지니고 하나의 금기로 현존합니다. 그리하여 주검은 주검 그대로 자신을 노출시키지 않습니다. 어떤 경우든 주검은 철저하게 '치장'됩니다. 그렇기 때문에 주검은 의례 안에서 자신의 자리를 확보합니다.

사람들은 '일어난 죽음사건'을 의례에 담았습니다. 그리고 그 의례를 온갖 정성을 다하여 잘 다듬었습니다. 죽음을 그렇게 '다루었'습니다. 금기이기 때문입니다. 그 의례는 온통 비일상적인 몸짓, 비일상적인 형식으로 이루어집니다. 그러한 '비일상성'은 죽음을 여전히 금기 안에 두기 위한 것이면서 동시에 그 금기에서 벗어나게 하려는 것이기도 합니다. 더러워 다가갈 수 없지만 너무 깨끗하여 다가갈 수 없기도 합니다. 그럼에도 불구하고 더럽기 때문에 치워야 하기도 하고 너무 깨끗해 신비롭게 모셔져야 하기도 합니다. 죽음사건은 이렇게 역설적인 '비일상성의 일상화'를 통해 겨우 현실화하여 우리의 삶의 일부가 됩니다. 의례에 담겨 비로소 죽음사건이 삶의 현장에 자리를 잡습니다. 장례(葬禮)와 상례(喪禮)를 결한 문화는 없습니다.

그렇기 때문에 죽음의례의 준행은 '금기의 문화'에 대한 의미론적 인식을 가지고 접근하지 않으면 우리 인식의 지평에 들여놓을 수가 없습니다. 설명할 수 없는 신비, 실증할 수 없는 의미, 다가갈 수 없는 외경, 그리고 이제는 마음 놓을 수 있는 안심, 모든 것이 투명해진 사실에 대한 인식, 이와 아울러 죽음 이후에 이어질 새로운 실재에 대한 긍정적인 기대 등이 함께 소용돌이치며 이루어지기 때문입니다. 죽음은 이러한 의례를 통해 비로소 그 금기다움을 유지하고, 그 금기의 준행과 파괴를 통하여 우리는 죽음의 의미를 실재하게 합니다. 그리고 그러한 몸짓에 대한 실증할 수 없는, 그러나 불가항력적인 의미론들이 펼쳐졌습니다. 죽음을 승인하고 수용하는 이른바 '죽음의 역설적인 정당화'가 그것입니다. 인류의 죽음문화는 이렇게 진전되었습니다. 금기를 결한 죽음은 죽음다움을 지니지 못합니다. 그것은 의례에 담기지 못하는 죽음이라고 할 수도 있을 그러한 현상인데, 그것은 우리의 삶 안에서 '죽음의 자리 잃음'과 다르지 않습니다.

그런데 금기로 울이 쳐진 죽음은 무엇보다도 우리가 그것을 주제삼아 이런 말 저런 말을 해서는 안 되는 일이 됩니다. 그래서 할 수 있으면 죽음을 이야기하지 않습니다. 어쩔 수 없이 이야기한다 해도 한껏 조심합니다. 그러한 조심스러움이 바로 금기의 내용을 이룹니다. 그리고 그것을 준수해야 하는 실제 규범을 통해서만 죽음은 다루어집니다. 따라서 '죽음 발언의 규범'을 어기면 자칫 죽음담론은 죽음을 내용으로 하는 '재앙'에 이르는 것으로 일컬어지기도 합니다. 당연히 죽음은 일상 안에서 우리가 흔히 다룰 수 있는 이야기의 주제가 되지 말아야 하고, '죽음'이라는 언어나 이를 함축하거나 시사하는 언어도 너그럽게 수용하지 않습니다. 그러므로 죽음을 이야기한다는 것은 언제나 금기를 깨뜨린다는 의식을 지니고 '감행'되는 것이었습니다. 인류의 역사를 보면 어디서나 언제나 대체로 이렇게 묘사할 수 있는 죽음언어의 문화가 편재해왔습니다.

따라서 사람들은 죽음을 불가피하게 말하지 않을 수 없을 때라 할지라도 그것을 '함부로 말해서는 안 된다'는 금기를 수반하면서 겨우 말할 수 있었습니다. 그럴 수밖에 없었을 까닭을 유추하는 것은 어렵지 않습니다. 우리의 경험을 살펴보면 그러리라는 것을 쉽게 짐작할 수 있기 때문입니다. 죽음에 관한 발언은 애써 감추어온 잠재된 불안을 충동합니다. '지속의 단절'에 대한 공포가 엄습하게 합니다. 우울해지고 불안해집니다. 소멸을 예상하는 일은, 그것도 종국적으로 자신의 소멸일 터이기에, 언제나 그러합니다. 일상이 뒤흔들립니다. 갑자기 존재의 근원과 그 의미를 되살피게 됩니다. 사람들은 비일상적이라고 할 만큼 진지해집니다. 그러므로 죽음담론은 '비일상적인 분위기'를 빚습니다. 그런데 사람들은 그것을 싫어합니다. 칙칙한 그늘에 갇힌 것같이 불편하기 때문입니다. 그래서 우리의 일상은 죽음담론을 일상적인 것으로 허용하지 않으려는 경향성을 지닙니다. 오랜 경험이 자연스럽게 죽음에 대한 그러한 태도를 낳은 것일 수도 있습니다. 아니면 태초로부터 인간은 '죽음을 향한 존재'였는데 잊고 있던 일이 새삼 회상되었기 때문이라는 설명에 바탕을 둔 의식인지도 모릅니다. 그것도 아니라면 축적된 경험과 신비로 범주화할 수밖에 없는 '알 수 없는 힘'이 아울러 짓누르는 삶의 무게에 대한 반응에서 비롯한 것인지도 모릅니다. 어느 것도 뚜렷한 것은 없습니다. 분명한 것은 우리의 죽음발언이 때로는 명시적으로, 그리고 때로는 암묵적으로, 금기로 울이 쳐진 모습으로 우리 삶 속에 머문다고 하는 사실입니다. 죽음발언은 일상과 어울리지 않는 '엉뚱한 발언'이 되기도 하고, 피해야 했는데 피할 수 없이 직면한 '재수 없는 발언'이 되기도 합니다.

그렇지만 우리가 죽음을 전혀 발언하지 않는 것은 아닙니다. 우리는 특별히 어떤 당위를 강조하는 경우 죽음을 당연하게 발언합니다. 이를테면 삶 속에서 가장 강한 삶의 의지를 표현할 때는 죽음이 그 준거가 됩니다. '죽는 한이 있더라도……'라고 말합니다. 가장 험악한 증오도, 가장 진실하고 깊은 사랑도 죽음을 담보로 한다고 말할 때 그것이 진정성을 갖기조차 합니다. '미워 죽이고 싶다'고 말하는가 하면 '죽도록 사랑한다'고도 말합니다. 긍정적이든 부정적이든 죽음을 준거로 한 모든 발언은 최종적인 사태를 예상할 때 당연한 '전제'로 기능합니다. 그리하여 마침내 '죽어야 산다'든지 '살려면 죽어야 한다'는 선언에서 죽음에 대한 금기의 파괴는 가장 역설적인 모습으로 뚜렷하게 자신을 드러냅니다.

여기에서 우리가 발견하는 주목할 것은 죽음에 대한 발언, 또는 죽음담론은 어떠한 경우에도 이른바 산문적 서술의 틀 속에는 결코 담기지 않는다고 하는 사실입니다. '죽음에 대한 발언'은 '왜'를 묻고 싶지만 그것을 '차마' 발언에 담지는 못합니다. '왜 죽어야 하느냐'라든지, '죽음

을 피할 수는 없느냐'라든지, '왜 하필이면 지금 여기에서 나냐'라든지
'죽음을 어떻게 받아들여야 하느냐'라든지, '죽음 이후의 삶은 어떤 것
이냐'라든지, '죽음을 알겠다는 의도는 금기의 파괴여서 필연적으로 재
앙을 초래할 수밖에 없는 것이냐'라든지 하는 물음을 묻고 싶어 안타까
워하면서도 물음 자체가 이미 서술적이지 못합니다. 차근차근 분명한 개
념과 뚜렷한 논리를 좇아 그 물음을 펼 수가 없습니다. 하지만 아주 묻지
않는 것도 아닙니다. 물음은 언제나 실제 발언보다 더 강한 의지로 우리
안에 머물고 있습니다. 발언하고 싶음과 발언하지 못함 사이의 '머뭇거
림'을 통하여 간신히 이루어지는 죽음에 대한 발언이 산문적인 서술의
틀을 지닐 까닭이 없습니다. '차마 발언할 수 없는 것'에 대한 발언은 일
상을 부정하는 정서 속에서 겨우 그 실재성을 확보하는 그러한 묘사언어
속에만 담깁니다. 다시 말하면 바로 그러한 이유 때문에 '죽음에 대한
발언'은 두 가지 형태로 이루어집니다. 신비한 권위에 근거한 단정적인
확언이 그 하나이고, 신비를 함축한다고 여겨지는 시적 진술이 또 다른
하나입니다.

신비의 발언과 시적 진술

인간이 발언하는 죽음에 대한 시적 발언이 종교의 죽음담론의 내용이고, 종교의
죽음담론은 다름 아닌 죽음에 대한 인간의 시적 진술이다.

물음에 대한 해답을 자처하는 종교문화의 죽음진술을 보면 우리는 죽
음에 대한 답변이 어떻게 이루어지고 있는지를 짐작할 수 있습니다. 엄
밀하게 말한다면 종교는 죽음물음의 불가피성을 조금도 간과하지 않습
니다. '금기가 된 죽음'의 현실성에도 불구하고 종교문화는 오히려 금기
가 되어 있는 바로 그 이유 때문에 죽음을 더 진지하게 물어야 한다고 가
르칩니다. 더 적극적으로 말한다면 죽음물음을 유도하기 위한 장치가 곧

'죽음금기'라고 할 수 있을 만큼 종교문화는 죽음을 종교적 사유에서 가장 근원적인 것으로 여기고 있습니다. 물론 종교문화가 죽음에 관하여 이러한 태도를 가지고 있는 것은 인간의 경험에서 비롯한 것입니다. 죽음물음이 인간의 삶 속에서 가장 근원적인 것이라는 사실을 반영하고 있는 것입니다.

그렇다고 해서 인간이 죽음물음을 논리적으로 구축하는 것은 아닙니다. 죽음의 절박성은 그러한 여유를 주지 않습니다. 그래서 발언하고 싶은데도 발언하지 못하는 죽음물음에 대한 종교의 답변은 발언 없는 발언에 대한 응답답게 물음을 굳이 전제하지 않으면서 스스로 답변을 제시합니다. 죽음물음이 당연한 인간의 물음이라는 사실을 전제한 해답의 제시가 이루어지고 있는 것입니다. 죽음이 무엇인지를 제시하는 종교문화의 답변들은 그렇기 때문에 언제나 단정적이고 절대적입니다. '왜'라는 물음이 이어지지 않을 만큼 단호합니다. 그리고 그러한 답변의 절대성은 그것이 가지는 신비적 권위에 의하여 치장됩니다.

살아 있는 것은 그것이 어떤 존재이든 죽을 수밖에 없다고 하는 발언은 그것에 대한 승인이나 수용 여부만을 요청할 뿐 논쟁을 허용하지 않습니다. 그것은 대체로 '자연'이라는 개념으로 전해지고 있습니다. 그리고 인간도 '자연'의 범주에서 벗어나 있는 것은 아닙니다. 특별한 까닭을 들어 죽음을 설명하는 경우도 없지 않습니다. 죽음은 인간이 범한 잘못의 결과라고 하는 선언이 하나의 예입니다. 그런데 잘못을 범하는 것이 인간의 불가피한 현실이라면 죽음에서 예외일 수 있는 사람은 없습니다. 그러므로 이 설명도 죽지 않을 수 있는 조건과 죽을 수밖에 없는 조건을 구분하여 죽음 부재의 현실가능성을 시사하는 것은 아닙니다. 이처럼 역사-문화적인 맥락에 따라 종교문화는 각기 다른 죽음정의들을 제시하고 있습니다.

그런데 주목할 것은 종교문화의 죽음담론은 결코 죽음을 종국으로 설정하지 않는다는 사실입니다. 죽음 이후를 결한 죽음논의를 우리는 종교문화 안에서 찾아볼 수가 없습니다. 그렇기 때문에 종교문화의 죽음담론은 엄밀하게 말한다면 '죽음 이후를 위한 담론'입니다. 죽음은 죽음 이후에 의하여 조명되고 있습니다. 죽음을 설명하는 것은 죽음원인이거나 죽음 이전이 아닙니다. 오히려 죽음 이후입니다. 죽음 자체는 어떤 종교에서든 필연적인 것으로 전제됩니다. 따라서 죽음은 그것 자체로 논의할 여유를 갖지 않습니다. '죽음은 죽음이라는' 사실 이상을 서술할 수 없기 때문입니다. 물론 죽음원인에 대한 많은 논의가 가능합니다. 그러나 그때 발언되는 '왜'는 '왜냐하면'이라는 해답의 제시에 수용됩니다. 죽음 이후의 논의 속에서만 그 왜는 왜다움을 비로소 확보할 수 있기 때문입니다. 그러므로 죽음물음은 죽음 이후를 논의하는 속에서만 현실성을 갖습니다. 그리고 우리는 다시 그것이 신비적인 권위에 의하여 발언된다는 사실을 유념할 필요가 있습니다. 그러므로 죽음은 재생이나 부활로 설명되거나, 윤회전생으로 설명되거나, 이승의 삶이 끝나고 이어지는 저승에서의 삶으로 설명됩니다.

그런가 하면 '존재' 자체에 대한 새로운 '해체'를 통하여 죽음 이전과 죽음 이후의 대칭적 묘사를 펼치기도 합니다. 육(肉)과 영(靈)의 분리, 혼과 몸의 구분 등이 그러합니다. 그러한 분류작업은 실은 죽음 이후에 대한 논의의 변주(變奏)들입니다. 죽음 이후가 존재 자체에 대한 그러한 분리된 인식에 근거하는 것이 아니라, 오히려 역으로 죽음 이후가 낳은 존재인식이 그러한 분리된 존재개념을 낳은 것이라고 이해하는 것이 더 온당한 것이라고 생각됩니다. 다시 말하면 영육분리담론은 순전한 존재담론이라기보다 죽음담론의 논리적 필연이라고 이해하는 것이 옳지 않은가 하는 생각을 하게 됩니다.

종교문화의 이러한 죽음담론의 모습들을 살펴보면 인간이 죽음을 삶의 '끝'으로 여기지 않으려는 희구가 얼마나 집요하게 지속되는가 하는 것을 절실하게 느낄 수 있습니다. 죽음 이후의 현실을 묘사하는 해답의 내용은 당연하게 그러한 희구를 담고 있는 것들입니다. 그런데 죽음 이후를 '아무것도 이어지는 것 없음'으로 여기는 태도도 실은 다르지 않습니다. 죽음 이후를 '아무것도 없음'으로 전제한 자리에서 보이는 죽음이해가 삶이 직면하는 문제들, 특히 죽음과 직면할 수밖에 없는 절박한 문제에 대하여 어떤 반응을 일으키게 할 것인가 하는 것을 생각해보면, 이 또한 죽음을 끝으로 여기지 않으려는 희구를 역설적으로 담고 있음을 알 수 있습니다. '아무것도 없음'이란 결국 삶이 직면한 '문제가 더 이상 없음'에 대한 다른 묘사로 여겨지기 때문입니다.

언제 어디서나 죽음은 끝입니다. 인간은 죽음을 그렇게 경험합니다. 그런데 종교는 한결같이 그 끝을 끝이 아니라고 주장하는 것으로 죽음물음에 대한 해답을 마련합니다. 그것은 달리 말하면 죽음현상은 죽음을 끝이라고 실증하고 있는데도 죽음경험은 그 사실을 승인하지도 않고 수용하지도 않는다는 사실을 보여줍니다. 이는 철저하게 현실을 정직하게 수용하지 않으려는 태도일 뿐만 아니라 다분히 자기기만적인 태도이기도 합니다. 그럼에도 불구하고 이러한 죽음담론은 종교문화 안에서 조금도 흔들리지 않고 종교를 문제에 대한 해답으로 여기게 하는 가장 실제적인 근거로 자리 잡고 있습니다. 그러한 선언이 신비한 권위에 근거하고 있다는 사실에 대하여 '인지적 승인'이 아닌 '고백적 수용'이 적어도 그 종교에 귀속되는 사람들에게서는 이루어지기 때문입니다.

그런데 위에서 지적한 신비적 후광을 편하게 받아들이지 못하는 경우도 있습니다. 그렇다고 해서 죽음이 문제가 아닌 것은 아닙니다. 죽음의 분명한 사실성에 직면합니다. 그것에 직면하는 인간의 불안, 그 불안이 낳는 절망과 멸절감(滅絶感), 그래서 삶 전체가 무의미해지고, 아예 존재가 스스로 자신으로부터 일탈해버리는 공포, 우리는 죽음을 이렇게 겪습니다. 그렇다고 해서 죽음을 아예 '모르는 것'도 아닙니다. 그것을 접하고, 느끼고, 알고, 예상하고, 판단하고, 상상합니다.

그런데 앞서 지적했듯이 죽음은 산문의 논리에 자신을 싣지 못합니다. 그 논리를 뒷받침할 실증을 확보할 수 없기 때문입니다. 인간은 그렇게 죽음을 진술하지 않습니다. 그래서 신비로 옷입은 죽음담론의 진술을 다만 '수용'할 뿐이었습니다. 그런데 이러한 것만으로 죽음물음이 고이 가라앉는 것은 아닙니다. 금기의 울 속에 단단히 갇혀 있는 신비임에는 틀림없지만 나 스스로 지금 여기에서 발언하고 싶은 것이 많습니다. 그래서 죽음은 산문의 일상성을 부정하는 '다른 언어'로 발언되곤 했습니다. 그 다른 언어는 바로 우리가 익숙한 '시적 상상력의 언어'라고 할 수 있습니다. 그러한 언어로 발언된 현실을 다시 사실로 여기는 믿음에 의하여 죽음이 진술되곤 한 것입니다. 어쩌면 아예 '고백의 언어'에 담길 수 있을 뿐이라든지, 그래야 한다고 주장할 수 있을 그러한 현상으로 죽음담론이 펼쳐졌던 것입니다. 그때 비로소 죽음은 그 금기에 쌓인 자신의 존재를 여전히 금기 안에 두면서 금기를 스스로 깨뜨려 인간의 실상에 와 닿는 그러한 모습으로 자신을 다듬습니다.

달리 말하면 우리는 종교문화가 지닌 죽음담론이 신비스러운 후광 속에서 단정적으로 확언되는 그러한 진술을 통해 우리에게 수용 여부만을 제시하고 요청하는 것으로 펼쳐진다는 사실을 살펴보았습니다. 그런데 그것이 그렇게 이루어지는 다른 측면을 보면, 인간의 죽음담론이 사실적인 진술을 하기보다 시적 상상력에 담아 이를 펴기 때문에 그렇게 이루어지는 것임을 알 수 있습니다. '죽음은 끝이야' 하는 것은 결코 사실적인 진술은 아닙니다. 그것은 실증될 수 없는, 또는 실증을 요하지 않는 시적 진술입니다. ‘죽은 다음에 나는 이전에 나보다 더 일찍 이 세상을 떠난 사람들을 만날 수 있을 거야’ 하는 것도 다르지 않습니다. 그것은 사실 진술의 언어가 아니라 시적 상상력이 펴는 ‘기대’입니다. ‘살아나야 돼, 다시 살아나지 않으면 안 돼’ 하는 것도 마찬가지입니다. ‘다른 존재가 되어, 또는 영혼은 남아, 또는 더 완전한 존재로, 죽음 이전의 생을 모두 보상받으면서’ 등은 실은 한결같이 ‘시적 진실’을 일컫는 것입니다. ‘삶과 죽음이 결국 하나’라는 진술도 마찬가지입니다. 흔히 이를 특정한 종교의 주장이라고 말하지만, 만약 우리가 그 진술의 그윽함을 어느 성숙의 단계에서 지니곤 하는 것이 사람의 일상이라는 것을 간과한다면, 그러한 주장이 종교문화에 담길 까닭이 없습니다. 그러므로 그것은 근원적으로 ‘터득’의 발언으로 일컬어지지만 실은 우리의 일상적 경험 속에 이미 잠재해 있는 시적 상상력에 의하지 않았다면 있을 수 없는 발언입니다. 그리고 그 발언을 실제적인 것으로 여기는 것도 여전히 ‘사실적인 것’이라고 할 수 없는 다만 의식의 태도가 빚는 현실이라면, 그 터득의 시적 상상다운 속성을 우리는 지울 수 없습니다. 뿐만 아니라 그러한 주장도 죽음금기를 전제하지 않으면 그 서술의 현실성을 확보할 수 없습니다. 생사일여(生死一如)는 삶이 죽음을 범하고 죽음이 삶을 범하는 금기 파괴의 구조를 드러내는 것이기 때문입니다.

그러므로 죽음에 대한 신비적 권위에 의한 진술이나 죽음에 대한 시적 진술은 동전의 양면처럼 동일한 죽음을 표상화하는 모습들입니다. 그러므로 그것은 둘이면서 실은 하나입니다. 인간이 발언하는 죽음에 대한 시적 발언이 종교의 죽음담론의 내용이고, 종교의 죽음담론은 다름 아닌 죽음에 대한 인간의 시적 진술입니다. 그러므로 죽음담론을 신비의 영역에만 넣어두는 것은 죽음경험 주체인 인간을 간과하는 것이고, 죽음담론을 인간의 시적 영역에만 넣어두는 것은 죽음에 대한 해답의 해답다움을 자칫 질식시키는 것일 수도 있습니다. 왜냐하면 후자의 경우, 죽음은 끝내 현실성을 잃을 것이기 때문입니다. 죽음이 금기로 울이 쳐져 있다는 사실은 바로 이러한 역설의 구조를 보여줍니다. 그것은 분석적으로 다가갈 수 있는 영역일 수 없는 신비입니다. 그렇다고 해서 해체하고 정리하고 '집어치우면' 끝나는 그러한 현실도 아닙니다. 그러한 역설의 '틈'에서 신비와 시가 발언될 수밖에 없는 삶의 현실입니다. 이러한 사실을 가장 잘 드러내는 것이 종교문화가 지니고 있는 망자(亡者)의례입니다.

망자는 이미 살아 있지 않은 자입니다. 그는 실제로 존재하지 않습니다. 사자(死者)이기 때문입니다. 망자의 '자리'는 '지금 여기'가 아닙니다. 주검의 소멸과 더불어 그는 이미 '떠난 자'이고, 인간이 아닙니다. 수많은 형태의 무덤들은 그 사실에 대한 실증이기도 합니다. 그러나 망자에 대한 '시적 진술'은 살아 있는 자가 아닌 망자를 '인간이 아닌 인간'으로 지금 여기 '머문다'고 말합니다. 그러므로 망자는 떠난 자이지만 머물러 있는 자이고, 머물러 있다고 여기기에는 적합하지 않은 떠난 자입니다. 그렇게 '고백'할 수밖에 없는 것은 살아생전에 맺고 있던 '관계'가 빚은 정한(情恨)과 애증 탓이라고 해도 좋을 듯합니다. 그러므로 이때 이루어지는 제례(祭禮)는 '죽은 살아 있는 자'라든지 '살아 있는 죽은 자'라고 묘사할 수 있는 그러한 존재의 현존에 대한 현실적이고 구체적인 산 자의 몸짓입니다. 그리고 그러한 몸짓은 근원적으로 상상력이 빚은 미학으로부터 비롯합니다. 아니면 이를 우리는 '금기의 미학'이라고 해도 좋습니다. '망자의 회귀'나 '망자와의 만남,' 그리고 이로부터 비롯하여 산 자가 '망자의 영역에 들어가는 일'이나 '망자의 시공에 참여하는 일'은 그 구조의 금기다움을 여실히 드러냅니다. 이러한 경험은 회상이나 추모나 기념으로는 감당하지 못하는 다른 '현실성'을 가집니다. 사자의 현존을 체험한다고 발언되기 때문입니다.

그러므로 삶의 공동체는 결코 생자(生者)만의 세계일 수 없습니다. 망자는 자신을 둘러싸고 있는 금기의 신비를 후광으로 한 채 살아 있는 자의 세계에 엄연하게 존재합니다. 제례는 그렇게 있습니다. 종교문화 안에서는 언제 어디서나 '사자(死者)와의 동거'가 당연하고 자연스러운 현상입니다. 인간은 그러한 동거를 희구하고 현실화하고 체험합니다. 종교문화는 이를 구체화합니다. 죽음물음의 답변은 그러한 계기에서 인간에게 주어집니다. 다시 말하면 이승의 저승 간섭과 저승의 이승 간섭이 이루어지는 역설적인 지평의 중첩에서 비로소 죽음은 삶을 위한 의미로, 그리고 삶은 죽음을 위한 의미로 정착합니다. 아직 살아 있는 사람은 그 경계를 넘어설 듯 넘어서지 않습니다. 이미 죽어 있는 사람도 그 경계를 넘어설 듯 넘어서지 않습니다. 생자와 망자는 같지 않습니다. 적어도 그렇게 생각합니다. 그러나 같지 않음을 승인하는 일이 단절이나 별리의 단정적 확인은 아닙니다. 다르지만 함께 있습니다. 죽음과 삶이 만나는 '자리'와 '시간'이 곧 제의이기 때문입니다.

제례를 희구하거나 제례의 상실을 저어하는 것은 특정한 문화권의 모습이 아닙니다. 그 변용이 아무리 다양하다 하더라도 분명한 것은 제의의 현존 자체가 보편적이라는 사실입니다. 거꾸로 말하면 사자와의 만남을 희구하거나 그 관계의 단절을 두려워하는 인간의 상상력이 현실적이지 않았다면 제례는 있을 수가 없습니다. 제례의 주기적 반복도 불가능했을 것입니다. 그러므로 제례는 엄밀한 의미에서 본다면 죽음을 긍정하는 일과 부정하는 일을 함께 아우릅니다. 망자가 없으면 제사도 없습니다. 그러므로 제례는 기본적으로 죽음을 전제합니다. 하지만 거기에서 머물지 않습니다. 그 죽음과 산 자와의 단절된 관계를 견디지 못하는 삶의 경험이 망자를 산 자의 영역에 들게 하면서 죽음에 대한 부정적 태도를 드러냅니다. 그래서 장례가 별리를 확인하는 의례라면 제례는 '되만남'을 드러내는 의례입니다. 그렇다고 해서 망자를 살아 있는 내 현실 속에 수용하는 것은 아닙니다. 그렇게 할 수 없는 줄 제례주체는 익히 알고 있습니다. 죽음의 현실성은 살아 있는 삶의 현실성보다 강합니다. 그래서 모든 제례는 망자를 다시 저 세상으로 보내는 것으로 종결지어집니다. 이 세상으로의 회귀를 통하여 다시 저 세상으로의 회귀를 이루는 것이 제례인 것입니다.

따라서 제례는 희생제의가 포함하는 희생의 모티프나 희생을 위한 제물이 요청되지 않는 의례입니다. 모든 종교의례는 근원적으로 '폭력적'입니다. 스스로 희구하는 목적을 이루기 위한 '대가의 지불'은 모든 의례의 구조적 기능입니다. 그것을 결하고는 이루어지는 것이 없습니다. 그리고 그 제물은 종국적으로 '나 자신'입니다. 그러나 망자를 위한 제의는 제물을 요청하지 않습니다. 관계의 지속을 원할 뿐인데, 그것을 위한 산 자의 준비는 저승이 이승에 간섭하는 것을 허용하는 일입니다. 제례는 그 허용의 '도구'이면서 동시에 산 자가 저승을 넘나드는 '출구'이기도 합니다. 그러므로 사자귀환 의례에서 우리가 경험하는 것은 '대가'로서의 제물이 아니라 '징표'로서의 제물입니다. 망자도 생자도 그 징표를 공유합니다.

죽음권유의 문화

종교만이 죽음을 권유한다. 그리고 그 죽음은 '죽여버림'과 '죽어버림'을 모두 포함한다.

그런데 인간의 죽음문화는 이에서 자신의 이야기를 끝내지 않습니다. 금기문화로서의 죽음문화가 보여주는 또 하나의 사실을 우리는 모든 종교에서 주장하는 살인 또는 살생의 금제에서 발견합니다. 어떤 종교도 '죽이는 일'에 근원적으로 동의하는 경우는 없습니다. '죽이지 말라'는 금령은 모든 계율의 현실적인 핵심을 이룹니다. 그러므로 우리는 '죽이지 않음'이 삶이 직면하는 많은 심각한 문제들에 대한 종국적인 해답이라는 것을 짐작할 수 있습니다. 그러나 그것은 동시에 인간은 스스로 죽음을 초래하는 존재라는 사실도 포함합니다. 인간은 죽음의 처절한 실상을 알고, 두려워하고, 피하려 합니다. 그럼에도 불구하고 그러한 처참한 실상을 스스로 낳습니다. 그런데 더 나아가 이러한 이해는 인간이 스스로 낳은 죽음이 인간이 직면하는 문제의 가장 심각한 핵심이라고 하는 것을 보여주기도 한다는 사실입니다. 종교문화가 지니고 있는 살생 또는 살인의 금령은 인간의 문제의 현실성을 보여주는 가장 구체적인 예입니다. '죽여버림'과 '죽어버림'의 비극이 인간의 가장 근원적인 문제임을 보여주는 것입니다.

이러한 사실은 매우 역설적인 정황을 드러냅니다. '죽을까 두려워하는 마음'과 '죽을 수밖에 없는 현실성,' 그리고 '죽이고 싶은 마음'과 그렇게 '죽일 수 있는 현실적인 가능성' 사이에서 우리의 삶은 자리 잡고 있습니다. 인간은 그저 죽는 존재가 아닙니다. 죽고, 또 죽이곤 합니다. 이것은 우리에게 삶이 얼마나 심각하게 중첩된 역설의 비극으로 구조화되어 있는지 잘 보여줍니다. 종교문화는 이러한 상황에서의 인간의 절규에 해답할 의무를 집니다. 스스로 해답이기를 자처하기 때문입니다. 바로 이 계기에서 우리는 뜻밖의 해답과 직면합니다. 종교문화는 죽음의 불가피성과 죽임의 현실성 사이에서 방황하는 우리의 죽음물음에 대하여 '죽음권유의 신비'라고 할 수 있을 해답을 제시하고 있는 것입니다. 다시 말하면 '죽음의 불가피성'과 '죽임의 현실성' 사이에 있는 인간에게 '선택 가능한 죽음과 죽임'을 시사합니다. 죽음금령의 파괴를 '권유'하고 있는 것입니다. 이는 주목할 만한 현상입니다. 이제까지 살펴본 금기문화로서의 죽음이 지니지 못한 다른 측면을 보여주기 때문입니다. 왜냐하면 이를 통해 죽음이 그 스스로 의미의 실체가 되기 때문입니다.

죽음은 어느 경우든 그것 자체로 의미 있는 것은 아니었다고 말할 수 있습니다. 그것은 '계기적 의미'라든지 '절차적 의미'만으로 서술되었습니다. 이를테면 죽음 이전과 죽음 이후의 맥락 안에서의 죽음은 그 이전과 이후를 설명하기 위한 계기일 뿐입니다. 이를테면 모든 종교들이 하나도 결하지 않고 있는 '죽음 이후의 그림'을 보면 우리는 이를 충분히 이해할 수 있습니다. 종교문화는 죽음 이후를 죽음 이전의 '보상'으로 전제합니다. 이승에서의 삶의 당연한 결과가 '죽음 이후의 삶'으로 지속된다고 주장합니다. 천당이나 극락으로 불리는 긍정적인 보상과 지옥으로 불리는 부정적인 보상은 모두 이승에서의 삶에 대한 '심판'을 계기로 이루어지는데, 그 심판이 가능할 수 있는 계기를 마련하는 것이 다름 아닌 죽음입니다. 죽음은 그래서 해답을 낳는다는 의미에서 그 의미를 지닙니다. 죽음이 빚는 끝이 실재하지 않는다면 삶에 대한 심판의 계기는 현실화될 수 없습니다. 그러나 어떤 것으로도 피해갈 수 없는 절대적인 끝이 삶의 마침에 자리하고 있습니다. 죽음이 그러합니다. 그렇다면 그 끝을 기해서 더 펼쳐지지 않는 삶을 정태적인 것으로 놓고 그 삶을 저울질할 수 있는 기회가 주어집니다. 죽음이 그 계기를 마련합니다. 만약 이러한 기회가 삶의 현실 속에 있는 개개인의 실존에 없었다면 삶이 지닌 문제, 특히 억울함과 공정하지 못함과 원망스러움이 빚는 처연하게 간절한 물음에 대한 해답이 이루어질 수가 없습니다. 죽음만이 보상을 약속하는 해답을 초래할 수 있습니다.

물론 인간은 이러한 사후의 긍정적이거나 부정적인 보상을 실증하지 못합니다. 하지만 인간은 그것을 실재한다고 믿고 있습니다. 그 믿음이 낳는 실재는 이를테면 물리적으로 실증되는 어떤 것보다 강하게 내 삶을 '지탱'하게 해줍니다. 스스로 윤리적이고 도덕적이게 될 수 있는 가능성의 그루터기로 실재합니다. 인간은 그렇다고 하는 사실을 '경험'합니다. 그러므로 죽음담론은 가장 도덕적이고자 하는 계기에서, 다시 말하면 사람다운 사람이 되고자 하는 의도의 첨단에서, 그러한 인간적인 동기를 자극하는 상상력의 원천이 되고 있습니다. 그러므로 죽음은 피해야만 하는 것이 아닙니다. 죽음은 오히려 적극적으로 수용할 만한 가치가 있는 것이라고 스스로 고백하게 됩니다. 이에 이르면 죽음금기의 문화는 이미 죽음기피의 문화가 아닙니다. 그것은 죽음수용의 문화를 그 기피 문화현상 속에 현실적으로 배태합니다.

그런데 그러한 죽음은 여전히 죽음 그것 자체가 의미의 실체라는 죽음인식과는 먼 거리에 있습니다. '죽음이 권유되는 해답'은 다릅니다. '죽어야 하는 죽음'이니 죽어야 한다거나 '죽여야 하는 죽음'이니 죽이라는 언명이 담고 있는 죽음은 그 죽음 자체가 목적이고 그것 자체가 의미입니다. 어떤 것을 위한 계기가 아닙니다. 우리는 인류의 종교사를 통해 순교가 기려지는 많은 역사적인 서술을 읽을 수 있습니다. 개개 종교의 자기역사 기술은 언제나 순교의 거룩한 흔적을 따라 이루어지고 있음도 찾아볼 수 있습니다. 물론 그러한 경우 그 죽음은 '~을 위한' 죽음이라고 일컬어집니다. 하지만 그 표현보다 더 깊은 것은 '죽음을 죽어야 하는 당위'의 가치, 바로 그것입니다. 아무런 다른 논의도 불필요합니다. 죽어야 하기 때문에 죽는 것뿐입니다. 순교는 그러한 절대적인 죽음의 절대적인 완성입니다. 순교자의 자의식을 '죽여달라'는 요청으로 묘사될 수 있는 그러한 것으로 짐작할 수 있는 상황적 현실을 우리는 얼마든지 발견합니다.

죽임도 다르지 않습니다. '종교적인 죽임'이라고 말할 수 있는 이 '살생' 또는 '살인'은 피살자에 대한 인간적인 연민을 전혀 포함하지 않습니다. 우리는 그러한 기술을 전혀 종교사에서 찾아볼 수 없습니다. 우리가 읽을 수 있는 것은 죽임주체의 '죽이려는 절대의지의 거룩함'뿐입니다. 죽임의 결과에 대한 합리적인 설명도 기대할 수 없습니다. 중요한 것은 '죽여야 하는 당위'의 수행 자체가 가지는 의미입니다. 우리는 그것을 죽음이 죽음만으로 스스로 의미 있게 현존하는 모습, 또는 죽음 자체가 스스로 죽음다움을 확보하는 경우라고 말할 수 있습니다. 종교문화는 이처럼 '죽음권유의 문화'를 가지고 있습니다. 그것은 죽음의 금제와 아울러 죽음금기 문화의 구조를 이루고 있습니다. 이 모든 것은 인간의 실제적인 삶의 경험 속에서 이루어지는 죽음경험을 드러내주는 현상입니다. 인간이 죽음을 그렇게 역설적인 '금기적 문화'로 경험하지 않았다면 종교문화도 이러한 죽음담론을 펼치지 않았을 것입니다.

그런데 죽음권유의 문화가 현실화할 수 있는 것은 인간이 가지는 죽음의지와 불가분리의 관계를 지닙니다. 인간은 죽일 수 있습니다. 죽음은 자연스러운 현상만이 아닙니다. 인위적인 '살생'의 불가피성은 가장 현실적인 삶의 모습을 드러냅니다. '죽여야 산다'든지 '죽어야 산다'는 것은 설명을 요청하지 않습니다. 그것은 생물학에서부터 지고한 도덕적 계율에 이르기까지 근원적인 생존원리로 일컬어집니다. 주목할 것은 나 자신을 스스로 죽일 수 있는 의지의 현실성입니다. 인간은 자신을 죽일 수 있는 존재입니다. 우리는 자살이 범람하는 사회 속에 살고 있습니다. 그것이 지니는 지향성은 경우에 따라 각기 다를 수 있습니다. 하지만 자살은 많은 경우 '문제의 해답'으로 선택되는 '삶의 모습'입니다. 비록 그것이 죽음 이후의 삶의 소멸을 미처 예상하지 못한 착각에서 말미암은 어리석은 행동이라고 '평가'된다 하더라도 그렇게 평가되는 행동이 가능하다고 하는 것은 인간의 죽음문화에서 간과할 수 없는 주목할 사실이 아닐 수 없습니다.

사실상 자살은 '죽음이 두려워 미리 죽음을 제거하려고 죽어버리는

'행위'와 다르지 않습니다. 그러므로 일상의 곤고(困꿈)를 염두에 둔다면 인간만이 할 수 있는 적극적인 죽음대처 방법일 수도 있습니다. 가장 인간적인 행위라고 할 수도 있는 것입니다. 그런데 종교문화는 이에 대해 언제나 분명하지 않습니다. 생명을 관리할 수 있을 만큼 인간이 '지고한 존재'일 수 없다는 논거를 가지고 이것이 절대자의 권한을 침해한다고 주장하기도 합니다. 자연을 거스르는 일은 사람다운 삶이 아니라는 주장도 폅니다. 삶과 죽음이 하나인 것을 간과한 어리석음으로 여겨지기도 합니다. 그러나 동시에 종교문화는, 비록 다른 차원의 일이라고 반론을 제기할 수 있는 것이기는 하지만, '피살자'가 되기를 원하는 가르침도 거침없이 폅니다. 그것은 삶주체가 스스로 죽을 기회를 마련하라는 권유와 다르지 않습니다.

그러나 이러한 사실에서 우리가 간과하지 말아야 할 것은 '죽여버림'과 '죽어버림'이 갖는 구조적인 동질성입니다. 그것은 모두 '죽음은 문제의 해답'이라는 죽음이해에서 비롯합니다. 죽음은 끝이고, 그래서 죽음 이전의 문제는 죽음을 계기로 해소되거나 소멸된다고 믿는 의식이 낳는 두 다른 행위일 뿐입니다. 죽지 않을 수 없을 만큼 삶의 문제가 곤혹스럽게 경험되는 현실 속에서 '죽을 수 없다'는 자의식은 '죽일 수 있고, 죽을 수도 있다'는 또 다른 자의식을 낳습니다. 그런데 이렇게 생각해보면 종교문화가 '자신을 죽이는 일'에 일관성 있는 진술을 하지 않는다는 판단은 잘못된 것인지도 모릅니다. 죽음을 금기로 울을 쳐 담아놓은 사실 자체가 이미 그 현실에 대해 충분히 일관성 있는 설명을 하고 있다고 판단되기 때문입니다. 인간은 죽이고 싶고, 죽고 싶어합니다. 죽음이 두렵기 때문입니다. 그러나 죽음은 해답의 신비를 자신 안에 안고 있다고 생각합니다. 죽음에 다가가고 싶은 것은 지극히 자연스러운 삶의 모습입니다. 우리는 그러한 경험을 하고 있고, 종교문화는 이를 구조화하여 담론으로 의례로 전승하고 있습니다.

금기의 완성과 해체

금기에서 벗어난 죽음에 관한 담론이
우리가 이제 다루어야 할 과제일지도 모른다.

그러므로 이 계기에서 우리가 관심해야 할 중요한 것은 죽음담론의 역사적 변천입니다. 죽음금기는 역사적 과정에서 그 구조조차 지탱하지 못하고 있다고 해야 할 만큼 그 변화가 근원적입니다. 오늘 종교문화를 비롯한 우리 일상의 경험을 되살펴보면 우리는 이를 분명하게 확인할 수 있습니다.

오늘도 죽음은 여전한 일상입니다. 지금 여기라고 해서 다를 바 없습니다. '그들의 죽음'에서부터 '너의 죽음'에 이르기까지 죽음은 낯설지 않습니다. 때로, 그리고 절박하게 '내 죽음'도 머리를 들곤 합니다. 우리는 이러한 사실을 겪습니다. 그런 한 죽음담론의 금기적 속성이 달라질 까닭이 없습니다. 하지만 '오늘' 우리는, 이렇게 묘사해도 괜찮을 것인지 회의적이기는 하지만, 분명히 '죽음이라는 언어'가 서서히 사라지는 것을 아울러 경험합니다. 아니면 의도적인 회피가 점증하고 있다고 말할 수도 있습니다. 그런데 중요한 것은 그 자리에 등장하는 다른 언어의 출현입니다. '건강'이라는 언어, '치유'라는 언어, '평균수명'이라는 언어, '노년'이라는 언어, '복지'라는 언어, '정책'이라는 언어 등이 죽음이 제거되는 빈자리를 차지해가고 있습니다. '오늘' 우리는 죽음 대신 '생명의 관리'라는 말을 사용하기를 즐깁니다. 그 '관리'에는 정치, 경제, 과학 등이 모두 참여합니다. 그리고 그러한 주제는 효과적으로 '죽음'을 주변화합니다. 죽음이 주제화(主題化)하는 것을 실질적으로 차단합니다.

이를테면 '나는 내가 죽을 것을 알아!' 하는 발언이나 태도는 그것 자체로 승인되지 않습니다. 그러한 발언주체의 성숙하지 못함에 대한 연민과 경멸이 흐릅니다. 그러한 인식이나 태도가 지닌 '전근대성의 자취'를 안타까워합니다. '나는 존엄한 죽음을 죽고 싶다!'고 말하는 경우도 다르지 않습니다. 그러한 발언이 이루어지는 순간, 그것을 보장한다고 주장하는 온갖 '체제'가 한꺼번에 그에게 다가옵니다. 그러한 두 가지 죽음발언을 둘러싸는 문화는 다른 것이 아닙니다. 의료혜택과 보험의 지급과 고통 없음과 건강의 지속과 편리한 장례와 생산적인 주검처리와 법률적인 갈등 없는 죽음 이후와 종교적으로 제각기 정형화된 사후(死後)의 세계를 약속하는 것으로 구체화합니다. 죽음은 죽음 자체로 논의되지 않습니다. 이미 그것은 독자성을 잃은 지 오래입니다. 죽음의 직접적인 현상조차 분명하게 확인되지 않습니다. 언제까지 생(生)이고, 언제부터 사(死)인지조차 분명하지 못하여 우리는 죽음을 '논의하여 결정'합니다. 그것이 오늘의 죽음현상입니다. 주검은 '처리해야 할 쓰레기'입니다. 의례는 '편의를 위한 절차'입니다. 위로는 '보상받아야 할 금전'입니다. 죽음은 없습니다. 있는 것은 쓰레기와 편의와 보상 사이에서 표류하는 주검인데 그것은 이미 인간의 죽음은 아닙니다. 그렇게 말하고 싶습니다.

죽음이 없는데 죽음금기가 있을 까닭이 없습니다. 죽음금기는 이미 '오늘'의 죽음과는 아무런 상관도 없는 일이 되고 말았습니다. '차마 건드릴 수 없음'과 그런데 '궁금해 다가가고 싶어 견딜 수 없음'이 주는 역설적인 구조 안에서 솟는 의미를 기대하는 것은 현대적인 맥락에서 보면 소박하게 '비인간적'입니다. 그것은 아예 부도덕하고 비윤리적인 것으로 묘사됩니다. 그것은 유치한 문화의 잔존을 지속하려는 모습으로밖에 보이지 않기 때문입니다.

죽음담론을 전유(專有)한다고 할 만했던 종교들도 서둘러 죽음담론을 폐기하고 있습니다. 죽음 이후에 대한 '이야기'는 아무런 감동도 전해주지 못하는 '유치한 이야기'가 된 지 오래입니다. 피안(彼岸)에 대한 담론은 차안(此岸)에 대한 관심이 성숙하지 못한 미성숙한 환상의 산물로 여겨지고 있습니다. 모든 종교적 덕목은 '지금 여기'를 축으로 선회하고 있습니다. 그러므로 '그때 저기'는 당연히 어서 벗어나야 할 어린 흔적일 뿐입니다. 죽음담론을 낳는 상상력은 이미 고갈된 지 오래입니다.

대신에 '생명의 논의'가 새삼스레 활발합니다. 그 개념이 담는 대상의 개념적 외연은 인간을 넘어 '만물'과 '삼라만상'으로 확장되고 있습니다. '자연'이라고도 하고 '생태 또는 생태계'라고도 합니다. 하지만 생명의 개념 자체는 '죽음' 그것 자체를 전제하거나 함축하지 않습니다. 생명담론은 '생명의 존엄'을 힘주어 말하지만 '생명을 오염하는 죽음'이나 '생명을 파괴하는 죽음'을 말할 뿐, '죽음'을 담지 못하는 색깔로 그려지고 있는 현실 속에서 이루어지고 있습니다. 그래서 오늘 우리의 생명담론에서는 '존엄한 죽음'이란 불가능한 묘사이고 낯선 그림입니다. 생명윤리가 주창하는 '죽이지 말아야 한다'는 당위는 '죽음을 죽을 수 있어야 한다'는 또 다른 당위를 지우는 에토스로 오늘 우리의 삶에 편만(遍滿)합니다. 죽음은 금기로 울이 쳐진 '신비한 역설'이 아니라 '생명을 위해 부정해야 하는 명백한 악'입니다. 종교문화가 전통적으로 해답의 실제적 덕목으로 주창하던 죽음을 불가피하게 함축하는 '희생'조차 이제는 서서히, 그리고 착실하게 부도덕한 덕목이 되고 있는 것이 오늘의 현실입니다. 희생의 요청은 착취라는 인식이 자리 잡고 있기 때문입니다.

게다가 의례는 금기가 담고 있는 의미화의 터전을 상실하는 것도 모른 채 경제논리를 모창(模唱)하고 있습니다. 모든 죽음의례는 그것이 장례든 제례든 한결같이 생산성과 효율, 그리고 편의에 의해 평가되고 구조화됩니다. 아니면 생자의 사회적 권위를 옹호하기 위한 치장으로 기능합니다. 금기로 울이 쳐진 상황 속에서 가능했던 몸짓과 색깔과 형태와 시간과 공간의 상징적 의미는 그러한 해석기준에 의하여 다른 의미를 낳습니다. 탈신비적, 또는 탈금기적 인식 속에서 메마른 불모의 틀만이 그 금기문화로서의 신비와 역설을 담고 있을 뿐입니다. 따라서 의례의 맹목적 관성화(慣性化)와 단순화는 불가피합니다.

언어 속에서도, 의례 속에서도 죽음은 금기의 울을 벗고 황량한 나신으로 차디찬 인식의 객체, 아니면 다루어야 할 부정적인 '사태'로 간주되고 있습니다. 다시 말하지만, 죽음은 이미 차마 건드릴 수 없는 것도 아니고, 그럼에도 불구하고 속을 들여다보고 싶은 것도 아니게 되었습니다. 죽음은 스스로 차지한 자리가 없습니다. 오늘 우리 경험 속에서 죽음은 실종된 지 오래입니다. 죽음은 아무 데나 있습니다. 그런데 어디에도 없습니다. 병원에는 오늘도 사망자가 있습니다. 그러나 그는 '죽은 사람'이 아닙니다. 거기에는 죽음이 없습니다. '치료의 한계를 겪은 사람'이나 그러한 현상이 있을 뿐입니다. 고속도로 위에도 죽은 사람이 있습니다. 그러나 그것도 이를테면 과속이 낳은 '사고'의 희생자가 있을 뿐입니다. 신속한 주검처리와 보고되는 숫자는 있어도 죽음은 없습니다. 연장되고 연기되어야 할 생명인데 그렇게 되지 못한 '경우'는 있어도 죽은 사람은 없습니다. 죽음은 여전한데 죽음을 이야기하는 일은 없습니다. 우리는 치료의 한계와 과속의 위험을 말하고 있을 뿐입니다. 마침내 우리는 죽음은 있는데 없다고 하는 문화 속에서 죽을 수 있는 능력의 결핍을 앓고 있는지도 모릅니다.

우리는 분명히 죽음을 둘러싼 '거대한 체계'가 현존한다는 사실을 확인합니다. 하지만 그 속에서 죽음은 자신의 자리를 독자적으로 가지고 있지 못한 듯합니다. 오늘 우리 삶의 자리에서 보면 죽음은 그 행방이 묘연합니다. 금기가 걷힌 죽음이 그러합니다. 죽음은 생리현상일 수밖에 없고, 경제현상일 수밖에 없으며, 정치적인 현상이고 사회적인 현상입니다. 더 강조한다면 이를 모두 포함한 문화현상일 수밖에 없습니다. 물론 우리가 이러한 죽음인식을 거절할 이유는 없습니다. 우리는 그러한 다양한 죽음서술을 통하여 어쩌면 총체적인 죽음담론을 펼칠 수 있으리라고 해도 좋을지 모릅니다. 당연히 그러한 현상의 문화-역사적인 변화도 주목하지 않으면 안 됩니다. 따라서 현대적인 관점에서 보면 죽음을 금기현상으로 보는 것은 '고대적'이거나 '전근대적'인 것으로 여겨질 수 있습니다. 특별히 그것은 종교문화라고 일컫는 독특한 삶의 한 양태에서 발견할 수 있었던 죽음문화의 어떤 구조일 뿐이라고 말할 수도 있습니다. 따라서 지금 우리가 직면하는 현대의 죽음담론은 지금 여기의 삶을 위해 적합성을 가진 가장 효과적인 죽음담론이라고 할 수도 있습니다.

  하지만 현대의 죽음담론은 죽음의 필연성을 자기관점이나 자기맥락에 넣어 자기주장을 위한 부수적 현상으로 설명합니다. 따라서 논리적으로 본다면, 그러한 주장은 결과적으로 죽음의 부정에 이릅니다. 이를테면 치료만 잘한다면 죽음은 없습니다. 교통질서를 잘 지키면 죽음은 없습니다. 결국 죽음은 잘못된 현상이 낳은 부자연스러운 현상입니다. 죽음은 없습니다. 또한 없어야 합니다. 현대의 종교문화조차 이러한 '설명'을 예사롭게 '설파'합니다. 축복은 어떤 형태의 것이든 '죽음사면(赦免)'을 그 내용으로 담습니다. 종교문화는 그것이 죽음물음에 대한 현실적인 해답이라고 가르칩니다. 그런데 이러한 사태는 심각하게 고려해야 할 '문제정황'이 아닐 수 없습니다. 죽음을 본유적인 것으로부터 배제하는 것이 오늘의 삶을 위해 정당하다고 하는 논의의 흐름은 불안합니다. 까닭은 간단합니다. '죽음은 생명현상이기 때문'입니다. 그렇다고 하는 것을 우리가 경험하기 때문입니다. 살아 있는 것은 반드시 죽는다는 사실을 간과하는 것은 정직한 인식이 아닙니다. 죽음양태에 대한 서술이나 설명이 죽음부재를 선언할 수는 없는 일입니다. 그러나 종교문화도 그러한

‘환상’을 생산하고 판매하는 일에서 게으르지 않습니다. 경험에 반하는 종교문화의 ‘해답’은 그 종교문화가 더 이상 지탱할 수 없게 된다는 것을 보여주는 징표라고 하는 사실은 인류의 종교사를 통해 누구나 확인할 수 있는 일입니다.

물론 이러한 진술이 오늘의 종교문화의 사태를 그릇 판단하는 것일 수도 있습니다. 그러한 기술들이 죽음을 배제하거나 부정하는 담론일 수 없다는 것은 당연한 일이지 않느냐는 반론은 언제나 정당합니다. 그렇다는 것을 모르지 않습니다. 하지만 현대의 죽음담론이 ‘죽음을 직접적으로 단언하지 않으려는’ 경향은 분명합니다. 그리고 이러한 현대의 죽음 담론을 다시 앞서 언급한 맥락을 따라 말한다면, 그것은 ‘생명을 관리할 수 있다’는 ‘신조’에서 비롯한 것임에 주목할 필요가 있습니다. 그런데 이러한 사실은 죽음금기의 또 다른 한편인 ‘생명은 관리할 수 있는 것이 아니’라는 사실을 의도적으로 간과하는 것입니다. 금기의 파괴는 금기의 준수와 아울러 금기문화의 완성이었습니다. 그러나 금기의 역설적 구조를 아예 승인하지 않는 ‘금기의 해체’는 금기의 파괴나 준수와는 다릅니다. 그것은 경험에 반하는 비현실적인 무지한 삶 인식에서 비롯한 무모한 의도의 산물이기 때문입니다.

더구나 우리가 간과할 수 없는 것은 죽음은 언젠가는 ‘나의 죽음’으로 귀결한다는 사실이고, 그렇다면 우리는 죽음을 스스로 감당할 수 있는 자율적인 자아를 이루고 있지 않으면 안 된다는 사실입니다. 그런데 앞서 지적한 그러한 ‘신조’를 수행하는 일은 내가 ‘나의 죽음을 맞는 자율성’을 확보하는 일과 조화로울 수 없는 간격을 짓습니다. 그 둘은 서로 다른 과제입니다. 죽음은 어떻게 그 현존 양상이 달라진다 하더라도 종국적으로 ‘내가 만나는 나만의 일’로 우리에게 경험될 것이기 때문입니다. 생명의 존엄을 위해 생명을 관리할 수 있다는 신조가 인간을 넘어 온

누리의 모든 실재에게 확산되고 있는 추세에도 불구하고 전쟁과 살인과 자살의 빈발은 오히려 더 극심해지고 있는 오늘의 문화를 우리는 죽음담론의 이러한 구조적 특성을 유념하며 되살필 필요가 있습니다.

이러한 사실들은 우리에게 죽음과 죽음담론과 오늘의 죽음현상을 종교문화를 조망하는 계기에서 새삼 '정직하게 기술(記述)할 필요가 있음'을 요청합니다. 종교문화는 죽음을 분명한 인식의 객체로 정의하려 하지 않습니다. 죽음현상에 대한 의학적 기술을 의도하거나 죽음의 사회학을 진술하려는 것도 아닙니다. 종교문화는 죽음물음에 대한 해답을 전개하려 합니다. 그리고 금기는 이를 위한 구조입니다. 그러므로 종교문화의 죽음논의는 죽음을 감당할 수 있는 개개인의 실존적 성숙이 이루어지도록 하면서 그 실존의 일상 속에서 묘연해지는 죽음의 행방을 자기 삶의 자리 안에 정치(定置)하도록 하는 일, 그래서 우리의 공동체 안에서도 그러한 일이 이루어질 수 있도록 하는 일이라고 해도 좋을 듯합니다.

그러므로 우리는 죽음담론의 비현실성을 이야기하면서도 의례를 통하여 오히려 죽음담론을 구체화하는 종교의 죽음서술 구조도 밝혀야 하고, 죽음과 삶이 둘이 아니라는 가르침에도 불구하고 죽음 이후에 대한 담론을 통해 자신의 현존을 실제적으로 확장했던 종교의 역설도 살펴 그 현실적인 뜻을 밝혀야 하며, 죽음을 저주와 징벌로 이야기하면서도 죽음 없는 삶이 가능하지 않다는 역설을 주장한 종교의 가르침도 되살피지 않으면 안 됩니다. 더구나 그 여러 종교들의 주장이 각기 자기절대성을 지닌 채 산재해 있는 오늘의 종교문화의 현실에서 그 주장들의 의미론이 어떻게 오늘의 삶 속에서 구체화될 수 있는지도 살피지 않으면 안 된다고 생각합니다.

그렇다고 해서 이러한 작업이 이른바 '죽음금기'의 재현을 의도하는 것은 아닙니다. '생명을 관리'하겠다는 일련의 거대한 체계는 그 나름대로 충분히 금기를 벗겨버린 '성공적인' 문화입니다. 인류의 역사는 끊임없이 죽음을 금기에서 벗어나게 하려는 온갖 노력을 다해왔습니다. 금기의 준행은 인간에게는 견딜 수 없는 질곡입니다. 스스로 금기로 죽음을 울쳐놓았던 종교조차 죽음과 죽음 이후에 대한 분명한 선언들을 통해 실은 죽음금기를 해체해왔습니다. 자연과학도 이를 상당한 정도 성취했습니다. 생명공학이 쏟아내는 온갖 새로운 개념들은 '어디까지가 삶이고 어디서부터 죽음인지'를 묻는 물음부터 '죽일 수 있음과 죽을 수 있음'에 대한 물음에 이르기까지 금기의 설정만으로는 짐작도 하지 못한 사태를 노출하고 있습니다. 생명의 관리뿐만 아니라 주검의 관리조차 새로운 산업을 낳고 있습니다. 이제 죽음은 금기 안에 있지 않다고 해도 좋습니다. 그러나 문제는 '금기에서 벗어난 죽음에 관한 담론', 그것에 대한 담론이 이제 종교문화가 보여주지 않으면 안 될 과제일지도 모른다는 것입니다.

따라서 그 성과에 대한 담론이 이제 종교문화를 인식하려는 우리의 과제가 되지 않으면 안 됩니다. 제각기 다른 자리에서 죽음은 여전히 기술되고 탐구되고 해석될 것입니다. 그리고 그것은 존중되어야 합니다. 뿐만 아니라 그러한 죽음담론은 그 모든 견해들이 통합하여 이루는 거대한 체계로 현존하고 있습니다. 그렇다면 이제 우리가 모색해야 할 것은 '죽음문화의 구조와 현상' 그 자체를 스스로 해답으로 자처하는 종교문화에서 발견할 수 있는가 하는 일입니다. 종교문화는 그 체계의 총체성을 적어도 의미론적으로 함축하고 있다고 보이기 때문입니다.

• 사회 •

회상과 기대

제대로 된 사회 또는 통합된 사회는 언제나 지금 없는, 그러나 이전에는 있었던, 그리고
이후에 이루어질 현실이다.

사람은 홀로 살지 않습니다. 더불어 삽니다. 하지만 더불어 살 수밖에 없다는 것을 누구나 인정하지만 그러한 삶이 늘 좋은 것은 아니라는 것을 모르는 사람은 없습니다. 그래서 더불어 사는 삶을 원하면서도 홀로 있고 싶어하고, 다시 홀로 있는 것이 견딜 수 없어 더불어 살려고 합니다. 그런데 홀로 사는 일은 처음부터 가능하지 않은 현실에 대한 기대이지만 더불어 사는 일은 필연적으로 직면하지 않으면 안 되는 현실입니다. 때로 우리가 절실하게 혼자임을 느끼는 것도 사실입니다. 누구나 경험하는 일입니다. 하지만 그것은 '느낌'이지 현실은 아닙니다. 현실은 그 느낌조차 더불어 사는 삶에서 비롯한 것임을 우리에게 보여줍니다. 이래저래 삶은 쉽지 않습니다.

우리는 이러한 삶을 경험하면서 상당히 복합적인 정서와 문제들이 홀로 사는 삶이나 더불어 사는 삶 속에 일고 있음도 모르지 않습니다. 그러나 그 현상을 상술하는 것은 거의 불가능합니다. 인식과 정서와 의지와 판단과 행동의 미묘하고 심각한 얽힘이 그 현실을 이루고 있을 뿐만 아니라 그러한 것들을 낳는 틀이나 얼개나 뿌리나 기둥들이 전통과 역사를 포함한 문화나 사회라는 이름으로 그 개인적 실존을 수식하고 있기 때문입니다. 그렇지만 이에 대한 소박한 언급이 불가능한 것은 아닙니다. 당연하게 지나친 단순화의 과오를 범하는 것이지만 홀로 사는 삶의 문제가 '외로움'이고, 더불어 사는 삶의 문제는 '괴로움'이라고 묘사할 수 있을 듯합니다. 그런데 이러한 서술이 가능한 것은 그 문제의 속성을 '관계'로 전제하거나 그렇게 이해하기 때문입니다. 다시 말하면 '나와 남의 관계'가 '홀로 살이'나 '더불어 살이'가 직면하는 문제의 근원이라고 말하

고 싶은 것입니다.

그러나 '관계'는 문제 이전에 '삶의 현실'입니다. 우리는 그 안에서 존재했고, 따라서 그것으로부터 벗어날 수도 없습니다. 인간은 관계 안의 존재입니다. 관계 안에 없다면 '나'도 없습니다. 그러므로 '문제가 관계라는' 서술은 문제로부터 벗어나기 위해서는 '관계'를 해소하는 것이 해답을 확보하는 일이라는 주장을 하려는 것이 아닙니다. 직접적으로 말한다면 그러한 주장이 의도하는 것은 '관계의 관계다움을 유지하지 못하는 관계'에서 벗어나 '바른 관계'를 유지할 수 있어야 그것이 해답이라는 것을 밝히려는 것입니다. 그러므로 우리가 직면하는 문제는 이른바 '관계의 상실'이라기보다 '관계의 훼손이나 왜곡'이라고 하는 것이 더 분명하게 문제를 드러내준다고 이야기하고 싶습니다.

우리는 이 계기에서 우리가 익숙하게 사용하고 있는 '사회통합'이라는 개념을 빌려도 괜찮으리라고 생각합니다. 다 알다시피 '사회통합'이란 사회학적인 맥락에서 본다면 매우 고전적인 개념입니다. 사회가 그저 인간의 군집일 수도 없고 그래서는 안 된다는 사실에 대한 적절한 묘사를 위해 이 개념은 사용되었습니다. 따라서 '통합된 사회'를 지칭하는 경우 이는 공동체의 '공동체다움'을 지적하는 것일 뿐만 아니라 공동체가 모래알처럼 흩어져 모인 것이 아니라 유기적인 결집을 이루고 있는 특정한 현상임을 기술(記述)하기 위한 기술적(技術的)인 개념이기도 합니다. 달리 말하면 사회의 본질을 지적하기 위한 것이기도 하고, 적절하지 못한 사회적 삶의 경험에서 비롯한 이상적인 사회에 대한 기대에서 출현한 것이기도 합니다. 어떤 경우든 이 용어가 상당히 이념부하(理念負荷)적인 개념인 것만은 틀림없습니다. 왜냐하면 이 용어는 언제나 그것을 '규범적인 당위'로 요청하는 맥락에서 출현하기 때문입니다.

물론 '사회통합'이라는 용어는 '사회'를 설명하는 특정한 이론에서 비롯한 학문적 개념입니다. 그러나 더불어 사는 삶에서 이러저러한 심각한 '문제'들에 봉착하곤 하는 우리들의 경험에 의하면 그것은 우리의 일상적인 사소한 삶의 갈등들을 충분하게 담을 수 있는 상식적인 개념이기도 합니다. '왜 하나가 되지 못할까'라든지 '왜 관계들이 더 좀 조화롭지 않을까' 하는 '물음에 대한 해답'으로 그 개념을 적절하게 사용할 수 있기 때문입니다. 그렇다면 '사회통합'이란 우리가 '종교문화와 공동체'라는 주제를 탐구하는 데서도 중요한 개념으로 활용할 수 있으리라 생각합니다. 왜냐하면, 이러한 맥락에서 본다면, '더불어 사는 삶이 아무런 문제 없이 편안하고 즐거운 그러한 사태를 구현하게 하는' 어떤 가능성을 논리화한 것이 '사회통합'이 함축하는 것이라 여겨지기 때문입니다.

그런데 지금 여기에서 우리는 그러한 삶을 살아가고 있지 않습니다. '통합된 사회'를 살지 못하고 있는 것입니다. 그런데 바로 이 계기에서 우리는 독특한 사실에 주목하게 됩니다. 우리는 우리가 제대로 더불어 살지 못하고 있다는 것을 인식하면서 어쩌면 '맥락 일탈적'이라고 해야 좋을 그러한 사고를 합니다. 다른 것이 아닙니다. '이전에는 그렇지 않았다'고 '회상'하는 것이 그것입니다. 상대적인 개념으로 말한다면 '오늘-여기의 우리 사회'가 '해체된 사회'인 데 반하여 '그때-거기의 그들 사회'는 그렇지 않은 '통합된 사회'였다는 의식(意識)을 가지는 것입니다. 이러한 '처음의 온전함'에 대한 거의 '순수한 회상' 또는 '맹목적인 향수'가 왜 어떻게 비롯한 것인지 확인하는 일은 거의 불가능합니다. 우리는 다만 인류의 문화에서 그러한 '처음에 대한 회상의 정서'가 우리의 실제 삶 속에 현존하면서 그 나름의 상당한 몫을 해내고 있다는 사실을 발견할 수 있을 뿐입니다. 통합된 사회와 관련해서 우리가 발견하는 것은 바로 이러한 '회상'입니다. 그러므로 이러한 의식에 의하면 '제대로 된 사회' 또는 '통합된 사회'는 언제나 '지금 없는, 그러나 이전에는 있었던' 현실이 됩니다.

하지만 그렇게 회상한다고 해서 그 기억이 '실재했던 사실'을 되담고 있다는 분명한 실증은 없습니다. 예를 들면 이른바 '요순(堯舜)시대'를 일컫는 것이 그러합니다. 사실 그 시대란 엄밀한 의미에서 '일어난 일을 실증할 수 있는 역사시대 이전'입니다. 따라서 그때를 일컬어 '태평한 세상'이었다고 생생하게 말하지만 그 시대의 실재 여부조차 분명하지 않습니다. 우리의 역사이해나 우리 자신들의 실제적인 경험에 의한다면 그러한 사회의 실재성을 확인하는 것이 불가능한 것은 말할 필요도 없고, 아예 그러한 진술을 승인하는 일조차 힘듭니다. 왜냐하면 사람살이는 언제 어디서든 삐거덕거리는 것이 본래의 모습이라고 우리가 알고 있기 때문입니다. 그렇지 않다면 인간이 그 긴 아득한 세월을 통해 삶을 그처럼 진지하게 고뇌하면서 바른 삶의 공동체를 물었을 까닭이 없습니다.

그런데 이처럼 이른바 '통합된 사회'가 실재한 적이 없는데도 그것을 '기억하고 회상한다'는 것은 예사로운 일이 아닙니다. 하지만 그러한 회상과 기억이 현존한다는 것은 분명한 사실입니다. 뿐만 아니라 더 나아가 그 '옛날'을 이른바 '온전한 사회'의 전형(典型)으로 삼습니다. 어쩌면 이러한 현상은 지금 여기에서의 물음에 대한 해답을 '지금 여기가 아닌 것'에서 얻으려는 인간의 의식 때문에 일어나는 일인지도 모릅니다. 다시 말하면 일상성의 문제를 비일상성의 차원에서 해결하려는 인간의 마음에서 비롯한 현상이라고 해야 할 듯합니다. 그렇다면 이러한 기억을 축으로 하여 이루어지는 '통합된 사회'에 대한 기대를 실현한다는 것은, 적어도 그 범례를 비일상적인 실재에 두는 한, 끝내 지금 여기에서는 불가능한 것이라고 할 수 있습니다. 다만 실현될 수 없는, 그러나 '해체된 사회' 안에 있는 인간의 의식 안에서는 빚어지는, 그러한 실재라고 할 수 있을 뿐입니다.

물론 회상은 기대를 가능하게 하는 모태입니다. 회상의 내용이 지금의 문제를 벗어나게 하는 해답이라고 여기게 되면 그것은 기억의 내용이 아니라 기대나 희구의 내용이 됩니다. '사회통합'도 다르지 않습니다. 앞서 예를 든 같은 맥락에서 이를 이어 생각해볼 수 있습니다. 이를테면 '대동(大同)사회'란 실재하는 사회가 아니라 '이상향'을 지칭합니다. 그것은 '지금 여기'에는 없는, 그러나 실현하지 않으면 안 되는, 미래의 실재입니다. 다시 말하면 이전에는 분명하게 있었지만, 지금은 없는, 그러나 앞으로는 분명하게 있으리라는 꿈의 현실입니다. 그것은 '있어야 할 곳'으로 일컬어집니다. 그렇기 때문에 사람들은 그곳을 구체적으로 묘사하기도 하고 지칭하기도 합니다. 그곳에서의 삶의 모습조차 투명하게 그립니다. 하지만 그것을 실현하지 않으면 안 된다고 여겨지는 지금 여기에서 이러한 삶의 공동체를 구현하는 일은 언제나 비현실적입니다. 지금 여기는 기억이나 기대 안에 있는 것이 아니라 다만 그 기억이나 기대를 안고 있을 뿐이기 때문입니다. 다시 말하면 현재는 기억과 기대의 주체일 수는 있지만 기대와 기억의 실체를 안을 수는 없기 때문입니다. 더구나 기억과 기대 안에 사실상 그 내용이 실재하지 않을 수도 있습니다. 그것들은 사물을 직접적으로 전달하는 것이 아니기 때문입니다. 따라서 있지 않은데 기억할 수도 있고, 실현 불가능한데 기대할 수도 있습니다. 이상향은 늘 그러합니다.

그렇기 때문에 '통합된 사회'는 '꿈의 실체'입니다. 그것은 아예 역사를 벗어납니다. '누구나 인간답게 잘사는 사회'는 태초에서 문득 그 흔적이 뚜렷하다가 종말론적 비전에서만 그 실현이 운위되는 그러한 것입니다. 그래서 사람들은 그러한 삶의 공동체를 끝을 넘어 비로소, 또는 차안(此岸)이 아니라 피안(彼岸)에서 비로소, 아니면 초월로 개념화될 수 있는 그러한 시공(時空)에서 비로소 이루어지는 것이라고 '기대'합니다.

그러므로 기대하는 '통합된 사회'란 실은 없는데 당연하게 있다고 여기는 실재, 기대 안에만 있는 실재입니다. 그런데 그것이 바로 추구해야 할 목표로 구체화됩니다. '해체된 사회' 안에서 분출하는 '통합된 사회'에의 꿈은 이렇게 현실화됩니다. 기대도 회상과 다르지 않게 인간의 의식 안에서 비롯하고 거기 머뭅니다.

그렇다면 아무런 문제도 없이 누구나 행복하게 사는 사회, 곧 '통합된 사회'는 '확인할 수 없는 회상과 실증할 수 없는 꿈'의 현실이라고 말할 수 있습니다. 그러나 실재 여부에 대한 이러한 모호성에도 불구하고 우리는 그것이 '실재한다고 여기는 인식'이 우리에게 규범적으로 요청되고 있음도 또 하나의 현실임을 부정하지 못합니다. 적극적으로 말한다면 실재성 여부를 논의하기보다 오히려 '실재한다고 여겨야 한다'고 하는 요청이 초래한 당위가 '통합된 사회'이기도 합니다. 그럴 수밖에 없습니다. '홀로, 그러나 더불어 잘살 수 있는 삶'을 확보하지 못한 경험은 불가피하게 바로 그러한 기억과 기대를 현실적으로 자신의 삶 속에서 절실하게 희구하게 되기 때문입니다. 그러한 사회의 본이 될 틀의 모색도 당연합니다. 그리고 그 틀을 회상에서 찾습니다. 따라서 과거든 미래든 상관없이 그 둘은 온전한 삶을 실현하는 전제가 됩니다. 그 과정에서 사람들은 자신들의 공동체 안에서 진지하고 자상하고 현명한 여러 '조치'들을 해왔습니다. 꿈의 실현을 현실적으로 모색해왔습니다. 종교문화는 이러한 '꿈의 실현'을 감당한 문화의 한 모습입니다. 그러므로 우리는 종교의 모습이 어떤 것인지를 이 맥락에서 살펴볼 필요가 있습니다.

처음과 끝의 이야기

역사에 대한 현대의 태도는
그것 자체로 '신화 음송의 문화'이다.

종교문화는 회상의 규범적 당위성을 '태초의 이야기'를 통해 마련합니다. 모든 종교는 '태초'를 서술합니다. 그리고 '태초는 완전했다'는 이야기를 그 안에 담습니다. 그러므로 태초의 완전성에 대한 이야기를 읊으면서 그렇다고 하는 것을 고백하는 태도나 의식을 결한다면 그것은 이미 종교일 수 없다고 해도 좋을 만큼 그렇게 종교문화는 '태초의 사건'을 이야기하고 있습니다. 시간이 비롯한 '처음'의 온전함을 모든 인간의 물음에 대한 직접적이고 현실적인 해답의 '처음'이라고 여기기 때문입니다. 다시 말하면 지금의 문제를 해결하는 출구는, 지금이 그러한 문제로 시달리지 않아도 괜찮았다고 말할 수 있는 완전성을 그 '본디의 모습'으로 전제하지 않는 한, 마련될 수가 없기 때문입니다. 물론 종교에 따라 주장의 내용에 차이가 있는 것은 분명합니다. 태초의 완전성을 시간적인 맥락에서 서술할 수도 있고, 근원적인 완전성이라고 하는 존재 자체의 맥락에서 서술할 수도 있습니다. 그러나 그것은 문화-역사적인 차이를 드러내는 것이기는 하지만 '태초의 이야기'가 지닌 종교문화 안에서의 구조적인 '자리'가 다른 것은 아닙니다.

중요한 것은 하나의 공동체가 스스로 완벽하려면 '태초'에 관한 회상이 우선 그 지렛목으로 요청된다는 사실입니다. 우리는 이러한 사실을 인류의 역사를 통해 무수히 확인할 수 있습니다. 그런데 사회의 이러한 모습을 우리는 종교문화에서 가장 구체적으로 발견합니다. 바꾸어 말하면 그러한 일을 맡아하는 독특한 문화를 우리는 종교라고 해도 좋을 듯합니다. 일정한 사회의 위기에서 신화가 등장하고 읊어진 것은 보편적인 현상일 뿐만 아니라 그러한 '신화음송'의 문화적 강화는 공동체의 통합을 실질적으로 수행하곤 하였습니다. 엄밀한 의미에서 본다면 현대의 '역사에 대한 태도'는, 비록 '속화(俗化)된'이라고 하는 수식을 해야 하겠지만, 그대로 '신화음송의 문화'라고 해도 그르지 않습니다. 역사는 신화를 역사 이전으로 배척합니다. 실증할 수 없다는 것이 그 이유입니다. 하지만 역사는 곧 신화입니다. 사건의 선택, 지금 여기를 준거로 한 해석, 공동체의 이념적 지표를 제시하기 위한 목적에서 이루어지는 '이야기 자체의 강화' 등은 그 일련의 과정이 지니는 '학문성' 또는 '과학성' 때문에 신화적일 수 없다는 주장이 불가능한 것은 아니지만, 결국 지금 여기의 불완전성을 '지난 일'을 통하여 온전하게 하려는 의도를 담고 있다는 점에서 종교문화가 자기에게 귀속된 신도에게 요청하는 '신화음송'과 구조적으로 다르지 않습니다. '과거에 대한 지식의 탐구'가 의도하는 실제적인 효력은 지금 여기에서의 공동체의 존립을 위한 이념적 기반, 곧 '자기확인'을 확보하려는 것 이외의 것일 수가 없기 때문입니다. 종교문화에서의 신화의 음송도 바로 그러한 의도에서 수행되고 있습니다.

그런데 종교문화에서의 신화의 음송은 '처음'에 대한 앎을 통해 지금 불완전한 사회가 지녀야 하는 본디의 완전한 모습을 보여주는 그러한 차원에서 끝나지 않았습니다. 그것은 바로 그러한 '본디의 모습'이라는 사실 때문에 그 본디의 모습은 종국적으로 도달해야 할 지향점이기도 했습니다. 미래는 지금 여기와 같아서는 안 되는 것이고, 그렇게 되지 않기 위해서는 '처음'이 '미래'에 실현되는 것이지 않으면 안 된다는 규범을 아울러 포함하는 것이었습니다. 그러므로 태초는 종말과 잇대어져 있습니다. 그리고 '처음의 지속'이 불가능했다는 사실을 기억하거나 회상하는 일은 지금 여기에서 제대로 살지 못하고 있는 것에 대한 성찰을 할 수 있도록 할 뿐만 아니라 '존재양태'의 변화를 의도하는 계기를 마련합니다. 그러므로 그 성찰은 바로 그러한 과정에 대한 '아픈' 인식과 '겸허한' 고백이기도 합니다. 그런데 이러한 '경험 속에서' 본디의 모습을 회복할 미래도 또한 '자연스러운 도래'일 수 없다는 것을 충분히 예상합니다. 아픔과 자기를 부정하는 겸허가 요청되리라는 것을 충분히 짐작합니다. 그러므로 완전한 '끝'은 '위기'와 '종말에서 벌어질 파멸'에 대한 선언을 우선하는 내용으로 담습니다. 종교들이 시사하는 종말에 대한 서술들은 참혹한 비극적 정경을 담고 있지만, 그럼에도 불구하고 실은 온전함에 대한 희구의 실현이라는 황홀함을 내장하고 있습니다. 이러한 진술들은 지금 여기의 불완전함을 시정하고 수정해야 하는 지향을 명료화하면서 미래의 온전함을 실현 가능한 목표로 설정하게 합니다. 신도는 목표를 수용하면서 그 꿈을 이루어 나가려는 현실적인 노력을 기울이는 사람들입니다.

사회통합을 위한 '미래의 효용'이라거나 '종말의 도구성(道具性)'이라고 할 수 있을 이러한 현상을 우리가 지금 종교라고 일컫는 문화에서 그 가장 근원적인 모습으로 발견할 수 있다고 하는 것은 매우 흥미로운 일입니다. '처음과 끝'은 종교문화가 지닌 해답의 기본적인 구조입니다. 그리고 그것은 앞에서 살핀 바와 같이 '처음의 완전함과 끝의 온전함'으로 기술될 수 있었습니다. 그러므로 이 맥락에서 보면 우리가 직면하는 '삶의 문제'란 그 '처음과 끝 사이의 현실'입니다. 그런데 바로 그 현실이 우리가 사는 사회이고 공동체입니다. 그리고 우리는 각각 개인적인 실존의 주체로 그 안에 있습니다. 그런데 우리는 문제의 해답을 추구하는 인간의 의식이 처음과 끝의 이야기를 진술하면서 사회통합의 현실성을 이루어내려 한다는 사실과 만납니다. 결국 '처음과 끝의 이야기'를 결한 공동체의 통합을 우리는 기대할 수 없다는 사실을 확인하게 됩니다. 우리는 여기에서 두 가지 중요한 사실을 진술할 수 있습니다. 무릇 종교문화는 스스로 사회 안에서 그러한 구조로 자신의 역할을 수행하려 한다는 사실이 그 하나이고, 또 다른 하나는 하나의 공동체가 스스로 사회통합을 이루려는 몸짓은 그것 자체가 '종교적인 구조로 이루어져 있다'는 것을 확인할 수 있다는 사실이 그것입니다. 사회통합을 이루기 위한 이데올로기는 '처음과 끝의 이야기'에서 비롯할 뿐만 아니라 그러한 구조를 철저하게 체계화하고 있다고 하는 사실은 이를 실증적으로 보여줍니다.

힘에 의한 힘의 지배

'힘'을 요청하는 한 사회통합은 철저하게 종교적인 구조로 이루어진다. 그러므로 사회는 그것 자체로 종교적일 수밖에 없다.

그런데 주목할 것은 그러한 이야기의 주체입니다. 모두 그러한 이야기를 할 수 있다 하더라도 그것이 '주도(主導)'되지 않으면 그것은 '실체'로 사회 안에 현존하지 않습니다. 그런데 '주도하는 현상이 있다'는 것은 달리 말하면 '담화주체의 두드러진 등장'이라고 할 수 있는 그러한 것입니다. 그리고 그 현상은 다시 달리 말한다면 '개체적 실존의 불균형한 현존'과 다르지 않습니다. 이를테면 사회통합을 이루기 위해서는 '힘의 쏠림 현상'이 불가피하게 요청되는 것입니다. 존재는 그것 자체로 힘입니다. 존재한다고 일컬어지는 것은 힘의 실체입니다. '관계'라는 것도 결국은 '힘의 관계'입니다. 그런데 힘은 언제나 상대적인 개념입니다. 강한 힘이 있고 약한 힘이 있습니다. 우리 누구나 겪는 일입니다. 그리하여 더 강한 힘은 언제나 약한 힘을 다스리고 큰 힘은 작은 힘을 압도합니다. '힘에 의한 힘의 지배'라든지 '힘에 의한 힘의 예속'이라든지 하는 것은 불가피합니다. 그것은 '자연'이기도 합니다. 공동체는 그러한 힘이 어떻게 현존하는지에 따라 균열과 해체를 겪기도 하고 면하기도 합니다.

전체적으로 서로 다른 힘에 의하여 삶이 ‘얽어’지기 때문입니다. 그리고 우리가 바라는 통합된 사회란 달리 말하면 그렇게 관계가 ‘이루어’지면서 빚는 ‘안정’된 사회입니다. 그러나 힘은 또한 그것이 지니는 ‘불균형한 자연’ 때문에, 그리고 그 불균형을 극대화하여 확보할 수 있는 ‘강한 힘의 이점’ 때문에, 늘 티격태격하면서 서로 겨루는 현상도 낳습니다. ‘존재하는 것의 힘으로서의 현존’은 정태적인 것이 아니기 때문입니다. 이 맥락에서 ‘절대적인 힘’을 요청하는 문화가 등장하는 것은 어쩌면 당연한 현상이기도 합니다.

종교문화는 물음에 대한 해답을 스스로 마련하고 선포하면서 그것이 지니는 절대성을 주장합니다. 모든 개개 종교들의 자기주장은 한결같이 그러합니다. 물론 다른 주장을 수용하는 것과 다른 주장을 절대적인 것으로 여기는 것은 전혀 다릅니다. 수용하지만 절대적인 것으로 여기지 않는 경우도 있고, 자신의 절대성에 대한 거역이라는 이해에서 어떤 다른 주장도 ‘절대적인 것’으로 승인하지 않는 경우도 있습니다. 그러나 어떤 경우든 종교적인 절대성의 주장은 어떤 다른 절대성도 승인하지 않는다는 의미에서 그것 자체로 ‘절대적인 힘’입니다. 결국 종교문화는 삶의 현실 속에서 ‘절대적인 힘’이 현존한다는 사실을 심어놓은 문화의 원천입니다. 그런데 마치 종교문화가 이러하듯 사회통합을 위한 이야기주체들도 ‘절대적인 힘’을 요청합니다. 그래서 어떤 절대적인 힘에 ‘의지(依支)’하거나 그 힘을 ‘차용’하거나 스스로 그 힘이라고 ‘자처(自處)’하는 일은 결코 낯설지 않습니다. 그렇지 않으면 사회통합을 위한 ‘힘의 제어’가 사실상 불가능할 것이기 때문입니다. 우리는 이러한 사실에서도 종교문화가 어떻게 자신의 해답을 선언하고 실천하는가 하는 것과 사회통합을 위한 사회 자체의 구체적인 실천이 어떻게 ‘종교적인가’ 하는 것을 다시 확인할 수 있습니다. 근원적으로 사회는 스스로 사회다운 사회이기 위한 구체적인 실천에서 '종교적'일 수밖에 없습니다.

그런데 '힘에 의한 지배'는 '좋은 삶'을 위해 불가피합니다. 절대적인 힘에 의한 것일수록 지배는 효과적입니다. 다시 말하면 불균형한 힘의 현존에서 야기되는 갈등이나 알력을 줄일 수 있는 것은 절대적인 힘입니다. 그것은 혼돈을 벗어나는 일과 다르지 않습니다. 그리고 그러한 벗어남은 힘의 관계를 일정한 법칙에 넣도록 합니다. 다시 말하면 절대적인 힘은 법칙을 통해 자신의 힘을 행사합니다. 이를 우리는 '질서'라고 말합니다. 그러므로 사회통합은 질서의 확립과 다르지 않습니다. 그런데 종교문화에서는 '절대적인 질서'가 '절대자의 의지'와 다르지 않습니다. 그것이 인격적인 묘사로 이루어지기도 하고, 자연스러움으로 그려지기도 하고, 우주적인 개념으로 기술되기도 하는 차이는 있지만 한결같이 종교문화에서 발견되는 질서는 절대적인 의지의 상징들로 기술됩니다. 그런데 사회통합을 기하려는 일련의 정치적 행태에서 우리가 발견하는 것도 그러한 현상입니다. 무수한 '상징 만들기'는 사회통합을 위한 기본적인 '장치'입니다. 그것은 특정한 힘의 절대화를 통해 질서의 확립을 의도하는 것이라고 할 수 있는 현상입니다. 사회통합은 철저하게 종교적인 구조로 이루어집니다. 그렇다면 사회는 그것 자체로 '종교적'일 수밖에 없다고 말해도 좋을지 모릅니다.

그러나 문제가 없는 것은 아닙니다. '절대적 질서'를 의지하거나 차용하거나 자처하는 힘의 현실이 반드시 '절대적인 선한 질서'일 수 없다는 것이 가장 중요한 '난점'입니다. 다시 말하면 힘에 의한 '통합'은 그것이 질서를 마련하는 데 이른다 할지라도 여전히 충분한 것일 수 없습니다. 반드시 선후를 이야기할 수는 없지만 이 계기에서 우리는 '사회의 통합'을 위해 기능하는 도덕이나 윤리를 상기할 필요가 있습니다. 그것은 '힘'이기보다 '의미'를 준거로 하여 삶의 공동체를 다스립니다. 그러므로 힘이 직접적이고 즉각적인 데 비해 의미는 긴 우회(迂廻)를 그 구조로 지닙니다. 인간을 포함한 사물의 본성에 대한 관심, 개인과 집단에 대한 분석, 삶의 구조에서 빚어지는 관계 및 그 삶의 지향에 대한 인식과 모색, 지금 여기를 끊임없이 평가하는 성찰들이 그 우회 구조의 내용입니다. 그렇기 때문에 '힘의 현실'도 이러한 데서 비롯하는 '의미'에 의하여 제 값을 지니지 못하면 사회를 통합하는 데서 정당한 것으로 여겨지질 않습니다. 따라서 사람들은 사회의 통합이란 '의미'를 바탕으로 한 힘이 규범적 행위를 실천하는 데서 비로소 이루어지는 것이라는 이해를 지니고 있습니다. 그리고 그 의미란 앞에서 지적한 그러한 관심들이 두루 균형 있게 인간의 '복지'를 위해 조화롭게 작용할 때 바로 그 현상으로부터 분출하는 가치를 일컫습니다. 그러므로 힘에 의한 사회통합은 힘의 행사 자체로 이루어지는 것이 아닙니다. 진정한 의미에 기초할 때 비로소 그 힘은 정당한 것으로 승인되기 때문입니다. 힘은 비록 그것이 현실적인 것이기는 하지만 그것 자체가 온전하지는 않습니다. 힘은 그것 자체가 목적일 수 없기 때문입니다. 그것은 의미와 연계되어 스스로 수단적인 가치로 자신을 확인할 때 그 존재의미를 획득합니다.

종교문화도 다르지 않습니다. 힘에 의한 질서는 삶의 구체적인 현실 속에서 '해답'으로 기능해야 합니다. 그것은 실천되어야 하는 덕목들로 다듬어지고, 그것을 수행하는 것이 종국적인 해답의 누림이 됩니다. 그러므로 힘은 실천을 위한 수단적 가치를 지닙니다. 봉헌과 수행은 이를 위한 가장 현실적인 삶의 모습입니다. 그러나 힘에의 귀속이 반드시 긍정적인 것일 수만은 없다는 주장은 종교문화 안에서 언제나 등장하는 종교 자체의 딜레마를 보여줍니다. 악의 현존에 대한 종교들의 주장이 그러합니다. 모든 종교들은 '악의 절대성'이라고 할 수 있을 부정적 힘의 실재를 드러나게 또는 드러나지 않게 전제합니다. 그러한 의미에서 종교문화는 소박하게 이원적입니다. 단원적인 근원이나 종국을 서술하는 것도 실은 이원적인 실재 이해가 전제되어 있어 비로소 가능합니다. 이러한 맥락에서 해답으로 제시된 것이라고 주장되는 모든 '의미'가 반드시 수용 가능한 것인가 하는 물음은 언제나 종교문화를 곤혹스럽게 한 것이었습니다. 옳음과 그름의 판단에 대한 곤혹스러움은 종교사 전체를 관통하는, 사실은 지극히 비종교적인 흔적을 남겨놓았습니다. 정통과 이단 논쟁은 종교사 전체라고 해도 과언이 아닙니다. 이러한 현상을 우리는 사회통합을 이루려는 현장에서 벌어진 이데올로기의 현상과 아울러 살펴볼 수 있습니다. 이데올로기는 기본적으로 의미체계입니다. 그러나 그것을 둘러싼 갈등은 사회통합보다 사회해체를 촉진했습니다. 사회통합이 결국은 이념적 갈등을 자신의 존재양식으로 여기게 된 사정은 종교가 이단논쟁으로 자신의 존재양태를 결정한 과정과 다르지 않습니다. 사회는 스스로 종교적이기를 조금도 결하지 않고 있는 것입니다.

그러나 이러한 사실과 다른 차원에서 '의미체계'가 실제로 '사회통합'을 위해 참으로 기여하는지 여부에 대한 회의가 일기도 합니다. 개체의 윤리적 감성이나 의식과 공동체적인 윤리적 의식이나 체계가 일치하는 것은 아니라는 사실이 그러한 회의의 한 요인입니다. '선한 개인과 악한 사회'라든지 '선한 사회 안의 악한 개인'이라든지 하는 주제는 사회통합과 관련하여 끊임없이 제기되는 문제입니다. 이 같은 사실은 힘과 질서에서 비롯한 윤리나 도덕의 '실용적 한계'를 절감하게 합니다. 우리는 두 가지 차원에서 이 문제를 좀더 살펴볼 수 있습니다. 하나는 '의미체계'란 '문화-역사 의존적'이라는 사실입니다. 의미, 또는 가치란 실은 문화-역사적 정황이 표상화하는 상징체계와 다르지 않기 때문입니다. 우리는 선을 일컫습니다. 하지만 보편적이고 절대적이고 영속적인 선의 개념을 마련한다 할지라도 곧 문화적 다양성과 역사적 시간의 추이 속에서 그것이 얼마나 스스로 자신을 상대화하는가 하는 것을 누구나 경험합니다. 또 다른 하나는 바로 그렇기 때문에 그 의미란 '해석 의존적'일 수밖에 없다는 사실입니다. 행위주체가 어떤 물음을 어떻게 왜 묻는가 하는 데 따라 의미는 제각기 그 주체를 반영합니다. 다시 예를 들어 선이 근원적인 실체가 아니라 하나의 요청된 상징이라면 그것은 불가피하게 다양한 의미로 해석되면서 해석 간의 갈등을 내장할 수밖에 없습니다. 그렇다면 앞에서 지적했듯이 개인적 실존의 자리에서는 누구나 언제나 도덕적일 수 있을지 몰라도 도덕적으로 통합된 사회란 실은 있을 수 없습니다. 도덕은, 그것이 스스로 그렇기를 지향하고 있을 뿐만 아니라 그럴 수 있는 힘을 지녔다고 여기는 '이념적 타당성 및 보편성'과 달리, '다양성에 의한 준거의 유실'로부터 야기되는 한계를 지닙니다.

종교문화는 이러한 문제를 가장 현실적으로 겪습니다. '진리의 가변성'에 대한 두려움을 종교는 언제나 지닙니다. 그것이 승인된다면 스스로 제시하는 해답의 절대성이 소멸되는 것이고, 그렇다고 하는 사실은 자신의 존재근거를 상실하는 것과 다르지 않기 때문입니다. 그런데 이에 대한 두려움을 가장 효과적으로 차단하는 것도 또한 종교문화입니다. 종교는 앞에서 지적한 '문화-역사 의존성'이라든지 '해석 의존성'이라든지 하는 것 때문에 보편적이고 절대적인 의미가 소실된다든지, 그렇게 되어 결과적으로 질서를 제시하고 유지하는 기능을 지닐 수 있는 힘이란 사실상 존재할 수 없다든지 하는 주장에 동의하지 않습니다. 스스로 일상을 넘어서는 차원에서 해답을 제시하고 있다는 자의식은 종교로 하여금 자신의 주장을 근원적이고 절대적인 것으로 무조건 주장하게 합니다. 영원이라든지 '진리의 불변성' 등은 그러한 자세를 설명하는 적절한 언어들입니다. 비일상적인 근원에 자신의 기반을 두도록 함으로써 진리의 가변성을 극복한다고 말할 수 있습니다. 그러나 그 결과는 언제나 부정적입니다. 문화와 역사는 물론이고 해석조차 차단하기 때문입니다.

그런데 사회통합을 의도하는 힘의 주체들도 이러한 종교적 담론을 자신의 필요에 적합한 것으로 선택합니다. 현실적으로 우리는 ‘근본주의’라고 일컫는 현상에서 이를 확인합니다. 근본주의는 종교현상에만 적용되는 현상이 아닙니다. 그것은 극단주의라는 이름으로 언제 어디서나 볼 수 있는 힘의 병리현상입니다. 그렇기 때문에 그러한 근본주의와 정치적 권력과의 ‘일치’에서 드러나는 ‘반(反)사회통합적’인 현상을 얼마든지 증언할 수 있습니다. 왜냐하면 ‘하나에의 통합’은 ‘여럿의 조화’와 다르기 때문입니다. 그리고 우리가 바라는 해답은 하나에의 예속이 아니라 여럿을 이루는 제각기의 자기정체성이 존중받는 그러한 사회입니다. 주목할 것은 전제적인 정치적 이념의 실체는 그것이 어떤 근대적인 정치체제의 이름으로 주장된다 할지라도 철저하게 ‘종교적’이라는 사실입니다. 그것은 배타적 절대성을 기반으로 한 근본주의를 그 속성으로 하기 때문입니다.

힘과 의미의 한계

종교문화는 우리가 지향하는 사회통합이 이루어질 수 없는 꿈이라는 사실을 절감하는 힘과 의미의 한계에서 비롯한다.

이러한 사실들을 유념하면 사회통합이란 다만 ‘꿈’입니다. 불가능한 것에 대한 집착이고 비현실적인 것에 대한 무모한 희구라고 해도 무리한 진술일 수 없습니다. 사회통합은 ‘이러저러하면 된다’고 하는 기술적(技術的)인 차원에서 이루어질 수 있는 것이 아닙니다. 실현 가능한 어떤 기반도 현실에서는 찾을 수 없기 때문입니다. 그러나 그 꿈의 현존은 분명합니다. 그러므로 사회의 통합을 이룬다고 하는 것은 ‘꿈의 실현’이라고 해야 마땅합니다. 그리고 그 꿈은 ‘실재하지 않는 것의 현실화’를 뜻합니다. 그런데 종교문화는 바로 그러한 '실재하지 않는 것의 현실화'를 의도합니다. 사회통합은 그러한 맥락에서 다시 강조하지만 그것 자체로 종교적인 구조와 속성을 가집니다.

그런데 사회통합과 종교문화라는 현상에 대한 이러한 '인식'은 뜻밖의 결론을 유도할 수도 있습니다. 종교문화와 사회통합이라는 사회현상의 구조적 유비를 통해 사회 자체가 '종교적'이라는 사실을 누누이 강조했지만, 좀더 근원적인 자리에서 '종교의 출현'을 유념해보면 우리는 조금 다른 진술을 할 수 있습니다. 적어도 논리적으로 말한다면 종교문화는 우리가 지향하는 '사회통합'이 이루어질 수 없는 꿈이라는 사실을 절감하는 '힘과 의미의 한계'에서 비롯한다고 말할 수 있습니다. 힘에 의한 통합이 이루어내는 몰가치성, 의미의 통합이 이루는 가치의 혼효(混淆)를 경험하는 절박함에서 종교가 등장한다고 말해도 좋을 듯합니다. 그리고 그 한계에서 종교를 낳은 경험이 기대하고 또 낳는 것은, 절대, 초월, 영원, 신성 등의 개념입니다. 부연한다면 그 개념적 실재입니다. 그러므로 종교는 해답이 실현된 삶의 현장이며, 곧 사회통합이란 그러한 '비일상적' 개념이 함축하는 어떤 실재들에 의하여 이루어지는 것이지 '일상적'인 개념이 함축하는 것들에 의하여 이루어지는 것은 아니라는 사실에 대한 인식의 자리에 이르게 됩니다. 종교는 우리가 진술한 '사회통합의 비현실성'이야말로 바로 종교가 주창하는 이 '비일상성'에 의해서만 '현실성'을 지니게 된다고 주장하는 것입니다.

이를 좀더 부연해보십시다. 종교라고 일컬어지는 특정한 서술범주로 구획할 수 있는 문화현상을 있게 하는 것은 실존적인 주체들이 경험하는 '어떤 내용들'입니다. 종교는 그 경험내용이 표상화된 것입니다. 그런데 그 경험내용은 두 가지 사실로 기술될 수 있습니다. 하나는 삶의 주체가 겪는 '존재양태의 변화'입니다. 사회통합과 관련하여 이를 서술한다면 그것은 사회통합에 대한 의식없음에서 의식있음으로의 전이(轉移), 의식의 주체로부터 의식의 실천주체로의 변화, 따라서 '실현 불가능한 꿈의 자리'에서 '꿈의 실현이 가능한 자리'로 옮겨가는 것이기도 합니다. 그리고 삶의 주체들은, 비록 문화-역사적 차이에 따라 다른 언어와 상징적 표상을 통해 진술한다고 할지라도, 한결같이 그 '전환의 계기'를 '비일상적인 것들'과의 조우라고 기술합니다. 그 진술형식은 분명합니다. 절대, 초월, 영원, 신성 등의 개념이 그 경험진술을 담습니다. 그러한 개념으로 진술할 수 있는 실재들에 의하여 자신의 '변화'가 현실화했다고 '고백'하는 것입니다. 태초와 종말을 담은 신화들, 질서와 의미를 전승하고 확산하려는 의례의 주기적 반복 등이 이를 위해 '동원'되는 종교문화의 모습들입니다.

물론 그 고백의 내용에 대한 실증적 확인은 불가능합니다. 하지만 그 고백이 만드는 실증 불가능하면서도 '경험내용'이라고 진술되는 것들이 실재한다는 것은 현실적으로 부정되지 않습니다. 종교의 모습은 이렇게 있습니다. 사회통합은 그러한 '실재'에 의하여 요청된 당위입니다. 따라서 사회통합은 종교에게 있어 절대적인 규범적 명제가 됩니다. 종교는 그것이 인간이 수행해야 할 의무이고, 더불어 사는 삶 속에서 삶을 삶답게 하는 당연하고 마땅한 일이라고 주장합니다. 종교경험은 사회통합이라는 과제와 이렇게 유기적으로 연계됩니다. '존재양태의 변화'를 내용으로 하는 '비일상성'의 경험은 모든 실존적 주체의 존재근거이고 그의 '삶'을 위한 '일상적'인 전제가 됩니다. 종교는 마침내 사회통합의 '가능성의 샘'이 되는 것입니다. 그리고 그 샘에서 솟는 가능성은 '비일상'을 '일상'이게 합니다. 회상의 내용도, 희구의 내용도, 힘도, 질서도, 의미도 '이미 있고, 언제나 있을 실재'여야 합니다. 그러므로 사회통합은 '그(초월, 절대 등)의 일을 우리가 하는 것'이지 '우리의 일을 그의 도움을 받아 하는 것'이 아니라는 자의식을 지니는 데 이릅니다. 이에 이르면 이른 바 사회통합은 '종교와 연계된 어떤 일'이 아니라 '종교 자체'라고 해야 합니다. 따라서 종교의 자리에서 보면 사회통합은 가능할 뿐만 아니라 그렇게 통합된 사회는 그것 자체가 종교라는 인식에 이르기조차 합니다.

이러한 진술은 사회통합의 주체들에 의하여 그대로 반복될 수 있습니다. 합리적인 계약이나 기능적인 보완이나 민주적인 합의나 경제적인 정의로운 분배나 인간적인 기술이나 생명보존적인 생태계 등이 이야기되지 않는 것은 아닙니다. 그러나 이러한 개개 진술들은 자기완결적인 주장을 언제나 유보합니다. 자신의 주장을 뒷받침할 수 있는 조건을 스스로 모두 갖추고 있지 않기 때문입니다. 그러므로 자신을 발언할 때의 완결성과 달리, 다른 발언과 조우할 때면 언제나 자기한계에 자신이 노출될 수밖에 없습니다. 그러므로 '자기 이외의 것'의 현존에서 언제나 그 주장들은 스스로 자신의 위기를 내장합니다. 결국 그러한 주장의 완결성은 자신 이외의 타자에 대한 승인에서 비로소 이루어집니다. 그리고 그러한 승인은 마침내 자신의 일상성에 대칭되는 비일상성의 승인으로 개념화됩니다. 다시 말하면 비일상성을 준거로 자기의 일상성을 서술할 수 없는 한 그러한 개개 주장들은 지나치게 소박하거나 아니면 맹목적일 수밖에 없게 됩니다. 그러므로 이 모든 주장들이 사회통합을 이루는 '가능성의 샘'인 것은 분명하지만 그것이 자기를 넘어서는 비일상을 일상화하는 일과 연계되지 않으면 아무런 의미도 없는 것이 됩니다. 따라서 사회통합의 주체들이 이러한 자의식을 가지고 움직이는 한에서 사회는 사회통합을 이룰 수 있습니다. '종교적'이게 되는 한에서 그 가능성을 비로소 현실화할 수 있다는 태도를 지니게 되는 것입니다.

그러나 되돌아가 종교와 사회통합에 대한 진술을 여기에서 마칠 수는 없습니다. 우리는 앞의 여러 장을 통하여 이제까지 종교라는 문화현상을 그것을 출현하게 한 '경험'을 준거로 진술하였습니다. 그런데 경험은 의식의 현상이지만 그것은 언제든 반드시 '어떤 사실'로 드러납니다. 그 드러남을 우리는 문화-역사적 현상이라 일컫기도 하고, 달리 범주화하여 사회현상이라고 하기도 했습니다. 그러나 그렇게 '드러난 경험'은 하나의 문화-역사적 실재이기 때문에 '경험 자체'를 준거로 하여 기술할 수는 없습니다. 경험과 표상은 다른 것이기 때문입니다. 종교는 이미 경험을 기술하는 준거로 서술할 수 없는 '다른 실재'입니다. 따라서 우리가 만나는 종교는 존재양태의 변화라든지 근원적 질서의 승인이라든지 하는 것으로 서술된 그 '경험'이 아니라 그것이 제도화되고 조직화되고 역사화된 '현상'입니다. 다시 말하면 '제도화된 존재양태의 변화'나 '조직화된 근원적인 질서의 승인'을 우리는 종교에서 발견합니다. 또 다르게 말하면 그것은 절대, 초월, 신성, 영원 등을 제도화하거나 조직화한 것이기도 합니다. 우리가 '사회 내의 실재'로 만나는 종교는 이러합니다.

그런데 이러한 사실은 이제까지 예상하지 않았던 사태를 빚습니다. 이를테면 '제도화된 절대'는 그 '제도를 절대화'합니다. 초월이나 신성이나 영원도 다르지 않습니다. 그 제도나 조직을 초월적이고 신성하고 영원한 것이게 합니다. 그리고 그렇게 된 조직이나 제도는 다시 종교경험을 자신의 틀을 통하여 재생산합니다. 이제는 종교경험이란 바로 그 제도나 조직에 의해서 재생산된 '그 조직이나 제도를 위한 경험'이 됩니다. 종교의 이러한 자의식은 종교를 종교 이외의 여타 문화-역사적 현상이나 사회적 실재와 등가화(等價化)할 수 없는 것으로 여기게 하고 자신을 그들로부터 분리합니다. 이러한 현상은 '일상적인 것'을 '비일상적이게' 하고, 다시 '그 비일상화된 일상적인 것'을 일상 안에서 주장하는 것과 다르지 않습니다. 그러므로 종교는 스스로 문화-역사적 실체임에도 불구하고 그렇지 않다고 선언합니다. 다시 말하면 사회적 실재의 범주

'안에' 있음에도 불구하고 그 '밖에' 머문다고 말합니다. 그런데 종교가 현실적으로 사회통합의 기능을 수행할 수 있다는 논거는 바로 이러한 사실에 있습니다. 종교만이 사회를, 그 복합적인 구성적 요소들을 '다른 차원'에서 수렴할 수 있다고 믿기 때문입니다. 또한 그렇기 때문에 사회는 종교 안에서 비로소 그 현존의 의미와 그 의미를 구체화하는 규범을 확보한다고 주장합니다. 종교는 사회통합을 이루려는 실제적인 '수단'이고 '과정'이기도 한 '힘'과 '의미'의 기반이고 동력이며 안내자라는 주장을 하고 있는 것입니다. 따라서 종교는 모든 사회적 실재의 내재적 요소이며, 그것을 구현하는 것이 사회적 존재인 인간의 소임이고, 사회는 그렇게 이루어진 종교 자체여야 된다고 주장합니다.

　하지만 종교가 사회통합을 이러한 논리로 주장하는 것은 자기를 포함한 사회 전체의 유기적 결집을 의미하기보다 자기를 제외한 사회 전체가 자기 안에 수용되어야 한다는 것을 주장하는 것과 다르지 않습니다. 그러나 종교의 그러한 주장은 그것에 대한 '종교적 반향'이 이루어지지 않는 한 아무런 영향력을 가지지 못합니다. 종교의 자기주장의 논리를 벗어난 자리에서 보면 종교의 이러한 주장은 분명하게 다만 '종교의 주장'일 뿐이기 때문입니다. 비록 그 주장이 절대, 초월 등으로 자기를 정당화한다 할지라도 그렇다고 하는 주장이 당연하게 절대적이고 초월적인 것으로 소통되는 것은 아닙니다. 이를테면 '절대의 제도화'는 스스로 '소통불능의 구조'를 지닙니다. 그것은 '절대를 제도나 조직 속에 유폐시킨 것'과 다르지 않기 때문입니다. 그리고 어떤 사물에 유폐되었거나 어떤 조건에 의하여 제한된 절대란 이미 절대가 아닙니다. 처음과 끝의 이야기도, 힘도, 질서도, 도덕이나 윤리도 마찬가지입니다. 그것은 모두 그러한 주장을 제기하거나 선언한 그 종교의 울 안에 갇힌 것들이 됩니다. 그럼에도 불구하고 종교는 자신의 '조건화된 현존'을 무조건적인 것으로 확장합니다. 당연하게 그러한 확장은 보편성, 영원성, 절대성 등의 수식으로 자신을 정당화하며 이루어집니다. 그러나 종교의 이러한 모습과 부닥치는 '종교 이외의 것'들이 보여주는 반응은 달라지지 않습니다. 그것은 '종교의 자기주장의 논리'일 뿐이라고 말합니다. 다만 종교의 그러한 자기주장이 실제로 있다는 것을 승인할 뿐입니다. 그러므로 종교 아닌 여타의 사회적 실재들은 종교와의 '관계'를 인정하기는 하지만 종교의 주장을 자기현실로 수용하지는 않습니다.

그런데 이러한 관계는 늘 모든 관계가 그렇듯이 긴장과 불안을 수반합니다. 사회통합의 과제와 연계해보면 더욱 분명해집니다. 종교의 주장이 강화되면 될수록 그것은 사회 안에서 다른 사회적 실재들과 심각한 갈등을 야기합니다. 다시 말하면 종교가 주장하는 사회통합은 결과적으로 종교에 의한 '사회통제'를 의도하는 것이 됩니다. 종교는 자기의 주장을 사회가 좇아야 하는 도덕적 당위나 이념적 지표라고 말합니다. 제도화된 사회적 실체로 있는 종교의 힘의 행사도 이러한 주장을 수반합니다. 이같은 현상은 종교의 구조 자체에서 비롯하는 것이기 때문에 상황적인 것이거나 역사-문화적으로 제한된 현상이 아닙니다. 따라서 '사회를 통합하게 하는 가능성의 샘'임을 자처하는 바로 그 가능성의 구조는 종교로 하여금 스스로 '사회를 해체하는 가능성의 샘'이게 할 수 있는 가능성을 불가피하게 지니도록 합니다. 그러므로 종교는 사회통합을 위한 '샘'임에 틀림없지만 그 실상은 사회통합을 위한 '메마른 샘'으로 있을 뿐입니다. 이러한 맥락에서 보면 종교가 사회통합을 이루리라고 스스로 기대하는 것은 종교 스스로 자신의 사회적 현존에 대한 아무런 성찰도 하지 않고 '편리한 환상'에 머물고 있어 생긴 의식이 낳은 것이거나, 아니면 사회 안에서의 자신에 대한 인식을 분명히 하고 있으면서도 '종교적인 동기'를 정당화하려는 의도적인 사회학적 발언이거나, 아니면 그 둘 모두

일지도 모릅니다. 종교라고 일컬어지고 있지 않는 다른 사회통합의 현상
도 다르지 않습니다. 상술할 필요 없이 우리는 정치현상에서 언제나 역
설적인 '사회통합의 가능성과 불가능성'을 확인합니다. 그리고 자기주
장의 논리를 자기절대화의 확산과 등가화하는 현실을 아울러 확인합니
다. 사회통합은 철저하게 '종교적'입니다.

의미의 우산과 메마른 샘

현대인들은 종교라는 이름으로 조직화되고 제도화된 절대나 초월 등으로부터 자유로운
사사로운 의미의 우산을 마련한다. 종교는 메마른 샘이 되고 있다. 그러나 이제는
역설적으로 문화 자체가 심각하게 전통적인 종교적 구조를 그대로 드러내고 있다.

그런데 또 다른 사실을 유념할 수 있습니다. 사회는 살아 있습니다. 그
것은 정태적이지 않습니다. 변동은 불가피합니다. 그럼에도 불구하고 종
교는 자신의 변화를 근원적으로 승인하지 않습니다. 사회가 변하면서 당
연히 그 안에 있는 하나의 사회현상인 종교도 달라지지 않을 수 없습니
다. 그러나 종교는 사회의 변화는 인정해도 자신의 변화는 승인하지 않
습니다. 그런데 종교와 사회변동의 상호작용을 현실적으로 승인하지 않
으려는 것은 종교의 '신념' 탓이라고 할 수 있습니다. 하지만 종교가 보
여주는 '현실인식의 부적합성'을 단순히 '신념'의 문제로 환원할 수는
없는 일입니다. 인류의 종교사가 '종교 → 종교들 → 종교적인 것들'의
문화 또는 시대로 진전했다는 서술은 이러한 사태를 읽을 수 있도록 하
는 하나의 시점(視點)을 마련해줍니다.

주목할 것은 '종교와 사회통합'이라는 주제가 출현한 것은 '종교'의
시대에서였다고 하는 사실입니다. 종교가 사회통합을 이룬다는 이론적
근거로 기여한 자료들은 그렇게 '단일한 문화-사회 안에 단일한 종교가
현존'하는 상황에서 얻은 것들이었습니다. 그러나 '종교들'의 시대에 이
르면 사태는 달라집니다. 이를테면 '종교'의 시대에서는 묻지 않았던 특

정한 종교의 절대성이나 진리성을 묻습니다. 절대가 산재하기 때문입니다. 그리고 '절대의 각축'이 현실화합니다. 따라서 이러한 사태에서 주장되는 '절대'란 절대일 수 없습니다. 그럼에도 불구하고 종교는 여전히 자기를 '절대적'인 것으로 전제하고 승인하면서 다른 '절대'와 만날 수밖에 없습니다. 이것은 종교의 자리에서 보면 피차 혼란스럽고 수용할 수 없는 사태입니다. 그런데 '사회통합'도 마찬가지로 그러한 '절대'가 실천해야 할 의무로 여전히 지탱됩니다. 이러한 사태가 어떤 실제적인 사회현상을 빚어낼 것인가 하는 것은 충분히 짐작할 만합니다. 종교들은 이러한 사태를 '진리의 붕괴현상'으로 진단하지만 역사적 맥락에서 보면 오히려 종교들이 '종교들'의 시대에서 '종교'의 시대를 살아가기 때문에 드러내는 혼란과 당혹, 긴장과 갈등이라고 할 수 있습니다.

물론 '종교'가 '종교들'을 인식하지 못하는 것은 아닙니다. 이른바 다종교현상을 모르지는 않습니다. 그러나 그러한 '다원현상'에 적응할 수 있는 의식이 형성되지 않고 있습니다. '종교들'에 직면하면서도 여전히 '종교'를 경험하면서 마련된 의식을 지속하고 있기 때문입니다. 그것은 단원의식(單元意識)과 다원인식(多元認識) 간의 괴리라고 말할 수 있습니다. 왜냐하면 '종교'시대에 형성된 언어들로 '종교들'의 시대를 적절하게 묘사한다는 것은 처음부터 불가능한 일이기 때문입니다. 다원인식에 상응하는 다원의식을 펼 수 있는 새로운 언어의 창출이 긴박하게 요청되는 것은 이 때문입니다. 그것이 이루어지지 않는 한, 종교는 '종교'에 머물러 있을 수밖에 없고, 그러는 한 '종교들'의 문화나 시대에 소통 가능한 어떤 도구도 확보할 수가 없습니다. 결국 자기언어의 부적합성을 간과한 '종교'가 '종교들' 안에서 주장하는 사회통합은 결과적으로 그 주장의 정도에 비례하여 사회해체에 기여할 수밖에 없습니다.

그런데 '현대인'들은 자신의 삶, 또는 사회적 경험을 요약하고 해석할 수 있는 다양한 의미의 이른바 '상징적 우주'를 스스로 지닌다고 말합니다. 오늘을 사는 현대인들은 종교라는 이름으로 조직화되고 제도화된 절대나 초월 등으로부터 자유로운 사사로운 '의미의 우산'을 마련하여 전통적인 종교를 대신하려 합니다. 종교라고 불리는 사회적 실재가 아니라 할지라도 사회의 모든 실재들은 스스로 자신을 의미의 체계로 재구성하고 자신의 현존과 역할을 의미 있는 형태로 조직화하여 집단적으로 공유한다고 말합니다. 그렇게 마련된 어떤 '질서'는 종내 사회의 안정, 사회통합에 기여할 수 있다고 주장합니다. 사회는 사회통합을 이루는 일이 여전히 종교적인 구조를 통하여 실천되고 있음에도 불구하고, 이미 종교라는 개념으로 이를 묘사하기에는 상당한 거리를 실감할 수밖에 없을 만큼 스스로 자신의 '구원론'을 마련하고 있습니다. '사회통합'이 '종교적'이기를 스스로 포기하거나 폐기한 것과 다르지 않은 사태가 벌어지고 있습니다. 이데올로기의 종언이 그 극적인 사건이라고 스스로 말하기도 합니다.

  하지만 그것은 지극히 피상적인 관찰인지도 모릅니다. 사회는 여전히 '종교적'입니다. 이제는 특정한 이념이나 사회가 아니라 문화 자체가 심각하게 전통적인 '종교적 구조'를 그대로 드러내고 있습니다. 오늘날의 현실에서 사회통합을 저해하는 가장 직접적이고 근원적인 것이 '종교적'인 것이며, 사회통합을 의도하는 가장 직접적이고 근원적인 힘이 스스로 '종교적'이라는 자의식을 표출하고 있다는 역설은 주목하지 않을 수 없습니다. 그러나 이를 여전히 '종교적'이라고 서술하는 것은 적합성을 잃은 일인지도 모릅니다. 지금 우리가 사회적 실체로 경험하는 전통적인 '종교'나 '종교들'만을 언제까지 종교라고 할 수 있을지 판단하기 어렵다는 사실을 유념하면 이러한 주장은 매우 심각한 사실을 보여줍니다. 그러한 종교개념으로 '현재의 종교'를 읽는 것은 사태를 '설명'하는 것은 고사하고 그것을 '기술'할 수조차 없기 때문입니다. '종교들'과 '종교적인 것'들의 현실 속에서 '종교'가 기술할 수 있는 것은 아무것도 없습니다. 그 자리에서 '종교'가 발언할 수 있는 것은 자신의 종교정의와 일치하지 않는다는 이유로 분명하게 '있는 것'을 '없다'고 하는 주장뿐입니다. 그것은 부정직할 뿐만 아니라 실은 더불어 사는 삶의 공동체에 대한 폭력과 다르지 않습니다. 종교사가 서술하는 '증언'에 의하면 그러한 폭력은 '종교나 종교들'이 남겨놓은 의식의 잔영(殘影)이 아직 부적합한 채 생동하고 있음을 보여주는 것이라고 할 수 있습니다. 따라서 이러한 주장의 논리적 귀결은 결국 종교가 사회통합 기능을 수행한다는 것은 다만 환상일 뿐이라는 주장에 이를 수밖에 없게 합니다.

'종교의 해체나 소멸'이 불가능한 것은 아닙니다. 비록 오늘날 '종교'시대의 종교들이 급격하게 팽창하면서 '새로운 종교시대'를 열고 있다는 주장이 일고 있음을 간과할 수 없음에도 불구하고 그러한 전망이 비현실적인 것은 아닙니다. 왜냐하면 제도화된 종교, 또는 전통적인 종교가 사회적 실체로 현존하는 모습은 종교 이외의 여타 사회적 실체들이 현존하는 조건과 전혀 다르지 않은 조건을 갖출 때 가능하기 때문입니다. 다시 말하면 종교가 여타 사회제도들과 구분할 수 있는 어떤 특징을 적어도 구조적으로 지니고 있음을 확인할 수 없다면, 우리는 '종교의 비종교화'나 '비종교의 종교화'를 일컬을 수 있을 것이기 때문입니다. 하지만 종교를 출현하게 한 경험의 소멸마저 예상할 수는 없습니다. 존재양태의 변화, 근원적인 힘과 질서의 승인 등은 지워지지 않고 있습니다. 처음과 끝의 이야기도 여전히 읊어집니다. 사회 자체는 여전히 '종교적'이고, 종교는 여전히 스스로 사회통합 자체라고 일컬을 것입니다.

맺음말
• 종교인과 종교적인 인간 •

개념과 경험의 괴리

개념은 사물이 아니며 삶도 아니다. 개념은 편의를 위한 이름짓기다. 개념화된 사물은
이미 경험적 실재가 아니다. 그것은 개념적 실재다. 그러나 우리는 개념적 실재로 경험적
실재를 대체하곤 한다.

인식은 사물에 대한 이름짓기로 완성에 이릅니다. 온전한 앎이 이루어
지면 우리는 그 사물에 이름을 지어주고 그 이름을 잘 보존하고 활용합
니다. 그리고 그 이름을 되불러 그 사물을 거듭 살피곤 합니다. 이름을
갖기 전의 사물은 그것 자체로 혼돈입니다. 그러나 이름을 갖게 되면 그
사물은 그 이름을 지닌 '이름다운 사물'이 됩니다. 비로소 사물은 혼돈
을 벗어나 자신의 실재성을 가집니다. 이름을 지닌 사물은 실재가 됩니
다. 당연히 그 이전까지는 그 사물이 실재가 아닙니다.

하지만 그렇다고 해서 그 사물이 없었다고 할 수는 없습니다. 아예 없
었다면 그 사물에 대한 이름짓기를 의도하는 긴 인식의 과정이 있을 필
요도 없습니다. 그런데 '있었기'에 그에 대한 명명(命名)은 마침내 가능
했습니다. 그 사물은 경험되고 있었지만 실재하지는 못했던 것인데 이름
짓기를 통해 그것이 실재가 된 것이라고 말할 수 있습니다. 다시 말하면
우리는 무언지 어떤 사물을 늘 경험하고 있습니다. 하지만 그것이 무언
지 뚜렷하게 다듬어 이야기하기가 무척 어려운 경우가 많습니다. 그런데
그 경험을 축적하는 사이에 우리는 점차 그것을 다듬을 수 있는 준거도,
틀도, 논리도 마련할 수 있게 됩니다. 그리고 그 사물이 투명하게 보이기
시작합니다. 이에 이르면 우리는 그것을 이름지어 '무엇이다'라고 부릅
니다. 그리고 우리는 막연하고 불투명해서 혼돈스럽기만 하던 어떤 사물
을 여러 사람들과 더불어 그 이름으로 공유할 수 있게 됩니다. 우리는 마
침내 소통을 이루어내는 것입니다. 이처럼 누구나 그 이름으로 그 사물
을 지칭할 수 있게 된 정황을 우리는 '명명이 사물을 실재하게 했다'고
표현했습니다. 그러므로 이름짓기가 그 사물을 실재이게 했다는 진술은

'없음을 있음이게 했다'기보다 '불투명한 있음을 투명한 있음이게 했다'고 이해하는 것이 옳으리라고 판단됩니다.

이름짓기를 반드시 개념의 출현과 같은 것으로 서술하는 것은 바르지 않습니다. 하지만 우리는 개념의 출현을 같은 맥락에서 살펴볼 수 있습니다. 삶의 지극한 복합적인 현실성을 우리는 쉽게 언술할 수 없습니다. 우리는 수많은 사람들의 삶을 겪습니다. 그들은 모두 제각기 자기를 지니고 있습니다. 삶의 양태가 천차만별입니다. 당연히 그 사태를 기술하기 위해서는 개개 주체들의 삶을 모두 기술해야 합니다. 하지만 우리는 그렇게 하지 않습니다. 우리는 '인간'이라는 언어 속에 그 모든 것을 담아 '인간의 삶'을 운위하면서 그 개개 삶을 아우릅니다. 그런데 이 과정에서 우리는 삶을 그 새로운 언어 속에 '옮기는 작업'을 하지 않습니다. '삶을 거르는 작업'을 하게 됩니다. 다시 말하면 그 언어는 사물에 대한 직접적인 경험내용에 대한 기술을 담지 않고, 그 사물과의 일정한 '거리지음'을 통해 그 사물을 '묘사'한 것입니다. 그러므로 그 언어는 사물을 만난 경험의 '여과를 수반하는 추상'을 통해 태어나는 것이라고 할 수 있습니다. 이 언어를 우리는 '개념'이라고 말합니다. 이것은 또 다른 이름짓기입니다. 그러므로 이 개념을 통해 개개 삶이 아니라 '인간의 삶'이 실재하게 됩니다. '인간이란 ~' 하는 진술이 가능해지는 것입니다.

개념의 출현, 그리고 개념의 효용은 부정할 수 없는 또 하나의 삶의 현실입니다. 개념은 매우 편리합니다. 사물을 투명하게 인식하게 해주고, 소통을 가능하게 해줄 뿐만 아니라 언술 과정에서 일정한 자리를 잡아 사유의 일탈을 막아주기도 합니다. 그러므로 사실 기술은 물론, 설명과 해석도 개념적인 진술을 통해 이루어지는 것이 아니면 그것은 얕고 가벼운 자기발언일 뿐 메아리를 기대할 수 없습니다.

그런데 문제는 개념과 경험의 괴리에서 비롯합니다. 개념은 사물을

'지칭할 수 있는 구분되는 하나의 실재'이게 합니다. 하지만 동시에 삶 주체의 경험을 '충분히' 담을 수는 없습니다. 경험을 추상화하여 언어 안에 담는 일은 경험된 사물의 직접적인 서술을 넘어섭니다. 그리고 그 언어는 실은 그 경험내용을 하나의 이미지로 바꾼 것과 다르지 않습니다. 그런데 우리는 '인간'의 보편성 속에 넣어 일반화할 수 없다고 판단되는 '내 삶'을 지닙니다. 그것을 이미지화하여 정해진 언어로 발언하는 것을 견디지 못하는 삶이 없지 않습니다. 자신의 삶이 간과되거나 추상 속에서 유실되는 것을 느끼기 때문입니다. 그러므로 개념은 사물을 분명하게 적시하려는 것이고, 그것을 잘 이루어낸 것이라고 이해하면서도, 우리는 경험과 개념이 서로 괴리를 이루고 있음을 의식하지 않을 수 없습니다. 개념은 사물이 아닙니다. 삶도 아닙니다. '편의를 위한 이름짓기'입니다. 그것은 사물의 이미지입니다. 개념화된 사물은 이미 '경험적 실재'가 아닙니다. 그것은 '개념적 실재'입니다. 그러므로 '개념에 대한 인식'은 사물에 대한 실제적 인식과 상당한 거리를 가집니다. 개념의 필요를 승인할 수밖에 없는 '당위성'과 개념의 한계를 지적할 수밖에 없는 '현실성' 간의 긴장을 우리는 간과할 수 없습니다. 이 긴장을 유지하지 못하면 우리는 개념의 재단(裁斷) 안에 들지 않는 것은 실재가 아니라고 판단합니다. 게다가 개념과 개념을 이어 개념적 실재가 구성하는 하나의 '우주'를 마련하면서 그것이 마치 '경험적 실재'인 양 여기게 됩니다. 그런데 개념의 세계는 경험의 세계와 유리된 채, 그럼에도 불구하고 경험의 세계를 기술할 수 있고, 나아가 그 세계에 대한 인식내용을 전유한다고 판단하는 '힘'을 지닙니다. 그래서 우리는 인식된 사물이 하나의 개념으로 정착할 때 비로소 그 사물에 대한 진정한 이해를 구축했다고 말하곤 합니다. 그리고 마침내 그 개념은 사물을 지속적으로 설명하는 항구적인 틀이고 내용이라고 여깁니다. 개념적 서술이 온전한 인식론을 구축한다고 판단하는 것입니다.

그런데 또 하나 지적할 것이 있습니다. '이름짓기'도 인간의 삶 속에서 일어나는 삶의 현실입니다. 개념도 다르지 않습니다. 사물을 추상화하여 개념화하는 일도 삶의 한 모습입니다. 따라서 비록 그러한 이름이나 개념이 경험적인 실재를 넘어서는 것이라 할지라도 '개념 만들기'는 경험적 실재입니다. 따라서 개념은 불가피하게 그 나름의 역사-문화적 맥락 안에 있을 수밖에 없습니다. 개념도 만들어지고, 수정되고, 폐기되고, 새로 만들어집니다. 개념은 '역사 의존적'이고 '문화 의존적'입니다. 개념도 개념사(槪念史)를 지닙니다.

이러한 사실들은 우리로 하여금 여러 가지를 숙고하게 합니다. 경험은 직접적으로 서술할 수 없다는 것, 추상화 과정을 거친 언어의 출현이 불가피하다는 것, 그런데 그렇게 생긴 개념은 스스로 경험을 재단하게 된다는 것, 그래서 그 개념이 현실을 낳는다는 것, 그리고 그 현실과 경험의 현실은 괴리를 빚는다는 것, 그런데 그렇다고 하는 데 대한 긴장을 간과하면 우리가 개념적 실재로 경험적 실재를 대체하는 과오를 범하면서 어떤 개념을 사물에 대한 불변하는 인식내용으로 착각하게 된다는 것, 그리고 그것은 이제 말하지만 자기기만의 한 형태일 수밖에 없다는 것 등이 우리가 진지하게 유념해야 할 것들입니다.

실재의 지도 바꾸기

종교사는 종교의 흥망성쇠를 보여준다. 그러나 이것은 사실의 변화라기보다 개념의 변화가 초래한 '실재의 지도 바꾸기'와 다르지 않다. 다시 그려진 지도에서는 사라졌어도 땅은 여전히 존재한다.

'종교란 무엇인가' 하는 물음은 늘 있어왔습니다. 그리고 이에 대한 답변도 마찬가지로 항존했습니다. 당연히 그 처음 모습은 '어떤 두드러진 삶'이었을 것입니다. 예사롭지 않은 '어떤 삶의 모습'을 보고 '너 왜 그렇게 사니' 하고 물었을 것입니다. 그런데 실은 우리의 삶 모두 한결같이 예사롭지 않습니다. 그러한 묘사는 상대적일 수밖에 없습니다. 삶의 모습이 한결같지 않은 한, 마디마디, 사사건건, 그 나름대로 두드러짐을 피할 수 없을 것이 당연합니다. 그런데 그 삶이 지속되고 축적되면서 우리는 '문화'를 일컫게 되었고, '문화담론 편제'를 구축하기 시작하였습니다. 삶을 '통합하는 개념'과 '분류하는 개념'을 낳기 시작한 것입니다. 그리고 이제 우리는 그러한 분류법에 익숙해 있습니다. 그리하여 정치를 일컫듯, 경제를 일컫듯, 과학이나 예술을 일컫듯 종교를 일컫습니다. 종교는 마치 선험적인 특정한 개별적인 사물처럼 지칭되고 있습니다. 하지만 그 모든 것들은, 그래서 종교도 실은 삶을 기술하기 위한 분류체계의 하나로 등장한 개념입니다. 종교라는 사물이 따로 있어 삶에 첨삭되는 것이 아니라 삶을 분류하여 인식하려는 과정에서 서술을 위한 개념으로 등장한 '삶의 묘사'입니다. 그러므로 아주 어색하게 말하면 '종교'라는 개념이 종교라고 일컫는 사물은 있어도 '종교'라는 개념이 곧 종교는 아닙니다.

그럼에도 불구하고 우리는 종교를 운위하면서 그것이 '경험 이전의 실재'라고 여깁니다. 따라서 '종교란 무엇인가' 하는 물음을 예사롭게 묻습니다. 그런데 이 물음은 '종교라는 개념'에 대한 물음입니다. 경험적 실재로서의 종교에 대한 물음이었다면 그러한 물음 투로 질문이 다듬어질 까닭이 없습니다. 추상을 거절하는 묘사가 포함된 물음일 것이기 때문입니다. 이를테면 '사람들이 무엇을 일컬어 종교라고 하나' 하는 물음이었을 것입니다. 그런데 전자의 물음은 '본질'에 대한 물음을 함축합니다. 그리고 개념적 실재에 대한 관심이 아니라면 그러한 본질에 대한 관심은 불가능했을 것입니다. 경험적 실재를 기술한다면 겪는 마디마디를 묘사하는 데도 모자랄 터인데 진리라는 추상적 실재를 물을 '여유'가 있을 리 없기 때문입니다. 따라서 '종교란 무엇인가'라는 물음은, 고전적인 맥락에서 본다면, '종교라는 것의 진리성'에 대한 형이상학적인 물음과 다르지 않습니다. 따라서 이 물음을 충족하는 대답은 그 형식이 간단합니다. '절대적이고 유일무이하며 영원한 것'으로 그 대답이 채워져야 합니다.

'어느 틈에'라고밖에 달리 표현할 수 없지만 우리는 종교를 이렇게 물어왔습니다. 개념적 실재로서의 종교에 대하여 종교란 무엇인가라고 물어온 것입니다. 그런데 이 계기에서 우리는 종교라는 개념의 '출현'에 대한 관심을 가지지 않았습니다. 다만 우리에게 익숙한 이미 '이루어진' 종교라는 개념을 종교가 무엇인가 하는 것을 다듬어 담은 '정의(定義)'라고 여겼습니다. 그리고 그러한 정의는 종교라는 사물에 대한 인식을 완성한 '종교에 대한 진리를 서술한 것'이라고 여겼습니다. 따라서 결과적으로 그렇게 하나의 개념으로 서술되는 '종교'라는 것에 상응하는 것이 아니면 어떤 경험적 실재도 그 종교개념에 의하여 종교이지 않게 될 수밖에 없습니다. 그렇다고 해서 종교가 아닌 다른 이름으로 그 경험을 개념화할 수도 없습니다. 이미 '우리의 삶'은 선점(先占)된 개념들의 세계가 지배하고 있기 때문입니다.

우리의 경우는 이러한 '사태'를 잘 보여줍니다. 사실상 우리에게 지금 우리가 사용하는 '종교'라는 용어는 매우 낯선 언어입니다. 한 세기의 세월이 짧은 것은 아니지만 그 이전에는 그 언어가 아예 없었습니다. 우리 문화에서 그 언어는 서양의 religion의 역어로 도입되었습니다. 그리고 그 개념이 우리의 경험을 재단하기 시작했습니다. 그 개념에 포함되는 것과 포함되지 않는 것을 구분하면서 그 개념의 울 밖에 있는 것들은 종교라고 여기지 않고 그 안에 있는 것만 종교라고 여기는 인식론이 확장되고 자리를 잡았습니다. 결과적으로 우리의 경험 안에서 '종교란 무엇인가'라는 물음에 대한 대답은 우리의 문화와 역사, 곧 우리의 직접적인 경험에 대한 '평가'를 수반하면서 이루어졌습니다. 그리고 그 평가는 불가피하게 부정적인 함축을 지니는 것일 수밖에 없었습니다. 우리와 다른 문화-역사적 맥락에서 형성된 개념을 인식 준거로 삼아야 했기 때문입니다. 그리고 그런 경우, 흔히 '다름'을 '그름'과 등가화합니다. 그리하여 '종교개념의 도래 이전의 종교'는 종교가 아니고, '종교개념의 도래 이후의 종교'는 종교라고 하는 '단절과 대칭'이 그 개념에의 귀속 여부와 더불어 우리의 경험에 과해졌습니다.

그런데 개념은 '힘'을 지닙니다. 그것은 분명한 주체가 있어 이룩한 역사-문화적인 창안(創案)이기 때문입니다. religion은 그러한 힘을 행사하기에 충분한 맥락에서 우리에게 들어왔습니다. 개항기와 더불어 그리고 그 이후에 우리가 수용한 서구 개념들 특히 '종교'라는 개념은 그러한 힘으로 우리의 전통적인 '종교라고 기술할 법한 두드러진 어떤 삶의 경험들의 역사-문화'를, 그 개념의 사용자에게는 당연히 자유로운 것이겠지만, 그러나 우리의 입장에서 보면 매우 자의적(恣意的)인, 그러한 잣대를 적용하며 마구 해체하였습니다. 우리가 직면할 수밖에 없게 된 결과는 '익숙한 경험적 실재의 질식'과 '낯선 개념적 실재의 군림'이었습니다.

그런데 특정한 개념이 그가 구축하는 힘의 논리로 스스로 판단의 준거가 되어 기존의 경험적 실재를 재단하고 파기하는 경험은 우리만의 것이 아닙니다. 인류의 종교사(宗敎史)는 한결같이 점철되는 그러한 '사건'의 지속을 그려주고 있습니다. 스스로 종교라고 불릴 수 있을 특정한 경험적 실재라도, 그것이 종교란 이러저러한 것이라는 이미 구축된 개념적 실재와 상응하지 않을 경우, 늘 제거되었습니다. 그러한 종교는 인식의 지평에서 더 이상 종교라고 일컫지 않는 흐름 속으로 유실되곤 했습니다. 그래서 종교사는 종교의 흥망성쇠를 보여줍니다. 있던 종교가 사라지고 없던 종교가 출현합니다. 우리는 흔히 그러한 '변화'를 '물리적 실체'의 소멸과 발생으로 묘사합니다. 그러나 실은 '사실의 변화'라기보다 '개념의 변화'가 초래한 '실재의 지도(地圖) 바꾸기'와 다르지 않습니다. 그런데 지도는 영토가 아닙니다. 다시 그려진 지도에서는 사라졌어도 땅은 여전히 있습니다.

동화의 나라

마침내 종교개념은 경험적 실재로부터 추상화된 개념적 실재를 운위하면서 스스로 자신의 '개념이라는 궁전' 안에서 시간도 공간도 인간도 배제하는 '동화의 나라'를 운영하고 있다. 궁전의 에토스는 언제나 환상이다.

'인류의 종교사가 그러하기 때문에'라는 범주에 넣어 살펴야 할 것이지만 굳이 따로 떼어 이야기한다 해도 서양의 경우라 해서 예외일 수는 없습니다. 거기에서도 사정은 다르지 않았습니다. religion은 중세 초기에 출현한 새로운 개념어입니다. 본래 그 용어는 사람들이 살아가는 하나의 모습에 대한 묘사언어였습니다. 그 용어로 지칭한 삶은 우리가 쓰는 일상적인 언어로 '번역'한다면 '틀 잡힌 일련의 몸짓'이었습니다. 그들은 사람들이 거의 설명 불가능한, 그래서 합리적이라고 할 수도 없고 실용적이라고도 할 수 없는, 독특한 몸짓을 하고 살았다는 사실에 주목했습니다. 그것은 언제 어디서나 인간의 삶에서 발견되는 보편적인 현상이었습니다. 그러면서도 구체적인 몸짓들은 문화-역사적인 맥락에 따라 극히 다양했습니다. 종교라는 용어는 그러한 현상을 '의례의 현존'이라는 개념으로 다듬으면서 빚어진 것입니다. 그 용어는 우리가 지금 겪듯이 일정한 공동체와 전통과 이념적 지향과 구성원을 아우른 특정한 역사-사회적 구성체를 일컫는 것이 전혀 아니었습니다. 그 몸짓은 존재가 현존하면서 이룩하는 어떤 '관계의 모색'이기도 하고, 그러한 '이어짐의 표상'이기도 했습니다. 그 몸짓을 그들은 religion이라고 불렀습니다.

　그러나 우리가 알듯이 개념은 '역사 의존적'입니다. 그것은 변화를 겪습니다. religion은 특정한 때 특정한 자리에서 이루어지는 몸짓을 지칭하는 것으로 자리를 잡으면서, 바로 그 특정한 몸짓으로 전승되고 확산되었다고 판단되는 하나의 '사실'을 지칭하는 언어가 되었습니다. 구체적인 하나의 문화적 전승 실체가 비로소 '종교'라고 이름지어진 것입니다. 우리가 사용하는 종교라는 개념은 이렇게 해서 출현했습니다. 서양의 지배적인 문화적 에토스에서는 이러한 종교가 그리스도교라는 역사-문화적 구성체와 일치하는 것으로 인식되었습니다. 인간은 어떤 몸짓을 하며 실존의 맥락을 확보하는 보편성을 가지고 있는데, 그럼에도 불구하고 어떤 몸짓들은 그것을 그릇되게 경험하고 드러내고 있어 삶의 삶다움을 확보하지 못하지만, 그리스도교라고 지금 불리는 그러한 특정한 경험은 그 모든 것을 아우르는 바른 몸짓의 담지자이기 때문에, 인간의 보편적인 현상이라고 말한 그 경험을 추상화하여 개념으로 다듬는다면, 종교란 오직 그리스도교밖에 있을 수 없다고 하는 주장을 펴게 된 것입니다. 다시 말하면 종교라는 개념은 그리스도교라는 실체를 드러낸 어떤 경험을 추상화한 개념으로 자리를 잡은 것입니다. 적어도 그리스도교의 문화권 안에서 확인할 수 있는 인식의 지평에서 종교는 그러했습니다. 그러므로 종교라는 개념은 그리스도교로 하여금 인류의 삶의 현장 안에서 자신이 스스로 보편적일 수 있다는 설명의 논리를 확보하게 했습니다. '인간은 모두 종교적이다. 그리고 바르고 마땅한 종교는 그리스도교다'라는 선언을 자신 있게 선포하게 한 것입니다.

　이러한 자의식은 그 개념 안에 자신의 정당성을, 그리고 자신과 다른 몸짓공동체의 경험과 그 역사의 부당성에 대한 판단을 담았습니다. 그리고 자신의 '두드러지게 다름'을 확인하려는 지향에서 스스로 자신들이야말로 그러한 정당한 경험을 전유하고 있는 사람들이라는 자의식을 가지게 하였습니다. 이러한 사람들을 우리는 '신도'라고 부릅니다. 지금 우리는 이러한 사람들을 예를 들어 그리스도교도라고 부르고, 불교도나 이슬람교도라고 호칭합니다. 이러한 현상을 우리는 '종교인'의 출현이라고 할 수 있습니다.

이에 이르면 우리는 '종교'가 적어도 그것이 개념일 경우, 그것은 '있는 것'에 대한 기술이 아니라 '있고 없고' 상관없이 그 개념 스스로 빚은 어떤 것을 종교라고 이름하고 있다는 사실마저 이야기할 수 있게 됩니다. 개념은 개념적인 실재를 낳기 때문입니다. 그리고 종교인이란 그러한 개념적 실재의 범주 안에서 주체적인 자의식을 가지는 인간이란 사실도 확인할 수 있습니다. 결국 우리가 사용하는 religion을 낳은 서양에서는 '종교란 그리스도교'이고, '종교인이란 그리스도교 교인'이었습니다. 서양에서의 종교는 이렇게 인식의 지평에서 자리 잡았습니다. 이러한 종교개념이 '다른 종교'라고 부를 법한 경험들을 기술하고 설명하고 판단하였으며, 자신의 이러한 종교개념을 널리 확산하였습니다. 그리고 우리는 그 확산의 '수혜자'로 종교라는 개념을 수용하였습니다.

이러한 서양의 종교개념은 이슬람과의 만남을 겪으면서도 전혀 달라지지 않았습니다. 그러한 만남은 자신을 더 강화하는 계기가 되었습니다. 그리고 그것이 어떤 모습으로 전개되었는지 우리는 누구나 압니다. 그러나 이른바 '동양'과의 만남은 종교개념의 한계를 드러나게 했습니다. 자신들의 경험과 전혀 이질적이라는 서술이 불가능할 정도로 구조적 유사성을 지닌 '종교라고 부를 만한 문화'와의 접촉은, 종교개념의 '역사–문화적 의존성' 때문에 불가피하게 지닐 수밖에 없는 한계를 뚜렷하게 보여주는 '사건'이었습니다. 마침내 18세기에 이르면서 그들은 '세계'라는 서술범주를 '종교'에 첨가하며 '세계종교'를 이야기하기 시작했습니다.

이는 지속해온 문화적 전승의 매우 심각한 '굴절'입니다. 종교개념의 배타적 유일성의 논거가 흔들리는 경험이기 때문입니다. '종교＝그리스도교'라든지 '종교인＝그리스도교 교인'이라든지 하는 것이 더 이상 타당성을 지니지 못하게 되었습니다. 그러한 개념과 그 개념이 초래하는 실재의 주체들이 하나일 수만은 없다는 사실이 일상화되었습니다. '세계종교'라는 개념의 출현은 사람들에게 '종교＝불교'라든지 '종교인＝불교도'라는 인식조차 규범적인 것으로 강요하였습니다. 마침내 '종교＝그리스도교＝불교' 등의 '종교들의 병치'가 현실화되었습니다.

이러한 현실을 거치면서 종교라는 개념의 역사적 전개는 바야흐로 '종교의 시대'의 퇴거와 '종교들의 시대'의 등장을 맞이하게 하고 있습니다. 이제는 수많은 종교와 그렇게 많은 다양한 종교인의 현존을 간과할 수 없게 되었습니다. 이러한 '사건'은 기존의 종교개념이 경험의 현장에서 전혀 현실성이 없는 부적합한 것일 수도 있다는 사실에 대한 성찰을 강요했습니다. 그 개념을 포기하고 인류의 경험적 실재를 되살펴 종교라고 불릴 만한 현상을 다른 언어로 재서술하든지, 아니면 그 종교라는 개념 안에 스스로 자신을 담아 유지하던 자기의 정체성을 파기하든지 해야 하는 '위기'에 직면하게 된 것입니다.

그런데 '세계종교'의 등장은 어느 때보다 기존의 종교개념의 확산을 충동하였습니다. '그름'의 현존에 대한 안타까움의 표출이라고 해도 좋을 만큼 그러한 확산 충동은 '순수'했습니다. 그런데 이와 동시에 종교개념의 적합성에 대한 성찰도 '세계종교'의 등장과 때를 같이 했습니다. 종교개념의 자기성찰은 종교개념의 확산과 함께 이루어진 것입니다. 이는 매우 역설적입니다. 동일한 개념의 승인과 부정이 구조적으로 하나를 이루어 사물을 인식하는 장에서 펼쳐졌기 때문입니다. 이러한 역설을 넘어서고자 하는 '새로운' 태도가 등장한 것은 자연스러운 일입니다. '종교들의 등장'은 잘못된 것이고 '종교의 퇴거'는 불가능하다는 판단에서 비롯한 반응이 그것입니다. 이러한 태도는 종교라는 개념이 비록 경험을 추상화한 이름이라 할지라도 그것은 이미 '개념적 실재'로서의 실재성을 가진다는 사실을 주장합니다. 따라서 개념 자체가 실재입니다. 그것은 사물의 현존에 대한 불변하는 인식의 내용을 담습니다. 개념은 더 이상 역사나 문화 의존적인 현상이 아닙니다. 따라서 구축된 개념을 규범적인 것으로 전제하는 일은 불가피합니다. 종교는 특정 종교 하나뿐입니다. 다른 종교는 종교일 수 없는데 종교라고 잘못 범주화된 것이라고 판단합니다. 그러므로 종교라는 개념 자체에 대한 성찰이 아니라 그 개념의 실제 사용에서의 적절성이 그 성찰의 내용이 되어야 합니다. 그러므로 그릇된 종교인들 간의 갈등과 충돌은 당연한 귀결입니다. 그것은 진리의 수호 여부를 결정하는 일에서 비롯한 것이고 마땅히 '종교'의 자리에서 이겨야 하는 싸움입니다.

개념으로서의 종교는 이러한 사태에 이르렀습니다. 그것은 어쩌면 '미아(迷兒)가 된 언어'인지도 모릅니다. '종교'는 이미 누구에게나 공유될 수 있는, 그래서 소통을 가능하게 해주는, 개념어이기를 더 주장할 수 없게 되었습니다. 그것은 오히려 단절과 분리와 갈등과 쟁투의 징표이거나 그것의 규범적 정당성을 마련하는 지렛목이 되어 있을 뿐입니다. 종교라는 개념의 범주 안에는 이미 '종교'가 없습니다. 예를 들면 그리스도교만 있습니다. 개개 종교들을 이렇게 말할 수 있습니다. '종교들'을 담지 못하는 '종교'라면 그것은 그릇으로서의 역할을 더 이상 지속할 수 없습니다. '인간'도 없습니다. 예를 들면 그곳에는 그리스도교도가 있을 뿐입니다. 불교도가 있고, 이슬람교도가 있고, 유교도가 있을 뿐입니다. 그리고 그러한 종교 범주에 들지 않는 '종교라고 기술할 법한 현상'이나 그저 '인간'에 대해서는 아예 종교개념의 적용조차 불가능합니다.

종교개념의 확산과 종교개념의 성찰이라는 역설 속에서 전개되는 새로운 태도는 실은 그 역설에서 벗어날 수 있는 출구의 모색이기보다 '역설의 비판적 수용'이라는 논리를 따라 결과적으로 종교개념을 강화하는 신념을 고무하는 데 이르렀습니다. 마침내 종교개념은 경험적 실재로부터 추상화된 개념적 실재를 운위하면서 스스로 자신의 '개념이라는 궁전' 안에서 시간도 공간도 인간도 배제하는 '동화의 나라'를 운영하고 있습니다. 그 안에서 이루어지는 모든 진술은 '현실적'이지만 어떤 현실성도 '실제적'이지 않습니다. 궁전의 에토스는 언제나 환상입니다. 우리는 이러한 문화적 파장(波長)의 주변에서 우리의 '경험'을 종교라는 개념에 담고 있습니다. 종교개념의 역사는 이렇게 흘러왔습니다.

새로운 언어

우리는 마침내 종교라는 개념의 타당성을 근원적으로 되묻는 과제에 직면하고 있다.
그것은 당연히 새로운 언어를 요청하는 작업이다. 그것은 사물을 어떻게 범주화할 것인가
하는 서술범주의 재편성 작업과 무관하지 않다.

그런데 위에서 살펴보았듯이 개념적 진술은 살아 있는 물음을 차단합니다. 어떤 경험주체가 이미 주어진 개념으로는 담을 수 없는 것을 자연스럽게 발언하고자 해도 '그것은 그렇게 물을 수 있는 것이 아니'라는 판단에 직면합니다. 경험이 아니라 개념이 준거가 되는 한, 개념적 실재의 범주 안에 들지 않는 것은 경험내용이 아무리 절실해도 '물음도 대답도' 될 수 없는 것이 되고 맙니다. 개념적 실재만이 참으로 '있는 것'이라는 전제가 설정되어 있기 때문입니다. 그러나 경험주체는 이를 견디지 못합니다.

이 계기에서 우리는 경험의 직접적인 발언이 개념을 '뚫고' 솟아나는 현상에 주목하게 됩니다. 비록 선점된 종교개념에 의하여 세뇌된 의식에

서 말미암은 것이라 할지라도 '유교는 종교인가, 아닌가' 하는 물음은 종교의 퇴거와 종교들의 등장이라는 계기에서 불가피한 물음임에 틀림 없습니다. 왜냐하면 그것은 종교라는 개념이 자신의 경험을 충분히 담지 못한다는 사실에 대한 의아함의 진술이기 때문입니다. 아득히 먼 옛날 사람들이 자연재해에 대한 두려움 때문에 취했던 '두드러진 행위'에서 종교가 비롯했다는 '진화론적 설명'에 대한 의문도 다르지 않습니다. 재해에 대한 공포가 아니고도 그들이 저어했던 다른 삶의 현실은 왜 그러한 개념에 들 수 없느냐고 항변하는 물음이기 때문입니다. 즉 '그들도 사랑과 미움, 부족함과 넘침, 유한과 무한 등이 빚는 문제에 직면하면서 그로부터 벗어나고 싶어하지 않았을까' 하는 물음이 그것입니다. 절대라든지 초월이라든지 신성(神聖)이라든지 영원이라든지 하는 것들로 묘사되는 신의 존재에 대하여 '신도(信徒)가 없으면 신(神)도 사라지는 것이 신의 운명이지 않는가'라고 묻는 물음도 다르지 않습니다. 개념적 서술은 그러한 물음이 아예 불가능한 것이라는 전제에서 논의를 전개합니다. 신은 절대이고 초월이고 신성이기 때문에 시간이나 공간 안의 존재일 수 없다는 서술의 논리를 지탱하는 것으로 자신의 소임을 다합니다.

'인간이 없다면 신도 없다'는 것은 개념의 논리가 진술하는 것이 아니라 경험주체가 고백하는 '사실'입니다. 그런데 개념은 '신이 없다면 인간은 없다'고 말합니다. 경험을 추상화한 개념이라는 자리에서 보면 그러한 진술은 옳습니다. 하지만 경험은 추상화된 개념에 자기를 양여한 채 사라지지 않습니다. 경험은 개념에 유폐되지 않습니다. 그것은 살아 움직입니다. 개념이 경험을 빚는 것도 사실입니다. 하지만 개념을 낳는 것은 근원적으로 경험입니다. 그러므로 만약 개념이 경험주체의 발언을 차단한다면 그것은 개념의 존재근거를 간과하거나 배제하는 자가당착일 뿐입니다. 현실적으로 그것은 인간으로 하여금 부정직하기를 강요하는 것과 다르지 않습니다.

경험의 진술을 '더 이상 발언되지 않아야 할 것'으로 여기는 '개념'이 그러한 자의식을 가지게 된 것은 스스로가 '역사-문화 의존적'이라는 사실을 간과했기 때문입니다. 다시 말하면, 비록 추상화를 통하여 그러한 맥락을 벗어나 보편적이고 소통 가능한 언어의 출현을 의도한 것이라 할지라도, '특정한 경험의 표상'을 보편적인 전거가 되는 이미지로 선택하여 그것을 진리라는 실체로 여겼기 때문입니다. '종교'만이 아니라 '종교들'의 현존을 인식하는 자리에서도 개념은 이러한 근원적인 모습을 달리하지 않습니다. 수많은 종교들은 제각기 '전통적인 개념'에 상응하는 것으로 자기를 현존하게 합니다. 종교인들도 다르지 않습니다. 이미 앞에서 언급했듯이 종교인은 '종교인의 세계' 안에 있습니다. 그것이 비약이든 초월이든 신성이든 상관없습니다. 그 개념이 빚은 범주 안에서, 곧 종교인인 한에서 그들은 비로소 인간입니다.

그러므로 앞에서 예시한 몇 가지 물음은 실은 불가피한 필연입니다. 우리는 '물음을 되물어야 하는' 계기를 거치고 있는 것입니다. '종교'라는 개념에 의하여 서술되는 '어떤 경험내용'이 우리가 겪은 '종교라고 함 직한 어떤 것'을 온전하게 결여하고 있는 것은 아닙니다. 하지만 그것이 특정한 경험을 준거로 한 규범적인 것으로서, 모든 역사-문화와 인류에게 무조건적으로 보편타당한 것으로 과해지는 것은 현실 적합성을 가지지 않습니다. '종교'라는 개념을 낳은 문화권 안에서도 당연히 그럴 뿐만 아니라 그 주변에서 어쩔 수 없이 그 개념을 통하여 우리의 경험을 기술하고 인식하고 판단해야 했던 우리의 자리에서 보면 더욱 그러합니다. 그리하여 오늘 우리는 마침내 선점된 또는 기존의 개념, 곧 종교라는 개념의 타당성을 근원적으로 되묻는 과제에 직면하고 있습니다. 그것은 당연히 새로운 언어를 요청하는 작업입니다. 그리고 당연히 그것은 사물을 어떻게 범주화할 것인가 하는 서술범주의 재편성 작업과 무관하지 않습니다. 아니, 그것을 우선해야 하는 일입니다.

상상 : 현대의 이성

상상은 마침내 현대의 이성이다. 상상이 낳는 환상은 병리적 현상이 아니라 오늘 우리의 삶을 채색하는 철철 넘치는 호흡이다.

우리는 이 계기에서 종교와 관련하여 일고 있는 인간에 대한 두 가지 흥미로운 서술들을 예로 들 수 있습니다. 하나는 '직립원인(直立猿人)'에 관한 것이고, 또 다른 하나는 '상징을 살아가는 인간'에 관한 것입니다.

몸과 마음을 아우르면서 인간의 인간다움을 기술하는 자리에서 직립원인은 많은 '고려해야 할 자료들'을 제공합니다. 무엇보다도 그는 '서서 움직이는 존재'라는 사실 때문에 동물의 범주에서 쉽게 벗어납니다. '인간도 동물'이라는 분류개념의 타당성에도 불구하고 동물의 차원에서는 상상할 수도 없는 잠재적 가능성과 기능적 현실성을 아울러 지닌 존재로 그는 묘사됩니다. 그러한 의미에서 이미 그는 충분히 '인간'입니다. 뿐만 아니라 그는 시간적으로 원초적입니다. 그러므로 그는 '처음 인간'이라고 해도 좋습니다. 그리고 처음은 지금을 설명할 수 있는 매우 중요한 단서가 됩니다. 따라서 그가 인간을 설명할 수 있는 단서를 제공할 수 있다고 판단할 수 있습니다. 당연하게 우리는 그의 '의식(意識)'에 주목합니다. 그리고 그의 움직임에 주목합니다. 그는 '여기저기'로 돌아다닙니다. 쉼이 없지 않습니다. 그런데 대체로 그 쉼 자리는 '돌아와 머무는 자리'로 묘사됩니다. 이러한 그의 모습에 대한 '관찰'은 그가 지녔을 의식을 '방향감각'으로 다듬습니다. 앞과 뒤, 오른편과 왼편, 위와 아래가 그것입니다. 그리고 그러한 방향을 판단하는 자리, 곧 중심도 이에 포함해야 합니다. 이는 어쩌면 인간의 공간지각을 지칭하는 것인지도 모릅니다.

이러한 그의 삶의 맥락에서 볼 때, 그가 직면하는 문제는 소박하게 말해서 '방향의 상실'입니다. 그리고 그것은 다시 말하면 '떠난 자리로 되돌아오지 못함'입니다. 방향을 잃었다는 것은 본래의 자리, 곧 '중심의 상실'과 다르지 않습니다. 그러므로 그의 문제에 대한 해답은 '방향 되찾기'이고, 그것이 이루는 마지막 성취는 '중심의 회복'입니다. 물론 이러한 '문제와 해답의 구조'가 반드시 '회귀적'인 것만은 아닙니다. '중심의 발견'이나 '중심 만들기'라고 하는 적극적인 태도도 당연히 포함됩니다.

인류의 문화는 언제 어디서나 중심에 관한 '집착'을 드러내고 있습니다. 어떤 공간도 균질적이지 않다고 하는 사실이 이를 실증합니다. 일상적이지 않은 '다른 자리'가 있습니다. 집이 그러하고, 고향이 그러하며, 조국이 또한 그러합니다. 안방이 그러하고, 친구와 만났던 나무 그늘이 그러합니다. 심지어 '지금은 없지만 그때 거기에 있던' 공원의 벤치도 그러합니다. 깃발이 꽂힌 자리, 드높은 산봉우리, 강의 멈추지 않는 흐름의 여울도 그러합니다. 그 '다름'은 곧 '중심'으로 서술됩니다. 그리고 그 중심은 방황과 혼동과 부유(浮遊)를 멈추게 합니다. 되돌아와 멈추어선 중심에서 비로소 이제까지 지니지 못한 '의미'를 확보합니다. 삶이 이전과는 달라집니다. 존재가 의미를 지니기 때문입니다. 존재의미의 확인이라고 할 수도 있을 것인데 삶의 행태라는 관점에서 보면 그것은 삶의 주체가 겪는 '존재양태의 변화'라고 할 수 있습니다. 그것은 '물음의 해소'와 '해답의 누림'을 실현합니다. 그러므로 그것은 우리가 익숙하게 개념화해서 기술했던 '종교'와 다르지 않습니다. 그렇다면 종교는 중심을 사는 일입니다.

그런데 기하학적으로 서술한다면 하나의 면에서 중심은 하나입니다.

그러나 삶의 현실 속에서는 누구나 자신의 중심을 가집니다. 호모 에렉투스의 의식은 그렇게 중심에 대한 인식을 내용으로 하여 이루어지고 있습니다. '내 자리에 우뚝 서 있음'이 실존의 맥락에서는 '나는 내 중심을 확보하고 아무런 문제없이 있음'을 뜻합니다. 누구나 각기 그러합니다. 그러므로 엄밀하게 말한다면 인간의 삶의 현실 속에서는 '하나의 중심'이란 처음부터 비현실적일 뿐만 아니라 아예 불가능합니다. 일정한 공동체와 일정한 시기를 수렴하는 중심이 없지는 않습니다. 그러한 문화-역사적 중심이 개개 인간의 중심 형성에서 전제된 조건으로 기능할 수도 있습니다. 그러나 이 둘을 선택을 통해 취사한다든지, 우선순위를 결정하여 정리한다든지, 상호적인 작용이라고 서술한다든지 하는 것은 경험주체를 만족시킬 수 없습니다. 왜냐하면 우리의 경험이 드러내는 것은 이러한 모든 묘사가 다 포함된 실은 그 둘의 '중첩된 현존'이기 때문입니다. 중요한 것은 '중심의 현존'이고, 더 나아가 '중심의 산재(散在) 현상'입니다.

그런데 중심이 공간적이기만 한 것은 아닙니다. 우리는 시간의 범주 안에서도 중심의 현존과 중심의 산재 현상을 만납니다. 우리는 시간을 흐름으로 인식합니다. 적어도 물리적으로 설명하는 맥락에서 그러합니다. '정지하지 않음'이라든지, '단절되지 않음'이라든지, '역류불가능성(逆流不可能性)'이라든지 하는 것은 시간의 속성에 대한 정확한 기술입니다. 그러나 시간의 경험내용은 그렇지 않습니다. 우리는 시간을 주기(週期)로 서술합니다. 그것은 시간의 처음과 끝을 설정하는 일과 다르지 않습니다. 우리는 과거를 현재화할 수 있습니다. 의식의 자리에서 그러합니다. 마찬가지로 우리는 미래도 현재화할 수 있습니다. 시간의 흐름은 결코 일방적이지 않습니다. 그것은 어떤 방향으로든 역류가 가능합니다. 실상 현재는 시간이 아닙니다. 그것은 과거와 미래가 공존하는 공간입니다. 이렇게 시간을 서술하면 시간 안에 머물 중심을 찾는 것은 쉬운 일입니다. 처음이 그럴 수도 있고, 끝이 그럴 수도 있습니다. 역류의 계기가 중심이기도 하고, 단절이 감행되는 계기가 중심이기도 합니다. 우리는 이러한 중심이 사람 따라, 문화 따라 다양하게 현존하고 있다는 사실도 확인할 수 있습니다. 우리는 그러한 시간을 찾고, 확인하고, 또 만듭니다. 그 모든 시간은 그 시간경험 주체에게 중심입니다. 그곳으로부터 온갖 의미가 분출하고, 모든 현실은 그곳으로 회귀하면서 의미를 지니게 됩니다. 모든 시간의 마디들은 언제나 누구에 의해서나 중심이 될 수 있습니다. 사람들은 그리고 일정한 공동체는 제각기 스스로 중심이라고 주장하는 시간의 마디들을 따라 자신의 존재양태를 의미 있는 것으로 바꿉니다. 모든 문화는, 그래서 개인과 공동체는, '그때'를 지닙니다. 그리고 '그때'는 흐르지 않습니다. '그곳'에서 축적됩니다. 그리고 '그곳'은 '그 시간'을 안고 표류를 멈춥니다. 중심은 우리에게 그렇게 있습니다.

　오늘의 삶의 모습은 '중심을 살아가는 것이 해답의 모색'이라는 사실을 분명히 확인할 수 있도록 합니다. 이른바 '관광산업'은 중심에의 회귀를 위한, 그리고 동시에 무수한 중심을 만들기 위한, 떠남을 '생산'하는 일입니다. '날(紀念日) 만들기 산업'도 다르지 않습니다. 그것은 세월의 마디마디에 '중심점 찍기'입니다. 우리 경험은 종교를 이렇게 발언하고 있습니다. 그것은 기존의 개념적 실재가 감당하지 못하는 '다른' 양상입니다. '종교'는 이 경험을 이러한 투로 서술하지 못합니다. 겨우 할 수 있다면 그것을 특정한 종교에 기대어 그렇게 할 수 있을 뿐입니다. 그리고 이렇게 드러나는 경험적 실재의 발언을 우리는, '종교'를 포기하지 않는 한, '종교적'인 것이라고 기술할 수밖에 없습니다.

　인간에 대한 경험의 발언으로 지적한 두 번째 주제, 곧 '상징을 살아가는 인간'에 대해서도 앞에서와 같은 논의를 할 수 있습니다.

우리는 '사실'을 인식합니다. 인식된 사실은 구체적인 사물로 우리에게 있게 됩니다. 우리는 그것을 '~이다'라고 단언합니다. 그런데 그렇게 이루어진 실재를 우리는 간과할 수 없습니다. 그것이 내 삶 안에서 나에게 스스로 '있음의 무게'를 실감하게 할 만한 비중으로 자리를 잡게 되기 때문입니다. '알게 되어' 마침내 '지울 수 없는 지속'으로 묘사할 수 있는 그 사물을 우리는 '의미 있는 것'이라고 말합니다. 따라서 사물에 대한 앎은 그 사물을 내 삶 안에 있는 '의미의 실재'이게 한다고 말할 수 있습니다. 다시 말하면 인식된 객체는 의미의 실체로 내게 지녀집니다. 그러나 이른바 '인식'에 대한 이러한 설명은 지나치게 소박합니다. 소박한 실재론이 우리에게 온전한 인식이라면 그렇게 말해도 충분합니다. 그러나 이것은 인식에 대한 '개념의 발언'일 수는 있어도 실제 '경험의 발언'은 아닙니다.

개념이 아닌 경험은 비록 '알지 못해도' 우리가 만나는 온갖 사물은 의미를 지닌다고 주장합니다. 다만 앎은 의미를 좀더 정형화할 뿐입니다. 모름은 모름대로 그 의미를 지닙니다. 모름도 '지울 수 없는 지속'으로, 그리고 '그 모름이 있다는 것의 무게를 실감할 수 있는 그러한 비중으로' 우리에게 있습니다. 그러고 보면 우리의 서술방식이 처음부터 그른 것이었는지도 모릅니다. 알면 그것이 의미의 실체가 된다는 것은 관심의 환기를 위한 서술일 뿐, 진정으로 발언해야 하는 것은 '모든 존재는 존재한다는 사실 때문에 의미의 실체'라는 사실이어야 했습니다.

이러한 사실은 이를테면 모든 존재가 결코 '홑겹'으로 이루어진 것이 아님을 보여줍니다. 존재하는 모든 것은 한결같이 '겹겹'으로 이루어져 있습니다. 다시 말하면 하나의 사물에 대하여 우리는 수많은 '~이다'를 발언할 수 있습니다. 한 그루의 나무를 우리는 나무라고 지칭합니다. 우리는 나무라는 지칭이 이미 그 나무에 대한 충분한 앎을 이루었기 때문에 비로소 가능하다는 것을 압니다. 그런데 나무는 그저 나무이지 않습니다. 개념의 세계를 벗어나면 그것은 엉뚱하게도 '그리움'이기도 하고, '성장'이기도 하며, '운명'이기도 하고, '상승'이기도 합니다. 그것은 사람 따라 다르게 선택되는 것이기도 하고, 동시에 그 모든 것을 함축한 것으로 지녀지게도 되고, 역사-문화적인 조건에 따라 다르게 첨삭되기도 합니다. 나무는 나무가 아닙니다. 그런데 나무입니다. 나무는 홑겹이 아니라 겹겹으로 이루어져 있습니다. 나무가 '의미의 실체'이기 때문입니다.

따라서 사물에 대한 인식은 언제나 온전한 것일 수 없는 한계를 지닙니다. 아직 미지의, 또는 무지의 영역이 충분히 인식의 지평에서 사라지지 않아서 그렇다고 주장하는 것이 아닙니다. 직접적인 인식 자체만으로는 그 객체에 대한 설명을 전혀 완결할 수 없다는 사실을 지적하고 싶은 것입니다. 사물은 그것이 의미의 실체로 경험될 때 비로소 '있는 것'에 됩니다. 그런데 거듭 말하지만 의미는 하나만이 아닙니다. 모든 실재는 수많은 의미를 향해 스스로 자신을 열어놓고 있는 존재입니다. 우리는 이를 모든 존재는 다의적(多義的)이라고 할 수도 있고, 다가적(多價的)이라고 할 수도 있습니다. 우리의 경험은 이를 발언합니다.

만약 우리가 이를 다시 '모든 것은 해석 가능한 존재'라고 규정한다면, 우리는 더 쉽게 사물을 경험하는 우리의 삶 자체를 묘사할 수 있을 뿐만 아니라 실제로 그렇게 '쉽게' 살아갈 수 있습니다. 우리는 '의미로 가득한 세계' 안에 있습니다. 무의미한 것은 하나도 없습니다. 무의미하다고 판단하는 의식과 의미를 배제한 홑겹의 사물만을 실재로 여기는 개념이 운위되고 있을 뿐입니다. 그런데 인간은 의미를 발견할 뿐만 아니라 스스로 사물의 경험주체이기 때문에 만나는 사물들에다 의미를 부여하기도 합니다. 더 적극적으로 말한다면 의미는 사물로부터 수용하는 것이 아니라 사물에다 내가 부여하여 마침내 그 사물로 하여금 내게 실재하도록 하는 것이라고 말할 수 있습니다. 이렇듯 삶이 의미를 낳아 비로소 현존하는 사물과 더불어 우리는 살아갑니다. '있는', 그리고 '있다고 여겨지는' 모든 것이 실재가 되는 세계를 스스로 구축하는 것입니다.

따라서 삶의 곤혹스러움이 '의미없음'이라고 하는 것을 실증적으로 서술하려는 것은 그야말로 '의미없는' 도로(徒勞)입니다. 비록 그렇게 언표하지는 않는다 하더라도, 내 삶의 현실 속에서 누가 이를 개념적으로 설명해주지 않아도, 우리는 그렇다고 하는 것을 절실하게 겪습니다. 그런데 실은 그러한 계기에서 우리는 이미 삶의 의미없음을 묻고 있습니다. 그리고 '물음은 자체 안에 해답을 잉태하고 있다'는 주장을 전제하지 않더라도 그 물음이 얼마나 절실하게 해답을 추구하고 있는지도 우리는 익히 경험하고 있습니다. 그런데 존재하는 모든 것은, 존재한다고 믿어지는 모든 것은 나를 향해 자신을 열어놓고 있습니다. 어떤 의미를 부여하더라도 그렇게 부여된 의미의 실체가 곧 자기라고 하는 자세로 내게 있는 것입니다. 그렇다면 삶의 무의미라는 문제와 직면하면서도 우리는 의외로 자유롭습니다. 의미는 내가 산출해야 하는 것이기 때문입니다.

그런데 '의미를 내가 스스로 낳을 수 있다'는 것은 내가 내 존재양태를 바꾸어놓을 수 있는 주체라는 사실을 승인하는 것과 다르지 않습니다. 따라서 해답은 내게 있습니다. 나는 내 삶의 무한한 책임주체입니다. 더불어 사는 삶은 그러한 주체들의 유기적 공존입니다. 문화는 그러한 주체의식이 빚는 총체적으로 구체화된 삶의 총칭입니다. 사실 우리는 문제의 더미 속에 있습니다. 그러나 어떤 문제라도 그것이 '해석 가능한 것'이라고 전제된다면 우리는 그 문제를 의미의 실체이게 할 수 있습니다. 그런데 의미의 실체가 된 사물, 그것이 곧 상징입니다. 그래서 모든 것을 '읽어 뜻을 헤아려 사는 삶'이 다름 아닌 상징을 살아가는 삶입니다. 그러므로 직면하는 사물을 상징으로 여기는 한, 우리는 누구나 자신의 해답을 가지는 존재가 됩니다. 그런데 이는 누구나 자신의 종교를 지닌다는 말의 다른 표현이기도 합니다. 상징을 살아가는 주체인 한, 그것을 분명히 의식하는 한, 신(神)은 누구나의 소산입니다. 아예 이렇게 진술하는 것이 옳을 듯합니다. 그렇다면 '종교'라고 지칭한 현상이 특정한 '모습'의 문화에 한정된다는 주장도 그 빛이 퇴색할 수밖에 없습니다. 경계의 소멸이 분명한 현실이 되고 있기 때문입니다. 문화담론 편제에서 종교는 모든 다른 서술범주와 중첩됩니다. 정치도 종교이고, 경제도, 과학도, 예술도, 군사조차 종교입니다. 각기 그 속에서 신은 탄생할 수 있고, 또 그렇게 탄생하고 있습니다. 만약 그러한 서술이 비현실적이라면 그 모든 것이 '종교적'이라고 언표해도 좋습니다.

불행히도, 그런데 이렇게 '불행하다'고 하는 표현의 적합성은 또 다른 문제이지만, 우리는 개념적 실재가 낳는 '기호의 세계'에 익숙해져 있습니다. 그곳에서는 하나의 사물은 하나의 의미로 절대화되어 있습니다. 다양한 의미는 개념적 혼효를 빚습니다. 그것은 마땅히 저어해야 할 '위험'입니다. 해석의 자유는 질서 없음의 극치입니다. 그것은 의미를 낳는 것이 아니라 실은 의미의 실종을 뜻합니다. 그것은 그대로 혼돈입니다. 그 '어두움'에 빛을 드리우는 것이 하나의 의미, 곧 절대적인 진리입니다. 해답은 그렇게 확보됩니다. 인간은 전제된 규범에 의하여 조형되어야만 하는 존재일 수밖에 없습니다. 우리는 이러한 논의에 익숙합니다. 진리는 이 모든 상황을 아우르는 마지막 언어입니다. 진리를 주장하고 선언하고 과하는 자리에서는 어떤 다른 말이나 몸짓도 더 이어질 것이 없습니다. 개념의 실재가 낳는 세계의 모습이 이러합니다. 하나의 표지(標識)만이 신호등처럼 현존하기 때문입니다.

하지만 우리의 경험은 그러한 관성을 벗어나려는 몸부림을 합니다.

'경험은 하는데 경험하게 한 실체는 없다'는 발언을 해야 하는 것은 우리 모두 아는 오늘의 삶의 현실입니다. 사이버 공간은 그러한 경험을 담습니다. 언어조차 스스로 개념적 명료성과 논리적 일관성을 견디지 못합니다. 그것이 소통을 위해 가장 '효율적인 것'일 수 없다는 체험적 판단은 '단절된 이미지의 점철'이 훨씬 소통을 위해 '유익'하다는 것을 압니다. 넓은 의미의 '영상문화'는 해답의 자유로운 생산을 위한 수로(水路)로 현존합니다. 상상은 마침내 '현대의 이성'입니다. 환상은 병리적 현상이 아니라 오늘 우리의 삶을 채색하는 철철 넘치는 '호흡'입니다. 그런데 이 모든 것이 실은 '종교'의 맥락에서는 종교가 전유(專有)하는, 그리고 특정한 종교만이 지니는, 종교였습니다. 그러나 경험이 발언하는 상징의 세계에서는, 다른 언어의 출현을 기다리기까지 이 현상을 여전히 '종교'라고 할 수밖에 없는 한, '종교적'인 현상이라는 서술이 불가피합니다.

경험의 발언들은 언제나 개념적 실재의 '횡포'에 간헐적인 저항을 의도합니다. 그렇다고 해서 개념적 실재를 부정하거나 온전하게 거절하는 것은 아닙니다. 경험이 추상화되어 언어로 정착하고, 그것이 다시 경험적 실재에 규범적으로 접근하는 것이 또 다른 경험적 실재라는 사실을 모르지 않습니다. 그러나 때로 그 횡포가 그를 낳은 원천을 '봉쇄'하는 데 이르렀다는 판단이 자연스러운 생명현상처럼 표출됩니다. 그러한 계기에서 오늘의 종교문화의 정황을, 경험적 실재의 발언을 담고 있다고 판단될 수 있을, 호모 에렉투스와 호모 심볼리쿠스를 통해 살펴보았습니다. 서술 준거를 바꾸어보고, 그렇게 해서 얻어지는 새로운 범주의 설정이 어떻게 이루어지는지 살펴보고 싶었기 때문입니다. 그리고 잠정적으로 우리가 얻는 결론은 분명합니다. 종교나 종교들의 개념으로 이루어지는 오늘 우리의 종교문화의 현실인식은 과연 적합성을 승인받을 수 있을 것인가 하는 물음이 진정한 물음일 수 있다는 것을 확인한 일입니다.

'종교인'은 없다

이 논의가 할 수 있는 마지막 말은 '우리가 종교인이기를 그만두면
비로소 우리는 인간일 수 있는데 이를 굳이 언표한다면 우리는 그때 비로소
종교적인 인간이 된다'고 하는 진술이다.

우리의 커다란 주제는 종교문화를 이해하는 일입니다. 그러므로 이 주제로 종교와 관련된 인간을 조명하는 일이 우리의 과제이기도 합니다. 그리고 이를 위해 앞에서 우리는 '너무 경화된 개념적 실재의 세계 속에 갇힌 채 경험적 실재의 노출이 부정직하게 간과되었던 현실'을 전제하였습니다. 그렇다면 이 주제에 관한 논의는 이미 다 끝난 것인지도 모릅니다. 우리는 종교를 '문제와 해답으로 구조화된 문화'라고 전제했습니다. 그런데 그 문화가 특정한 종교에 의하여 전유되고 있었다는 사실도 지적했습니다. '종교'가 퇴거하고 '종교들'이 등장하면서도 사정은 다르지 않다고 판단했습니다. 개개 종교는 각기 스스로 종교를 전유하고 있다는 태도를 조금도 흐트러뜨리고 있지 않다는 사실도 지적하였고, 오히려 역설적으로 그러한 상황이 더 강화되고 있다고 진단하기조차 하였습니다. 이러한 사정은 오늘의 종교를 더 이상 '문제와 해답으로 구조화된 문화'라고 서술할 수 없게 합니다. 그러한 문화가 종교라면 우리는 '해답의 누림'을 증언할 수 있어야 합니다. 그런데 바로 그 '해답의 누림'이 문제가 되면서 종교문화는 감당할 수 없는 문제 자체가 되고 있습니다.

만약 우리가 개념적 인식이 아니라 경험적 진술을 의도한다면 종교는 21세기의 '새로운 문제'라는 사실을 발언할 수 있어야 합니다. 물론 우리는 종교라고 일컬어진 문화가 지녀왔고 지속하고 있는 '해답의 모습'을 확인할 수 있습니다. 절대라는 개념이 제시하는 판단준거, 신성이라는 개념이 주장하는 다른 실재, 그러한 것들을 발언하는 독특한 언어와

그것이 가진 신비스러운 함의, 존재양태를 변화시키는 예상하지 못한 힘의 분출, 온전한 것으로 기려지는 구체적이고 실천적인 규범적 덕목, 순수를 지향하는 공동체, 의미의 원천으로 기능하는 허다한 상징들……이 모든 것들은 아직 분명히 '살아' 인류의 '복지'를 위해 기여합니다. 우리는 그것을 조금도 부정할 수 없습니다. 사실이기 때문입니다.

그러나 우리가 직접 경험하는 생생한 현실은 이것으로 충분하게 묘사되지 않습니다. 21세기는 앞의 모든 묘사가 담고 있는 개념들을 빙자한 '살육이 자행되는 시대'로 그려지고 있습니다. 절대라는, 신성이라는, 신비스러운 언어의 함축이라는, 변화를 가능하게 하는 힘이라는, 온전한 덕목이라는, 순수라는, 의미의 원천이라는…… 등의 개념적 실체가 없었다면, 오늘 우리가 경험하고 있는 살육은 없었을지도 모릅니다. '기존의 종교'는 스스로 심각하게 얼마나 자신이 현실적합성이 없는 채 현존하고 있는지 하는 것을 묻는 데 정직하지 않았습니다. 자기의 언어가 얼마나 소통 불가능하게 경직되어 있는지, 자기가 스스로 의미의 원천이라고 일컫는 상징들이 얼마나 철저하게 기호화하여 단일한 의미만을 낳고 있는지, 사랑이나 자비라는 덕목이 얼마나 증오와 멸시를 정당화하는 이념으로 기능하고 있는지, 신성이나 신비라는 개념이 얼마나 편리한 환상을 흩뿌리고 있는지, 공동체의 에토스가 얼마나 배타적이고 독선적인지…… 등을 스스로 묻지 않습니다. 비록 묻는다 하더라도 자신의 언어와 자신의 전승과 자신의 에토스를 벗어나지 못하는 한, 자신에 대한 새로운 인식지평이 확장될 까닭이 없습니다. 이것은 동어반복입니다. 비록 성찰이라는 이름의 자기물음이 이루어진다 할지라도 그 동어반복의 논리 속에서는 본래적인 자기를 강화하는 기제(機制)밖에 다른 충동이 작동할 수가 없습니다. 그렇다면 오늘의 종교는 이제 그 한계에 이르렀습니다. 다시 말하면 '문제와 해답이 구조화된 문화'는 아닙니다. 다만 열려진 출구가 없는 문제 자체로만 있을 뿐입니다. 바야흐로 21세기의 문제는 '종교'입니다. 그리고 이어 말한다면 21세기의 문제는 '종교인'입니다. 개념적 실재로서의 종교가 경험적 실재의 발언을 수용하지 않는 한 그러합니다.

그럼에도 불구하고 여전히 전통적인 개념어를 사용한다면 인간은 종교가 요청되는 존재입니다. 비록 무엇이 문제이고 무엇이 해답인가 하는 데 대한 공감과 동의가 불가능하다 하더라도 '문제와 해답'의 구조는 인간의 삶에서 소거될 수 없습니다. 그렇다면 우리는 '종교의 지속'이 우리의 세기에서 어떻게 이루어지고 있는지 탐색할 필요가 있습니다. 그리고 우리는 그 지속을 의도할 수도 있어야 합니다. 그런데 탐색이든 의도든 이를 위해서는 우선 기존의 언어를 폐기하지 않으면 안 됩니다. 그리고 지금 여기에서 우리가 의식하는 문제와 우리가 추구하는 해답을 담는 새로운 언어를 찾든가 만들어야 합니다. 그것은 문화담론 편제의 재구성을 뜻하는 것이고, 다시 그러한 의도는 인식을 위한 범주의 재설정을 뜻하는 데 이릅니다. 더 현실적으로는 개념의 역사성에 대한 인식을 기반으로 해야 하는 작업이고, 경험주체들의 발언에 대한 승인을 전제하는 작업입니다.

앞에서 예거한 호모 에렉투스나 호모 심볼리쿠스는, 어쩌면 종교적인 언어를 배제하고도 여전히 지속하는 종교문화의 서술을 위해 '현대적 적합성'을 지닌 것으로 여겨질 수 있는 예시이기도 했습니다. 소박하게 그것을 '내 자리 만들기'나 '뜻 만들기'라고 한다면 우리는 갑작스럽게 확장되는 종교문화의 지평을 확인하게 됩니다. 이를 '존재의미의 확보'라고 한다면 종교는 편재하는 문화 자체라고 할 수도 있습니다. 언제 어디서나 무엇이나 종교입니다.

이러한 주장이 낳을 많은 문제를 예상하는 것은 조금도 어렵지 않습니다. 그것을 이 자리에서 나열할 생각은 없습니다. 하지만 방금 서술한 자리에서 다시 종교문화의 오늘의 모습을 말한다면 21세기는 '종교인 것도 없고 종교 아닌 것도 없는 시대'입니다. 그리고 이 선언이 함축하는 가장 중요한 것은 다른 것이 아닙니다. '종교인은 없다'는 것이 그것입니다. 더 나아가 '종교인이 있다면 그는 인간이 아니라 다만 종교인이다'라는 것이고 '종교인은 없어야 한다'는 것이기도 합니다. 하지만 여전히 종교라는 개념어의 사용이 불가피하다면 그러한 선언이 함축하는 것은 다시 다음과 같은 것이기도 합니다. '인간은 종교적인 인간이다'라는 것이 그것입니다. 그것은 다시 더 나아가 '종교적인 인간만이 인간이다'라는 것이기도 하고, '인간은 종교적인 인간이어야 한다'는 것이기도 합니다.

더 직접적으로 말하면 개개 종교를 기반으로 한 어떤 종교 논의도 이제는 그 한계가 분명합니다. 종교도 역사가 기술되는 문화현상입니다. 21세기를 살아가는 우리가 종교와 관련하여 인간을 되생각하는 계기에서 우리가 할 일은 '물음과 해답의 구조'를 지금 여기에서 어떻게 살아야 하나 하는 새로운 인간상의 탐색이지 기존의 종교들이 제시하는 인간상을 적합성을 찾아 되다듬거나 되꾸미는 일은 아닐지도 모릅니다. 그러므로 이 논의가 할 수 있는 마지막 말은 '우리가 종교인이기를 그만두면 비로소 우리는 인간일 수 있는데 이를 굳이 언표한다면 우리는 그때 비로소 종교적인 인간이 된다'고 하는 진술입니다.

· 참고문헌 ·

경험

- 루돌프 오토, 《성스러움의 의미》, 길희성 옮김, 분도출판사, 1987.
- 미르치아 엘리아데, 《종교형태론》, 이은봉 옮김, 한길사, 1996.
- 반 델 레우, 《종교현상학 입문》, 손봉호 · 길희성 옮김, 분도출판사, 1995.
- 윌리엄 제임스, 《종교적 경험의 다양성》, 김재영 옮김, 한길사, 2000.
- 정진홍, 《경험과 기억 : 종교문화의 틈 읽기》, 당대, 2003.
- 폴 리쾨르, 《시간과 이야기》 1~3, 김한식 · 이경래 옮김, 문학과지성사, 1999, 2000, 2004.
- Arie L. Molendijk & Peter Pels (ed.), *Religion in the Making : The Emergence of the Sciences of Religion*, Leiden & Boston : Brill, 1998.
- Gavin Flood, *Beyond Phenomenology : Rethinking the Study of Religion*, London & New York : Cassell, 1999.
- George Alfred James, *Interpreting Religion*, Washington, D. C. : The Catholic Univ. of America Press, 1995.
- Jacques Derrida & Gianni Vattimo (ed.), *Religion : Cultural Memory in the Present*, Stanford, California : Stanford Univ. Press, 1998.
- Johannes A. van der Ven & Michael Scherer-Rath (ed.), *Normativity and Empirical Research in Theology*, Leiden & Boston : Brill, 2004.
- Russell T. McCutcheon, *The Insider/Outsider Problem in the Study of Religion : A Reader*, London & New York : Cassell, 1999.
- Timothy Light & Brian C. Wilson (ed.), *Religion as a Human Capacity*, Leiden & Boston : Brill, 2004.
- W. Brede Kristensen, *The Meaning of Religion : Lectures in the Phenomenology of Religion*, trans. John B. Carman, The Hague : Martinus Nijhoff, 1960.

물음과 해답

- 마르틴 하이데거, 《존재와 시간》, 소광희 옮김, 경문사, 1995.
- 월터 캡스, 《현대종교학 담론》, 김종서 외 옮김, 까치글방, 1999.
- 정진홍, 《종교문화의 논리》, 서울대학교출판부, 2000.
- ______, 《종교문화의 이해》, 청년사, 1995.
- ______, 《종교학 서설》, 전망사, 1980.
- M. 엘리아데, 《종교의 의미 : 물음과 답변》, 박규태 옮김, 서광사, 1990.
- W. 리처드 콤스톡, 《종교학 : 방법론의 제 문제와 원시종교》, 윤원철 옮김, 전망사, 1986.
- Charles H. Long, *Significations : Signs, Symbols, and Images in the Interpretation of Religion*, Philadelphia : Fortress Press, 1986.
- Jan G. Platvoet & Arie L. Molendijk, *The Pragmatics of Defining Religion : Contexts, Concepts and Contests*, Leiden : Brill, 1999.
- Thomas A. Idinopulos & Brian C. Wilson, *What Is Religion? : Origins, Definitions, and Explanations*, Leiden : Brill, 1998.

믿음

- 니니안 스마트, 《세계의 종교》, 윤원철 옮김, 예경, 2004.
- 데이비드 흄, 《종교의 자연사》, 이태하 옮김, 아카넷, 2004.
- 정진홍, 《신을 찾아 인간을 찾아》, 집문당, 1994.
- ______, 《종교와 과학》, 아카넷, 2000.
- ______, 《M. 엘리아데 : 종교와 신화》, 살림, 2003.
- Lawrence S. Cunningham & John Kelsat, *The Sacred Quest : An Invitation to the Study of Religion*, Upper Saddle River : Prentice Hall, 1991.
- Mircea Eliade, *Myths, Dreams, and Mysteries*, trans. Philip Mairet, New York : Harper & Row, Publishers, 1960.
- Pascal Boyer, *Religion Explained : The Evolutionary Origins of Religious Thought*, New York : Basic Books, 2001.
- Paul Ricoeur, *Critique & Conviction*, New York : Columbia University Press, 1998.
- Rodney Needham, *Belief, Language, and Experience*, Oxford : Blackwell, 1972.
- Wilfred Cantwell Smith, *Belief and History*, Charlottesville, Va. : Univ. of Virginia Press, 1977.

문화

- 루스 베네딕트, 《문화의 패턴》, 김열규 옮김, 까치, 1997.

- 미르치아 엘리아데, 《성과 속》, 이은봉 옮김, 한길사, 1998.
- 정진홍, 《하늘과 순수와 상상》, 도서출판 강, 1997.
- ______, 《한국종교문화의 전개》, 집문당, 1986.
- 클리퍼드 기어츠 , 《문화의 해석》, 문옥표 옮김, 까치, 1998.
- 한국종교연구회, 《종교 다시 읽기》, 청년사, 1999.
- Hans G. Kippenberg & Brigitte Luchesi (ed.), *Religionswissenschaft und Kulturkritik*, Marburg : diagonal-Verlag, 1991.
- Malory Nye, *Religion : The Basics*, London & New York : Routledge, 2003.
- Mircea Eliade, *Occultism, Witchcraft, and Cultural Fashions : Essays in Comparative Religions*, Chicago & London : The Univ. of Chicago Press, 1976.
- Timothy Fitzgerald, *The Ideology of Religious Studies*, New York : Oxford Univ. Press, 2000.

역사

- 미르치아 엘리아데, 《세계종교사상사》 1~3, 박규태 외 옮김, 이학사, 2005.
- 에릭 샤프, 《종교학 : 그 연구의 역사》, 윤이흠 · 윤원철 옮김, 한울, 1986.
- 에밀 앙게른, 《역사철학》, 유헌식 옮김, 민음사, 1997.
- 윌프레드 캔트웰 스미스, 《종교의 의미와 목적》, 길희성 옮김, 분도출판사, 1991.
- 퀸터 란츠콥스키, 《종교사 입문》, 박태식 옮김, 분도출판사, 1997.
- 폴 리쾨르, 《역사와 진리》, 박건택 옮김, 솔로몬, 2002.
- 폴 벤느, 《역사를 어떻게 쓰는가》, 이상길 · 김현경 옮김, 새물결, 2004.
- 프랭크 웨일링 외, 《종교, 지도로 본 세계 종교의 역사》, 김한영 옮김, 갑인공방, 2004.
- 한국종교문화연구소 편, 《세계 종교사 입문》, 청년사, 2003.
- J. B. 노스, 《세계종교사》 상 · 하, 윤이흠 옮김, 현음사, 1986.
- Hans G. Kippenberg, *Discovering Religious History in the Modern Age*, trans. Barbara Harshav, Princeton & Oxford : Princeton Univ. Press, 2002.
- Peter Antes, Armin W. Geertz, Randi R. Warne (ed.), *New Approaches to the Study of Religion, Volume 1 : Regional, Critical, and Historical Approaches*, New York & Berlin : Walter de Gruyter, 2004.

언어

- 정진홍, 《고전, 끝나지 않는 울림》, 도서출판 강, 2003.
- ______, 《잃어버린 언어들》, 당대, 2004.
- 폴 리쾨르, 《해석이론》, 김윤성 · 조현범 옮김, 서광사, 1998.

- D. M. 라스무센, 《상징과 해석》, 장석만 옮김, 서광사, 1991.
- A. Van der Kooij & K. van der Toorn (ed.), *Canonization and Decanonization*, Leiden : Brill, 1998.
- Friedrich Heiler, *Prayer : A Study in the History and Psychology of Religion*, Oxford : Oneworld, 1932.
- Max Black, *Models and Metaphors : Studies in Language and Philosophy*, New York : Cornell Univ. Press, 1962.
- Paul de Man, *Blindness and Insight : Essays in the Rhetoric of Contemporary Criticism*, Minneapolis : Univ. of Minnesota Press, 1983 (2nd Ed.).
- Paul Ricoeur, *The Rule of Metaphor*, trans. Robert Czerny et al., London & Henley : Routledge & Kegan Paul, 1978.
- Robert A. Yelle, *Explaining Mantras : Ritual, Rhetoric, and the Dream of a Natural Language in Hindu Tantra*, New York & London : Routledge, 2003.

해석

- 김승혜 편저, 《종교학의 이해》, 분도출판사, 1986.
- 미르치아 엘리아데, 《이미지와 상징 : 주술적 · 종교적 상징체계에 관한 시론》, 이재실 옮김, 까치, 1998.
- ______, 《상징, 신성, 예술》, 박규태 옮김, 서광사, 1991.
- 정진홍, 《종교문화의 인식과 해석 : 종교현상학의 전개》, 서울대학교 출판부, 1996.
- 폴 리쾨르, 《텍스트에서 행동으로》, 박병수 · 남기영 옮김, 아카넷, 2002.
- ______, 《해석의 갈등》, 양명수 옮김, 아카넷, 2001.
- ______, 《해석학과 인문사회과학》, 윤철호 옮김, 서광사, 2003.
- Hans-Georg Gadamer, *Truth and Method*, trans. William Glen-Doepel, London : Sheed and Ward, 1975.
- Jacques Waardenburg, *Reflections on the Study of Religion : Including an Essays on the Work of Gerardus van der Leeuw*, New York : Mouton Publishers, 1978.
- Laurie L. Patton & Wendy Doniger (ed.), *Myth and Method*, Charlottesville & London : Univ. Press of Virginia, 1996.
- Walter L. Benneman, Jr. et al., *The Seeing Eye : Hermeneutical Phenomenology in the Study of Religion*, University Park & London : The Pennsylvania State Univ. Press, 1982.

몸

- 막스 베버, 《프로테스탄티즘의 윤리와 자본주의 정신》, 박성수 옮김, 문예출판사, 1988.

- 메를로 퐁티, 《지각의 현상학》, 류의근 옮김, 문학과지성사, 2002.
- 미르치아 엘리아데, 《대장장이와 연금술사》, 이재실 옮김, 문학동네, 1999.
- ______, 《샤마니즘 : 고대적 접신술》, 이윤기 옮김, 까치, 1992.
- ______, 《요가 : 불멸성과 자유》, 정위교 옮김, 고려원, 1989.
- Elaine Scarry, *The Body in Pain : The Making and Unmaking of the World*, New York : Oxford Univ. Press, 1985.
- John Blacking (ed.), *The Anthropology of the Body*, London : Academic Press, 1977.
- Michel Feher et al. (ed.), *Fragments for a History of the Human Body, Part One-Three*, New York : Zone Books, 1989.
- Pierre Boudieu, *Outline of a Theory of Practice*, Cambridge : Cambridge Univ. Press, 1977.
- Talal Asad, *Genealogies of Religion : Discipline and Reasons of Power in Christianity and Islam*, Baltimore & London : The Johns Hopkins Univ. Press, 1993.

몸짓

- 빅터 터너, 《제의에서 연극으로》, 이기우 · 김익두 옮김, 현대미학사, 1996.
- ______, 《의례의 과정》, 박근원 옮김, 한국심리치료연구소, 2005.
- 이창익, 《종교와 스포츠 : 몸의 테크닉과 희생제의》, 살림, 2004.
- A. 반 겐넵, 《통과의례》, 전경수 옮김, 을유문화사, 2000.
- Catherine Bell, *Ritual : Perspective and Dimensions*, New York & Oxford : Oxford Univ. Press, 1997.
- E. Thomas Lawson and Robert N. McCauley, *Rethinking Religion : Connecting Cognition and Culture*, New York : Cambridge Univ. Press, 1990.
- Frits Staal, *Rules Without Meaning : Ritual, Mantras and the Human Sciences*, New York : Peter Lang, 1990.
- Harvey Whitehouse, *Modes of Religiosity : A Cognitive Theory of Religious Transmission*, New York : AltaMira Press, 2004.
- Jonathan Z. Smith, *To Take Place : Toward Theory in Ritual*, Chicago : Univ. of Chicago Press, 1987.
- Mircea Eliade, *Rites and Symbols of Initiation : The Mysteries of Birth and Rebirth*, trans. Willard R. Trask, Woodstock : Spring Publications, 1995.
- Ronald Grimes, *Beginnings in Ritual Studies*, Lanham, Md. : Univ. Press of America, 1982.

힘

- 르네 지라르, 《폭력과 성스러움》, 김진식 · 박무호 옮김, 민음사, 1997.
- ______, 《희생양》, 김진식 옮김, 민음사, 1998
- 브루노 보르체르트, 《초월적 세계를 향한 관념의 역사》, 강주헌 옮김, 예문, 1999.
- 브루스 링컨, 《거룩한 테러》, 김윤성 옮김, 돌베개, 2005.
- 이시카와 준이치, 《종교분쟁지도》, 윤길순 옮김, 자작나무, 1996.
- 후쿠오카 마사유키, 《21세기 세계의 종교분쟁》, 김희웅 옮김, 국일미디어, 2001.
- Charles Kimball, *When Religion Becomes Evil*, San Francisco : Harper San Francisco, 2002.
- Derek R. Peterson & Darren R. Walhof, *The Invention of Religion : Rethinking Belief in Politics and History*, New Brunswick & London : Rutgers Univ. Press, 2002.
- G. van der Leeuw, *Religion in Essence and Manifestation*, trans. J. E. Turner, Princeton : Princeton Univ. Press, 1938.
- Giorgio Agamben, *Home Sacer : Sovereign Power and Bare Life*, trans. Daniel Heller-Roazen, Stanford : Stanford Univ. Press, 1998.
- Louis Dumont, *Homo Hierarchicus : The Caste System and Its Implications*, trans. Mark Sainsbury, Chicago : The Univ. of Chicago Press, 1970.

타자

- 김승혜 외, 《한국 신종교와 그리스도교》, 바오로딸, 2002.
- 김종서 외, 《현대 신종교의 이해》, 한국정신문화연구원, 1996.
- 노만 콘, 《천년왕국운동사》, 김승환 옮김, 한국신학연구소, 1993.
- 메리 더글러스, 《순수와 위험》, 유제분 · 이훈상 옮김, 현대미학사, 1997.
- 세르주 위탱, 《신비의 지식, 그노시즘》, 황준성 옮김, 문학동네, 1996.
- 정규훈, 《한국의 신종교》, 서광사, 2001.
- 제임스 조지 프레이저, 《황금가지》 1 · 2, 박규태 역주, 을유문화사, 2005.
- H. 카워드, 《종교다원주의와 세계종교》, 한국종교연구회 옮김, 서광사, 1990.
- R. 파니카, 《종교 간의 대화》, 김승철 옮김, 서광사, 1992.
- Fabio Petito and Pavlos Hatzopoulos (ed.), *Religion in International Relations : The Return from Exile*, New York : Palgrave Macmillan, 2003.
- Johannes Fabian, *Time and The Other : How Anthropology Makes Its Object*, New York : Columbia Univ. Press, 1983.
- Paul Ricoeur, *Oneself as Another*, Chicago & London : The Univ. of Chicago Press, 1992.

비교

- 윌리엄 페이든, 《비교의 시선으로 바라본 종교의 세계》, 이진구 옮김, 청년사, 2004.
- ______, 《성스러움의 해석》, 이민용 옮김, 청년사, 2005.
- F. 막스 뮐러, 《종교학 입문》, 김구산 옮김, 동문선, 1995.
- Arvind Sharma, *Religious Studies and Comparative Methodology : The Case for Reciprocal Illumination*, New York : State Univ. of New York Press, 2005.
- Henk Vinken, Joseph Soeters & Peter Ester (ed.), *Comparing Cultures : Dimensions of Culture in a Comparative Perspective*, Leiden & Boston : Brill, 2004.
- Jonathan Z. Smith, *Drudgery Divine : On the Comparison of Early Christianities and the Religions of Late Antiquity*, Chicago : The Univ. of Chicago Press, 1990.
- ______, *Imagining Religion*, Chicago : Univ. of Chicago Press, 1982.
- ______, *Relating Religion : Essays in the Study of Religion*, Chicago & London : The Univ. of Chicago, 2004.
- Kimberley C. Patton & Benjamin C. Ray (ed.), *A Magic Still Dwells : Comparative Religion in the Postmodern Age*, Berkeley : Univ. of California Press, 2000.
- René Gothóni (ed.), *How to do Comparative Religion? : Three Ways, Many Goals*, New York : Walter de Gruyter, 2005.
- Wendy Doniger, *The Implied Spider : Politics & Theology in Myth*, New York : Columbia Univ. Press, 1998.

죽음

- 노베르트 엘리아스, 《죽어가는 자의 고독》, 김수정 옮김, 문학동네, 1998.
- 로제 카이유와, 《인간과 성》, 권은미 옮김, 문학동네, 1996.
- 에드가 모랭, 《인간과 죽음》, 김명숙 옮김, 동문선, 2000.
- 엘리자베스 퀴블러-로스, 《죽음의 순간》, 김진욱 옮김, 자유문학사, 2000.
- 정진홍, 《만남, 죽음과의 만남》, 궁리, 2003.
- 존 바우커, 《세계종교로 보는 죽음의 의미》, 박규태 · 유기쁨 옮김, 청년사, 2005.
- 지그문트 프로이트, 《종교의 기원》, 이윤기 옮김, 열린책들, 2004.
- 필립 아리에스, 《죽음 앞의 인간》, 고선일 옮김, 새물결, 2004.
- ______, 《죽음의 역사》, 이종민 옮김, 동문선, 1998.
- 한국종교학회 편, 《죽음이란 무엇인가》, 창, 2001.
- Henri Hubert and Marcel Mauss, *Sacrifice : Its Nature and Function*, trans. W. D. Halls, Chicago : The Univ. of Chicago, 1964.

사회

- 미르치아 엘리아데, 《메피스토펠레스와 양성인》, 최건원 · 임왕준 옮김, 문학동네, 2006.
- ______, 《신화와 현실》, 이은봉 옮김, 성균관대학교출판부, 1985.
- ______, 《우주와 역사 : 영원회귀의 신화》, 정진홍 옮김, 현대사상사, 1976
- 에밀 뒤르켐, 《종교생활의 원초적 형태》, 노치준 · 민혜숙 옮김, 민영사, 1992.
- 요아힘 바하, 《비교종교학》, 김종서 옮김, 민음사, 1988.
- D. B. 맥코운, 《마르크스주의 종교이론》, 강돈구 · 박정해 옮김, 서광사, 1991.
- F. 훼일링, 《현대 종교학과 사회과학》, 이용범 · 이진구 옮김, 서광사, 1996.
- Bruce Lincoln, *Discourse and the Construction of Society : Comparative Studies of Myth, Ritual, and Classification*, New York : Oxford Univ. Press, 1989.
- Charles H. Long, *Alpha : The Myths of Creation*, Ontario : Collier Books, 1963.
- Joachim Wach, *Sociology of Religion*, Chicago & London : The Univ. of Chicago Press, 1944.
- Peter Antes, Armin W. Geertz & Randi R. Warne (ed.), *New Approaches to the Study of Religion, Volume 2 : Textual, Comparative, Sociological, and Cognitive Approaches*, New York & Berlin : Walter de Gruyter, 2004.

맺음말- 종교인과 종교적인 인간

- 니니안 스마트, 《종교와 세계관》, 김윤성 옮김, 이학사, 2000.
- 島薗 進 · 鶴岡賀雄 編, 《宗敎再考》, 東京 : ぺりかん社, 2004.
- Donald Wiebe, *The Politics of Religious Studies : The Continuing Conflict with Theology in the Academy*, New York : St. Martin's Press, 1999.
- Jonathan Z. Smith, *Map Is Not Territory : Studies in the History of Religions*, Leiden : E. J. Brill, 1978.
- Mark C. Taylor (ed.), *Critical Terms for Religious Studies*, Chicago & London : The Univ. of Chicago Press, 1998.
- Russell T. McCutcheon, *Manufacturing Religion : The Discourse on Sui Generis Religion and the Politics of Nostalgia*, New York : Oxford Press, 1997.
- Slavica Jakelic & Lori Pearson (ed.), *The Future of the Study of Religion : Proceedings of Congress 2000*, Leiden & Boston : Brill, 2004.
- Steven M. Wasserstrom, *Religion after Religion : Gershom Scholem, Mircea Eliade, and Henry Corbin at Eranos*, Princeton : Princeton Univ. Press, 1999.
- Susan L. Mizruchi (ed.), *Religion and Cultural Studies*, Princeton & Oxford : Princeton Univ. Press, 2001.
- Tomoko Masuzawa, *The Invention of World Religions : Or, How European Universalism*

Was Preserved in the Language of Pluralism, Chicago & London : The Univ. of Chicago Press, 2005.

- Willi Braun & Russell T. McCutcheon (ed.), *Guide to the Study of Religion*, London & New York : Cassell, 2000.

열림과 닫힘
인문학적 상상을 통한 종교문화 읽기

지은이 정진홍
펴낸이 윤양미
펴낸곳 도서출판 산처럼

등 록 2002년 1월 10일 제1-2979호
주 소 서울시 종로구 내수동 72번지 경희궁의 아침 3단지 오피스텔 412호
전 화 725-7414
팩 스 725-7404
E-mail sanbooks@paran.com
홈페이지 www.sanbooks.com

제1판 제1쇄 2006년 5월 15일
제1판 제3쇄 2011년 7월 20일

ⓒ 정진홍, 2006

값 18,000원

ISBN 89-90062-19-5 93200
* 잘못된 책은 서점에서 바꾸어 드립니다.